FRANZ PRINZ ZU SAYN-
WITTGENSTEIN

Schwarzwald

Franz Prinz zu Sayn-
Wittgenstein

Schwarzwald

Vom Neckar zum Hochrhein

PRESTEL VERLAG MÜNCHEN

2. durchgesehene Auflage
Passavia Druckerei AG Passau 1975
ISBN 3 7913 0021 0

Für Otto Heuschele

11-18

AUFTAKT

Die Sammlungen 23

28-38

RASTATT

Der Türkenlouis 31 – Schloß Favorite 37

39-50

BADEN-BADEN

Kloster Lichtental 46

51-55

DER SCHWARZWALD

56-61

DAS SCHWARZWÄLDER FREILICHTMUSEUM

62-81

IN DER ORTENAU AUF DER BADISCHEN WEINSTRASSE

Mummelsee 63 – Offenburg 65 – Gengenbach 67 – Im Harmersbacher Tal 69 – Hohengeroldseck 73 Verschwundene Abteien 78

82-93

FREIBURG

Das Münster 85 – Die Alberto-Ludoviciana 89

94-104

IM BREISGAU

Vom Breisgauer Adel 94 – Zwei Schlösser und ein Kloster 95

105-141

RUND UM DEN KAISERSTUHL

»Trink Wein vom Kaiserstuhl« 105 – Breksach 108 Nauershausen 109 – Munzingen 133 – Der Staatskanzler 136

142-144

SCHWARZWALDWANDERUNGEN

Allerheiligen 143

145-163

AUF DER SCHWARZWALDTÄLERSTRASSE

Schiltach 145 – Schramberg 146 – Gottes Freund – aller Welt Feind 149 – ›O gib uns Schicksal die Kraft‹ 156 Schenkenzell 158 – Alpirsbach 159

166-168

FREUDENSTADT

169-174

SCHWARZWALDKLÖSTER

St. Peter 169 – St. Märgen 172

175-179

FURTWANGEN

Schwarzwälder Uhren 175

180-184

VON FURTWANGEN AUS

Villingen 180 – Mariax in der Tannen 182

185-189

RUND UM DEN FELDBERG

Höllenthal, Hinterzarten, Titisee 185

190-195

ZUM BELCHEN

St. Trudpert 192 – Belchen 193

198-202

IM MARKGRÄFLERLAND

Badenweiler 199 – Bad Krozingen 201

203–209

IM KLEINEN WIESENTAL

Das Schatzkästlein 204

210–224

AM HOCHRHEIN

Rheinfelden 212 – Nach Säckingen 214 – Die Trompeterstadt 216 – Laufenburg 221 – Waldshut 222

225–229

DIE GRAFSCHAFT HAUENSTEIN IM HOTZENWALD

230–236

VOM RHEIN IN DEN HOCHSCHWARZWALD

In der Heimat Hans Thomas 230 – Bernau 230

237–248

IM ALBTAL

St. Blasien 237 – Tiefenstein 243

249–271

WEITER RHEINAUFWÄRTS

Von Waldshut nach Schaffhausen 249 – Schaffhausen 254 – Stein am Rhein 259 – Ein Freiherr aus Stein 266

272–324

IN DER BAAR

Nach Rottweil 291 – In der Stadt 293 – Die ›Fasnet‹ 296 – Froben Christoph Graf von Zimmern 299 – Horb 303 – Wallfahrt zur schmerzhaften Muttergottes von Weggental 306 – Von Rottenburg nach Tübingen 309 Tübingen 313 – Attempo – ich versuch's 321

325–352

ZURÜCK NACH KARLSRUHE

Herrenberg 325 – Bebenhausen 327 – Hirsau 335 Klosterleben 339 – Der Tiefenbronner Altar 344 – Nach Ettlingen 350 – Rückkehr nach Karlsruhe 352

Literatur 353 – Register 355

Auftakt

In den Landschaften, die uns beschäftigen sollen, unterscheidet sich der schwäbische und fränkische Menschenschlag je nach seiner Heimat selbst in der Sprache. Die Erkenntnis gerade dieser Mannigfaltigkeit schließt wohl eine Rivalität der badischen Hauptstadt Karlsruhe mit dem württembergischen Stuttgart aus, wo heute die Regierung des Südweststaates Baden-Württemberg amtiert.

Entstanden ist dieses Bundesland aus dem alten Herzogtum Schwaben und der Markgrafschaft Baden, jedenfalls in seinen südlichen Gebieten, während die nördlichen zur Kurpfalz gehört haben.

Schwaben hat einen vielfältigen Entwicklungsprozeß durchlaufen und seine Regenten wechselten häufig. Immer wieder griffen die Herrscher des sächsischen und salischen Hauses in die Geschicke des Landes ein, das sie gerne an Angehörige vergaben. Die daher vielfach wechselnden schwäbischen Herzogshäuser vermochten es nicht, Schwaben stammesmäßig und politisch zusammenzuschließen, wie es zum Beispiel in Bayern gelang. Das Schwergewicht schwäbischer Herzogsgewalt lag im 10. und 11. Jahrhundert um den Bodensee, während die ihr unterstehenden westlichen und nördlichen Gebiete mehr ein Sonderdasein führten. In ihnen entwickelte sich in jenen Jahrhunderten der hohe schwäbische Adel mit seinen Territorien. Zwei Familien waren es, die bestimmt schienen, die zum Herzogtum Schwaben gehörenden Landschaften – es reichte vom Lech bis zu den Vogesen – zur Einheit zusammenzufassen: die Zähringer und die Staufer.

Aus der Morgendämmerung der Geschichte tauchen die großen Geschlechter auf, deren Ursprung so oft von Sage und Legende verhüllt ist. Die Zähringer waren in der Baar und im

Neckargau angesessen und griffen schon im 10. Jahrhundert an den Oberrhein hinüber; sie saßen als Grafen im Breisgau, wo sie die Burg Zähringen über Freiburg bauten, und sie hatten Güter in der Ortenau. Sie erwarben als Erben der Grafen von Rheinfelden deren Güter am Hochrhein.

Graf Berthold III. wurde 1061 als Berthold I. Herzog von Kärnten, ohne die Herrschaft dort angetreten zu haben; Kärnten wurde ihm elf Jahre später wieder abgenommen. Aber seinem Hause blieb der Herzogstitel, blieben die schwäbischen Allodialgüter. Berthold II. ließ sich 1092 von der päpstlichen Partei zum Herzog von Schwaben erheben, verzichtete jedoch fünf Jahre später zugunsten der Staufer, welche das Herzogtum bereits seit 1097 innehatten; er behielt jedoch die Reichsvogtei Zürich und erhielt die Statthalterschaft über Hochburgund östlich des Jura. 1093 gründete er die Abtei St. Peter nordöstlich von Freiburg als Hauskloster. Von ihm ist ein Wort überliefert, das durchaus glaubwürdig klingt. Scheute sich ein Bote, ihm eine böse Nachricht mitzuteilen, so soll er gesagt haben: »Sprich. Ich weiß ja, daß Frohes Traurigem und Trauriges Frohem vorhergeht; so macht es mir nichts mehr aus, zuerst von Wolken zu hören, da ihnen nachher wieder Sonnenschein folgt, als wenn ich zuvor den Sonnenschein und dann die Wolken vernehmen sollte.«

Es bedurfte langer Zeit, um den großen, sehr verstreuten Landbesitz zu einer Einheit zusammenzufassen, und es gelang nur durch allmähliche Inbesitznahme der schwachbesiedelten Schwarzwaldgebiete, die durch Rodung und Bevölkerungszunahme wertvoll werden konnten. Rodung und Siedlungsarbeit hatten vor allem die Klöster betrieben, daher beanspruchten die Zähringer die erblichen Vogteirechte über alle Schwarzwaldklöster. Sie waren Vögte von Gengenbach und Schuttern und erwarben 1149 die Vogtei über St. Georgen. Mit diesen Rechten und durch die Herrschaft über Villingen war die Verbindung zur Baar hergestellt, während sie als Vögte von St. Blasien und St. Peter Herren über den mittleren und südlichen Schwarzwald geworden waren. Durch Stadtgründungen suchten sie ihre Macht zu sichern. Freiburg, Offenburg, Villingen entstanden als Eckpunkte des Herrschaftsraumes, der die Güter in der Ortenau, im Breisgau und auf der Baar umfaßte. So waren Herzog Berthold III. und sein Bruder und Nachfolger Herzog Konrad als Städtegründer berühmt und vorbildlich.

Konrad, der 1122 Freiburg gründete, wurde von Kaiser Lothar von Supplinburg als Erbe des 1127 ermordeten Grafen von Burgund anerkannt und gleichzeitig zum Rektor, also zum kaiserlichen Statthalter, dort bestellt. Zum burgundischen Rektorat gehörte auch die Westschweiz. Das alles bedeutete einen gewaltigen Machtzuwachs für das Zähringer Haus. Konrad, ein leidenschaftlicher Anhänger des Stauferkaisers Konrad III., machte in Regensburg dem Erzbischof von Salzburg heftige Vorwürfe, daß er dem Kaiser noch nicht den Treueid geleistet habe. »Ich sehe, Herr Herzog«, erwiderte der Prälat, »wenn Ihr der Wagen wäret, Ihr würdet ohne Zögern vor den Ochsen einherlaufen wollen.«

Konrads Sohn Berthold IV. erhielt 1152 die kaiserliche Stellvertretung in der Provence. Kaiser Friedrich I. übernahm selbst Hochburgund und gab dem Herzog dafür die Reichsvogtei über die zu Burgund gehörenden westschweizerischen Bistümer Genf und Lausanne. Er hat 1170 Fribourg gegründet, auch die Städte Murten, Yverdon und Morges verdanken ihm ihr Dasein. Berthold V., der letzte Herzog und Gründer Berns (1191), starb kinderlos 1218 und mit ihm erlosch der herzogliche Zweig der Zähringer. Er galt als böse und grausam, und als er im Sterben lag, »hörten Wanderer am Berge Gyber, der als Höllentor angesehen wurde, eine Stimme rufen: ›Rüste den großen Ofen!‹ und als die Frage kam: ›Für wen soll ichs tun?‹ gellte die Antwort: ›Unser lieber Freund kommt hierher, der Herzog von Zähringen, der so viel für uns getan hat.‹« (Reinhold Schneider) Bertholds Grabmal steht an der südlichen Seitenschiffswand im Freiburger Münster.

Nun fiel der rechtsrheinische Allodialbesitz an die Grafen von Urach, der linksrheinische an die Grafen von Kyburg, während die Markgrafen von Zähringen so gut wie leer ausgingen. Von Urach stammten die ausgestorbenen Grafen von Freiburg ab, sowie das heute noch blühende Geschlecht der Fürsten zu Fürstenberg. Die Macht der Zähringer hatte es den Staufern, seit 1079 Herzöge von Schwaben, verwehrt, dieses Herzogtum zu einer Einheit zusammenzufassen, und auch nach dem Erlöschen des herzoglichen Zähringer Stammes waren dessen Erben Kyburg und Urach zu mächtig, um überwunden werden zu können. Erst den Habsburgern ist es gelungen, in diesen Gebieten Fuß zu fassen, welche dann ›Vorderösterreich‹ genannt worden sind.

Rudolf von Habsburg wird seit 1282 oft ›Herzog von Schwaben‹ genannt, obgleich es nie zu einer Verleihung des Herzogtums gekommen ist, und der habsburgische Hausbesitz lag an der Peripherie des alten Herzogtums Schwaben, am Oberrhein, Hochrhein, in der Schweiz. Deshalb bemühten sich die Habsburger seit dem ausgehenden 13. Jahrhundert, in diesem alten Herzogtum Fuß zu fassen, wogegen sich die Dynasten, vor allem Württemberg, energisch zur Wehr setzten. König Rudolf von Habsburg gelang es, in der Schweiz Land von Freiburg im Üchtgau bis in die Ostschweiz, zudem Gebiete jenseits des Hochrheins zu erwerben. Daß ein festgefügtes habsburgisches Gebiet nicht erreicht werden konnte, lag auch daran, daß die Königskrone nicht bei Habsburg blieb, und so konnte im 14. Jahrhundert nur der Versuch gemacht werden, aus all diesen zerstreuten Gütern und Rechten ein einigermaßen geschlossenes Territorium zu bilden, so wie es Habsburg in Österreich und Tirol gelungen war. Im Kampf um die Krone ging viel verloren, so zu Beginn des 15. Jahrhunderts fast alle schweizerischen Besitzungen. Noch einmal schien der habsburgische Plan eines schwäbischen Herzogtums Wirklichkeit werden zu wollen, als Kaiser Maximilian I. Burgund erheiratete und kurze Zeit das Herzogtum Württemberg besaß, dessen Herr, Herzog Ulrich, vom Schwäbischen Bund vertrieben worden war. Württemberg war als Mittelpunkt eines großen Länderkomplexes gedacht, der sich von Österreich über Tirol, Vorarlberg, Oberschwaben und Elsaß bis Burgund erstrecken sollte. Aber auch dieser Versuch war zum Scheitern verurteilt, denn der habsburgische Besitz war getrennt durch die Territorien der Reichsstädte, Bistümer und Grafschaften.

Betrachten wir eine alte Landkarte des deutschen Südwestens, so fällt die Vielfalt größerer und kleinerer Territorien auf. Nur Württemberg liegt als einigermaßen geschlossene Landmasse vor uns. Im Süden des Reichs, am Rhein, in den Donau- und Neckarlanden, liegen überall verstreut habsburgische Gebietsteile. Dazu gehörten der Sundgau, die Herrschaft Hohenlandenberg und Weilertal im Elsaß, die Grafschaft Falkenstein in der heutigen linksrheinischen Pfalz, die Landvogtei in der Ortenau, die Herrschaft Triberg mit Furtwangen auf dem Schwarzwald, die Städte Villingen und Bräunlingen, die Grafschaft Hohenberg am oberen Neckar, die Grafschaften Sigmaringen und Veringen, die Landgrafschaft Nellenburg im Hegau, die Markgrafschaft Burgau im heutigen bayerischen Schwaben, Konstanz, die Grafschaften Tettnang, Argen, Wasserburg am Bodensee, die ›Waldstädte‹ am Hochrhein, also ein beträchtliches Gut im schwäbisch-elsässischen Raum.

Vorlande im engeren Sinn hießen die Besitzungen und Rechte beiderseits vom Oberrhein, Hochrhein, im Schwarzwald und Breisgau. Die schwäbisch-österreichischen Lande lagen nördlich vom Bodensee, an der oberen Donau und am oberen Neckar. Als dritte Gruppe kam der Vorarlberg hinzu, der die Verbindung zu Tirol herstellte. Alle drei Gruppen hatten ihre Landstände, die in Ensisheim im Elsaß, später in Freiburg, in Ehingen an der Donau und in Bregenz tagten. Als das Elsaß durch den Friedensschluß von Münster und Osnabrück an Frankreich verloren gegangen war, wurde Freiburg die Hauptstadt Vorderösterreichs. Die Gebiete Breisgau, Schwarzwald, Baar, Elsaß waren von größerer Geschlossenheit als der übrige Landbesitz; sie standen daher nur unmittelbar unter der Regierung in Innsbruck und erhielten 1752 durch Kaiserin Maria Theresia ihre eigene Regierung in Freiburg.

Als nach Napoleons Sturz eine Neuordnung der deutschen Staaten erfolgte, wäre es beinahe zu einer Wiederherstellung des alten Vorderösterreich gekommen. Der preußische Staatskanzler Fürst Hardenberg hätte nichts dagegen gehabt, wenn der Breisgau wieder österreichisch geworden wäre. Der Freiherr vom Stein wünschte Erzherzog Karl als Inhaber einer habsburgischen Sekundogenitur im Breisgau und Elsaß eingesetzt zu sehen. Staatskanzler Fürst Metternich dachte daran, Österreich die linksrheinische Pfalz zu verschaffen, und als das mißlang, wollte er wenigstens den immer noch gut österreichisch gesonnenen Breisgau haben. Alle diese Pläne scheiterten einmal am Widerstand des österreichischen Generalstabs unter Fürst Philipp von Schwarzenberg, der keine Enklaven fern vom Heimatland wünschte, zum andern und vor allem natürlich am Widerstand Badens. Österreich hat jedoch erst 1817 offiziell auf den Breisgau verzichtet.

Baden hatte dieses Gebiet mit Hilfe Napoleons erhalten, wozu später weitere Gebiete kamen. Die Zähringer Markgrafen, kurze Zeit Kurfürsten, dann Großherzöge von Baden, stammten von Herzog Bertholds I. Sohn Hermann, Markgrafen von Verona, Graf im Breisgau, ab. Sie besaßen ursprünglich nur die Grafschaft im Breisgau, die Herrschaft Sausenberg, Güter um Baden-Baden und Land am mittleren Neckar, hatten aber im Laufe der Jahrhunderte die Markgrafschaft Baden durch Heirat, Erbschaft, Tausch, Pfandschaften und Annektionen gebildet, wie es in der fürstlichen Politik jener Zeiten üblich gewesen ist, die durch das Streben nach Ausdehnung und Abrundung der Territorien bestimmt wurde. Die Markgrafen, deren Gebiet von den Besitzungen des Bistums Speyer und mancher kleinerer Herren durchsetzt war, hatten keinen leichten Stand, und hinzu kam die Zersplitterung in viele Linien, bis im 18. Jahrhundert alles an Baden-Durlach fiel. Zwei weitere Staaten sind aus dem zerbröckelnden Herzogtum Schwaben und späteren Vorderösterreich herausgewachsen, die Eidgenossenschaft und Württemberg, während Baden sich erst allmählich entwickelte.

Auch das Herzogtum *Württemberg* hatte sich langsam herangebildet; es ist aus dem mittleren Neckarland hervorgewachsen. Dort lag auf dem Rotenberg im Schurwald, östlich von

Stuttgart, hoch über dem Neckar die Burg Württemberg, die 1819 abgebrochen worden ist. Sie gehörte mit dreifachem Mauerring zu den größten, stärksten und besterhaltenen Bergvesten des Landes. König Wilhelm I. von Württemberg ließ 1820-24 an ihrer Stelle von Salucci eine Grabkapelle bauen.

Mit dem Erbauer der Burg Württemberg, Graf Konrad, tritt 1080 der erste Regent dieser Familie in das Licht der Geschichte, deren Aufstieg durch den Untergang der Staufer begünstigt wurde. Die württembergischen Herren haben klug, zäh und zielbewußt ihre Stellung ausgebaut; sie wurden 1488 Herzöge und erhielten 1803, wie Baden, die Kurwürde und allen geistlichen Besitz innerhalb ihres Landes, einiges auch außerhalb der Landesgrenzen. 1805 wurden sie Könige und erlangten ein Jahr später die Souveränität über die reichsunmittelbaren Familien Waldburg, Löwenstein, Königsegg, Stadion und Rechberg, die König Friedrich I. auf schändliche Weise schikaniert hat.

Mein liebes Schwabenland, von seinen Kindern nur ›das Ländle‹ genannt, ist ein Gebilde eigner Art, gleichsam eine Musterkarte aller Länder. Es sieht aus, als hätte der Schöpfer, bevor er die Erde entwarf, ein Modell davon im kleinen hergestellt, worauf er jede Form andeutete, die er hernach im großen ausführen wollte: Berge, Flußläufe, Ebenen, Wasserflächen, alles ist vorhanden, aber im kleinen Maßstab und stetem Wechsel. So charakterisiert Isolde Kurz ihr Heimatland, dieses Land der Übergänge, der sanften Helle und Vielfalt der Landschaften von ganz eigenem Gepräge.

Da mir nicht klar war, ob die Bezeichnungen ›Ländle‹ und ›Musterländle‹ sich auf beide Teile des Südweststaates beziehen, fragte ich bei dem Freiburger Senatspräsidenten Walther Osterrieth an, einem guten Kenner der Landesgeschichte. Er antwortete: *S'isch e fins Ländle! Die Kose- und Diminutivform Ländle ist nicht regional gebunden; wenn möglich könnte man es auch von Korea sagen, also schließlich auch von Württemberg, dem Land der ›Südpreußen‹, wie sie bei uns genannt werden, weil sie so tüchtig und erfolgreich sind. Trotz dieser Tüchtigkeit steht die Bezeichnung*

›Musterländle‹ nur Baden zu, jetzt also dem badischen Landesteil des Südweststaates. Die Integrierung so heterogener Elemente wie es die altbadischen, kurpfälzischen, vorderösterreichischen, reichsritterlichen und geistlichen Territorien waren, verlangte von vornherein viel Toleranz und Takt und wurde, vor allem unter den langen Regierungen so trefflicher Regenten wie Karl Friedrich und Großherzog Friedrich I., *unter hervorragenden Staatsmännern und Verwaltungsbeamten tatsächlich glänzend herbeigeführt. Aus alledem ergab sich schließlich ein so propres Staatswesen, daß es von den anderen (nicht von uns selbst!) als Musterländle anerkannt wurde.*

Die Kapitulation von 1945 brachte für Deutschland einschneidende staatspolitische Veränderungen. Die Besatzungsmächte England, Frankreich und Amerika hatten Westdeutschland und Süddeutschland in Zonen eingeteilt, die von Militärregierungen verwaltet wurden. Aus diesen Zonen haben sich zum Teil neue Bundesländer herausgebildet, und Baden, Württemberg und Hohenzollern sind mit dem Grundgesetz vom 23. September 1949 Glieder des neuen Bundeslandes Baden-Württemberg geworden. *Das neue Land,* heißt es in dem Kommentar von Spreng-Birn-Feuchte zur Verfassung des Landes Baden-Württemberg, 1954, *entspricht wie kaum ein anderes den Voraussetzungen, die Artikel 29 des Grundgesetzes für die als notwendig erkannte Neugliederung des Bundesgebietes aufstellt. Unter Berücksichtigung der landsmannschaftlichen Verbundenheit, der geschichtlichen und kulturellen Zusammenhänge, der wirtschaftlichen Zweckmäßigkeit und des sozialen Gefüges ist ein Land entstanden, das nach Größe und Leistungsfähigkeit die ihm obliegenden Aufgaben wirksam erfüllen kann.*

Diese sachlich-nüchterne Feststellung zieht den Schlußstrich unter die in Jahrhunderten herangebildete Eigenstaatlichkeit der beiden Länder, und viele ihrer Bewohner sind nicht damit einverstanden gewesen. Der Geist aber der einstigen Landesherren, der Zähringer und Württemberger, lebt noch in den Städten, den Burgen und Schlössern als etwas Unverlierbares fort, aus dem Persönlichen ins Überpersönliche erhoben, in dem ausgeprägteste Eigenarten harmonisch zusammenklingen.

Karlsruhe

Ab urbe condita rechnete man in Rom seit der Stadtgründung. Für das Großherzogtum Baden könnte man ebenso verfahren, da die Stadt Mittelpunkt des sich bildenden badischen Staates wurde. Die Zähringer sind große Städtegründer gewesen, bis in das 18. Jahrhundert hinein, und zu ihren Schöpfungen gehört auch Karlsruhe.

1942, vom Lazarett Herrenalb kommend, sah ich Karlsruhe zum ersten Mal, habe also die alte Stadt noch vor ihrer Zerstörung gesehen. Da lag das schimmernde Schloß in ruhiger Gelassenheit am Rande des großen Platzes als wahrer Mittelpunkt; doch auf dem Rasenrondell wuchsen nicht Blumen, sondern gemeine, aber nützliche Krautköpfe, durchaus dem Charakter der Zeit entsprechend.

Manches ist wieder aufgebaut, vieles neugebaut worden, doch ist die einstige Anlage noch gut zu erkennen. Markgraf Karl Wilhelm von Baden-Durlach – Durlach war 1689 im Pfälzischen Erbfolgekrieg von den Franzosen zerstört worden – beschloß, im Hardtwald eine neue Residenz zu bauen. Eine vollkommene Neuordnung des verelendeten, entvölkerten Landes war notwendig, und welches Unternehmen hätte die Lebensgeister des Volkes mehr anregen können als die Gründung einer neuen Stadt? Großzügige Privilegien lockten viele Siedler an, auch aus Preußen, der Kurpfalz, aus Bayern, den Niederlanden, dem Elsaß, selbst aus Tirol. Die Stadt wuchs schnell.

Es wird erzählt, daß die Markgräfin während einer Jagd im Hardtwald ihren Fächer verlor. Auf der Suche danach sei Karl Wilhelm unter einer Eiche eingeschlafen. Da habe ihm geträumt, er sehe den Fächer liegen, der sich zu einer fächerförmigen Stadt ausdehnte. Als er erwachte, sah er den gesuchten Gegenstand neben sich liegen und schwor, die geträumte Stadt zu gründen.

Am 17. Juni 1715 legte der Fürst den Grundstein zu dem achteckigen Turm, dem später ein einfaches *Schloß* folgte, und damit zu der nach ihm benannten Residenz, »zu Dero künftigen Ruhe und Gemütsergötzung«. Die Zeit der Entstehung Karlsruhes läßt eine Barockstadt vermuten, eine Stadt mit reichgegliederten Straßen, Palais, Säulen, Kuppeln, Türmen und Plätzen, etwa wie Würzburg. Hinsichtlich des Grundrisses ist es auch eine echte Barockstadt, obgleich in den Bauten kühle Vornehmheit des Klassizismus vorherrscht. Gegen Ende des 18. Jahrhunderts stand Karlsruhe im Kern als geschlossenes Gebilde da, dessen Zentrum, dem Schloß vor großem Park und Wald, halbkreisförmig zwei Ringstraßen mit einst zweistöckigen Laubenhäusern vorgelagert sind, von denen die Straßen fächerartig ausstrahlen.

Karl Wilhelm, ein fleißiger, fähiger Regent, war selbst eine barocke Figur, denn mit angestrengtester Arbeit wechselten, wie Eduard Vehse berichtet, die »deliziösesten Vergnügungen bei Nacht«. *Der Sitz, wo diese doppelte Regentenwonne geschlürft wurde, war die neue Residenz ... es war ein kleines Fontainebleau im erschöpfenden Sinne des Wortes; es barg sich in diesem bescheidenen, anspruchslosen Aufenthalte der Ruhe und Stille, der Einsamkeit und des Friedens der Natur ein kleines irdisches und zwar orientalisches Paradies. Die Huris desselben bildeten die famosen 160 Gartenmägdlein des badischen Markgrafen. Was die Potsdamer lange Garde dem preußischen Könige war, waren die niedlichen Gartenmägdlein dem badischen Markgrafen: sie bildeten seine weibliche Leibgarde, als Heiducken und Husaren verkleidet.*

Hinter dem Schloß erstreckte sich ein Park von streng geometrischem Grundriß, in zwei Hälften geteilt, den Tiergarten und den Fasanengarten. Dort standen im Halbkreis angeordnet die ›Zirkelhäuschen‹, teils Behausungen für Tiere, teils Wohnungen der Bedienten. Karl Wilhelm wurde in der Koncordienkirche beigesetzt, die an Stelle des heutigen Marktplatzes stand. Sein Enkel Karl Friedrich ließ über dem Grab eine hölzerne *Pyramide* errichten, die Weinbrenner 1823 durch eine steinerne ersetzte. Sie trägt die Inschrift: »Hier wo Markgraf Carl einst im Schatten des Hardtwaldes Ruhe suchte, und die Stadt sich erbaute, die seinen Namen bewahrt, auf der Stätte, wo er die letzte Ruhe fand, weiht ihm dies Denkmal, das seine Asche umschließt, in dankbarer Erinnerung Ludwig Wilhelm Großherzog 1823.« *Das Innere der Pyramide, des Wahrzeichens Karlsruhes, ist nur einmal betreten worden*, erzählt uns Gustav Faber. *An einem Julitag 1889, frühmorgens, versuchten ein Oberbaurat und ein Schlossermeister im Auftrag des Großherzogs Friedrich* I., *die Tür zu öffnen – doch vergebens. Unverrichtetersache zog man ab. Nachdem man dann aber tagsüber Öl in das verrostete Schloß geschüttet hatte, konnte die Besichtigung der Grabstätte des Stadtgründers um Mitternacht vor sich gehen. Einer der Herren aus der Begleitung des Großherzogs ließ dabei versehentlich seinen Regenschirm im Innern der Pyramide stehen. Der Schirm steht heute noch dort.*

1752 wurde unter Karl Friedrich, dem ersten Großherzog, mit Ausnahme des Turms das Schloß ganz neu gebaut, denn das Schloß, die vielen leichtgebauten Pavillons, Gewächshäuser, Orangerien und Kioske waren sehr baufällig geworden und drohten einzustürzen. Sterne der damaligen Architektenwelt wurden aufgefordert, Pläne zu liefern: Johann Balthasar Neumann, Philippe de la Guépière, Leopold Retti und Maurizio Pedetti; aber ihre Projekte waren sowohl zu weitläufig als auch zu kostspielig, und so beschränkte man sich auf eine ›Generalrenovation‹ des Vorhandenen, die jedoch einem Neubau gleichkam. Ausführende Baumeister waren Friedrich von Kesslau und Wilhelm Jeremias Müller, die einen eleganten, kühlen und doch behaglich wirkenden Bau schufen.

Die Erhebung der Markgrafschaft zum Großherzogtum und beträchtlicher Gebietszuwachs brachten vermehrtes Leben in die Residenz, vor allem durch die Heirat des Kurprinzen Karl mit Napoleons Adoptivtochter Stephanie Beauharnais, durch welche die Verbindung zu Paris hergestellt wurde. Als sie 1806 in Karlsruhe einzog, berichtet sie noch: »Was mir bei der abendlichen Illumination als schöne Paläste erschien, waren in Wirklichkeit nur kleine Holzhäuser.« Durch Friedrich Weinbrenner erfolgte nun unter Beibehaltung der barocken Straßenführung der klassizistische Ausbau, und in der Folgezeit hat sich die Stadt weiter und weiter ausgedehnt. Karl Friedrich ließ auch die Zirkelbauten durch Steinbauten ersetzen. Die neuen Stadtteile konnten allein im Westen gebaut werden, und damit gab Weinbrenner Karlsruhe ein neues Gesicht. Er brach die Koncordienkirche ab und stellte dem bisherigen Zentrum der Stadt, dem Schloß, das bürgerliche Zentrum in Gestalt des noblen Marktplatzes und der klargegliederten Schloßstraße gegenüber.

Dreiundsiebzig Jahre hat Karl Friedrich unter dem Motto ›maßvoll und klug‹ regiert, war befreundet mit Klopstock, Lavater, Herder, Jung-Stilling, Wieland und Gluck; er schaffte die Todesstrafe und die Tortur ab, baute das Hoftheater und legte den Grundstein zur heutigen Gemäldegalerie. Jeder in Karlsruhe eintreffende Fremde von Distinktion mußte ihm gemeldet werden, und im Schloß standen bedeutenden Männern des geistigen Lebens stets Gasträume zur Verfügung. Und doch schreibt Goethe 1779 an Frau von Stein: *Von Karlsruhe sind wir gestern früh ab, die Langeweile hat sich von Stunde zu Stunde verstärkt. Gott im Himmel, was ist Weimar für ein Paradies.*

Ganz anders läßt sich der sonst so bissige Schwabe Wilhelm Ludwig Weckherlin vernehmen: *Die Stadt ist einer der angenehmsten und reizendsten Ruhepunkte des Lebens. Die Nähe Strassburgs hat eine gewisse Verflüssigung in den Manieren und der Lebensart der Einwohner gebracht, die sie von dem griesgrämigen und spießbürgerlichen Charakter der Schwaben entfernt.*

Heute ist Karlsruhe eine regsame Großstadt mit bedeutenden Industrien, weit entfernt von der kleinen Residenz Karl Friedrichs, an welche das im Äußeren wiederhergestellte Schloß, der Grundriß der Stadt und zahlreiche Bauten des Gründers Karl Wilhelm erinnern. Wie Symbole barocker Lebenskraft stehen die Statuen des Herkules und der Venus auf dem Schloßplatz. Karlsruhe ist nicht mehr Landeshauptstadt, diese Rolle hat Stuttgart übernommen, aber es ist die Hauptstadt des Rechtes geworden – es tagt dort der Bundesgerichtshof – und zudem ein kulturelles Zentrum, das die Tradition der alten Residenz in glücklicher Weise fortsetzt.

Die Sammlungen

Unsere Museen stehen heute in einer entscheidenden Auseinandersetzung um ihre Daseinsberechtigung. Es geht weniger um die fest etablierte Tatsache ›Museum‹ als historisch gewachsene Institution, es geht um die Aufgabe, die geistige Wirkkraft. »Notwendiges Übel mit einbalsamierten Leichen einer Evolution« nennt Ortega y Gasset die Museen; Paul Valéry findet, daß der Anhäufung so vieler gegensätzlicher Werke der Kunst etwas Unmenschliches anhafte, so daß sich im Besucher Bewunderung, Beklemmung, Langeweile und Abwehr mischten, während Ernst Jünger die Museen Zitadellen der Überzeugungskraft nennt. Die Überzeugungskraft vermögen sie durch gute, wohldurchdachte Aufstellung der Bestände zu gewinnen, und das ist in Karlsruhe geschehen.

Zu den äußeren Schwierigkeiten gesellt sich als Hauptproblem die Aufgabe, einem heute in seiner Mehrheit geschichtlich uninteressierten Publikum die historische Vergangenheit wieder nahe zu bringen. Nicht selten kann man von einem eilig an den Bildern oder Skulpturen vorübergehenden Besucher – man muß etwas für seine Bildung tun! – hören: Daß die damals sowas schon machen konnten!

Der Drang, Kunstwerke zu sammeln, ist uralt. Man sammelte im antiken Rom, und in der Renaissance begann ganz Europa mit wahrer Leidenschaft Kunstwerke zusammenzutragen. Die Geschichte des Museumswesens berichtet von vielen Wandlungen. Zuerst gab es die fürstlichen Kunst- und Wunderkammern, in denen sich neben hoher Kunst die absonderlichsten Gegenstände fanden. Wir sehen solche Kunst- und Wunderkammern noch im hohenlohischen Schloß Neuenstein und in Schloß Ambras bei Innsbruck. Aus solchen Kunst- und Wunderkammern, welche die wertvollsten Schätze der Familie bargen, entwickelten sich allmählich die großen Sammlungen und Galerien, zunächst noch durchaus als Schmuck des Schlosses oder Hauses und als Hausrat im täglichen Leben benutzt. Aber in Frankreich und Italien wurde bereits in der Renaissance durch gelehrte Publikationen auf solche Sammlungen hingewiesen. Der nächste Schritt war der zur ›Galerie‹, die dem Publikum zur Besichtigung offenstand, im 18. Jahrhundert, als eine der frühesten, der Louvre in Paris, dem bald Dresden folgte. Mannheim wirkte durch seinen berühmten Antikensaal, eine damals einzigartige Sammlung von Abgüssen. Dort war es, wo Goethe die entscheidenden Eindrücke für die Entwicklung seines Stilempfindens empfing. An diesem Beispiel läßt sich erkennen, welche Wirkung ein Museum, das ja der Menschenbildung dienen soll, haben kann.

Die Gründer und Förderer unserer Museen hofften, durch jene in allen Zeiten von glücklicher Hand aus dem Strom des Vergänglichen gehobenen Abbilder und Erscheinungsformen des Menschen und seiner Umwelt zu bewirken, daß der Mensch sich als Teil des großen Ganzen fühle, sich einzugliedern lerne in die großen geschichtlichen Zusammenhänge, das eigene kurze Dasein durch geistiges Verweben mit dem Sinnen und Trachten der vorausgegangenen Generationen auf die Vergangenheit richte, aber es auch auf seine eigene Zeit anwende.

Zu Beginn des 19. Jahrhunderts wuchs, von den Romantikern eifrig gefördert, das Interesse an altdeutscher Kunst. Burgen, Kirchen, alte Städte wurden besucht, bewundert und vor dem Untergang gerettet. König Ludwig I. von Bayern schützte zum Beispiel durch die berühmte Kabinettsorder von 1827 historische Bauten und rief zur Sammlung historischer Gegenstände auf. Das tiefe Interesse für die geschichtliche Vergangenheit des Volkes hatte damals nichts von Nationalismus oder Schulmeisterei; es war vielmehr echtes Bedürfnis einer Generation, die noch Ehrfurcht vor großen Zusammenhängen empfand. Jene Museumsbesucher des frühen 19. Jahrhunderts hatten wohl in ausgeprägterem Maße als wir heute die Gabe, sich die dort aufbewahrten Kunstgegenstände in ihrem natürlichen Zusammenhang vorzustellen und die vielgestaltigen Bezüge von Gegenstand zu Gegenstand gleichsam unbewußt herzustellen, auch wenn diese Bezüge durch museale Aufstellung nicht mehr deutlich ins Auge fallen. Der glühende Eifer, die Liebe, mit denen die ersten Museen errichtet wurden, erlosch langsam in der zweiten Hälfte des 19. Jahrhunderts, und es ist bezeichnend, daß die Revolutionäre des Jahres 1848 sangen:

> In die Galerien brechen wir dann ein,
> All die schönen Bilder müssen unser sein
> . . .
> Das gibt Holz im Winter für des Volkes Not . . .

Daß während Jahrtausenden Ehrfurcht vor göttlicher Gegenwart eine Lebensbedingung der Kunst war, ist dem Menschen des 19. Jahrhunderts nicht mehr vorstellbar gewesen – mit wenigen Ausnahmen. Der sakrale Charakter mittelalterlicher Bildwelt geht ja auch in den Museen verloren.

Auch die badischen Fürsten hatten mit ihrem privaten, in Schlössern und Residenzen verwahrten Kunstbesitz den Grundstock zu einer Galerie gelegt. Das Bildungselement einer Sammlung hatte auch Markgraf, dann Großherzog Karl Friedrich erkannt, als er zunächst am Ende des 18. Jahrhunderts vieles davon als Vorbildersammlung für die Erziehung junger Künstler zur Verfügung stellte und in einer ›Zeichenakademie‹ vereinigen, allmählich aber auch interessierten Besuchern zugänglich machen ließ. Großherzog Leopold hat 1837 die Kunstsammlungen seines Hauses, die nach wie vor im Besitz der Familie blieben, in der ›Kunstakademie‹, der heutigen Kunsthalle, unterbringen lassen, deren Bau Heinrich Hübsch 1836 begann, deren Vestibül Moritz von Schwind 1840-44 mit dem großen Wandbild ›Weihe des Freiburger Münsters‹ schmückte. Leopold hatte es als seine Aufgabe angesehen, auch Werke von Künstlern seiner Zeit zu erwerben, und so kamen gute Bilder der Romantik und des Biedermeier nach Karlsruhe. Heute ist die Kunsthalle dem Bestand der älteren Malerei vorbehalten, während die benachbarte Orangerie die neuere deutsche Malerei seit 1890 birgt und alle anderen Sammlungen im *Badischen Landesmuseum*, dem wiederhergestellten Schloß, vereinigt sind: Altertumssammlung, Völkerkunde- und Kunstgewerbemuseum, Badisches Münzkabinett sowie die ›Türkenbeute‹ des

Markgrafen Ludwig Wilhelm von Baden. Großherzog Friedrich I. ließ 1871 die berühmte ›Türkenbeute‹ des Markgrafen Ludwig Wilhelm von Rastatt nach Karlsruhe bringen. Es muß, wenn man die Briefe des ›Türkenlouis‹ an den Kaiser und zeitgenössische Berichte liest, in den Türkenkriegen unermeßliche Beute gemacht worden sein. Vieles aus dem Besitz des ›Türkenlouis‹, von dem wir noch hören werden, ist verschwunden. 1771 hatte sein Sohn Markgraf August Georg Simpert in Rastatt die ›Türkische Kammer‹ eingerichtet, die etwa dreihundert Objekte enthielt.

Wichtiges Zentrum der *Staatlichen Kunsthalle* ist die deutsche Malerei seit dem 14. Jahrhundert, daneben gibt es qualitätvolle Werke französischer und niederländischer Malerei. Wie in allen aus fürstlichem Besitz hervorgegangenen Museen wird der Geschmack der Sammler offenkundig. So sammelte Karl Friedrichs erste Gemahlin, Markgräfin Karoline Luise, eine Prinzessin von Hessen-Darmstadt, selbst Malerin und Schülerin des Genfers Liotard, vornehmlich flämische und niederländische, aber auch zeitgenössische französische Meister, und zu diesem Bestand gehören Rembrandts schönes Selbstbildnis, die Stilleben Chardins und zwei Gemälde von Boucher sowie Werke von Largillière und Rigaud. Aus altem fürstlichem Besitz stammen Werke von Hans Baldung Grien, Burgkmair, Lucas Cranach d. Ä., Hans Holbein. Nach Aussterben der Baden-Badener Linie erhielt Karlsruhe bedeutenden Zuwachs an Gemälden aus dem Rastatter Schloß, auch nach der Säkularisierung des Kirchenbesitzes manch wichtiges Kunstwerk. Großherzog Friedrich I., Freund und Förderer Anselm Feuerbachs – sein Gemälde des Gastmahls des Plato gehört zum Galeriebestand – kaufte 1858 ›Marientod‹ und ›Kreuzigung Christi‹ des Ulmer Meisters der Sterzinger Altartafeln, Bilder von Martin Schaffner, Bernhard Strigel, Zeitblom und manchem anderen. Als Krönung der Sammlung kamen 1900 zwei Tafeln von Mathis Neithart Gothart oder Grünewald, ›Kreuztragung‹ und ›Kreuzigung‹, aus Tauberbischofsheim hinzu. Hierzu gesellten sich 1971 durch Ankauf von Donaueschingen zwei Altarflügel Grünewalds.

Auch die Kunstschule, die Akademie, hat Friedrich 1854 gegründet, an der bekannte Maler wie Wilhelm Trübner und Hans Thoma lehrten. Letzterer war von 1899 bis 1920 Galeriedirektor.

In der *Orangerie* (erbaut 1853-57 von Heinrich Hübsch), ist die moderne Abteilung der Kunsthalle untergebracht. Das deutsche und französische Kunstschaffen der neueren Zeit ist mit Werken von Liebermann, Slevogt, der ›Brücke‹ und des ›Blauen Reiter‹, von Klee, Nolde, Kokoschka, Beckmann, Gauguin, Cézanne, den französischen Impressionisten, um nur einiges zu nennen, gut vertreten.

So sind also in Karlsruhe, auf der Grundlage bedeutender fürstlicher Sammlungen, die heutigen Museen entstanden, die zu den wichtigsten im südwestdeutschen Raum gehören.

Rastatt

Der Weg von Karlsruhe nach Rastatt führt durch eine fünf Stunden lange prächtige Pappelallee, hören wir von einem Reisenden des Jahres 1806. *Die hohen grünen Wände schwankten, während unten alles still war. Durch die Zwischenräume erblickten wir eine fruchtbare Ebene und hinter ihr die niederen Vorberge des Schwarzwaldes, über welche dunkle hohe Gipfel emporsteigen . . ., rechts aber dehnen sich sorgfältig angebaute Ländereien, durch welche ungesehen, zwischen tiefen, mit wucherndem Gehölz bewachsenen Ufern, der Rhein strömt, und ferne erscheinen die Vogesen wie blau in blau getuscht.*

Diese Worte eines behaglich Reisenden treffen noch heute zu, denn der landschaftliche Eindruck von damals teilt sich uns nicht anders mit und wiederholt sich immer wieder auf das reizendste rheinauf, rheinab. Auch wir sind durch die Ebene Rastatt zugefahren – wo aber ist die prächtige Pappelallee, wo die gewaltigen Eichenwälder, von denen der Reisende spricht? Geblieben ist das sorgfältig angebaute Land, geblieben sind die Höhen des Schwarzwaldes hier, die der Vogesen drüben. Da es hübscher ist, über die Landstraßen zu fahren als auf der Autobahn, sind wir ihnen gefolgt, um die Residenz des berühmten ›Türkenlouis‹, des Markgrafen Ludwig Wilhelm von Baden, kaiserlichen Generalleutnants, Vetter und Freund des Prinzen Eugen von Savoyen und Markgrafen der katholischen Linie Baden-Baden, zu besuchen.

Hier in Rastatt hatte er sich von Domenico Egidio Rossi ab 1697 das *Schloß* bauen lassen. Er hatte seine Residenz von Baden-Baden hierher verlegt, vielleicht um der 1689 von den Franzosen zerstörten Stadt wieder aufzuhelfen, sicher aber, weil sich hier auf ebenem Grund die Gelegenheit bot, eine geometrisch geplante, repräsentative Residenz anzulegen. Ganz im Sinne des Absolutismus steht das Schloß im Zentrum, von dem die Straßenzüge strahlenförmig ausgehen. Was diese barocke Stadtanlage so reizvoll macht, ist die klare Überschaubarkeit des nach genauem Plan ausgeführten Gesamtbildes von Schloß und Stadt. Solche Anlagen – wie auch Mannheim und Karlsruhe – sprechen wie Biographien der Bauherren, deren Wesen und Denken sich in ihnen ausdrücken. In Rastatt ist es die Residenz, verbunden mit dem Charakter der Festung, als Stützpunkt und Brückenkopf gegen Frankreich gerichtet. Deshalb liegt auch die Schauseite des Schlosses nicht dem Schwarzwald zugewandt, sondern dem Rhein. Stadtanlage und Schloß bilden eine vollkommene Einheit, bestimmt von Bauwerk, Platz und Straße. Heute wird das Schloß beengt und bedrängt von neueren Häusern, aber man kann sich noch vorstellen, wie groß und frei der Bau von leuchtend rotem Sandstein einst über der Stadt stand.

Ein breiter Mittelbau mit niedrigen Flügelbauten umschließt den tiefen Ehrenhof. Figurenbesetzte Balustraden flankieren den Zugang, schattige Arkaden liegen vor den Flügeln. Die lange Flucht des Mitteltraktes trägt Pilastergliederung, Balkon, Dachbalustrade mit Statuen und ein elegantes Türmchen, auf dem der ›Goldene Mann‹, Jupiter, steht, 1723 von dem Augsburger Johann Jakob Vogelhund geschaffen (Original im Treppenhaus). 1705 konnte der Markgraf das Schloß beziehen; zwei Jahre später ist er gestorben. Die Markgräfin ließ den Bau (Seitenflügel und Schloßkirche) und seine Ausstattung durch Johann Michael Ludwig Rohrer, dem 1722 sein Bruder Johann Peter, dann der Böhme Johann Sock folgten, vollenden. 1704 hatte Rossi aus Bologna drei Maler mitgebracht, welche die Fresken des Hauptbaus malten: Giuseppe Roli, dem Giuseppe Antonio Caccioli zur Seite stand, und Pietro Antonio Farina, der die Architekturrahmungen, sowie Blumen- und Fruchtdekorationen malte. Auch der Stuck wurde von Italienern geschaffen, der dann 1740-50 im Sinne des Rokoko verändert worden ist.

Rohrer baute 1722 nach Effners Nymphenburger Vorbild die Pagodenburg, sein Bruder begann 1756 den Bau der schönen Pfarrkirche, das Rathaus haben beide Brüder 1750 gebaut.

Wer durch die Stadt und vor allem durch das prächtige, seinem eigentlichen Zweck nicht mehr dienende, schwermütig leblose Schloß geht, wird erkennen, daß ein solches Haus mehr aussagt als die Gesetze des Zeitstils. Es erzählt vom ›Türkenlouis‹, dessen Schicksale fast vergessen sind. An sie erinnern uns die jetzt im Landesmuseum Karlsruhe aufgestellte umfangreiche Türkenbeute und die lebensgroßen Bildnisse von vier Frauen des Paschas, die der siegreiche Feldherr ebenfalls als Beute nach Rastatt gebracht haben soll – zur geringen Freude, wie es heißt, der Markgräfin Sibylla Augusta.

1797 bis 1799 sah die kleine Residenz, die von Karlsruhe entthront worden war, noch einmal reges Leben, denn hier wurde der Kongreß abgehalten, der über das Schicksal des Reichs entschied und dessen wichtigstes Ergebnis die Abtretung des linken Rheinufers an Frankreich und später die Säkularisierung der geistlichen Stifte gewesen ist.

Da gab es ein Kongreß-Café, ein Kongreß-Theater und Kongreß-Kasino. Die Reichsstände, auch die Schweiz und einige italienische Staaten, hatten ihre Vertreter in Rastatt, und der große Schacher um Entschädigung für an Frankreich verlorenes Gebiet wurde verbissen geführt. Man kann sich denken, daß Rastatt damals Mittelpunkt nicht nur der Politik, sondern auch von Intrigen aller gegen alle war. Mein Ururgroßvater Wittgenstein schreibt 1797: *Den Buonaparte zu sehen versäumte ich leider, indeß bezeigen sich die Herren Treilhard, Bonnier und de Brie wenig aimable, woraus zu schließen, daß der General Buonaparte ohne Zweifel noch weniger Liebenswürdigkeit als diese drei Ministres haben möchte. Alle drei lassen uns die Verachtung spüren, die sie für das Reich und seine Stände haben, indeß sind sie selbst wenig geeignet Confiance in die Ehrlichkeit der französischen Vorschläge und Zusicherungen zu erwecken. Das Reich wird wohl stark gerupft aus diesem Handel hervorgehen.*

Der Türkenlouis

Der Friedensschluß von Münster und Osnabrück hatte zwar den Dreißigjährigen Krieg beendet, aber Europa kam dennoch nicht zur Ruhe; es stand bald wieder in Flammen und war ein Schlachtfeld von Flandern bis Siebenbürgen.

Eine Welle der Entrüstung ging durch das Reich, als Ludwig XIV. 1681 Straßburg zur Übergabe zwang und sich huldigen ließ. Der Reichstag in Regensburg protestierte feierlich doch erfolglos in Paris. Zahlreiche, durch die linksrheinischen Annektionen Frankreichs geschädigte Reichsstände schlossen auf Betreiben des Grafen Georg Friedrich zu Waldeck ein Defensivbündnis, das 1682 durch den Beitritt des Kaisers zur Laxenburger Union erweitert wurde. Ein Jahr später schloß Wien Verträge mit Bayern, Kursachsen und Braunschweig-Lüneburg, aber Ludwig XIV. gab keinen Schritt nach, denn er wußte um die Schwierigkeiten in Ungarn und schürte die Angriffslust der Türken. Unterstützt von französischem Geld ließ der Sultan eine Armee von fast zweihunderttausend Mann auf Wien marschieren. Man nannte den König daher im Reich empört den ›allerchristlichsten Türken‹.

Die Verteidigungsmittel Wiens waren ganz unzureichend. Markgraf Hermann von Baden, Präsident des Kriegshofrats, ließ Geschütze auf die Wälle bringen und zog einige Truppen zusammen, dann verließ er auf Befehl Kaiser Leopolds die Stadt und übergab die Verteidigung dem Grafen Rüdiger von Starhemberg und seinen zwölftausend Mann. Wie ein gewaltiger Stern lag die habsburgische Hauptstadt in ihren Befestigungen, vollkommen eingeschlossen von türkischen Sturmgräben, Schanzen und Sappen. Unablässig rollte der Donner der Geschütze über die Ebene, stürmten die Türken gegen die Bastionen, lohten Brände in der Stadt auf. Am anderen Ufer der Donau dehnte sich das riesige Lager des Großwesirs Kara Mustapha. Ringsum standen die Dörfer in Flammen, deren Bewohner sich nach Wien geflüchtet hatten.

Generalleutnant der kaiserlichen Armee war Herzog Karl

von Lothringen, ein ebenso kluger wie glänzender Heerführer. Die Kurfürsten Max Emanuel von Bayern und Johann Georg III. von Sachsen mit ihren Truppen und Markgraf Ludwig Wilhelm von Baden-Baden hatten sich bei der Armee eingefunden. Johann Sobieski, König von Polen, hatte Truppenhilfe versprochen. Das kaiserliche Heer stand bei Kornneuburg und konnte bis zum Eintreffen der Polen nichts anderes tun, als die Türken ständig zu beunruhigen. Am 30. August 1683 traf Sobieski ein und übernahm den Oberbefehl, den ihm Lothringen aus Courtoisie überließ. Nun konnte man die Schlacht suchen. Am 12. September, nach der Frühmesse, bei der Sobieski ministrierte, wurde das Signal zum Angriff gegeben. Auf dem linken Flügel unter Lothringen kämpften dreiunddreißig Prinzen, darunter als Freiwilliger Prinz Eugen von Savoyen. Die Schlacht endete mit der vollständigen Niederlage der Türken; mit diesem Tag begann der Niedergang des Osmanischen Reiches und die Bildung der Donaumonarchie.

Dieser Tag aber bestimmte auch das Leben des jungen Markgrafen von Baden-Baden, der einst den Beinamen ›Türkenlouis‹ tragen sollte. Nach der Schlacht bei Gran in Ungarn wurde er zum Generalfeldzeugmeister ernannt. Ludwig Wilhelm war durch seine Mutter Luisa von Savoyen-Carignan ein Vetter des Prinzen Eugen, dessen Ruhm einst den seinen verdunkeln sollte. Schon als Zweiundzwanzigjähriger hatte Ludwig Wilhelm 1675-78 gegen Frankreich gekämpft, war nach dem Fall der Festung Philippsburg mit der Siegesnachricht nach Wien geschickt worden und hatte vom Kaiser ein Infanterieregiment erhalten. 1678 war er Regent der kleinen Markgrafschaft geworden, doch konnte er seinen landesherrlichen Pflichten wegen der ständigen Feldzüge kaum nachkommen. Der Feldherr steckte in ihm und wollte ans Licht. Welche Zeit wäre für dieses Metier besser geschaffen gewesen als jene? Matthäus Merian hat den jungen Fürsten porträtiert. Eine Allongeperücke rahmt das lange schmale Gesicht mit der kräftigen gebogenen Nase über den feingeschwungenen Lippen. Große, helle Augen schauen spähend und nachdenklich. Es ist eher das Antlitz eines zarten, besinnlichen Menschen als eines Kriegers. Rasch erklomm der Markgraf die Stufenleiter der militärischen Ränge. 1684 kämpfte er unter Lothringen bei Budapest und erhielt das Kommando in Oberungarn. Man warf ihm vor, er schone seine Truppen nicht, trete gerne als großer Herr auf, verbrauche zu viel Geld, nehme weder Befehl noch Rat an, aber alles das trifft nicht seinen sauberen, festen Charakter von ausgeprägtem Verantwortungsbewußtsein und Generosität. Nach der Eroberung von Ofen – nach 145 Jahren war Budapest wieder ungarisch – schickte der kaiserliche Kriegsberichterstatter Graf Vecchi die Siegesnachricht nach Wien und schloß: »Bravo Elettore [Bayern]! Bravo e sopremodo bravo Principe Luigi e immortale!« Graf Chavagnac sagte von ihm, er begriffe sofort, worauf es ankomme, sei großmütig, aufrichtig, ein treuer Freund. Nie habe es einen aktiveren General gegeben, er besitze alle Eigenschaften des großen Feldherrn. Ähnlich äußert sich sein späterer Gegner Marschall Marquis de Villars, der aber seine Heftigkeit und Eigenliebe tadelt. Ludwig Wilhelm wurde nach der Schlacht um Budapest zum Feldmarschall ernannt. Die Kreuzzugsstimmung im Reich stieg; viele Freiwillige aus allen europäischen Staaten eilten zu den kaiserlichen Fahnen, selbst Franzosen wie Turenne und Villars, trotz des Verbotes ihres Königs. Ludwig Wilhelm kämpfte weiter in Ungarn. 1688 wurde unter dem Befehl des Kurfürsten Max Emanuel von Bayern Belgrad erobert. Die Türken nannten ihn voll Bewunderung und Schrekken den ›blauen König‹, den Markgrafen den ›roten Prinzen‹. Die Kämpfe waren von furchtbarer Härte; auf beiden Seiten wurden nur wenig Gefangene gemacht. Umso mehr mußte großmütige Haltung Freund und Feind erstaunen, wie wir aus einem Brief der türkischen Besatzung von Stuhlweißenburg von 1688 an den Türkenlouis erfahren:

Glücklichster, hochbegabter, höflicher Fürst, Großwesir des Römischen Kaisers, liebster Freund und Bruder, wir tun, nächst einem aufrichtigen Gruß, dessen hochgeehrter Person hiemit zu wissen, welcher Gestalt zu der glückseligen Zeit, dabei uns die Resolution eures gütigsten und glorwürdigsten Kaisers unsers gnädigsten Herrn angelangt, wir sowohl hierdurch, als auch durch eure dabei befindliche sehr höf- und freundliche Briefe, in nicht weniger das geneigte Bezeugen gegen unsern dabei Abgeordneten, Ali Aga und Ali Bei, sonderbar sind erfreuet und getröstet worden ... [freier Abzug aus Stuhlweissenburg war gewährt worden] ... Sodaß wir in schönster Ordnung, neben denen zur Begleitung beorderten Teutschen und Ungarn in der St. Katharineninsel glücklich angelanget sind ... Bitten also Gott, daß er euch ferner glückselig machen wolle.

Die kaiserlichen Erfolge in Ungarn beunruhigten den König von Frankreich. Er ließ unter dem Vorwand, das pfälzische Erbe seiner Schwägerin, der Herzogin Liselotte von Orléans, zu sichern, auf das sie ausdrücklich verzichtet hatte, seine Armeen über den Rhein gehen. Dem Kaiser fehlte es an Geld und an Truppen, da er den Krieg in Ungarn fortzusetzen wünschte, doch erklärte er 1689 den Reichskrieg gegen Frankreich. Da der Herzog von Lothringen den Oberbefehl an der Rheinfront übernahm, wurde Ludwig Wilhelm Kommandierender in Ungarn. Er drang nach Serbien vor und errang große Siege, die von den Kriegsverwüstungen in der Pfalz und Baden überschattet wurden. »Offensive e quasi desparate«, schrieb er deshalb, denn im August 1690 zerstörten die Franzosen Schloß und Stadt Baden-Baden. Zwar träumte der Markgraf davon, die Türken ganz aus Europa zu verjagen und in Konstantinopel einzuziehen, doch hielt ihn sein gesundes Urteil zurück, ja er erklärte in einer Denkschrift, man könne auf Belgrad verzichten und die Save-Donaulinie als Grenze akzeptieren, aber er fand kein Gehör in Wien. Erneut gingen die Türken zum Angriff über, errangen Erfolge und eroberten Belgrad zurück. Ludwig Wilhelm hielt Ungarn und Siebenbürgen. Seine Willenskraft steigerte sich angesichts dieser Rückschläge zur Verwegenheit; er ließ den Hofkriegsrat reden, bestimmte alleine und erfocht 1691 den glänzenden Sieg von Szlankamen. Er wurde zum Generalleutnant befördert, hatte also den höchsten militärischen Rang erreicht, den außer ihm nur Wallenstein, der Herzog von Lothringen und Prinz Eugen eingenommen haben. Ein Jahr später verließ er Ungarn, wo er zehn Jahre im

Feld gestanden hatte. Er sollte es nicht wiedersehen, denn Kaiser Leopold ernannte ihn zum Generalissimus der Truppen am Rhein. Von 1693 bis 1706 führte er in zehn Feldzügen den Oberbefehl am Rhein, der von Basel bis Philippsburg samt der rheinischen Tiefebene bis nahe von Pforzheim in französischer Hand war. Wegen der schlechten Ausrüstung, des Geldmangels und der geringen Kräfte war hinhaltende Taktik für ihn das einzig Mögliche. Um alles kümmerte er sich selbst, führte politische, kaufmännische und militärische Verhandlungen, erließ Befehle und korrespondierte mit dem kaiserlichen Hof und den Ständen. Sein Ansehen wuchs, und daher nahm auch die Zahl der Prinzen und Adligen, die als Freiwillige bei ihm das Kriegshandwerk erlernen wollten, ständig zu. Die kleinen Stände, die Reichsstädte sahen in ihm ihren Mann, der sich ihrer Sorgen und Nöte annahm. Immer hatten die Heerführer an ihren Höfen zu leiden; sie waren umgeben von Aufpassern, sie waren Kritik und Intrigen aller Art ausgesetzt, waren gehemmt durch diplomatische Verhandlungen der Kabinette, durch endlose Kriegsräte, durch die Verschiedenartigkeit der Nationen in den Armeen, die größtenteils aus Söldnern bestanden. Diese großen Schwierigkeiten zu meistern, gelang nur durch immer neuen Aufschwung eines klaren Geistes, der die unsäglichen Mühen zu überwinden wußte. Ludwig Wilhelms Ziel war es, dem Reich eine allgemein gültige Wehrverfassung zu geben, doch scheiterte der Plan an dem Widerstand der Fürsten. »Reichsväterlich« sollte der Kaiser sein, meinte der Markgraf. Schon 1691 bemerkte er deprimiert: *Wie es aber zu Wien gehet, verdriesst mich zu schreiben, denn wie schlecht man auf das Publikum [die Stände] gedenket, ist nicht auszusprechen, und kann sich niemand einbilden, wie so gar alles abandoniret* ... Ludwig Wilhelms militärische und politische Leistung, die er mit Hilfe des württembergischen Geheimrats Johann Georg Kulpis vollbrachte, war die Zusammenfassung der Reichskreise Schwaben und Franken zu leistungsfähiger Einheit. Aus dieser neuen Kreisverfassung sollte eine Reichsreform hervorgehen, was nicht gelang.

1698 kam es zum Frieden zwischen Kaiser und Sultan in Karlowitz an der Donau. Die Türkei bedeutete fortan keine Gefahr mehr für Europa. Bald darauf aber loderte der Krieg von neuem empor, denn 1701 begann der Spanische Erbfolgekrieg, der erst 1714 beendet wurde. Ludwig Wilhelm war Generalissimus des Reichsheeres mit dem Rang eines Reichsfeldmarschalls. Er hatte mit den gleichen Schwierigkeiten zu kämpfen wie vorher: Geldmangel, Interesselosigkeit der Reichsfürsten, von denen Bayern zum Gegner geworden war. So stand der Feldmarschall meist in der Defensive, bis ihm Prinz Eugen und der Herzog von Marlborough zu Hilfe kamen.

1707 ist der Türkenlouis, geschwächt durch die Mühen langjähriger Feldzüge, in seinem neuen Schloß Rastatt gestorben. Er nahm seiner Frau Sibylla Augusta, der Tochter des letzten Herzogs von Sachsen-Lauenburg, das Versprechen ab, eine Wallfahrt nach Rom zu machen. Als die Fürstin 1719 das Gelübde einlöste, schrieb Herzogin Liselotte von Orléans recht bissig und töricht: *In meinem Sinn hat die Markgräfin von Baden eine unnötige, alberne Reise getan. Hat es aber ihrem Mann auf dem Totenbett versprochen, so hat sie das Unrecht nicht, sondern ihr Herr!*

Der Markgraf hatte seine Aufgabe als Dienst am Reich verstanden, und die Entfremdung zwischen ihm und dem Kaiser mag daher rühren, daß der Kaiser einerseits übersteigerte Forderungen stellte, andererseits wenig tat, um seinem General die Arbeit zu erleichtern. Wir sehen jene Zeit nicht als die ›gute alte‹ vor uns, sondern in steter furchtbarer Bewegung – wie unsere eigene – als ein unaufhörliches Gegeneinander der Völker. Ludwig Wilhelm von Baden ist nicht, wie sein Vetter Eugen, ein Nationalheld geworden, aber wie diesem war ihm die Treue zu seinem kaiserlichen Oberhaupt eine Selbstverständlichkeit. Ihm war es nicht, wie dem Prinzen Eugen, vergönnt, den Taten auf den Schlachtfeldern die Taten des Friedens folgen zu lassen. Aber, wie dieser, ist er ein fürstlicher Mensch gewesen, dem der Begriff ›dienen‹ noch etwas bedeutete – und er diente treu bis ans Ende.

Schloß Favorite

Fährt man von Rastatt ein Stück in Richtung Baden-Baden durch das grüne Wiesenland, besonders schön im Frühjahr, wenn die Obstbäume blühen und alles in einem feuchten, grünen Licht zu schwimmen scheint, erreicht man bald die Favorite bei Kuppenheim. Es ist das Schloß, das sich die verwitwete Markgräfin Sibylla Augusta – eine energische, zielbewußte Frau, die bis 1727 die Regentschaft führte, die Verwaltung straffte, Haus- und Landesschulden bezahlte – nach ihrer eigensten Erfindung von dem Böhmen Johann Michael Ludwig Rohrer 1710-11 bauen ließ. Georg Dehio allerdings bezeichnet die Favorite als »ein schwerfälliges, provinzielles, für jenen Augenblick schon altmodisch zu nennendes Barock«. Doch ist es ein Bau von schlichter Vornehmheit, ruhig und wohlgegliedert und ohne allen Überschwang. Er steht im großen verwilderten Park, dessen Parterre dem heimatlichen böhmischen Schlackenwerth der Fürstin nachgebildet wurde, flankiert von ebenfalls arg vernachlässigten Arkadengängen mit Eckpavillons. Im Mai 1725 versammelte sich eine stattliche Anzahl von Gästen, um mit der Markgräfin durch ein Gartenfest die Fertigstellung des Schlosses zu feiern, dessen Inneres auf das kostbarste ausgestattet ist. Da gibt es von italienischen Handwerkern gefertigte farbige Stuckdecken und farbige Stuckmarmorfußböden, bemalte venezianische Spiegel, schöne Möbel, Delfter Kacheln, Gobelins, Wandverkleidungen, von der Fürstin und ihren Damen gearbeitet, eine prächtige Küche, kurz alles, was zu einer fürstlichen Hofhaltung gehört. Auf der Brunnensäule vor dem Südportal steht die Büste Hassans, Kammerdiener des Türkenlouis, von dem der Klatsch behauptete, er habe sich der Gunst der Markgräfin erfreuen dürfen. Allerdings ist der Kopf erst viel später der Säule aufgesetzt worden. Eine enge Freundschaft verband die Markgräfin mit dem Fürstbischof von Speyer, dem Kardinal Damian Hugo von Schönborn, Erbauer des Bruchsaler Schlosses, der oft und gern in der Favorite gewesen ist. Er nennt Sibylla Augusta eine »so gescheite und penetrante Fürstin, daß sie mit ein paar Worten alles besser mache als der penetranteste Staatsmann und Minister«. Wie sehr die fromme und kluge Frau an Schönborn hing, zeigt einer ihrer Briefe: *Verzeihen Sie mir, daß ich wie ein ungebärdiger Fratz schreib, und klopfen Sie mir auf die Finger, wenn Sie können. Ich hab es verdient und erkenn wirklich schon meine Fehler und versichere Sie, wenn ich es nicht geschrieben, so schrieb ich es nicht. Nun also fußfällig bitt ich meinen herzelieben Papa um Verzeihung.*

Draußen im Parkwald steht auf einer Wiese die kleine, dumpfige *Eremitage*, die der frommen Fürstin als Ort mystischer Betrachtungen diente; ein kuppelbekröntes Oktogon, dessen innerste Zelle von winzigen Kabinetten umgeben ist. Das Speisezimmer enthält etwas Merkwürdiges: dort sitzt die Heilige Familie – bekleidete Holzpuppen mit wächsernen Gesichtern und Händen – bei Tisch, und in ihrer Gesellschaft pflegte die Markgräfin manchmal zu essen. 1733 ist sie gestorben, in der Rastatter Kirche liegt sie begraben. Am Eingang sehen wir die eingemeißelten Worte: Betet für die große Sünderin Augusta.

Baden-Baden

Die berühmte Bäderstadt, einst Residenz der markgräflichen Linie Baden-Baden, liegt zwischen dunklen Waldbergen in dem langen schmalen Tal der Oos, ausgezeichnet durch eine fast südliche Vegetation. »Kommen Sie nach Baden-Baden«, schrieb der russische Dichter Turgenjew dem französischen Romancier Flaubert, »hier gibt es Bäume, wie ich noch keine gesehen habe.« Es ist ein sehr altes Bad. Ruinen römischer Thermen sind auf dem Römerplatz und bei der Stiftskirche ausgegraben worden. Kaiser Caracalla besuchte die heißen Quellen nach dem Alemannenfeldzug im Jahre 213 n. Chr., und unter Kaiser Trajan war der Ort Aquae, später Aquae Aureliae, ein Mittelpunkt römischen Lebens.

Diss Wasser, vermerkt Sebastian Münster in seiner Kosmographie von 1550, *hält in seiner Vermischung Schwefel, Salz und Alun. Dienet zu vertreiben Engung der Brust, welche von kalten Flüssen des Haupt kompt, den feuchten Augen, den sausenden Ohren, den zitternden und schlaffenden Gliedern, dem Krampf und anderen Krankheiten bös Geäders, so von kalten Feuchtigkeiten kommen.*

Die alte Stadt ist von den Franzosen in Anwesenheit der Markgräfin Maria Franziska, geborener Prinzessin zu Fürstenberg, zerstört worden. Die Befestigungen wurden gesprengt, und am 23. August 1689 ließ der französische General die Militärmusik vor dem Schloß antreten, um der Fürstin ein Ständchen zu bringen. Am nächsten Tag ließ er die Stadt anzünden.

Den Charakter der im 18. Jahrhundert wiederaufgebauten Stadt veränderte die im 19. Jahrhundert einsetzende rege Bautätigkeit weitgehend.

Nach dem Friedenskongreß zu Rastatt, der 1799 zu Ende gegangen war, erwachte das durch den Krieg gegen die französische Republik und schlechte wirtschaftliche Verhältnisse verwaiste Bad wieder zu neuem Leben, vor allem als Markgraf, dann Kurfürst und schließlich Großherzog Karl Friedrich von Baden seine Sommerresidenz hierher verlegte. Doch erst als die Großherzogin Stephanie nach dem Sturz ihres Adoptivvaters Napoleon Baden-Baden als ständigen Sommeraufenthalt gewählt hatte, wurde das Bad zum Treffpunkt der internationalen Gesellschaft. Damals verlagerte sich das Zentrum des Kurbetriebs auf das jenseitige Ufer der Oos.

Die Stiftskirche Unser Lieben Frau (jetzt Pfarrkirche St. Peter und Paul) und die alte Spitalkirche sind die einzigen Zeugen des Mittelalters. Die *Stiftskirche* am Marktplatz ist eine 1474 vollendete Hallenkirche mit geräumigem Chor und quadratischem romanischem Westturm, dem im frühen 18. Jahrhundert Michael Ludwig Rohrer die Glockenstube mit der welschen Haube aufsetzte. Der Chor birgt zahlreiche gute Epitaphien der markgräflichen Familie, darunter das pompöse Grabmal des Türkenlouis, welches 1754 der in Wessobrunn geschulte Johann Schütz geschaffen hat. Sehr kunstvoll ist das zwölf Meter hohe Sakramentshaus des 15. Jahrhunderts, von reichem Ast- und Wurzelwerk umsponnen, oben in ein Türmchen mit Kreuzblume auslaufend. Die ehemalige *Spitalkirche* aus der zweiten Hälfte des 15. Jahrhunderts liegt am Alten Friedhof; sie wurde im 18. Jahrhundert leicht verändert und enthält das prächtige, ursprünglich für die Stiftskirche bestimmte Chorgestühl, das laut Inschrift der Pforzheimer Hans Kern 1512 geschnitzt hat. Auf dem Friedhof steht das Kruzifix von 1467, eines der eindrucksvollsten Werke des Nikolaus Gerhaert, dem Meister des Gekreuzigten in der Klosterkirche von Maulbronn und der berühmten Büsten des Grafen von Lichtenberg und der Bärbel von Ottenheim (Museum Straßburg und Liebieghaus Frankfurt a. Main).

Unterhalb des ›Florentiner Bergs‹ stoßen wir auf die Fassade des Frauenklosters zum Hl. Grab, 1687–89 gebaut und durch neubarocke Zutaten des letzten Jahrhunderts verunstaltet. Hier sind wir mitten im alten Baden-Baden, im Gewinkel der Häuser, wo es über Treppen und durch schmale Gassen auf und ab geht, wo Terrassengärten verschwenderisch blühen.

Die Quellen, die dampfend um die Füße der alten Häuser sprudeln vom Südhang des Schlosses herab, haben das Städtlein immer wieder erfrischt . . . (Reinhold Schneider) Sie tragen so sprechende Namen wie Juden-, Höllen- oder Ungemachquelle und Brühlbrunnen.

Hoch über der Stadt liegen die Trümmer der *Burg Hohenbaden,* einer sehr weitläufigen Anlage des 12. bis 15. Jahrhunderts, die Ende des 16. Jahrhunderts zerstört wurde, ohne daß der Grund hierfür bekannt geworden ist. Zu Füßen der Ruine steht das *Neue Schloß*, das 1388 erstmalig erwähnt wird, ein ebenfalls sehr ausgedehnter Komplex um einen Innenhof, entstanden zwischen Gotik und Barock.

Im ersten Viertel des 19. Jahrhunderts also, begünstigt durch die Großherzogin Stephanie, hat sich das Antlitz der Stadt verändert. In jener Zeit entstanden die vornehmen klassizistischen Bauten, woran Friedrich Weinbrenner Anteil gehabt hat, der 1822-23 das hübsche *Konversationshaus* baute, das den Kern des heutigen Kurhauses bildet. 1808 hatte sich Stephanies Tochter, die Herzogin von Hamilton, ein Palais nahe den Anlagen bauen lassen, ein stattliches Haus mit säulengeschmücktem Mitteltrakt; es gab das Weinbergschlößchen der Gräfin Bose, und später folgten die Villen der russischen Fürsten Gagarin, Menschikoff und Lobanoff entlang der Lichtentaler Allee, von der die ›Chronique de Bade‹ feststellt: *La promenade de Bade est le Longchamps international des toilettes féminines. Les quatres coins du globe y apportent leur originalité, leur élégance, leur bizzarrerie même.* 1842 baute Heinrich Hübsch die neue Trinkhalle beim Kurhaus, wo sich Mark Twain ärgern mußte. *Schließlich,* so schreibt er, *erhebt sich dann eines von diesen Mädchen mühsam und streckt sich – streckt Fäuste und Körper himmelwärts, bis sich die Absätze vom Boden heben, und erquickt sich gleichzeitig an einem solch umfassenden Gähnen, daß der Großteil ihres Gesichts hinter der Oberlippe verschwindet und man sehen kann, wie sie innen gebaut ist – dann klappt sie ihre Höhle langsam zu, nimmt Fäuste und Absätze herunter, kommt schleichend näher, betrachtet einen verächtlich, füllt einem ein Glas von dem heißen Wasser ab und stellt es hin, wo man es in Empfang nehmen kann, wann man die Hand weit genug danach ausstreckt.* Auf die Frage, was es koste, erhielt Twain immer die Antwort »nach Beliebe«. Die idiotische Unterhaltung verlief so:

Was kostet es?
Nach Beliebe.
Was kostet es?
Nach Beliebe.

In den fünfziger Jahren des vorigen Jahrhunderts hat sich Baden-Baden zum Weltbad entwickelt, als man westlich der Oos das Gelände zur Bebauung erschloß. Bis 1870 ist Baden-Baden vornehmlich Treffpunkt der französischen Gesellschaft gewesen, ja ein Teil der Stadt mit ihren weißen Häusern und schmiedeeisernen Balkonen, hohen Fenstern und Läden hat etwas französisches. In den sechziger Jahren ließ der rumänische Fürst Stourdza nach Plänen von Leo von Klenze die goldüberkuppelte Stourdzakapelle als Grablege für seine Familie bauen.

Damals sagte man: »Toutes les rivières vont à la mer et toutes les jolies femmes à Bade«, wo auch die Spielbank große Welt und Halbwelt anzog. Jacques Benazet, geschäftstüchtig und skrupellos, richtete die Bank ein, wo Turgenjew und Dostojewski ihr Glück versucht haben. Die Romane Turgenjews und Dostojewskis ›Rauch‹ und ›Der Spieler‹ sind aus eigenem Erleben geschrieben.

Benazet Sohn führte 1858 die Rennen in Iffezheim ein, die lange Zeit vom Pariser Jockeyclub geleitet wurden. In den Listen des ›Badblattes‹ finden wir fast alle Namen, die einen Klang in der alten europäischen Gesellschaft hatten. *Ces listes*, heißt es in einer Pariser Zeitung, *curieusement rassemblées, sont le livre d'or de l'aristocratie contemporaine. La royauté, la haute noblesse, l'opulence, le talent, la beauté, l'esprit, tout est là.* Im Konversationshaus versammelte sich zweimal wöchentlich die elegante Welt zu Tanz und Konzerten; samstags war großer Ball, alles von höchster Eleganz. Auf der Lichtentaler Allee, der Allee der Könige, rollten die Equipagen europäischer Monarchen, russischer, deutscher und österreichischer Fürsten, englischer und französischer Herzöge. Der Fürst zu Fürstenberg kutschierte fünfspännig, der

Prince of Wales, später König Eduard VII., sogar sechsspännig, und Fürst Menschikoff jagte in seiner Troika einher. 1860 traf in Baden-Baden auf Veranlassung der Großherzogin Stephanie Napoleon III. mit den deutschen Fürsten zu Verhandlungen zusammen; er wohnte damals im Palais Hamilton. Unter den Besuchern des Bades gab es nicht wenig Originale, die allerlei Unsinn trieben und reichlich Stoff zum Klatsch lieferten. So führte Hamilton wegen einer Wette ein Kalb an blauem Band durch den Kurgarten; der Prinz von Wales erschien in ein Bettlaken gehüllt als Gespenst auf dem Alten Schloß, und der polnische Graf Potocki hieß wegen seiner ausgetretenen Schuhe der ›Schlappengraf‹. Franz Liszt spielte im Kurhaus, Franz Xaver Winterhalter malte die schönen Frauen, darunter die entzückende Prinzessin Leonille Bariatinski, spätere Fürstin zu Sayn-Wittgenstein-Sayn.

Alljährlich im März ging die preußische Königsflagge am Hotel Meßmer, dem Elternhaus Reinhold Schneiders, hoch. König Wilhelm, dann Kaiser Wilhelm I., ist vierzig Jahre lang ein treuer Kurgast Baden-Badens gewesen. ›Der Balkon‹ Reinhold Schneiders zeichnet ein wehmütiges und doch amüsantes Bild jener versunkenen Welt und der ›Maison Meßmer‹. Er besuchte sie während des Abbruchs, ging sich erinnernd durch die Räume und hatte *noch einmal und allein den Blick durch das Fenster vom Balkon der Alten Majestät. Es ist ein Balkon, der, könnte man mit verzeihlicher leichter Übertreibung sagen, einmal über der Welt hing, jedenfalls eine beachtliche Aussicht bot mit geschichtlichen Perspektiven ...*

Mark Twain, der auch zu den Besuchern des Bades gehörte, berichtet eine lustige Geschichte, die sich während des sonntäglichen Gottesdienstes zugetragen hat:

Im Gestühl unmittelbar vor uns saß eine einfach und billig gekleidete ältere Dame; neben ihr saß eine junge Dame mit einem sehr lieben Gesicht, und auch sie war sehr einfach gekleidet; aber überall um uns herum sah man Kleider und Schmuck, in denen zu beten und lobzusingen jedermann das Herz erwärmen würde.

Ich glaubte recht deutlich zu erkennen, daß es der älteren Dame peinlich war, in solch billiger Kleidung an solch auffallendem Platz zu sitzen. Sie begann mir leid zu tun. Ich machte mir Gedanken um sie. Sie gab sich Mühe, sehr mit ihrem Gesangbuch und den Responsorien beschäftigt zu erscheinen, und tat, als merke sie nicht, daß sie fehl am Platze war, aber ich dachte bei mir: Es gelingt ihr nicht – da ist ein kummervolles Tremolo in ihrer Stimme, das wachsende Verlegenheit verrät. Plötzlich fiel der Name des Heilands und in ihrer Aufregung verlor sie nun vollkommen den Kopf und erhob sich und verneigte sich, statt wie alle anderen nur leicht zu nicken ... Die Sache wurde immer schlimmer, und bald war ich soweit, daß ich mich im Geiste zum Beschützer der freundlichen Dame ernannte. Alle meine Gedanken waren bei ihr. Ich achtete überhaupt nicht mehr auf die Predigt. Ihre Verlegenheit nahm immer stärker von ihr Besitz; nun ließ sie den Verschluß ihres Riechfläschchens schnappen – es war ein lautes, knallendes Geräusch, aber in ihrer Beklemmung ließ sie ihn schnappen und schnappen und schnappen – sie wußte nicht, was sie tat, sie merkte es gar nicht. Zum Äußersten kam es, als der Teller zur Kollekte die Runde zu machen begann; die einfachen Leute legten ihre Pfennige darauf, der Adel und die Reichen spendeten Silber, sie jedoch legte mit widerhallendem Klick! ein goldenes Zwanzigmarkstück vor sich auf die Gesangbuchauflage! Ich dachte bei mir: Sie hat sich von allen ihren armseligen Ersparnissen getrennt, um sich die Achtung dieser mitleidlosen Leute zu erkaufen – der Anblick jammert mich ... Dann erhob sie sich, und die ganze Gemeinde stand, während sie den Mittelgang hinunter zum Ausgang schritt. Es war die deutsche Kaiserin.

Es ist reizvoll, dem wechselvollen Leben in der Bäderstadt nachzugehen, und es ist nicht minder reizvoll, eigenen Erinnerungen an hier während der ›Badener Woche‹ 1934 verlebte Tage nachzuhängen. Vor den Hotelpalästen wie dem ›Stephanie‹ oder Brenners Kurhof standen Autos aus aller Herren Länder, darunter der kanarienvogelgelbe Rolls-Royce der steinalten Frau von S., gewaltigen industriellen Reichtum ausstrahlend. Abends waren die Gäste in den Hotels vollauf beschäftigt, sich für eines der Diners zurechtzumachen, die den Rennen folgten, und dann sah man ein elegantes Bild. Gedämpft ging die

Konversation; man begrüßte Bekannte, man sprach von den Favoriten der Rennbahn. Durch die heitere Menge schlendernd schnappte man Gesprächsfetzen auf: die liebe Fürstin Maria ... der gute alte Ruppi ... Ulla! Such a dear! ... Abendkleider in allen Farben, Fräcke, hin und her eilende Kellner mit Getränken. Der Markgraf von Baden empfing oben im Neuen Schloß, Fürst Hatzfeldt-Wildenburg als Präsident des Unionclubs gab seine Diners in den Klubräumen, die reiche alte Mrs. Greville lud ihre Freunde ins Stephanie, aber die ungekrönte Königin von Baden-Baden war Ulla Haniel, Besitzerin eines Rennstalls und des berühmten Hahnhofs, wo Bälle und Diners in bunter Folge einander ablösten. Die Musik spielte wohlerzogen leise, Schmuck blitzte, Frackhemden leuchteten; man flirtete, tanzte und genoß das heitere Treiben. Ich besuchte die Spielbank – als Zuschauer –, wo die alte Frau von S. unermüdlich jeute. Sie warf noch im Augenblick, da der Croupier rief: Rien ne va plus, Haufen von Chips auf den Roulettetisch, und wenn sie verlor, hinderte sie das nicht, seelenruhig die Gewinne anderer Spieler einzustecken. Wagte ein Betroffener, Einspruch zu erheben, blitzte sie ihn an: Junger Mann, mischen Sie sich nicht in meine Angelegenheiten.

Ich habe die Badener Woche dann nie mehr besucht, denn die Ahnung drohenden Unheils ließ sich nicht mehr verdrängen und die zur Schau getragene Sorglosigkeit war nur eine scheinbare – schon gellte uns das Gebrüll Hitlers in den Ohren, wurden jüdische Freunde gemieden und nicht mehr eingeladen, traten Parteifunktionäre, die man angeblich einladen mußte, und junge gutaussehende SS-Männer arrogant auf.

Alles das ist vom Winde verweht, doch Baden-Baden hat sich erholt und ist wieder Treffpunkt der Welt, einer anderen zwar, aber sie tut dasselbe wie die vergangene. Baden-Baden war hübsch und amüsant und ist es zur Zeit der Iffezheimer Rennen wohl immer noch. Es ist die Stadt der Fremden, die kommen und gehen; sie bleibt sich gleich als eine der reizvollsten Schöpfungen des 19. Jahrhunderts und sie erfreut noch immer durch die Anmut ihrer Stadtanlage und ihrer Umgebung. Ihre Anziehungskraft hat alle Wandlungen der sie besuchenden

Gesellschaft überdauert. War Baden-Baden einst das Stelldichein der vornehmen europäischen Welt, der sich eine elegante Halbwelt zugesellte, so ist es heute der Treffpunkt der ›High Society‹, wie diese Gesellschaft, die keine mehr ist, in Illustrierten und Boulevardblättern genannt wird.

Kloster Lichtental

Der Lichtentaler Allee folgend gelangen wir bald in eine andere Welt, in einen Bezirk der Ruhe und Abgeschiedenheit, trotz des brausenden Autoverkehrs um seine Mauern. Vallis Lucida nannten die Römer die anmutige Gegend, die sich zu Füßen des Cäcilienberges ausbreitet. Hier stiftete Markgräfin Irmengard von Baden 1245 den Zisterzienserinnen das Kloster Lichtental. Bis 1372 war die Abtei Grablege des badischen Fürstenhauses. Durch den zierlichen Torbau von 1781 betreten wir den weiträumigen Hof, um den die Gebäude liegen, die Kirche, die Abtei, welche Peter Thumb 1728-34 baute, und die Wirtschaftsgebäude. Alte Bäume stehen im Hof um den hübschen Marienbrunnen von 1602, ländliche Düfte durchziehen ihn, und es ist still hier drinnen. Die romanische Kirche ist verschwunden; an ihre Stelle trat ein gotischer Bau, dessen Ostteile dem 14., dessen Westteile dem 15. Jahrhundert angehören. Ein schlichter Hallenraum mit Kreuzrippengewölbe nimmt uns auf, durch den der zarte Gesang der Klosterfrauen klingt. Im Chor liegt das Grabmal der Stifterin Irmengard (gest. 1260), das der Bildhauer Wölfelin aus Rufach im Elsaß zwischen 1330 und 1340 geschaffen hat. Die Grabplatte trägt das feingearbeitete Reliefbildnis der Fürstin. Der Hochaltar, eine Nachbildung des Schreins von 1489, enthält die originale Marienfigur, die Flügel zeigen Szenen aus dem Marienleben.

Neben der Kirche steht die Fürstenkapelle, welche Markgraf Rudolf I. 1288 gestiftet hat. Sie ist leider 1830-32 so sehr neugotisch verändert worden, daß vom alten Bau fast nichts übrig geblieben ist. An der Fassade sehen wir drei Steinbildwerke vom Kloster Allerheiligen im Schwarzwald, um 1300; der Hochaltar mit Darstellung der hl. Sippe und gemalten Flügeln entstand 1503. Bedeutend sind die Gemälde der Seitenaltäre, Ursula- und Magdalenenlegende, welche der ›Lichtentaler Meister‹ im 15. Jahrhundert gemalt hat. In dieser Kapelle sind die ungefügen, fast barbarisch klotzigen Sarkophage der Markgrafen Rudolf VI. (gest. 1372) und Rudolf IV. (gest. 1348).

Schutzpatronin der Abtei ist die ›Schlüsselmadonna‹, eine Statue des frühen 14. Jahrhunderts, denn sie hat das Kloster im Dreißigjährigen Krieg vor den Schweden gerettet. Die Legende erzählt, wie die Äbtissin auf die Nachricht, daß feindliche Streifkorps im Anrücken seien, beschloß, mit ihren Nonnen das Haus zu verlassen.

Sämtliche heiligen Geräte und sonstigen Kostbarkeiten, welche das Kloster besaß, wurden teils im feuerfesten sicheren Versteck der Grabgewölbe, die seit langen Zeiten nicht mehr benützt, verborgen, teils zum Mitnehmen zusammengetan, und die Tür eines unterirdischen Ganges geöffnet, der nach dem Leißberge hinüberführte. Durch diesen wollten die Nonnen sich flüchten, daß die beutegierigen Feinde nur verödete Hallen fänden. Als alles bereit war, scharten sie sich noch einmal zum vielleicht letzten Gebet um die Äbtissin . . . Noch widerhallten die Mauern von dem frommen Gesange, der dem Gebet gefolgt war, da stürzte hastig ein Landmann durch die Seitentür der Kirche und brachte die erschreckende Botschaft, daß der Feind heranstürme und in wenigen Minuten das Kloster umzingelt sein würde. Alles rannte durcheinander, nur die Äbtissin verlor die Fassung nicht. Sie gebot Ruhe, schritt auf einen Seitenaltar zu, über dem ein Marienbild stand. *Fest die Stufen hinaufschreitend, nahm sie die Schlüssel zum Haupteingang des Klosters, der schon verschlossen war, von ihrem Gürtel, hing sie über den Arm der heiligen Jungfrau und sprach innig und feierlich: ›Gebenedeite Mutter Gottes! Menschliche Kraft vermag nicht mehr dein Haus zu bewahren; so empfange du die Schlüssel der heiligen Stätte, und schirme sie gegen feindliche Gewalt, daß wir zu ihr zurückkehren können und deinen Namen preisen bis ans Ende unserer Tage!‹*

Dann verließen sie durch den unterirdischen Gang das Kloster. Die Schweden schlugen das Tor ein, *aber schon die ersten,*

FRIEDRICH VON NEHRLICH (1807–78)
Der Konversationssaal in Baden-Baden
Aquarell, um 1855
Karlsruhe, Staatliche Kunsthalle

welche vordrangen, wichen bleich entsetzt zurück, denn eine leuchtende Gestalt zeigte sich ihren Blicken und hielt mit drohender, gebietend-abwehrender Gebärde ihnen die Schlüssel des Klosters entgegen. Angstzitternd ergriff die räuberische Schar die Flucht vor einer Macht, die zu bekämpfen sie keine Macht hatte, und da das Gerücht von dem geschehenen Wunder sich bald verbreitete, wagte fürder kein feindlicher Arm das Kloster zu gefährden. Der feste Glaube der Äbtissin hatte gesiegt, die heilige Maria mit eigener Hand die ihr empfohlene Stätte beschützt.

Der Schwarzwald

Seine Gestalt verdankt der Schwarzwald gewaltigen erdgeschichtlichen Vorgängen. In der Steinkohlenzeit, vor dreihundertvierzig Millionen Jahren, entstand das sogenannte Variskische Gebirge in Europa, das von Frankreich bis nach Böhmen reichte. Vor hundertachtzig Millionen Jahren, im Jura, begann die jurassische Meeresüberflutung; sie machte aus den höchsten Erhebungen der damals noch miteinander verbundenen Vogesen und Schwarzwaldberge Inseln. Die Meere zogen sich im Kreidezeitalter wieder zurück. In jenen weit entlegenen Zeiten hatte sich eine aus dem Verwitterungsschutt der Berge, aus Wüstensand und Meeresablagerungen gebildete Decke über das alte Gebirge gelegt. Im Tertiär, vor vierundsiebzig Millionen Jahren, falteten sich mit den Gebirgen im Himalaja und den Kordilleren auch die Alpen auf, und die Reste des alten Variskischen Gebirges kamen in Bewegung. Der riesige Einbruch der Erdkruste zwischen Basel und Mainz ließ das Rheintal entstehen, Schwarzwald und Vogesen begannen aufzusteigen, und schließlich hat die Eiszeit, die vor etwa neuntausend Jahren zu Ende ging, das ihre dazu getan, denn als die Eismassen schmolzen, bereiteten die mahlenden Wasser den Seen ihre Betten, den Bächen ihre Bahnen und hinterließen Hochmoore, wie wir sie noch in den Wäldern auf einer Hochfläche des Nordschwarzwaldes zwischen Murg und Enz sehen können, und zwar zwischen Herrenalb und Besenfeld, zwischen Wildbad und Gernsbach. Dort tragen die vermoorten Gipfel Hornberg und Hohloh Urwalddickichte, Moore und Seen.

Schon die ersten Schritte auf den mit Steinen belegten Knüppeldamm führen durch einen Friedhof der Baumleichen, schreibt Gustav Schenk aus Ebersteinburg. *Moorbirken sind von den Torfmoosen überwallt und sterben ab. Durch ein Spalier von Vogelbeerbäumen,*

Mehlbeerbäumen, Flattersimsen, Borstengras und großen Büschen des Pfeifengrases tritt man ein in die Urwalddickichte der Bergkiefer, die man auch Latsche, Legforche oder Legforle nennt. Als ›Spirken‹ wollten sie aufrecht wachsen, doch Schneedruck und Wind einer Tausendmeterhöhe legten sie rasch mitsamt ihren Wurzelscheiben um. In dieser Lage wuchsen sie aber weiter, und aus der aufrechten Bergkiefer wurde die Legforche mit ihren phantastisch verschlungenen, bogenförmigen Stämmen. Der Borkenkäfer tötete ganze Bestände von Bergkiefern und hinterließ die trostlosesten Latschenfriedhöfe. In der Wildheit des Bergkiefer-Urwaldes siedelten sich Ameisennester von oft zehn Meter Umfang an. Der Buntspecht zwängte die Zapfen in die Spalten der Baumstämme, um sie aufzumeißeln und zu den Samen zu gelangen. Ein Wall geleerter Zapfen am Bodengrunde verriet den Ort einer ›Spechtschmiede‹. In den Gruben, die die ausgehobenen Wurzelscheiben der Bergkiefer hinterließen, sammelte sich das Regenwasser, und in diesen Kolken verbreiteten sich die raschwüchsigen Torfmoose, auf deren losen Lockermassen die Ameisen ihre Straße bauten.

Aber gleich neben sich aufbäumenden, niedergestürzten und wie im Schmerz gewundenen Bergkiefern, die selbst noch ihre abgestorbenen Schwestern umschlingen, neben dem dichten Flechtenbehang und dem undurchdringlichen Bodengestrüpp aus Krähenbeere, Heidelbeere und Preiselbeere – liegt freier und offener das Hochmoor mit dem Auge des Sees darin. Dieser Rand einer scheinbar tödlichen Region wird nur von Buntspecht, Kreuzschnabel, den Libellen und Schmetterlingen überflogen. Der in unserer Zeit sehr selten gewordene Auerhahn überquert das Wildseemoor oder das Hohlohseemoor.

Die Bäche des Schwarzwaldes münden in den Rhein, wie drüben in den Vogesen, nur die Donau wendet sich nach Osten und der bei Schwenningen entspringende Neckar fließt erst nord-, dann westwärts dem Rhein zu.

Durch das Kinzigtal wird der Schwarzwald in zwei Hälften geschieden. Im nördlichen Teil finden wir als höchste Erhebungen Kniebis, Hornisgrinde (1164 m) und Ochsenkopf, im südlichen Teil Feldberg (1494 m), Schauinsland, Kandel, Belchen (1414 m), Toter Mann und Blauen. Der Name Schwarzwald weckt die Vorstellung von finsteren, schattenkühlen Wäldern und Schluchten, und das trifft für den nördlichen Gebirgszug in Teilen zu. Die ersten Nachrichten über den Schwarzwald gibt Tacitus im 1. Jahrhundert n. Chr.; Cäsar nannte ihn den Hercynischen Wald, und Pforzheim war die Porta Hercynia. 763 taucht für die endlosen Tannenforste der Name Schwarzwald auf. Er stand im Ruf der Unheimlichkeit, war erfüllt von Sagen und Legenden; so ist zum Beispiel der Kandel ein Hexentanzplatz.

Gelangt man aus dem dunklen Wald auf eine der Hochflächen, ist man in tiefster Einsamkeit zwischen Hügelrücken, Felsen, Ginster, Wacholder und Wiesen, auf denen das Vieh weidet. Hie und da einer der stattlichen Höfe, und über alles streicht ein kühler Wind. Wald überzieht immer noch das ganze Gebirge, nur die Kuppen sind frei, bedeckt mit kurzem Gras und Felsen. Tanne und Fichte herrschen, an den Westhängen die Buche; die Linde ist fast verschwunden, wie Kohlenmeiler, Glashütten und Flößerei verschwunden sind, und auch die Eibe gibt es nur noch in geringen Beständen im Höllental und in der Baar. Man hat den Eindruck, als sei im Norden der Wald dichter, dunkler und verleihe der Landschaft eine gewisse Melancholie, im Süden dagegen weiträumiger und heiterer. Aber allenthalben finden wir die herrlichen Höfe mit den tief herabgezogenen Dächern, die mit Stroh oder Schindeln gedeckt sind, wenn auch nicht mehr lange. Das Schwarzwaldhaus »ist wunderschön wie ein Märchen«, sagt Wilhelm Hausenstein. ». . . eine lebengebende Stimme rief in diese Wälder das Wort ›Haus‹ hinein, und nun sind diese Häuser da, jedes für sich, denn jedes ist einzeln zum Dasein aufgerufen worden!« Sie sind von höchst behaglicher Wirkung; der Holzbau ruht auf gemauertem Sockel, vorne befinden sich die Wohnräume, hinten Ställe und Scheuer. Es sind dunkle Häuser, denn das Holz ist dunkelbraun; in ihm sitzen die weißen Stöcke der kleinen Fenster und weiß leuchtet auch der gemauerte Sockel. Mit Erde und Wald innig verbunden hockt das Haus da, wie eine Henne auf ihrem Nest.

Mark Twain hatten es die Misthaufen angetan. *Wir wurden im Schwarzwald sehr vertraut mit dem Stalldünger. Ohne daß wir es eigentlich wollten, gewöhnten wir uns an, Rang und Stand eines Mannes nach diesen äußeren, sehr beredten Zeichen festzusetzen. Manchmal sagten wir: »Da wohnt ein armer Teufel, das ist ganz offensichtlich.« Erblickten wir eine stattliche Anhäufung, sagten wir: »Ein Bankier.« Wenn wir einem Landsitz begegneten, der von alpiner Mistpracht umgeben war, sagten wir: »Hier wohnt zweifellos ein Herzog!«*

Ganz selten bringen Reisebeschreibungen des 17. und 18. Jahrhunderts Schilderungen des Schwarzwalds. Niemand dachte daran, in die tiefen, weglosen Wälder einzudringen – mit Ausnahme der Besucher des Wildbads –, denn, wie die Dolomiten, galt das Gebirge lange Zeit als verwunschen und unheimlich. Johann Jakob Christoph von Grimmelshausen, der Schultheiß von Renchen, läßt seinen Simplicius Simplicissimus Steine in den verzauberten Mummelsee werfen, wodurch er ein schreckliches Unwetter heraufbeschwört. Erst die Romantik entdeckte die Landschaft; man begann sie zu durchstreifen. So berichtet Karl August Varnhagen von Ense 1816 von einem Ausflug von Baden-Baden ins Gebirge: *Die jüngeren Gefährten mißten nirgends den für Spiel und Mutwill günstigen Boden. Scherz und Lachen hörten nie völlig auf, durchbrachen öfters die Stille und Ruhedürftigkeit der lauen Nächte. Fräulein Morgan und Herr Naryschkin ließen öfters ihre Stimmen mit denen der hübschen Schwarzwälderinnen wetteifern, die Prinzen Wittgenstein und Schönburg führten diese zum Tanz, während die kecken Schwarzwälder Burschen unsere Damen so hoch emporschwangen, daß Geschrei und Lachen den Saal erfüllte.*

Noch 1840 schreibt Joseph Bader: *Der Name ›Schwarzwald‹ mußte es mitbringen, daß der Fremde mit dem Gebirgsland, welches denselben trägt, einen düsteren und schauerlichen Begriff verband. So denkt sich der Franzose unter seinem ›Forêt-Noire‹ eine Wildnis voll dunkler, unwegsamer und menschenleerer Waldberge, und der Engländer unter seinem ›Black-Forest-man‹, womit er den Kindern zu fürchten macht, einen Halbwilden, einen Räuber. Selbst der entfern-*

tere Deutsche malt sich das schwarzwäldische Gebirge mit Farben vor, welche nur für eine wilde, traurige Einöde passen.

Das ist anders geworden, und das Gebirge ist heute ein sehr beliebtes Ausflugsziel und Wintersportgebiet.

Im Frühjahr, wenn der Feldberg noch seine Schneekappe trägt, stehen Vorberge, Ortenau, Freiburger Bucht und Markgräflerland in voller Blüte; wenn dichter Nebel die Rheinebene im Herbst verhüllt, leuchtet auf den Höhen noch der Altweibersommer. Und der Blick von oben! Weit hinfließende Höhenlinien, Kuppen, Wälder von tiefem, fast schwarzem Grün, das aus blauen Schatten taucht, heller wird, in der Ferne sich silbrig verliert. Unten das helle Grün der Weinberge, das Rot der Dächer, die Rheinebene unscharf im Sonnendunst und am Horizont die zarte Linie der Vogesen, die Berge der Alb, die Basaltkuppen des Hegau, bis der Blick sich an der langen Alpenkette fängt.

Das Schwarzwälder Freilichtmuseum

Im weit zwischen den Bergen gespannten Gutachtal, wo die breiten, behäbigen Bauernhöfe stehen – sie tragen keine Strohdächer mehr, man hat sie wegen der Brandgefahr verboten –, sieht man die Bäuerinnen beim Kirchgang noch in der Tracht, den lustigen roten ›Bollenhut‹ auf den Köpfen. Hier liegt, bei Gutach – es hat nichts mit dem Gutach der berühmten Nähseidefabriken der Gütermanns bei Waldkirch zu tun –, der Vogtsbauernhof, um den sich ein ausgezeichnet aufgebautes und eingerichtetes Freilichtmuseum gruppiert. Wer etwas über Lebensart, Sitte und Brauchtum eines Schwarzwälder Bauernhofs erfahren möchte, muß das gesehen haben.

In der Mitte liegt unter dem seitlich tief herabgezogenen Strohdach, dessen Bünde oben am First wie kleine Garben emporstehen, der Vogtsbauernhof von 1570, links davon sitzt in der Wiese der Hippensepphof von 1599 unter seinem geschindelten Vollwalmdach, und rechts ist man im Begriff, einen strohgedeckten mächtigen Hof aus dem Nordschwarzwald aufzubauen. Jeder Hof hat die dazu gehörigen Nebenbauten, die für den Betrieb notwendig waren, wie Brennhaus, Speicher, Mühle, Backhaus, Sägemühle, Brechhaus. Auch das Leibgeding oder Austragshäusle darf nicht fehlen, von dem wir hier ein Beispiel in der Kinzigtaler Form sehen.

Der *Hippensepphof* gehört zu den sogenannten ›Heidenhäusern‹ am Oberlauf der Gutach im katholischen vorderösterreichischen Gebiet; der Vogtsbauernhof, er stand schon immer hier, liegt im ehemaligen protestantischen Herzogtum Württemberg, und das Kinzigtalerhaus stammt aus einstigem fürstenbergischen, also wieder katholischem Gebiet. Die Verschiedenartigkeit der Konfessionen macht sich auch in den Bauformen bemerkbar, aber alle Schwarzwaldhäuser sind aus Holz gezimmerte Ständer-Bohlen-Bauten. Sie haben alle das gewaltige Dach, das die Häuser so behaglich erscheinen läßt.

Das ›Heidenhaus‹ ist die älteste Form des Schwarzwaldhauses aus dem Bereich des Hochschwarzwalds und ist ganz auf die Bedürfnisse des Viehzüchters zugeschnitten. Deshalb fehlt auch nie das Bild des hl. Wendelin als Schutzpatron des Viehs an der Stirnwand des Stalls. Das ›Heidenhaus‹ mit dem Vollwalmdach liegt immer mit der Längsrichtung des Firstes zum Hang, so daß die Heuwagen von der Bergseite bequem in den Dachraum einfahren können; es ist zweigeschossig und oben liegen die Schlafstuben. Der Hippensepphof ist eines der letzten ›Heidenhäuser‹, die gebaut wurden, und zwar von Joseph Fehrenbach aus dem ›Hippen‹ in der Nähe von Furtwangen. In der behaglichen Stube mit Herrgottswinkel steht der große Kachelofen mit der ›Kunst‹, einem Nebenofen mit Bank; die Küche geht durch beide Stockwerke, und über dem Tischherd hängt der gewaltige Rauchfang, in dem Würste und Schinken geräuchert wurden. In die Wände der Dreschtenne sind magische Zeichen eingeritzt, wie allenthalben in diesen Höfen: vorchristliche Heilszeichen, christliche Symbole und Abwehrzeichen, auch besondere Hofmarken: Sechssterne, Lebensbaum, Raute, Herz, Andreaskreuz und andere. Man kann sich über alles das in dem ausgezeichneten Museumsführer genau unterrichten. Die Abwehrzeichen, wie das Pentagramm, gelten vor allem dem ›Schrättele‹, einem unholden Wesen oder Alp. Neben dem Hof steht der kleine Speicher auf vier Pfählen; er ist mehr eine Vorratskammer unter Dach, deren hinteres Teil eine kleine Geheimkammer birgt, wo Geld und Urkunden aufbewahrt werden. Zu jedem größeren Hof gehört die Kapelle. Die Hippenhofkapelle wurde 1736 gebaut, Johannes dem Täufer geweiht, dem Helfer der Hirten und Herden, und neben dem Täufer steht Simon, der Patron der Holzfäller. Man trifft auch Andreas für Heirats- und Kindersegen und Antonius Eremita als Nothelfer für Mensch und Vieh, von den Bauern ›Sautoni‹ genannt, weil er ein Schweinchen bei sich hat.

Der sehr stattliche *Vogtsbauernhof* war in der Zeit seiner Erbauung, 1570, Wohnung des Talvogts. Auch er liegt unter einem tief hinabreichenden Dach mit der Schmalseite dem Hang zu, hat jedoch an der Vorderfront Veranden, die aus dem Elsaß über die Ortenau hierher gelangt sind. Dort stehen auch die Bienenkörbe. Im Erdgeschoß liegen Wohnstube und Küche, Kammern und Stall. Auch hier ist die Wohnstube geräumig und gemütlich und ähnlich eingerichtet wie im Hippensepphof. Man erkennt die altertümliche Schwere, das ›Gesicht‹ des Hauses, das nicht allein Zweckmäßigkeit zeigt, sondern auch feste Beständigkeit von geplanter geräumiger Übersichtlichkeit, wie sie in diesen Gebieten mit harten Wintern eine Notwendigkeit sind.

Beispiele für das Kinzigtaler Haus sind der Speicher und das Leibgedinghaus. Klein, aber mit allem ausgestattet, ist Letzteres, in dem der Austragsbauer den Lebensabend verbringt. Das Speicherhaus ist größer und umlaufen von einem laubenartigen Gang, dem ›Trippel‹. Die zweite Speicherhälfte diente der Bauerntochter als Schlafkammer. Hier konnte sie ihren Verehrer empfangen, und es war der Ort, in dem »die Gelegenheit zu dem nächtlichen Zusammenschlieffen und anderen verdächtigen Zusammenkünften wissentlich gestattet wird«, wie es in einer fürstenbergischen Verordnung von 1757 mißbilligend heißt. Im Hintergrund dieses Brauchs aber stand die Hofübergabe als wichtiger Beweggrund, denn man mußte sicher gehen, daß der erwählte Bursche etwas taugte. Hansjakob berichtet sehr anschaulich über die bäuerlichen Heiraten: *Je wichtiger eine Angelegenheit ist, um so mehr muß dabei der Verstand das Wort reden und das Herz schweigen. Je mehr Poesie und Gemüth an eine entscheidende Sache verschwendet werden, um so schlimmer fällt sie in der Regel aus, und um so schwerer ist die Täuschung, wenn die nackte Wirklichkeit jener Poesie gegenübersteht.* Darum, sagt er, macht das Volk überall auf der Welt einen Unterschied zwischen Poesie und Prosa, zwischen Liebe und Heirat. Es sind zwar viele Liebeslieder aus dem Volk hervorgegangen, aber wenn es sich ums Heiraten handelt, wird nur noch der Verstand gehört. *Und daß das Volk recht hat mit seiner Nüchternheit, zeigt die Tat-*

sache, daß unsere Bauern und Bäuerinnen viel glücklicher und zufriedener leben, Einheit und Treue viel höher halten, als jene Leute, die sich nach einem Liebesroman und nach tausend Schwüren unsterblicher Liebe und Treue gefunden haben, aber ein halbes Jahr nach ›dem Honig‹ leben wie Hund und Katze. In den bäuerlichen Familien wird gehandelt wie in fürstlichen. Der Hof muß erhalten bleiben, darum darf der Sohn nicht die Magd heiraten, die Tochter nicht den Knecht, auch wenn sie einander noch so sehr lieben. *Der alte Bauernfürst hat's wohl gewußt und ein Auge zugedrückt, gerade so wie der regierende Fürst ein Auge zudrückt, wenn der Prinz Karl, August, Wilhelm, Otto, Friedrich, Franz die Tochter eines höhern oder niedern Hofbeamten gerne sieht. Wenn's an's Heirathen geht, so kommandirt das Familienoberhaupt im Bauernhof und im Schloß einfach anders, und die ›Geschichte hat ein Ende‹.* In jedem Bauern, sagt Hansjakob, steckt ein Stück von einem großen Herrn. *Beides deckt sich. Beim ›grand seigneur‹, wie beim Großbauern, der eben in seiner Art auch ein seigneur ist, wiegt die Größe und Solidität des ›Hauses‹ alles auf; das Übrige, selbst die Kinder, gilt, wenn's sein muß, als ›Mobiliar‹, das der Größe des Hauses zu dienen und dem ›Stammen‹ sich unterzuordnen hat. Nur auf diese Art sind die Großbauern Bauern, und die großen Herren – Fürsten geblieben ... Und Fürsten sind die großen Bauern und bleiben es, wenn nicht die moderne Gesetzgebung mit ihrem Gleichmachen ihr altes Erbrecht ruinirt, angefressen hat sie's bereits. Sie haben ihre Würde von jeher gefühlt und von Alters her und heute noch nennen sie ihre Dienstboten ›ihre Völker‹. Der Bauer im Kinzigthal sagt zum Beispiel nie: meine Knechte und Mägde sind bei der Arbeit oder beim Tanz oder auf dem Jahrmarkt, sondern stets: meine Völker.*

So berichtet Heinrich Hansjakob vom Eckerbûr, der von seinem Hof von der Höhe herab die Welt von Straßburg bis Basel und weit in den oberen Schwarzwald hinein, bis zum Feldberg und Belchen, übersieht. *In einer Mulde unterhalb der Bergspitze liegt der stattliche Hof mit seinem Riesen-Strohdach, welches die Fenster und Thüren nur hervorschauen läßt wie kleine Augen unter einem riesigen Pappendeckel-Schirm. Etwas höher steht das Leibgedinghaus und daneben jedes Bauern Schatzkästlein, ›der Speicher‹.* So nennt er noch einige Höfe im Schwarzwald, die alle von der Art jener des Freilichtmuseums sind. *Diese Großbauern sind aber nur die ›primi inter pares‹. Sie arbeiten mit ihren Knechten in der Regel vom Morgen bis zum Abend, und auf dem Feld oder im Wald kann man den Herrn von den Knechten nicht unterscheiden. Ebenso ist eine rechte Bäuerin nur die erste Magd auf dem Hof. Ein Unterschied zeigt sich nur darin, daß der Bauer und die Bäuerin auf den Wochenmarkt fahren und dort ›brotis‹ essen, während die andern daheimbleiben, und daß die Bäuerin sich bisweilen in der Woche ein ›Schüssele voll Kaffee‹ genehmigt. Auf's Feld geht die ›Büre‹ nie, aber dafür kocht sie allein für Menschen und Vieh und versieht sämtliche Tagesarbeiten im Hause.*

Auch über die im Kinzigtal üblichen Hochzeitsbräuche berichtet Heinrich Hansjakob von Eckerbûr sehr ausführlich. Es war Sitte, daß, sobald der Pfarrer in der Kirche das Paar aufbot, alle in der Kirche das Knie bogen. Bei jedem Paar, das genannt wird, wiederholt sich die Kniebeuge. *Ich kann mir diese Reverenz, die sonst nur dem höchsten Sakrament des Altars zu Theil wird, nur denken als Zeichen der großen, wichtigen That, um die es sich handelt ... Wenn es Zeit ist zum Aufbruch in die Kirche, was sich nach der Entfernung richtet, tritt der Bräutigam resp. Braut vor die Eltern und danken ihnen für Alles, was sie von ihnen erhalten haben von Kindes-Tagen an bis zur Stunde, und bitten um den elterlichen Segen.*

Ist dies geschehen, so tritt der ›Hochzeitsläder‹ vor und spricht im Namen der Gäste, die an der Morgensuppe sich betheiligt haben: »Geehrteste Hochzeitsgäste! Wir haben jetzt gegessen und getrunken und danken für das, was wir empfangen haben. Jetzt wollen wir die Brautleute in die Kirche begleiten vor den Altar, wo sie das heilige Sakrament der Ehe mit einander beschließen, den Segen und den Thau des Himmels auf sie herabflehen von Gott dem Allmächtigen, daß er sie an zeitlichen und ewigen Gütern segnen wolle, und daß auch die Brautleute an ihren Kindern Freude erleben. Dazu verhelfe uns Gott Vater, Gott Sohn und Gott heiliger Geist.«

Nach diesem Spruch werden fünf Vaterunser und der Glaube ge-

betet und dann noch zwei Vaterunser für die »nächst versterbenden« Verwandten der Brautleute. Unter der Stubenthür gibt jedes der Anwesenden dem Bräutigam resp. der Braut das Weihwasser aus dem Gefäß, das in jeder Bauernstube am Thürpfosten hängt.

Unter Thränen verläßt der Zug das Haus und geht der Kirche zu. Sind Braut und Bräutigam aus dem gleichen Thal, so trifft man bei irgend einem Kreuzweg zusammen ... Die Hochzeit wird stets da gehalten, wo die Brautleute sich niederlassen.

Bei der Trauung ist der Taufpathe jeweils der Brautführer. Während die Brautleute am Altare stehen, wird scharf darauf geachtet, auf welcher Seite des Altars die Kerzen heller oder trüber brennen. Bei welchem Brauttheil sie trüberes Licht geben, dessen Tod erfolgt zuerst. Es ist schön, daß die Menschen im vollsten Flor des Lebens an den Tod denken. Aber unglücklich ist deßwegen dasjenige, dem der Tod zuerst blüht, nicht. Es wird ja nicht verkündet, wann dieses Scheiden eintritt, und einmal muß ja doch geschieden sein. Dies Einmal denkt sich aber die vom Kerzenlicht bestimmte Person sehr spät und darum betrübt sie sich nicht, und die trübe Kerze kann die helle Hochzeitsfreude nicht stören.

Dann geht es ins Wirtshaus und es wird ungeheuer gegessen und getanzt. Am nächsten Morgen müssen die jungen Eheleute in der Dorfkirche erscheinen, wo nach alter Sitte eine Messe für die toten Blutsverwandten gelesen wird.

Man sollte in Hansjakobs Büchern lesen, ehe man den Vogtsbauernhof besucht, denn alles das zusammen ergibt einen höchst eindrucksvollen Überblick über die Kultur der Waldbauern, von ihrem Leben und ihrer Arbeit.

In der Ortenau
auf der Badischen Weinstraße

Nicht so berühmt wie die Landschaften um Freiburg und Badenweiler, wie der Schwarzwald selbst und der Hochrhein ist die Ortenau, im Westen vom Rhein, im Osten vom Schwarzwald, im Norden von Baden-Baden und im Süden von Freiburg begrenzt. Es ist jedoch ein sehr abwechslungsreiches Land von eigentümlicher Schönheit, nicht nur ein Land des Weins, sondern auch des gebrannten Wassers, des Kirschs, Zwetschgenwassers und Himbeergeists, die Weltruf erlangt haben. Vor allem ist das Land um Offenburg an der Kinzig, die bei Kehl in den Rhein mündet, ein Kirschwasserland. Etwa fünfzig Gemeinden der Ortenau betreiben Weinbau, dazu Tabak- und Obstbau. Kappelrodeck, Durbach sind bekannte Weinorte, und Affental in der Nähe von Durbach, das alte Ave-Tal, ist berühmt durch seinen ›Affentaler‹. Ein Brief Dorothea Schlegels an ihren Mann aus dem April 1818 schildert die Ortenau von Kenzingen aus so, wie wir sie heute noch sehen.

Diesen Morgen trank ich meinen Thee am offenen Fenster in einer lachenden Landschaft, in Kenzingen. Es ist Markustag, wo die Prozessionen segnend durch die blühenden und grünenden Felder ziehen. Denk Dir nur, das ganz nahe vor mir liegende Gebirg oben mit in der Sonne glänzendem Schnee bedeckt, in höchst schönen malerischen Formen, darunter Hügel bis oben heran mit Wein bebaut, unten die herrlichsten Felder und blühenden Fruchtbäume, und nun eine Prozession wohlgekleideter Männer, niedlicher mit Bändern geschmückter Kinder und schöner, wohlgewachsener Frauen und Mädchen in hellen sonntäglichen Kleidern, die Haare entweder in zierlichen Zöpfen aufgebunden oder mit Häubchen von verschiedenen und recht phantastischen Formen halb verdeckt, die roten flatternden Fahnen durch die blaue Luft und den Pfarrer mit einigen anderen Geistlichen in Chorröcken, das goldene Kreuz vorgetragen, in langen Reihen durch die Felder und über die Hügel ziehen in schöner sittsamer Ordnung, singend und den Rosenkranz oder die Litanei von allen Heiligen betend.

Wir fahren von Lichtental südwärts auf der Schwarzwaldhochstraße, die durch endlose schwarze Wälder führt, aus denen sich die Gipfel hoher Berge erheben an dem berühmten Sanatorium Bühlerhöhe vorüber und gelangen hinter Sand auf den Paß, der das Murg- und Bühlertal verbindet. Noch ein Stück weiter über Hundseck und wir erreichen die Hornisgrinde, an deren Südflanke der *Mummelsee* liegt, eine dunkle Wasserfläche im Schwarzgrün dichter Tannenwälder. Hier hatte Simplicius Simplicissimus die merkwürdigsten Abenteuer zu bestehen. *Von Zeit zu Zeit ertönt aus der Tiefe dumpfes Grollen,* meldet die Sage, *und als ob gehorsam einem strengen Gebot, jagt die Windsbraut durch Wälder und Schluchten, ballt Nebelschleier zu Wolkenschichten zusammen und treibt sie an, sich verheerend über die Gegend zu entladen ... Tief unten, am Rande des Schlundes, der in die Eingeweide der Erde sich hinabsenkt, wächst eine zarte blaue Blume, welche die Macht besitzt, denjenigen, der sie in der linken Hand hält, unsichtbar zu machen.* Auf dem Grund des Sees lebt der Wasserkönig. Abends steigen die Nixen empor, tanzen am Ufer und suchen auch menschliche Wohnstätten auf, um den Hausfrauen zu helfen, den Kindern und Mägden lustige Geschichten zu erzählen, aber sobald sich der erste Schein des Frührots zeigt, müssen sie wieder in den See hinab. Mörike beschwört in einem Gedicht die Geister des Mummelsees. Die letzten Verse lauten:

Die Wasser, wie lieblich sie brennen und glühn!
Sie spielen in grünendem Feuer;
Es geisten die Nebel am Ufer dahin,
Zum Meere verzieht sich der Weiher –
Nur still!
Ob dort sich nichts rühren will?

Es zuckt in der Mitten – o Himmel! Ach hilf!
Nun kommen sie wieder, sie kommen!
Es orgelt im Rohr, und es klirrt im Schilf;
Nur hurtig, die Flucht nur genommen!
Davon!
Sie wittern, sie haschen mich schon!

Man kann der Hochstraße weiter folgen, um links vorbei am Schliffkopf (1055 m) und dann über den Kniebis nach Freudenstadt zu gelangen. Wir aber fahren nach Sand zurück, biegen ab ins Bühlertal zur schmalen Badischen Weinstraße, die, mit der Bundesstraße 3 zusammenfallend, in Baden-Baden beginnt und über Offenburg, Freiburg, Müllheim bis nach Weil kurz vor der Schweizer Grenze führt. In die berühmten Weinbaugebiete des Kaiserstuhls, des Markgräfler Landes, des Kinzig- und Glottertales zweigen lohnende Nebenrouten ab. Wir werden dieser Straße zwar nicht immer folgen, benutzen sie aber zunächst, um über Neusatz, Lauf, Sasbach, Sasbachwalden, Kappelrodeck, Oberkirch, Durbach und Offenburg nach Gengenbach zu gelangen.

Die Straße, die wir dem kürzeren Weg über Ottenhöfen vorziehen, windet sich durch das sanfte Hügelland, zieht durch hübsche Ortschaften, durch Buchen- und Kastanienwäldchen bergauf, bergab, durch schmale Täler mit erlenbestandenen Bächen, mit Nuß- und Obstbäumen und unter steil ansteigenden Weinbergen dahin. Es ist ein stilles, noch etwas abseitiges Land, von dessen Höhen wir in die Rheinebene und auf den Schwarzwald schauen, der uns mit Laub- und Mischwäldern an seinen Flanken begleitet.

Nahe bei Oberkirch liegt *Lautenbach*, das man besuchen sollte, denn dort steht am Ufer der Rench eine alte Kirche, welche die Mönche von Allerheiligen nach dem Brand ihres Klosters 1471–93 durch Hans Hartwig von Bergzabern bauen ließen. Als sie nach Allerheiligen zurückkehren mußten, diente das Klostergebäude als Hospiz. 1900 wurde die Kirche erweitert und erhielt ihren Turm, aber man kopierte die alte Fassade und setzte das alte Portal ein, dessen Schmuck eine fast lebensgroße

Muttergottes bildet, eine vorzügliche spätgotische Arbeit. Ein Saal mit Netzgewölbe empfängt uns im Innern, vom Chor durch den Lettner mit Maßwerkbrüstung und schlanken Säulen getrennt. Die 1485 entstandene Gnadenkapelle, die fast nur aus Fenstern mit reichem Fischblasenmaßwerk besteht, birgt das Gnadenbild, eine Holzfigur der Muttergottes aus dem frühen 16. Jahrhundert. Nach Straßburg weist der Hochaltar, ein prächtiger Flügelschrein von 1491-94, mit den Schnitzfiguren der Muttergottes und der beiden Johannes. Die Gottesmutter steht zwischen zwei Säulen, welche sich oben in Ranken und Trauben verzweigen, einen luftigen Laubbaldachin bildend. Die inneren Flügelbilder sind den Werken Hans Baldung Griens nahe verwandt; sie zeigen die Jugendgeschichte Christi. Die Außentafeln von 1510-20 sind von geringerem Rang; aus der gleichen Zeit ist der Altar unter dem Lettner mit den Figuren der Heiligen Wolfgang und Martin zwischen den seitlichen Reliefs der Heiligen Antonius mit dem Schwein und Wendelin, des Viehhirten, den man allenthalben im Schwarzwald antrifft. Der andere Nebenaltar zeigt die Heiligen Philippus und Jakobus zu Seiten einer Pietà, und die Außenseiten seiner Flügel schildern die Verkündigung, die ebenfalls Hans Baldung Grien nahesteht. Die schönen, im 17. Jahrhundert ergänzten Glasscheiben der Fenster mit Stifterbildern des Adels und der Bürger sind vermutlich von Peter Hemmel aus Andlau im Elsaß gemalt.

Von Lautenbach kehren wir wieder nach Oberkirch zurück und gelangen, hinter dem Ort links abbiegend und unsere Fahrt auf der Badischen Weinstraße fortsetzend, über Durbach nach *Offenburg*, das sich am Schnittpunkt zweier Römerstraßen zur Stadt entwickelt hat. Der Name erscheint urkundlich als Offinburc 1101. Die Stadt wurde im 13. Jahrhundert reichsfrei. 1689 zerstörten die Franzosen Offenburg gründlich, und daher entstammt das heutige ältere Stadtbild dem 18. Jahrhundert. Da ist vor allem das schöne Rathaus von 1741 mit seiner vornehmen Fassade zu nennen, wie auch der ehemalige Amtshof (Landratsamt), den die Markgräfin Sybilla Augusta, die Gemahlin des ›Türkenlouis‹, von Michael Ludwig Rohrer 1714-17 bauen ließ. Den Mittelrisalit mit dem prächtigen Balkon schuf der Balthasar Neumann-Schüler Franz Ignaz Krohmer. Auch das einstige Palais der Ortenauer Ritterschaft, wahrscheinlich von Matthias Fuchs gebaut, ist ein hübscher Bau aus der zweiten Hälfte des 18. Jahrhunderts, mit einem Treppenturm des 17. Jahrhunderts. Ein Rundgang durch die Straßen zeigt uns ein lebhaftes, industriereiches Stadtwesen, das sich um die von Franz Beer ab 1700 auf gotischen Resten erbaute Stadtpfarrkirche gruppiert.

Anton Fendrich gibt uns eine lebendige Schilderung seiner Heimatstadt: *Ob ich von den Großmüttern im Ried oder von der Base in Heiligenzell, oder aus des Vaters Urlaubswochen im Hochschwarzwald wieder in die Rosengasse heimkam, es war immer die gleiche kindliche Überraschung, daß es eine so schöne Stadt in der Welt wie Offenburg geben könnte. Da lag sie, umringt von den alten Mauern, aus deren Fugen wilder Goldlack wuchs, und dem Kranz der Baumanlagen auf den einstigen Wällen, durchzogen von der mächtigen Hauptstraße, auf deren Pfalz mit der festlichen Lindenallee die Kaiser im Mittelalter einst ihre Turniere geritten hatten und wo auf diese Prachtstraße mit den Bauten der Markgräfin Sybille, der Frau des Türkenlouis, die engen schmucken Gäßlein mündeten, von der Mittelgasse und dem Goldgäßchen und der Prädikaturgasse und der Wassergasse, alles zwischen Mauer und Mühlbach immer neu, immer schöner . . .*

An der Stadtmauer gab es zwischen Schule und Pfarrkirche ein mittelalterliches Kunstwerk mächtigster Art. Unter dem Schutz eines mehr breiten als hohen Kapellenbogens und hinter einem eisernen Lanzengitter dehnte sich das bewegte Treiben von fast drei Dutzend lebensgroßer Steinfiguren, mit denen ein Bildhauer vor vierhundert Jahren der vergeßlichen Menschheit die Angst und den Schrecken der Nacht im Garten Gethsemane lebendig erhalten wollte . . . Mitten in dem in den Garten einbrechenden Zug der Gestalten aus der römischen Besatzung und der Polizei von Jerusalem hob der Judas seinen straff gefüllten Beutel, und vor einem Felsen lag in verzweifelter Abwehr gegen den Kelch, den ihm ein Engel aus der Höhe unerbittlich zuhielt, Jesus auf den Knien, allem Unglück hoheitsvoll überlegen.

Und die drei Jünger schliefen so empörend gut vor diesem nicht erhörten Beten, daß mir besonders der Johannes mit den großartigen Locken widerwärtig war ... Aber immer wieder mußte ich auf den Jesus blicken. Er war bald nicht mehr nur aus Stein. Vielleicht war es die Absicht meiner Mutter, mich verstehen zu lassen, wenn sie vom Herrn sprach ... Die 1524 entstandene Ölberggruppe ist noch vorhanden.

Weiter der Weinstraße folgend kommen wir zu einer der schönsten Städte des Landes, nach Gengenbach.

Gengenbach

Das hätten wir uns nicht träumen lassen. Da liegt zwischen Kinzig und den zum Moosberg ansteigenden Höhen eine kleine Stadt, von Türmen überragt, der auch die industriellen Zutaten unseres geschäftstüchtigen Jahrhunderts, die sich vor den Toren angesiedelt haben, nichts anzuhaben vermögen. Durch das Kinzigtor – die Befestigungen sind in Teilen erhalten – fahren wir ein und gelangen sogleich in die Marktstraße. Welch ein festlicher, heiterer Raum ist das. Um den Renaissancebrunnen, auf dem ein geharnischter Wappenhalter steht, sind die Häuser versammelt. Das Rathaus, durchaus das Selbstbewußtsein einer Freien Reichsstadt widerspiegelnd, wurde 1784 vom Stadtbaumeister Viktor Kretz gebaut, während Peter Schwab die Giebelfiguren, Justitia und Prudentia, sowie den stolzen Reichsadler auf der Giebelspitze schuf. Da stehen nun ringsum die schönsten behäbigsten Bürgerhäuser, mit reichem Fachwerk und leuchtendem Blumenschmuck. Alles ist von eindrücklichster Geschlossenheit, und die wenigen Bauten des späten 19. Jahrhunderts hüllen sich verschämt in ein falsches Renaissancegewand, das immer noch besser ins Bild paßt als Sichtbeton und Flachdach. Da ist die dem Mauerzug folgende Engelgasse, die bei der Thurn und Taxis'schen Post beginnt, einer der prachtvollsten und heimeligsten Straßenzüge, die wir sehen können. Alle Häuser dort, mit Blumen an den kleinen Fenstern, sind einheitlich zweigeschossige Fachwerkbauten, deren Obergeschosse vorkragen und leichte Schatten werfen. Da steht am Nordausgang des Marktes das feste Obertor mit Teilen der Ringmauer und dem Schwedenturm, und im Westen ragt das von zierlichem, maßwerkgeschmücktem Umgang umgebene Oktogon des Niklastorturms über den Dächern auf, eines Turms, der es an Schönheit leicht mit Türmen größerer Städte aufnehmen kann.

Östlich vom Rathaus öffnet sich der Platz, an dem Kirche und ehemaliges Benediktinerstift St. Maria liegen, das, um 850 gegründet, eine erste Blüte im 12. Jahrhundert erlebte. Damals mag der Neubau der *Stiftskirche* vorgenommen worden sein. Stift wie Kirche hat Franz Beer ab 1693 wieder aufgebaut, während Jakob Rischer 1711-16 den hohen eleganten Kirchturm hinzufügte. Die Westfassade der Kirche trägt noch durchaus den ernsten Charakter der Hirsauer Reformbewegung, betont durch das strenge Muttergottesbild des 12. Jahrhunderts in der Giebelnische. Auch das Innere der dreischiffigen Basilika läßt trotz der scheußlichen Ausmalung von 1890 noch den Ernst und die Strenge des hirsauischen benediktinischen Geistes spüren; er zeigt sich im kraftvollen Stützenwechsel der Arkaden, in den festen schmucklosen Kapitellen.

Wahrscheinlich von den Zähringern gegründet, war Gengenbach von 1233 bis 1803 Reichsstadt, eine Stadt, wie sie Spitzweg hätte erfinden können. 1689 ist sie, gleich Offenburg und viele andere Orte, Schlösser und Kirchen, zerstört worden, als die französischen Truppen von der Reichsarmee zum Abzug gezwungen wurden. Aber Gengenbach ist sogleich wieder aufgebaut worden, und zwar städtebaulich so vorzüglich, daß wir hier das Bild einer kleinen Reichsstadt in aller Vollkommenheit und, ungeachtet des engen Raumes, den sie einnimmt, von fast monumentaler Wirkung vor uns haben. Eine Bauvorschrift – man muß ihr hohes Lob zollen – legte Stil und Anordnung der Häuser fest, zu deren Bau der Rat das Holz kostenlos zur Verfügung stellte. Wir können uns eine solche Stadt eigentlich nur als ein Gemeinwesen von höchster Urbanität vorstellen, was aber nicht ganz zutreffen wird. Doch sicherlich ist sie im wahren

Wortsinn ›gutbürgerlich‹ gewesen, und das ist etwas anderes und mehr als das von den Sozialisten verschrieene ›bürgerlich-bourgeois‹, das Spießbürgertum. Das alte ›Spießbürgertum‹ – die Bezeichnung kommt von der Bewaffnung der Bürger mit Spießen – hatte noch seine alte, festgegründete Stadt im Rücken, das heutige ist stolz auf seine völlig seelenlose ›City‹, wie sie allzuoft in kriegszerstörten Städten recht planlos entstanden ist.

In Gengenbach muß man sich Zeit lassen herumzugehen, zu schauen und wieder zu schauen, um den Reichtum an Schönheit in Gassen und an Plätzen aufzunehmen; alles ist von einer Stimmung erfüllt, die uns an das keineswegs oft zutreffende Wort von der ›guten alten Zeit‹ denken läßt.

Als frühester bebauter Ort gilt das ›Bergle‹ außerhalb der Stadt, 1289 als ›Castellburg‹ erwähnt und möglicherweise in keltischer Zeit schon ein Heiligtum, wo jetzt die Einbethen-kapelle steht. Auf dem Moosberg läßt Johann Jakob Christoph von Grimmelshausen seinen Simplicius Simplicissimus als Einsiedler leben. *Ich wohnte,* erzählt dieser, *auf einem hohem Gebirge, die Moß genannt; es ist ein Teil des Schwarzwaldes und überall mit finsteren Tannenwäldern bewachsen. Gegen den Sonnenaufgang hatte ich eine schöne Aussicht in das Oppenauer Tal, nach Süden in das Kitzinger Tal und die Grafschaft Geroltzeck, wo das hohe Schloß mit gleichem Namen zwischen den Bergen hervorsieht wie der König in einem aufgesetzten Kegelspiel. Nach Westen hin konnte ich das obere und untere Elsaß übersehen und nach Mitternacht zu in die niedere Markgrafschaft Baden mit dem Rhein blicken. Darin ragte die Stadt Straßburg mit dem hohen Turm ihres Münsters wie das Herz, das mitten im Leib beschlossen ist ...*

Im Harmersbacher Tal

Wir folgen nun dem Kinzigtal bis Biberach, von wo wir einen Abstecher ins Harmersbacher Tal machen, in ein Tal, das zu den merkwürdigsten Gebilden des alten Reichs gehörte, weil es als freie Bauernrepublik ähnlich einem Schweizer Kanton zu vollständiger Reichsfreiheit gelangte.

1330 verpfändete Kaiser Ludwig der Bayer das Tal dem Bistum Straßburg, das es bald an die elsässische Familie Bock versetzte, die es über dreihundert Jahre verwaltet hat. Doch durften die Pfandherren die bäuerlichen Freiheiten nicht antasten. Die Bauern hatten ein eigenes Hochgericht erhalten, das sie als ein ursprüngliches Recht immer beanspruchten. Als die Pfandschaft erlosch, blieb die Reichsfreiheit bestehen. Geschlechter fürstlicher Bauern saßen im Tal, stolze, harte, willensstarke Männer, die eine Teilung der Höfe – sie fielen immer an den jüngsten Sohn – nicht zuließen, denn auf dem Reichtum des Hofs, auf geschlossenem Besitzstand beruhte die Talverfassung. 1564 verlangten die Bauern die Anerkennung als freies Reichstal, das nicht der Stadt Zell unterworfen sein sollte, da sie ja das Hochgericht besäßen. 1575 entschied das Reichskammergericht, Harmersbach sei ein selbständiges Tal, hätte jedoch keinen Anteil an den Zeller Privilegien. Die Bauern gaben nicht auf; sie erklärten sich 1655 selbsttätig zum reichsfreien Tal und erreichten es 1718, als ›des hl. Reichs freies Tal Harmersbach‹ bestätigt zu werden, das bis 1803 bestanden hat.

In einer Beschreibung des 18. Jahrhunderts heißt es: *Ob nun gleich diese Regierung demokratisch und im eigentlichen Verstand des Wortes ein Bauernregiment ist, so findet man doch verständige Leute unter ihnen, und es wird die Gerechtigkeit gut verwaltet, zumal das Hochgericht wird hier auf das genaueste und mit aller Schärfe ausgeübt und es spricht der Vogt im Namen des Kaisers alle Urteile.*

In diesem Tal nun liegt *Zell*, die einst kleinste Reichsstadt, am Zusammenfluß von Nordrach und Harmersbach. Der Ort, vermutlich eine Gründung des Benediktinerstifts Gengenbach, fiel 1218 an Kaiser Friedrich II. und wurde 1257 reichsfrei. Der Bergbau verschaffte dem Städtchen einen gewissen Wohlstand und nicht unbeträchtlichen Grundbesitz. Unter den zahlreichen politischen Gebilden war wohl eines der kompliziertesten die Vereinigung der drei Reichsstädte Offenburg, Gengenbach und Zell am Harmersbach. Offenburg war eine reine Bürgerstadt, die beiden anderen waren in der Hauptsache ackerbürgerliche Gemeinwesen, aber obgleich sie sich ›Vereinsstädte‹ nannten, waren sie immerzu in Streit und Prozesse gegeneinander verwickelt.

Viele Brände haben die Altstadt zum größten Teil zerstört, aber es ist dennoch ein ansehnlicher Ort in den Resten seines ovalen Mauerrings, von dem der Lange Turm oder Storchenturm mit Stadtwappen und Jahreszahl 1462 noch steht. Die Pfarrkirche wurde ab 1789 unter Beibehaltung des alten Turms neu gebaut und besitzt, mit Ausnahme der neuen Deckenbilder, eine gute Ausstattung jener Zeit.

Heinrich Hansjakob, der Haslacher Pfarrer und Schwarzwälder Erzähler, gibt uns eine lustige Schilderung in ›Wilde Kirschen‹, wie der letzte Oberbürgermeister der Reichsstadt als Schneider auf den Bauernhöfen herumzog und sich gute Mahlzeiten verschaffte:

»S'ist ein kalter Wintermorgen. Der Duft hängt wie Zucker an den Tannebäumen des Harmersbacher Thales, das der Schneidersepp hinaufschritt.« Er war auf dem Weg zum Hermesbûr, der ein gutes ›Chriesewasser‹ hat und wo man den besten ›Dummis‹ (ein Gebäck von Mehl und Eiern, eine Art Schmarrn) aß. Der Schneidermeister wurde auch zu Tisch gebeten und er fragte sich, wie er es anstellen müsse, um eine möglichst große Portion Dummis zu erlangen. Damals, so erzählt Hansjakob, war es noch Sitte, daß, wenn ein Schuster oder Schneider zur Kundschaft kam, er mit dem Bauern, dem Bûr, allein aß. *Suppe, Speck und Sauerkraut bildeten das ›Entrée‹, dem mein Schneider aber sehr wenig Beachtung schenkte. Jetzt trug die Bäuerin eine Platte voll ›Dummis‹ auf, garniert mit ›Huzeln‹, und jetzt ließ der Großvater eines Hofraths und meines Nagler-Nachbars seinen Plan los: »Hermesbûr«, so brach er sein Schweigen, »i han Euer Vatter no guat kennt, han em menge Schobe gmacht un Sunntigshose us Kalbläder. S'isch a brave Mann gsi, schad' daß'r jahrlang krank g'läge isch ... Was isch's au für a Kranket gsi, dia der Vatter gha het un wo sinn er überall na zua dene Döcter?« Der Hermesbauer, der gerne, wie die meisten Menschen, von seinem ›Vater selig‹ erzählte, legte die Gabel bei Seite und fing an zu erzählen. Darauf hatte der schlaue Schneider gerechnet. Er wußte, daß ein Bauersmann, wenn er etwas erzählen will, was ihm am Herzen liegt, nicht zugleich essen kann. Der Bauer erzählte, und der Schneider aß. Je mehr der erstere die Erzählung in's Lange und Breite zog, von den verschiedenen Ärzten, Kuren und Salben und deren Erfolg berichtete, um so tiefer senkte sich des Schneiders Gabel in den ›Dummis‹, und um so leerer ward die Platte. An der merkte schließlich der Hermesbauer den Witz des Schneiders; er schloß seine Erzählung und beschloß nun seinerseits den Dummis-Esser in seinem eigenen Garne zu fangen. »Aber jez, Schnîder«, so endete der Bauer sein Referat, »jez verzelle mir au an wellere Krankheit Euer Vatter g'storbe isch!« Aber der Schneider, ohne eine Sekunde mit Essen aufzuhören, sprach kurzweg: »Jo, Hermesbûr, do kann i gar nix verzelle, mi Vatter isch Knall und Fall ame Schlag g'storbe un isch in zehn Minute gsund un tod gsi.« Sprach's und aß ruhig den Rest Dummis mit dem Bauer weiter. Den ärgerte es aber doch, daß der Schneider ihn überlistet, und als die Bäuerin abtrug, meinte er: »Wîb, morn machsch zwai Platte voll Dummis, mir aine un dem Schneider aine, nô kann jeder ässe und verzelle, was er will.«*

Bald nach Zell, in *Unterharmersbach,* liegt unter alten Bäumen, wo der schöne Gnadenbrunnen mit der Immaculata von 1790 steht, die Wallfahrtskirche *Maria zur Ketten.* Die Kirche mit spätgotischem Chor, einem Turm von 1480 mit Aufsatz des 16. Jahrhunderts und einem guten Marienbild des späten 17. Jahrhunderts über dem Portal wurde 1744 durch ein Querschiff erweitert und 1910-11 nochmals vergrößert. An der Flachdecke sehen wir die Darstellung der Wallfahrtslegende: Maria befreit einen Gefangenen aus Haft und Ketten.

Die Legende erzählt, daß sich ein Schmied aus Schuttern gegen die Türken hatte anwerben lassen, gefangen genommen und verschleppt wurde. In seiner Not tat er das Gelübde, die Muttergottes nach seiner Heimkehr ganz besonders verehren zu wollen. Maria erschien ihm, hieß ihn die Ketten abschütteln und den Schimmel besteigen, den er draußen finden werde, aber die Ketten müsse er mitnehmen. Am nächsten Morgen nach der Erscheinung erwachte er am Lahrer Berg unweit von Schuttern. Er dankte der Muttergottes und brachte die Ketten zur Erinnerung in die Harmersbacher Kirche, wo sie noch zu sehen sind.

Im Dreißigjährigen Krieg lag ein schwedischer Offizier eine Zeitlang in Zell im Quartier. Er trieb mit den Ketten seinen Spott und verlangte, daß der Schmied Jakob Grabler Hufeisen daraus schmiede. Als Grabler sich an die Arbeit machte, verschwand die Kette vor seinen Augen und hing wieder in der Kirche. Dasselbe geschah beim zweiten Versuch, worauf der Schwede befahl, die Kapelle zu schonen. Dieser Bericht wurde in einer Urkunde vom 30. Juli 1697 von Schultheiß und Rat der Stadt Zell unterzeichnet und als wahrheitsgetreu bestätigt. Die Wallfahrt allerdings begann erst 1703, wie es heißt aus Dankbarkeit für die Erhaltung der Stadt im Spanischen Erbfolgekrieg, aber sicherlich ist die Kirche schon vorher als Gnadenort besucht worden.

Wir kehren nach Biberach zurück, wo wir die Bundesstraße 33 überqueren, um nach Geroldseck, der gewaltigen Burgruine, zu gelangen.

Hohengeroldseck

Auf dem Schönberg zwischen Kinzig und Schutter stehen die eindrucksvollen Ruinen der 1689 von den Franzosen zerstörten Burg Hohengeroldseck, die Walter I. von Geroldseck in der ersten Hälfte des 13. Jahrhunderts gebaut hatte. Den Grafen von Hohengeroldseck gehörte nahezu die ganze nördlich von Freiburg gelegene Ortenau, dazu Land jenseits des Rheins und in Schwaben. Die Familie starb 1634 im Mannesstamm mit Jakob aus, und seine Tochter Maria Anna, die verwitwete Gräfin zu Solms, wurde um die Erbschaft betrogen, da Kaiser Rudolf II. schon dreißig Jahre vorher die Anwartschaft auf das Erbe dem Grafen Philipp von Kronberg übertragen hatte, der mit seinem Vetter, dem Erzbischof von Mainz, dem Hause Österreich große Geldmittel zur Verfügung gestellt hatte. Auch die zweite Ehe mit Markgraf Friedrich V. von Baden-Durlach nützte Anna Maria nichts, denn Österreich hatte die Herrschaften bereits den Freiherren von der Leyen versprochen, die sie nach Aussterben der Kronberger in Besitz nahmen. 1819 fiel dann alles Hohengeroldsecksche Gebiet an Baden; die Burg blieb im Besitz von der Leyen.

Hohengeroldseck muß eine außerordentlich starke und schöne Burg gewesen sein, die leider nach ihrer Zerstörung nicht wieder aufgebaut worden ist.

Die Familie von der Leyen hat ein bewegtes Schicksal gehabt. »Von jeher hat man denen von der Leyen den Vorrang unter allen in der Trierischen Provinz ansässigen Geschlechtern zugestanden«, berichtet der ›Rheinische Antiquarius‹ in seiner Geschichte des Rheins. Johann Caspar, der 1652 Kurfürst-Erzbischof von Trier wurde, ist einer der bedeutenden Herren des Hauses gewesen, der auch sehr viel für den Glanz seiner Familie getan hat, die 1711 in den Reichsgrafenstand erhoben und Mitglied der schwäbischen Grafenbank wurde. Johann Caspar war es auch, der seiner Familie die alte reiche Grafschaft Blieskastel verschaffte, wodurch sie Nachbarin von Nassau-Saarbrücken und Pfalz-Zweibrücken wurde. Sie führte dort eine ausgezeichnete Verwaltung, doch marschierten 1793 die französischen Revolutionstruppen ein; man verlangte nicht nur eine Kontribution von 50000 Gulden, sondern enteignete den Grafen. Der Verlust der Grafschaft Blieskastel und manch anderer Herrschaft, wozu auch die Bergwerke von St. Ingbert an der Saar gehörten, brachte einen Verlust von mehr als vier Millionen Gulden. Eine Entschädigung hat die Familie nie erhalten. Aller Güter und Einnahmequellen beraubt, befand sich von der Leyen in größter Geldnot. Graf Philipp Franz sandte eine Denkschrift an den Kaiser, doch befahl dieser, nichts zugunsten von der Leyens zu tun, »da selbiger sich nicht so benommen, um Uns zu seiner Unterstützung Anlaß und Antrieb zu geben«. Alle Versuche, auf dem Rastatter Kongreß und dann durch den Reichsdeputationshauptschluß von 1802 Restitution oder Entschädigung zu erlangen, blieben ergebnislos. Ein Jahr später reiste Graf Philipp Franz nach Paris, um dort seine Sache zu betreiben, aber da er leichtlebig und, wie seine Tante Baronin Dalberg sagte, »ohne ein Körnchen Vernunft« war, verzweifelten seine Räte am guten Ausgang der Verhandlungen. Dalberg, Kurfürst-Erzbischof von Mainz, der spätere Fürstprimas, führte seinen Neffen bei Talleyrand ein, der den jungen Mann dem Ersten Konsul, Napoleon Bonaparte, vorstellte. Napoleon sagte die Rückgabe der Herrschaften zu, jedoch mit der Bedingung, daß diese dann seinem Bruder Joseph verkauft werden müßten. Man riet dem Grafen, seine Frau Sophie, eine Gräfin von Schönborn-Wiesentheid, nachkommen zu lassen, »um den Einfluß zu gewinnen, den schöne Damen bei Unterhandlungen erwürben«. Endlich versprach Napoleon, sich von der Leyens anzunehmen, weil Dalberg sich so für ihn einsetze. Man machte sich also große Hoffnungen, ja man glaubte sogar, vielleicht mit einem »ganz arrondirten Fürstentum« entschädigt zu werden, zum Beispiel Modena, dessen Herr, der letzte Este, gerade gestorben war. 1804 entschied man in Paris, daß Leyen alle durch den Frieden von Lunéville verlorenen Gebiete, die noch nicht verkauft waren, zurückerhalte. Dies geschah kurz ehe Napoleon sich zum Kaiser der Franzosen machte. Als der Kaiser dann im September dieses Jahres seine Rheinreise unternahm, befand sich Philipp Franz von der Leyen unter den Fürsten, die ihn in Mainz begrüßten. Napoleon zog ihn an seine Tafel, war huldvoll, fragte nach seinen früheren Verhältnissen und rief aus: »Sie waren demnach sehr reich!« – »Es ging mir nicht schlecht«, antwortete der Graf. Um die endgültige Rückgabe der Grafschaft zu betreiben, blieb Philipp Franz in Paris. Außer Blieskastel mußten viele Güter verkauft werden, damit die Schulden bezahlt werden konnten, und die wertvollen Kohlengruben von St. Ingbert gab Frankreich nicht mehr heraus.

Am 1. August 1806 legte Kaiser Franz die deutsche Kaiserkrone nieder. Am 12. September fand ein Diner bei Talleyrand statt, auf dem Philipp Franz die Rheinbundakte unterzeichnen mußte. Talleyrand empfing ihn mit den Worten: »Unterzeichnen Sie die Zerreißung Deutschlands, welche der Kaiser entschieden hat.« Laut Artikel 5 der Akte nahm von der Leyen den Fürstentitel an.

Der Bund, dem zahlreiche deutsche Fürsten beitraten, bestand aus einem Collège des Rois, das an den ehemaligen Kurfürstenrat, und aus einem Collège des Princes, das an den alten Fürstenrat erinnern sollte. Dalberg führte als Primas und Kurerzkanzler im ersteren den Vorsitz, der Herzog von Nassau im letzteren. Zu sagen hatten sie nichts. Napoleon entschied, was zu geschehen habe. Fürst Philipp Franz lebte nun ganz in Paris, wo er am Kai Chaillot ein Haus genommen hatte. Die mühsam gewonnene Scheinsouveränität brach zusammen, als sich der Rheinbund nach der Schlacht bei Leipzig 1813 auflöste. Die Länder der Rheinbundfürsten wurden teilweise von den alliierten Mächten sequestriert, und von der Leyen sah sich wieder allen Besitzes beraubt. Er wurde abgesetzt und zum Feind der deutschen Sache erklärt. Zwar sagte der König von Bayern seine Hilfe zu; es geschah aber auf dem Wiener Kongreß 1814 nichts für eine Rückgabe des linksrheinischen Besitzes. Der preußische Staatsminister von Hardenberg äußerte zu Talleyrand, man müsse einen Weg finden, »wonach die Fürsten von der Leyen und Liechtenstein nicht bei der Ordnung der allgemeinen Angelegenheiten Europas mitzusprechen hätten«. So bestimmte die Wiener Schlußakte von 1815, daß die Grafschaft Hohengeroldseck an Österreich, von dem sie an Baden abgetreten wurde, Blieskastel an Bayern falle. Leyen wurde weder für seine linksrheinischen Herrschaften entschädigt noch in den Deutschen Bund aufgenommen. 1819 appellierte der verzweifelte Fürst »an Deutschlands Souveräne«, aber alle Bemühungen blieben erfolglos. Ihm blieben die Herrschaften Gondorf an der Mosel und Arenfels, die 1847 verkauft wurde, um Unterdießen und Waal in Bayern erwerben zu können, wo die Familie heute noch lebt.

Der vom Unglück verfolgte Fürst Philipp Franz verlor auch noch seine Frau Sophie auf tragische Weise. Sie wurde am 1. Juli 1810 ein Opfer des Brandes während des Balls, den der österreichische Botschafter in Paris, Fürst Schwarzenberg, zu Ehren der Hochzeit Napoleons mit Erzherzogin Marie Luise gab. Der schwedische Baron Ridderstolpe berichtet: ... *Inmitten des Feuers sah ich wohl zwanzig Frauen innerhalb eines kleinen Umkreises liegen, brennend, rußig und nackt. Die eine rief: ma fille, ma chère fille!, die nahm ich, aber sie war zwischen zwei Bretter des Fußbodens eingekeilt, dessen Zwischenbrett geborsten war . . . Mit meinem Fund im Arm eine Rechtswendung zu machen, sowie die unter meinen Füßen zitternde Treppe zu passieren, war das Werk eines Augenblicks. Als ich bei dem zurückgebliebenen Halbkreise ankam, beeilten sich mehrere, die brennenden Pechlappen von meinen Füßen zu reißen, während ich mit meinem Hut die noch brennenden Kleiderfragmente der Geretteten löschte, die jetzt vollständig nackt war und nur noch Strumpfbänder, Strümpfe und Schärpe am Leib hatte. Das Haar bildete, durch Nadeln und Schmuck zusammengehalten, einen großen Büschel. Einer der Umstehenden in gesticktem Frack rief mir zu: »Je vais sauver cette femme«, worauf ich antwortete: »Il y a plus d'une autre, si vous en aviez envie.« Er versuchte, sie mit Gewalt zu nehmen, aber ein Stoß vor die Brust, den ich ihm gab, streckte ihn nieder. Ich brachte sie zu einer eisernen Pforte, die ich am Ende des Gartens bemerkte. Der gestickte ›Retter‹ kam hinterher und entriß dem Opfer hinter meinem Rücken eines der Ohrgehänge und entfloh. Die Pforte war verschlossen. Die Mauer schien mir nicht unübersteigbar. Ich bat die arme Frau, sich festzuhalten, nachdem ich sie mit gestreckten Armen auf die Mauerkante gelegt hatte, auf die ich selbst erst durch Erklettern eines Baumes gelangen konnte. Auf die Mauer gekommen, bemerkte ich zu meinem Leidwesen, daß sie an der Straßenseite eine doppelte Höhe hatte. Unter mir war ein Kürassier der Kaisergarde postiert. Ich bat ihn, mir eine Leiter zu verschaffen. Er antwortete: »Tu vois bien, nigaud, que je suis pas fait comme une échelle.« Ich wandte mich dann an den Pöbel mit der Bitte, eine auf der Straße stehende Karre an die Mauer mit den Deichseln nach oben zu stellen. Dieses gute Volk erfüllte meine Bitte sofort und half mir, mit der armen Frau auf meinen Schultern die Straße zu erreichen, wo ich in eine Krugwirtschaft ging und meine leichte Bürde niederlegte. Das Gesicht, die Arme, die Brust, der Leib hingen in großen Wasserblasen am Körper. Ich schnitt, nachdem ich ihren Körper mit Tinte übergossen hatte, die Juwelen aus ihrem Haar, legte diese nebst Armbändern usw. in mein Taschentuch, kaufte von der Wirtin ein paar große leinene Bettlaken, mit welchen ich das Opfer umhüllte, ließ einen Fiaker holen und trug die Frau in diesen, obgleich sie fortwährend wiederholte: »Laissez-moi à mon sort et allez sauver ma fille, si vous voulez combler votre générosité.« Mit Mühe brachte ich sie dahin, von ihrem Verlangen abzustehen und zu bekennen, wo sie wohnte. Quai Chaillot, Fürst von der Leyen, sagte sie endlich. In ihrem Hotel angekommen, wollte der Portier uns nicht einlassen, aber »Pierre, c'est moi«, setzte das ganze Haus in Bewegung und Tränen. Ich trug sie ins Schlafgemach, rief einen Arzt herbei und sandte einen Stallknecht zu Pferde aus, um Mann und Tochter zum Troste der Unglücklichen herbei zu holen. Nach Verlauf einer Viertelstunde kam der Piqueur des Fürsten, um zu fragen, ob die Fürstin glücklich nach Hause gekommen. Ich fragte ihn, wo der Fürst sich mit der Tochter befinde. Sie soupieren bei einem ihrer Bekannten, war die Antwort. Ich ersuchte ihn, sofort zurückzureiten und sie zu bitten, nach Hause zurückzukehren. Als ich nichts mehr ausrichten konnte, begab ich mich in mein Logis.*

Die Fürstin starb unter entsetzlichen Qualen vier Tage später.

Verschwundene Abteien

Bevor wir, von Geroldseck kommend, bei Steinach die direkte Richtung durch das Schuttertal nach Emmendingen und Freiburg einschlagen, können wir uns einen kleinen Abstecher gönnen, indem wir nach Lahr weiterfahren und von dort schutterabwärts nach Norden abbiegen, um die ehemalige Klosterkirche Mariae Himmelfahrt in *Schuttern* zu besuchen. Sie ist ein prächtiger, kühler Bau von 1773 mit üppiger, an Straßburger Bauten erinnernder Turmfassade, gegliedert von Pilastern und Säulenvorlagen. Eine pompöse Portalanlage mit Doppelsäulen trägt das Wappen des Klosters. Der Innenraum ist 1853 stark übergangen worden, nachdem schon 1821 die Kuppel über dem Langhaus abgetragen worden war.

Was tut solch eine üppige Kirche hier? Sie war die Kirche der Abtei Schuttern, die ganz und gar verschwunden ist, bis auf das Pfarrhaus. Die ersten Nachrichten über das Kloster stammen aus dem 9. Jahrhundert, es soll aber älter, ja das älteste

Kloster Badens überhaupt gewesen sein. Wiederholte Brände und Zerstörungen machten einen Neubau notwendig, der im 17. Jahrhundert in großen Ausmaßen ausgeführt wurde. Hier in Schuttern hat Marie Antoinette auf ihrer Brautreise von Wien nach Paris auf Wunsch ihrer kaiserlichen Mutter Maria Theresia die letzte Nacht auf deutschem Boden verbracht. Abt war damals Carolus Vogel. Die Ehre, die französische Kronprinzessin beherbergen zu dürfen, war mit nicht geringen Vorbereitungsarbeiten und Kosten verbunden, denn die Prinzessin führte ein Gefolge von 257 Personen, 57 Wagen und 450 Reit- und Zugpferden mit sich. Wir begegnen in der Liste den Namen großer österreichischer Familien: Fürst Starhemberg fungierte als bevollmächtigter kaiserlicher Kommissar, Obersthofmeister Fürst von Paar mußte sich um den glatten Verlauf der Reise kümmern, und an Hofdamen reisten die Gräfinnen Windischgraetz, Kolowrath, Paar, die Obristhofmeisterin Fürstin Paar, ferner die Kammerherren Grafen Lamberg und Starhemberg und der Beichtvater Abbé Matthieu Jacques Vermond mit, um nur einige Namen zu nennen. In Schuttern sollte der österreichische Gesandte in Paris, Graf Florimond Mercy-Argenteau, zum Reisezug stoßen. Dem Abt mögen die Haare zu Berge gestanden sein, doch erhielt er Hilfe aus Wien, denn der Kaiserhof ließ ein ganzes Haus bauen, andere Räume vollständig einrichten und ausstatten, wofür die Rechnungen den vorderösterreichischen Landständen präsentiert wurden, die von dem kaiserlichen Glanz weniger erbaut waren, weil sie zahlen mußten. Den Wein hatte der Abt zu liefern, und das Eis versprachen die Stände am Vorabend zu schicken. Außerdem war zur Unterhaltung der Erzherzogin ein Schauspiel verlangt worden, wozu eigens eine Bühne hätte gebaut werden müssen, aber das lehnten die Stände ab. Am Nachmittag traf Marie Antoinette »in höchst erwünschtem Wohlsein« ein, begrüßt von Glockengeläut und Kanonendonner; der Abt, der ihr entgegengezogen war, empfing sie, und dann wurde erst einmal ausgiebig getafelt, wozu sich auch die Markgräfin von Baden-Baden mit drei Söhnen einfand. Zum Dank wurde der Prälat zum Wirklichen Geheimen Kaiserlichen Rat ernannt. Es folgte dieser Ehrung ein großartiges Feuerwerk, dann wurde erneut diniert. Dem glänzenden Fest in Freiburg folgte der Empfang in Schuttern, dann zog die junge Fürstin sorglos davon, ihrem schweren Schicksal entgegen.

Der Abt reichte nun die Rechnungen an die Stände ein, die sich aber sehr ablehnend verhielten und sich schließlich bereit erklärten, eine Summe von fünftausend Gulden zu übernehmen. Im übrigen solle sich der Herr Prälat an Möbeln und anderen Anschaffungen schadlos halten. Der Abt machte gute Miene zum bösen Spiel und schrieb etwas ironisch an die hohen Herren:

Exzellenz.
Hochwürdig-Hochwohlgeboren-Hochedelgeboren, Hochzuverehrende auch insonders Hochgeehrteste Herren.

Euer Exzellenz und meine hochzuverehrenden und insonders hochgeehrteste Herren haben unterm 31. Mai unter anderen ganz rührenden Ausdrücken mir hochgeneigt zu äußern beliebt, daß Hoch- und Wohldieselben in Rücksicht deren bei Gelegenheit des dahier genommenen Nachtlagers Ihrer Königl. Hoheit, der Frau Dauphine, diesseitig beträchtliche Auslagen nebst Überlassung deren angeschafften Meubles eine überhauptige Zubesserung p. 5000 fl. mittelst Verschreibung eines 4% meinem Gotteshaus verzinslichen Kapitals zu tun gewillt seien.

Gleichwie nun diese als eine dero besonderen Großmut ganz eigene Erklärung schuldigst verehre, also solle auch andurch gehorsamst ohnermanglen, dafür den äußerst verbundnetsten Dank mit der zumaligen Versicherung abzustatten, daß mich bei anderen, etwa sich ergebenden Anlässen nach Kräften beeifern werde, sothaner genereusen Beigehung um die gesamten Herren Landstände mich verdient zu machen; der indessen wie allezeit in schuldigem Respekt und wahrer Verehrung zu bestehen die Ehre habe.

Euer Exzellenz etc.

Schuttern, den 6. Juni 1770 gehorsamster Diener Carl, Abt

Landstände, Abt und Marie Antoinette sind im Strom der Zeit versunken, das Kloster ist nach der Säkularisierung abgebrochen worden, und nur noch die Kirche spricht von seinem einstigen Glanz.

Ähnlich erging es der Zisterzienserabtei *Tennenbach* südlich von Freiamt in dem wundervollen, waldstillen Tennenbachtal, unserem nächsten Ziel. Wir erreichen es, indem wir die bekannte Strecke bis Steinbach zurückfahren und dann das Schuttertal aufwärts verfolgen. Ganz Eilige können aber auch bei Lahr auf die Autobahn gelangen und sie bei der Ausfahrt Riegel wieder verlassen und auf die Bundesstraße in Richtung Freiburg einschwenken. Von Emmendingen geht dann eine Straße links nach Tennenbach ab, das eine großartige Anlage gewesen sein muß. Das Kloster wurde 1160 von den Zähringern gegründet, und Herzog Berthold IV. besetzte es mit Mönchen aus Frienisberg bei Bern. Das Stift, auch ›Himmelspforte‹ genannt – der Name paßt zu der herrlichen Landschaft – entwickelte sich in kurzer Zeit zu einem der reichsten Grundherren des Landes und war die bevorzugte Grablege der Markgrafen von Hachberg, einer Seitenlinie der Zähringer, deren gewaltige Burg nicht weit von Tennenbach als Ruine über dem Tal steht. 1444 wurde das Stift von den Armagnaken, 1525 von den Bauern verwüstet, und die nach einem späteren Brand errichteten Bauten sind 1807 abgerissen worden und ganz und gar verschwunden. Wo sie standen, dehnt sich ein weiter, von Wäldern eingefaßter Wiesenplan. Einsam steht als letzter Zeuge vergangener Größe die schöne Kapelle aus der zweiten Hälfte des 13. Jahrhunderts, wahrscheinlich als Spitalkapelle gebaut. Es ist ein edler Bau aus rotem Sandstein, mit Blendarkaden, mit Streben und hohen schmalen Fenstern.

Von Tennenbach geht es dann rasch nach Freiburg.

Freiburg

»Der Breisgau ist ein guts kleins Land, hat alle notturft«, schreibt Sebastian Münster in seiner ›Cosmographia‹. Das konnten auch wir feststellen, als wir in Freiburg im ›Falken‹ und im ›Rappen‹ ganz vorzüglich aßen und dazu köstliche Weine vom Kaiserstuhl tranken.

In der Stiftungsurkunde der Universität heißt es, sie habe den Sinn, »graben zu helfen am Brunnen des Lebens, daraus von allen Enden der Welt unversieglich geschöpft werden möge lauteres Wasser tröstlicher und heilsamer Weisheit ...« Wie als Symbol hierfür rinnen noch heute oft kleine Gewässer entlang den Bürgersteigen. Wer die Hauptstadt des Breisgaus nicht vor dem letzten Krieg gekannt hat, kann sich kaum ein Bild von ihrer entschwundenen Schönheit machen. Die alte Stadt, die ihre Befestigungen im 19. Jahrhundert verlor, ist fast ganz durch den schweren Bombenangriff von 1944 vernichtet und seitdem großenteils im nüchternen Stil unserer Zeit wieder aufgebaut worden, deren Bauten sich überall in Europa so ähnlich sind, daß die Städte, denen dieses Schicksal zuteil wurde, viel von der Eigenart verloren haben, die sie früher voneinander unterschied. Wer wissen will, wie Freiburg ausgesehen, wie es sich entwickelt hat, der betrachte im Augustinermuseum Stadtansichten und Gemarkungspläne vergangener Zeiten. Wie das ebenfalls von den Zähringern gegründete Bern, ist Freiburg von Herzog Konrad 1120 in großen Maßen angelegt worden. Die Grundstücke wurden in freier Erbpacht zu einem jährlichen Zins von einem Schilling vergeben. Als erste haben die Zähringer dieses System eingeführt.

Als Erben der Zähringer folgten die Grafen von Urach, die sich in die Linien der Grafen von Freiburg und Fürstenberg teilten. 1368 konnte sich die Stadt durch einen Vertrag von dem Grafen lösen und einen neuen Herrn suchen. Die Wahl fiel auf das Haus Habsburg.

Freiburgs moderne Architektur erinnert gar nicht an die freundlichen Straßen, welche Goethes Freundin Marianne von Willemer 1828 auf dem Weg zum Münster durchschritt, das sie »im Silberlicht des Mondes unbeschreiblich schön« sah. Wir kamen an einem Spätherbsttag in die Stadt und hatten das Pech, sie nicht im Silberlicht des Mondes, sondern in dichten Nebel gehüllt zu finden und überhaupt nichts zu sehen. Schattenhaft standen die Häuser im lastenden Dunst, vom Münsterturm, dem »schönsten Turm der Christenheit«, waren nur die untersten Geschosse sichtbar. Aber am nächsten Tag schien die Sonne, leuchtete das Münster Unser Lieben Frau rot vor dem blauen Himmel. Es ist ein Rot, das ins Violette, in rosa und weinrote Töne geht, stellenweise von einem silbrigen Hauch überflogen, und das alles spielt ständig im Wechsel von Licht und Schatten.

Die Nordseite des großen Platzes, der einst von vollkommener Harmonie gewesen ist, trägt noch den ursprünglichen Charakter, denn die Neubauten der zerstörten Häuser sind in wohlproportionierten Maßen und mit schlichten Fassaden den älteren Gebäuden angepaßt.

Auf der Südseite ist das alte Bild noch ganz erhalten. Dort steht das 1525-32 vom Münsterbaumeister Lienhard Müller aus Ettlingen gebaute Kaufhaus mit seinen hohen Staffelgiebeln, mit dem in Lauben geöffneten Erdgeschoß und dem reizenden Eckerkern unter spitzen Helmen. Auf Konsolen zwischen den Fenstern stehen die von Sixt von Staufen geschaffenen lebensgroßen Standbilder der für Freiburg bedeutungsvollen habsburgischen Herrscher: Kaiser Maximilian I., sein Sohn Philipp der Schöne, seine Enkel, die Kaiser Karl V. und Ferdinand I. Zehn Wappen habsburgischer Länder, umschlungen von der Kette des Goldenen Vließes, schmücken die Erkerbrüstungen. Drinnen gibt es einen Festsaal mit Holzsäulen und einer Stuckdecke von 1629.

Ebenfalls auf dieser Seite steht das Erzbischöfliche Palais, vormals Haus der Breisgauer Ritterschaft, ein vornehmes Palais, das 1756 von dem Basler Johann Jakob Fechter erbaut worden ist.

Das Herz der Stadt wird durchkreuzt von zwei Hauptstraßen, der Kaiser-Joseph-Straße zwischen Martinstor und dem verschwundenen Christophstor, geschnitten von der Berthold-straße zwischen Schwabentor und dem nicht mehr vorhandenem Lehnertor.

Auch sonst findet sich noch manches aus alter Zeit; es finden sich in Gotteshäusern, am Kaufhaus, an Toren und Brunnen Zeichen der einstigen Zugehörigkeit Freiburgs zu Österreich. Von alten Adelshäusern ist die elegante Fassade des Sickingen-, später Großherzoglichen Palais erhalten, das Michel d'Ixnard 1770 gebaut hat. Da und dort stehen noch bescheidenere Wohnhäuser des 16. bis 18. Jahrhunderts mit so hübschen Namen wie ›Haus zum Kameltier‹, dessen Fassade leichten Stuckdekor von 1720 trägt, oder das spätgotische ›Haus zum Walfisch‹, heute Sparkasse, das ›Haus zum Schönen Eck‹ am Münsterplatz, das sich der Maler und Bildhauer Johann Christian Wenzinger 1761 gebaut hatte, das ›Haus zum rauhen Mann‹ auf der ›Insel‹; das alles ist noch altes Freiburg, wie überhaupt das Viertel zwischen Gerberstraße und Münster. Schwaben- und Martinstor stammen aus der zweiten Hälfte des 13. Jahrhunderts; sie wurden 1900 erhöht, doch erhielt das Schwabentor 1954 wieder sein altes Aussehen. Das Alte Rathaus aus dem 16. Jahrhundert, bei der Martinskirche, ist wiederhergestellt worden, daneben liegt die Alte Universität, welche seit dem Umbau kurz vor 1900 als Neues Rathaus dient. Etwas Lustiges ist das für eine Spanierin errichtete Colombischlößchen im Westen der Altstadt, inmitten eines Rebgartens, der auf der ehemaligen Umfassungsmauer liegt. Es wurde 1859 im Stil englischer Neugotik gebaut.

Freiburg ist eine Stadt mit regem kulturellem und wirtschaftlichem Leben, aber es ist immer noch eine Landstadt, dazu in allerschönster Lage, eine Stadt, die mit dem Leben der Winzer im Kaiserstuhl und Markgräflerland und der Schwarzwaldbauern fest verbunden ist.

Franz Schneller schreibt in seinem schönen Buch ›Brevier einer Landschaft‹: *Der Spitzname der Freiburger ›Bobbele‹ wird von ihnen am meisten angewendet. Ärgert sich einer über die Kleinlichkeit oder Verzagtheit des andern, schleudert er ihm ein »Du bisch ä Bobbele« ins Gesicht. »Wir Bobbele« sagen sie andererseits manchmal von sich, um damit eine Art selbstzufriedener Kleinbürgerlichkeit zu unterstreichen. Der Bürgermeister, der zur Zeit der Inflation bei einer öffentlichen Sitzung des Stadtparlaments auf die Frage, wie er sich die weitere Gestaltung des Haushaltes vorstelle, zur Antwort gab: »Es wird halt weitergewurstel!«, eroberte sich mit diesem einen Satz das Herz des echten Bobbele.*

Die Freiburger lieben ihre Stadt, die Studenten lieben sie ebensosehr, und *so wird man*, schreibt der Freiburger Christoph Meckel, *vielleicht eines späteren Tags, fröhlich, dickbäuchig und wohlbehalten wieder in Freiburg lebend, bei der unsterblichen Blumenverkäuferin am Fuß des alles überlebenden Turms stehen, als alter verrückter Geschichtenschreiber und Poesieveteran, sein Blumenangebinde kaufen und sich trollen.*

Das Münster

Nicht in der Stille eines abgelegenen Kirchplatzes steht das Münster Unser Lieben Frau, sondern mitten im geschäftigen Alltagsleben der Stadt, im täglichen Getriebe des Marktes, dessen Stände es mit leuchtenden Blumen, mit Früchten und Gemüsen wie ein Kranz umgeben. Daher wirkt es nicht nur großartig, sondern auch gemütlich.

Mit seiner Vorhalle vor das Langhaus gesetzt, wächst der Turm in riesigen Maßen empor, ganz entgegen dem französischen Kathedralschema. Nicht nur für das deutsche Sprachgebiet ist dieser Turm für die kommenden Jahrhunderte Vorbild geworden.

Vor dem Münster stehen drei barocke Säulen, deren mittlere eine Muttergottes trägt, während auf den anderen die Stadtpatrone St. Lambert und St. Alexander stehen. Hinter ihnen ragt das Münster auf in aller Schönheit und Großartigkeit; es gehört eng zu den beiden anderen berühmten Kirchen am Oberrhein: Basel und Straßburg. Die Grenzlage zwischen Frankreich und Deutschland ist charakteristisch für diese Bauten; ebenso ist die Fähigkeit, fremde Einflüsse aufzunehmen, zu verarbeiten und zu etwas ganz Eigenem umzuformen, für diese Bereiche typisch. Mit Basel verwandt sind die romanischen Teile des Münsters, während die Architektur des Langhauses und der Skulpturenschmuck mit Straßburg so eng zusammengehen, daß ein schulmäßiger Zusammenhang der Werkstätten anzunehmen ist. Dennoch ist jedes dieser drei Bauwerke etwas ganz Selbständiges, und Freiburgs Münsterturm vor allem ist von der größten künstlerischen Vollendung. Man weiß wenig über den Baubeginn der heutigen Kirche, die im wesentlichen ein Werk des 13. und 14. Jahrhunderts ist. Etwa um 1200, vermutlich unter dem letzten Zähringerherzog Berthold v., entstanden Querschiff und östliche Hahnentürme. Bis 1510 zog sich der Bau des Münsters hin. Ab 1240 baute man am Langhaus, und nun ist Straßburg vorbildlich. Einen Teil des Langhauses und den Turmunterbau vollendete bis 1308 Meister Gerhart aus Straßburg. Das Turmoberteil, etwa 1310-50, ist von zwei Meistern geschaffen worden, *aber hier ist die Lösung mit einzigartiger künstlerischer Phantasie und mit einer seltenen Feinfühligkeit für das Verhältnis des einzelnen zum Ganzen entwickelt. Der Meister setzt das Gegebene nicht fort, sondern beginnt etwas Neues, aber so, daß ein Zusammenhang entsteht.* (Hans Jantzen)

Nach Gerhart kam auch ein Straßburger, Heinrich Müller, mit den vier westlichen Mittelschiffsjochen. 1354 wurde der Chor begonnen, dessen entwerfender Meister Johann von Gmünd, aus der Familie der Parler, war, der den Chor des Basler Münsters wiederhergestellt hatte. Der Parler hat den Bau nur bis zur halben Höhe der Kapellen aufführen können. In den sechziger Jahren mußte der Bau eingestellt werden, wahrscheinlich auf Grund der Auseinandersetzungen des Rats mit den Grafen von Freiburg, die 1368 zum Übergang an Österreich führten. Erst 1471 wurde unter dem Grazer Hans Niesenberger der Bau weitergeführt und 1513 erfolgte die Weihe des Chors.

Die steinernen Bänke in der Vorhalle des Turmes dienten einst den Schöffen als Sitze bei Gerichtsverhandlungen; kirchliches und weltliches Leben waren auf das engste verflochten. Hier war die Westfassade des Straßburger Münsters Vorbild. Eine Fülle von Bildwerken füllt Portal und Vorhalle, dem Besucher die Heilsgeschichte wie ein Bilderbuch vor Augen stellend, dessen Mittelpunkt die Muttergottes am Portalpfeiler ist. Nach Jantzen ist es der umfangreichste, am besten erhaltene Monumentalzyklus deutscher Skulptur des ausgehenden 13. Jahrhunderts, deren besondere Eindrücklichkeit in der »einheitlichen und glänzenden Schmuckwirkung des Ganzen« liegt. Ist es wirklich nur noch die »glänzende Schmuckwirkung«, die den Betrachter der Skulpturen heute fesselt? Ist es dahin gekommen, daß die Menschen mit dem Inhalt nichts rechtes mehr anzufangen wissen, wie es schon Marcel Proust festzustellen vermeint, wenn er schreibt: »Voici terminé l'einseignement que les hommes du XIIIe siècle allaient chercher à la cathédrale et que, par un luxe inutile et bizarre elle continue à offrir en une sorte de livre ouverte, écrit dans un langage solennel, où chaque caractère est un oeuvre d'art et que personne ne comprend plus.«

Wie reich ist das Innere geschmückt, wie selbstverständlich stehen die Kunstwerke der verschiedenen Epochen nebeneinander in einem schönen Akkord des Zusammenklangs, darunter im südlichen Seitenschiff das Heilige Grab. Dieses um 1330 entstandene Werk ist ein Höhepunkt der Freiburger hochgotischen Plastik. Christus liegt auf der Tumba, umstanden von den trauernden Marien und Engeln.

Das hohe, kraftvolle Langhaus mit den zahlreichen Skulpturen, mit der reichen Kanzel von 1545, in deren Fuß sich der Bildhauer Jörg Kempf aus dem Fenster lehnt – wie sein Kollege an der Kanzel der Stephanskirche in Wien –, ist erfüllt vom farbigen Licht der Fensterscheiben und öffnet sich in den hellen, herrlichen, von zwölf Kapellen begleiteten Chor des Johann von Gmünd. Hier steht der prachtvolle, starkfarbige Hochaltar, den Hans Baldung Grien 1512-16 schuf, mit der Krönung Mariae zwischen den Aposteln, mit Szenen aus dem Marienleben und Stifterbildnissen Freiburger Bürger auf der Predella. Die Rückseite trägt die Kreuzigung Christi und hinter dem Kreuz eines der Schächer schaut das blasse Gesicht des Malers hervor. An den Chorpfeilern der Dreikönigsaltar des Hans Wydyz, von 1505, und der St. Annenaltar des Meisters vom Breisacher Hochaltar, 1515. Alle Kapellen sind mit Kunstwerken gefüllt. So enthält die Universitätskapelle zwei von dem Freiburger Hans Oberried für die Basler Kartause gestiftete Altarflügel des jüngeren Holbein, um 1521, mit Christi Geburt und Anbetung der Könige; die eine der Kaiserkapellen enthält den Schnewlinaltar von Hans Wydyz und Hans Baldung Grien, die Böcklinkapelle ein silbernes, vergoldetes Kreuz, um 1200, die Lochererkapelle einen Schnitzaltar des Sixt von Staufen aus dem 16. Jahrhundert. Im Chorumgang plätschern die Wasser eines reizenden spätgotischen Brunnens.

Ein großartiges Denkmal habsburgischer Opulenz ist die Stiftung der Glasfenster im Hochchor und in den beiden östlichen Jochen des Umgangs mit ihren Kapellen, die vielleicht auf Kaiser Maximilian I. selbst zurückgeht. Die Glasmalereien sind nach Vorlagen Baldungs von der Werkstatt des Hans Gitschmann von Ropstein im Elsaß 1510-13 ausgeführt worden. Die Hochchorfenster zeigen jeweils vier Heilige mit besonderem Bezug auf das Haus Habsburg. Das Mittelfenster zeigt unter den Heiligen den Reichsadler zwischen vier Wappen österreichischer Länder, das nördliche Seitenfenster das spanisch-kastilische Wappen, das Südfenster das burgundische Wappen. 1526 bewilligte Erzherzog Ferdinand Geld für Glasfenster der Chorkapellen. In der ersten südlichen Kapelle sehen wir Kaiser Karl V. mit dem hl. Jakobus und Erzherzog Ferdinand mit dem hl. Leopold, in der nördlichen Kapelle Kaiser Maximilian I. mit dem hl. Georg und seinen Sohn Philipp mit dem hl. Andreas (die Originale befinden sich im Augustinermuseum).

Das ist nur weniges aus der Fülle. Man muß, wie in den beiden Nürnberger Hauptkirchen, immer wieder kommen, um alles kennenzulernen. Den Eindruck, den Freiburg macht, schildert Victor Hugo 1839: *Ich bin übrigens durch den Blick auf eine entzückende Landschaft für meine Mühe belohnt worden. In der Mitte, zu meinen Füßen, sah ich die dunkle Kirche mit ihrem 250 Fuß hohen Turm, ringsherum die zackigen Häusergiebel mit Wetterfahnen auf den Dächern, deren farbige Ziegel Arabesken bilden ... Jenseits der Stadt erstreckt sich eine unendlich weite Ebene aus grünem Samt, welche mit lebenden Hecken wie mit Fransen besetzt ist. Wie Goldstücke glänzen die Fensterscheiben der Hütten im Sonnenschein zwischen Bäumen und Weinbergen; lange Straßen ziehen durchs Land.*

Von der Höhe erscheint die Masse des Münsters wie ein Prisma zusammengeschossen zu sein, aus dem der hohe, elegante Turm, besetzt mit Bildwerken, Wimpergen, Fialen und Krabben, aufsteigt wie ein riesiges, wunderbar verschränktes, durchsichtiges Gewächs, wie ein Schrein für eine besonders kostbare Reliquie.

Die Alberto-Ludoviciana

Es gibt Städte, welche durch ihre Hochschulen ein ganz besonderes Gepräge erhalten haben; es gibt andere, die trotz ihrer Universitäten keine Universitätsstädte im wahren Sinn des Wortes geworden sind. Zu diesen gehören zum Beispiel Köln oder München, zu jenen Marburg, Tübingen, Heidelberg und Freiburg, denn hier steht die Universität tatsächlich im Mittelpunkt des städtischen Lebens, sie verleiht diesen Städten ihre ganz unverwechselbare Atmosphäre.

Südlich der alten Straße der Universitäten Wien-Prag-Leipzig-Erfurt-Heidelberg-Frankreich gab es berühmte Hochschulen erst wieder jenseits der Alpen in Oberitalien. So war es für Freiburg und jene Gebiete von besonderer Bedeutung, daß Erzherzog Albrecht VI., der Bruder Kaiser Friedrichs III., Herr der österreichischen Vorlande, 1457 die Universität gestiftet hat, deren Gründung der Kaiser und Papst Calixtus IV. zustimmten. 1472 folgte in Bayern die Hochschule von Ingolstadt, fünf Jahre später Tübingen und fast gleichzeitig mit Freiburg wurde die Universität Basel gegründet. Dennoch ist Freiburg *die* Universität des südlichen Raumes gewesen. Nach dem Vorbild der Heidelberger Ruperto-Carola wurde der Stiftungsbrief für die Freiburger Alberta entworfen. Während der Französischen Revolution sah sich das Haus Habsburg zum Rückzug aus Vorderösterreich genötigt, und nach der Befreiung Freiburgs 1795 durch Erzherzog Karl wurde er zum Dank zum Rector perpetuus der Universität ernannt. Als der Breisgau badisch geworden war, fügte man den Namen des Großherzogs Ludwig dem Erzherzog Albrechts hinzu und so heißt die Hochschule nun Albert-Ludwig Universität. Der Großherzog selbst war seitdem Rector magnificus.

Bis zum Übergang an Baden hat sich Freiburg immer der Fürsorge des österreichischen Erzhauses erfreuen können. Erster Rektor war der aus Villingen stammende Matthias Hummel, der auch die Gründung vorbereitet und für die Bestellung des Lehrkörpers gesorgt hat. Großzügige Schenkungen Albrechts VI., vor allem die Einkünfte vieler Pfarreien, verschafften der Alberta die notwendigen Mittel, die durch weitere Schenkungen und den Ankauf von Landbesitz vermehrt wurden. Auch die Stadt half mit Geld und Pfründen und glaubte, dadurch ein Recht auf Mitsprache im Lehrbetrieb zu haben. Das führte zu Spannungen, denn die Universität bestand auf Selbstverwaltung, sie verlangte für Professoren und Beamte ›gefreite Häuser‹, das heißt von Steuern und Einquartierungszwang freie Wohnung. Die Bürger wurden von den Studenten ›Philister‹, jene von den Bürgern ›Gerstenfresser‹ genannt. Die Universität ist bald sehr beliebt geworden, und das ist bis heute so geblieben. Anfänglich waren es hauptsächlich junge Leute aus Süddeutschland, die zum Studium nach Freiburg kamen; im 16. Jahrhundert erschienen bereits Studenten aus anderen Ländern. Die ersten Lehrer kamen aus Heidelberg, Erfurt und Wien. Wir finden große Namen unter den Dozenten und Studenten: Johann Eck, Luthers Gegner, studierte in

Freiburg; Geiler von Kaisersberg, der berühmte Domprediger von Straßburg, war Rektor in Freiburg; 1463 wirkte hier Johann a Lapide, der einige Jahre später in der Pariser Sorbonne die erste Buchdruckerei in Frankreich einrichten half. Thomas Murner, der Satiriker, und Jakob Wimpfeling sind in Freiburg gewesen, die Geographen Konrad Waldseemüller, der Amerika den Namen gab, und der Basler Henricus Loriti Glarean, der Humanist Johann Reuchlin. Erasmus von Rotterdam lebte 1529-33 in Freiburg, gehörte jedoch nicht dem Lehrkörper an. Ihm aber scheint Freiburg nicht so behagt zu haben, denn er beklagte sich brieflich bei einem Freund über die Flöhe- und Wanzenplage in seinem Haus.

Schnell wuchs der Ruhm der Hohen Schule; aus den Reihen der Professoren und Studenten fanden viele den Weg in den Fürstendienst oder in hohe kirchliche Stellungen; so gingen aus der Universität zwei Bischöfe von Augsburg und drei von Wien hervor.

Im Dreißigjährigen Krieg, welcher der Stadt Belagerungen und mehrfachen Besitzerwechsel brachte, mußten die Vorlesungen abgebrochen werden. Nach 1648 sind sie langsam wieder in Gang gekommen, doch 1677 besetzten die Franzosen Freiburg, das ihnen beim Friedensschluß überlassen werden mußte. Die Hochschule spaltete sich damals; mit Hilfe der vorderösterreichischen Regierung und abgewanderter Professoren wurde die alte erzherzogliche Stiftung nach Konstanz verlegt und nannte sich aus Protest gegen den in Freiburg verbliebenen Teil Universitas Anterioris Austriae. 1698 kehrte diese vorderösterreichische Universität nach Freiburg zurück. Es ging wieder bergauf. Als Maria Theresia 1752 den Lehrbetrieb durch einen neuen Studienplan reformieren wollte, lehnten Rektor und Senat ab. Doch der Kampf um die Reform ging weiter; schließlich griff die Regierung in Wien energisch durch, setzte Rektor und Senat ab und verlangte Gehorsam. Man mußte sich fügen, und die Jesuiten mußten ihre Tätigkeit an der Universität nach der 1773 erfolgten Aufhebung des Ordens einstellen. Die Aufklärung hielt ihren Einzug.

Das älteste Gebäude der Hochschule lag an der Ecke Franziskaner-Merianstraße; die theologischen Vorlesungen wurden im Dominikanerkloster gehalten, die philosophischen im Dekaneihof in der Bertholdstraße, wo weitere Häuser hinzugekauft wurden, um den Studenten als Wohnungen zu dienen. Als die Jesuiten 1620 die philosophische Fakultät und die Verwaltung der Universität übernahmen, zogen sie in jenen Gebäudekomplex in der Bertholdstraße und bauten dort auch die Kirche nach dem Vorbild der Jesuitenkirche in Solothurn. Sie ist 1944 ausgebrannt, wieder aufgebaut worden, aber die alte Ausstattung ist verloren. Die sogenannte Alte Universität (heute Neues Rathaus) ging nach Aufhebung des Ordens in den Besitz der Universität über. Nach dem Deutsch-Französischen Krieg von 1870-71 begann im Wettstreit mit Heidelberg und Straßburg ein neuer Aufstieg der Alberto-Ludoviciana. Sie wurde in das 1910-12 neu errichtete Kollegiengebäude am Werthmannplatz verlegt, welches nach dem letzten Krieg nicht nur instandgesetzt, sondern großzügig erweitert worden ist und in Verbindung mit dem vormaligen Jesuitenkollegium und der neuen Mensa auf der Hochallee einen ausgedehnten Komplex bildet. Ein neues ›Institutsviertel‹ für Naturwissenschaften und Medizin ist entstanden, ein neues ›Klinikum‹ – man hat also Schwerpunkte gebildet. Berühmt sind die philosophische Fakultät, an der Wilhelm Windelband, Edmund Husserl und Martin Heidegger lehrten, und die medizinische Fakultät.

Es mag für Freiburgs Universität gelten, schreibt Max Müller, *daß sie von diesen philosophischen, historischen und geisteswissenschaftlichen Impulsen mehr Einheit in der Vielfalt aller wissenschaftlichen Disziplinen hat als manche andere deutsche Universität. Und dazu mag es ganz gut passen, daß die erste deutsche Hochschulkonferenz der Nachkriegszeit, die bewußt auf eine neue Einheit und wirkliche Reform gegenwärtigen Hochschulwesens hinarbeitete (und die dann in Bad Honnef ihre Fortsetzung fand), in Hinterzarten bei Freiburg, auf den Höhen des heimatlichen Schwarzwaldes, erstmals getagt hat.*

Aber noch heute gibt es in der Alberto-Ludoviciana Erinnerungen an die vorderösterreichische Zeit. Bei feierlichen Amtshandlungen trägt der Rektor die Ehrenkette mit dem Bildnis der Kaiserin Maria Theresia, und ihm voran schreiten die Pedelle mit den schönen Zeptern aus dem Jahre 1512. In der Einleitung sind bereits die vorderösterreichischen Lande erwähnt worden. Unter diesem Begriff wurde, wie wir gehört haben, der einstige habsburgische Landbesitz im Südwesten des Reichs zusammengefaßt, der allerdings keine geographische Einheit gebildet hat.

Im Breisgau

Vom Breisgauer Adel

Der Breisgau war der wichtigste Teil der österreichischen Vorlande, beherrscht von einem sehr privilegierten Adel und Klerus, »ein Paradies der landständischen Freiheit«.

Spricht man vom Breisgauer Adel, schreibt Alfred Graf von Kageneck, *so taucht unvermeidlich die wuchtige Gestalt des Franzele vor dem geistigen Auge auf, des 1918 verstorbenen Freiherrn Franz von Neveu de la Folie, und man mag sich fragen, wieso ein Herr mit solch unverkennbar französischem Namen zum Symbol unserer kleinen Welt werden konnte. Die Antwort liegt in der Tatsache, daß Adels-Entwicklung und Landesgeschichte aufs engste miteinander verbunden sind. Auf die Entwicklung jeder einzelnen adligen Familie hat die Geschichte des Landes wesentlichen Einfluß gehabt, und die Landschaft bleibt geprägt von den Spuren jener Geschlechter, die sich ihr zugehörig gefühlt und die ihr Schicksal mitgeformt haben. Für beide sind die geographischen und historischen Voraussetzungen ihrer Vergangenheit bestimmend. Hier ist es natürlich die Nähe des Oberen Elsaß, die unser Schicksal maßgebend beeinflußt hat. Vom linken Rheinufer herüber dehnte sich die Herrschaft Habsburgs nach dem Breisgau aus, und die Zugehörigkeit zu den Ländern des Hauses Österreich hat dem Breisgau einen unverwechselbaren Charakter gegeben. Sie brachte für den Adel einen nie abreißenden Zug von Edelleuten aus den weiten Gebieten des Erzhauses und auch von Männern, die Zufall oder Neigung in kaiserliche Dienste geführt hatte. Als dann das Elsaß französisch wurde, ging die Verbindung zwischen beiden Rheinufern nicht verloren, sondern sie überdauerte den Wechsel von Habsburg zu Bourbon und hat Spuren hinterlassen, die hoffentlich auch die Baubemühungen unserer Zeit überdauern werden. Das alles verleiht den einheimischen oder hier seßhaft werdenden und sich mit inniger Liebe der neuen Heimat verbindenden Geschlechtern ihre ganz eigenen, urbanen Züge. Noch zwei Faktoren prägen ihr Gesicht. Das ist einmal die Nähe des Fürstbistums Basel und zum anderen die Zugehörigkeit des Johanniterfürstentums Heitersheim zu unserem Raum, der dadurch in Verbindung zu einer fernen, mittelmeerischen Welt kam. Noch ein weiteres ist zu erwähnen, das die hiesigen Familien von denen in Westfalen etwa oder in Franken und Hessen unterscheidet. Das ist ihre relative Kurzlebigkeit, die immer wieder Raum für neuaufsteigende oder zugewanderte Familien schuf. Hier wechseln Dörfer und Schlösser unaufhörlich ihre Besitzer und gehen durch Erbschaft oder Belehnung durch den Souverän an Landfremde über, die nun ihre eigenen Traditionen mit denen ihrer neuen Heimat verschmelzen. So stark ist der Wechsel, daß von den einheimischen Geschlechtern keine sechs noch das 18. Jahrhundert erlebt haben. 1924 ist mit dem Freiherrn Hermann von Roggenbach die letzte Familie aus Breisgauer ureingesessenem Adel erloschen.*

Zu den einflußreichsten, meist von Ministerialen abstammenden Freiburger patrizischen Familien, wie die Malterer, Munzingen, Krozingen, gehörten auch die Ritter Schnewlin, die um 1350 dreißig Dörfer und mehrere Burgen besaßen. Man nannte sie später ›die Rothschilds des Breisgaus‹. Sie waren mit dem landgesessenen Adel vielfach versippt und wurden schließlich in den Freiherrenstand erhoben. Sie sind wohl schon vor 1200 nach Freiburg gekommen, wo sie bald die wichtigsten Stadtämter bekleideten. Zu ihren Herrschaften gehörten unter anderem auch Ebnet und Bollschweil, das sie bis zu ihrem Erlöschen, 1837, als Freiherren von Bollschweil besaßen.

Zwei Schlösser und ein Kloster

Auf den Spuren dieser Familien wollen wir einige Breisgauer Adelssitze besuchen. Ganz nahe von Freiburg, im Dreisamtal, an der Straße nach Hinterzarten, liegt das Dorf *Ebnet*, und dort steht eines der reizvollsten Rokokoschlößchen des Landes. Der alte Schnewlinsche Landsitz war an den Freiherrn Johann Sebastian von Sickingen gekommen, den Präsidenten der Freiburger Ritterschaft, der 1749 das alte Schloß abbrechen und von dem Freiburger Bildhauer Christian Wenzinger nach Plänen des Basler Johann Jakob Fechter bis 1751 neu bauen ließ. Vorbild war das Palais Rothelin von Blondel in Paris.

Die Anlage besteht aus dem Haupthaus, Pförtnerhaus und Wirtschaftsgebäuden. Es ist ein sehr elegantes, graziös gegliedertes Schlößchen mit Mansarddach, mit giebelgeschmücktem Mittelrisalit und doppelläufiger Freitreppe auf der Gartenseite, während im Hof ein stark vorspringendes Treppenhaus inmitten der Fassade steht.

Wir kamen an einem sonnigen, milden Herbsttag nach Ebnet und traten in den Hof, um vielleicht einen Blick auf das Haus werfen zu können. Eine Frau sagte uns: »Ja, Sie könne schon schaue.« Also gingen wir in den etwas vernachlässigten Park und standen nun vor der Gartenfassade. Ein langlockiger junger Mann spazierte dort lesend auf und ab. »Suchen Sie etwas«, fragte er freundlich. Wir trugen unsere Wünsche vor. »Ich lebe hier allein«, sagte der Jüngling. »Ich bin mit dem Besitzer verwandt«, und dann etwas zögernd: »Nun, ich werde den Schlüssel zum Saal holen.« Wir warteten in der beginnenden Abendkühle, umschnurrt von einem weißen Kater. Der junge Mann kam zurück. »Wissen Sie, ich lebe sonst in L., aber weil ich in Freiburg studiere, darf ich hier wohnen.« – »Sind Sie mit den D. verwandt?« – »Ich bin Christoph D.« – »Gabriele«, rief ich, »das ist der Bub, dem du das Pfeifen auf den Fingern beigebracht hast, vor vielen Jahren in Berleburg!« – »Ach Sie sind es! Wittgenstein! Das habe ich nie vergessen. Nun müssen Sie aber alles sehen!« Die Türe wurde aufgeschlossen, wir betraten den kleinen dämmerigen Saal mit schwarzen, weißen und roten Steinplatten belegt, mit reich stuckierter Hohlkehle, einem guten Deckenfresko von Benedikt Gambs, 1750, die vier Jahreszeiten darstellend, mit guten Möbeln, alles etwas verwahrlost. »Ich bringe das alles so nach und nach in Ordnung«, sagte Christoph, »aber es wird viel Zeit in Anspruch nehmen.« Wir gingen von Raum zu Raum, eine Flucht festlicher Zimmer, alles ganz verschieden behandelt. Hübsch ist das Stiegenhaus mit zweiläufiger Treppe und schönem schmiedeeisernem Régencegeländer. An der Decke befindet sich das Bild der Diana, aus deren Hand ein langer Eisenstab ragt, dessen Sinn wir uns nicht erklären konnten. Wir wurden belehrt, daß der Stab ein Pfeil sei, einst verbunden mit der Wetterfahne auf dem Dach, so daß der Hausherr, ein passionierter Jäger, sogleich feststellen konnte, woher der Wind wehte.

Wir saßen dann noch in der kleinen, mit Büchern gefüllten Wohnung des jungen Mannes, und er erzählte uns die lustigsten Anekdoten von seinem Urgroßonkel, dem letzten Freiherrn von Gayling, der in Ebnet gelebt hatte. Seine Schwester hatte einmal einige Damen zum Tee; es wurde, wie überall im Land, auch ein Obstschnaps getrunken. Als die Gäste gegangen waren, stieg der achtzigjährige Baron in den Saal hinab, sah die Flasche, leerte sie genüßlich und fiel um. Seine Tochter fand ihn scheinbar sterbend, rief den Arzt, der sagte: Akute Alkoholvergiftung. Der Herr Baron wird sterben. Die Angehörigen wurden benachrichtigt, die Beisetzung festgelegt, aber Gayling erholte sich überraschend, schlug die Augen auf und sagte: Da hab ich wohl e bissele viel getrunken. Er liebte es, in irgendeiner Wirtschaft beim Wein zu sitzen, aber er sprach mit niemandem. Befragt, warum er immer so allein und langweilig für sich säße, antwortete er: Wenn ich mein Schöpple trunke hab, dann sumselets so angenehm.

Wir traten wieder hinaus in den dämmerigen Garten, der in die Wiesenlandschaft der Dreisam übergeht. Dunkel standen die mächtigen Bäume, leer lag das große Wasserbecken, und im ehemaligen Formgarten stehen die graziösen Sandsteinfiguren der vier Jahreszeiten von Wenzinger etwas verloren zwischen Kraut und Stauden. Park und Schloß bilden eine schöne Einheit; sie sind gemeinsam gewachsen und gealtert; sie sind einsam und müde geworden. Wie für den kleinen Park geschrieben sind die Verse von Ida Friederike Görres:

Aber du alterst auch nicht, verzauberter Garten,
seltsam entrückt aus der jagenden Zeit.
Deine verwildernden Wege atmen und warten
still auf die knospend erstarrte Vergangenheit.

Etwa vergaß dich der Tod, weil dich das Leben verneinte –
du hast sie beide vergessen in sanftem Verzicht.
Sieh, aus Verfall und Entsagung, die schweigend versteinte,
leuchtet unsterblich das milde verklärte Gesicht.

Ebenfalls nahe bei Freiburg, über Merzhausen durch das Hexental zu erreichen – der Name hat nichts mit Hexen zu tun, sondern geht auf eine alte Form von Hecke zurück –, liegt in der anmutigsten Landschaft, umgeben von Hügeln mit Nadel- und Laubwäldern, von Äckern, Wiesen, Wein- und Obstgärten, *Bollschweil,* eigentlich kein Schloß, sondern ein geräumiges, behagliches Herrenhaus des 18. Jahrhunderts von guten Maßen, das 1917 geschickt erweitert worden ist. Im Hof steht eine turmhohe Gruppe zweihundertjähriger Linden, die zum Kummer des Hausherrn sterben, ebenso wie die herrliche Gruppe uralter Hainbuchen am Ende des Gartens, in dem die letzte Blüte der Polyantharosen in einem unwahrscheinlichen Altrosa leuchtete.

Das Gut gehörte den Schnewlin von Bärlapp, Freiherren von Bollschweil, kam dann an die elsässischen Freiherren von Berstett und durch sie an die Freiherren Holzing von Berstett. Diesem Hause entstammt die Dichterin Marie Luise Kaschnitz, und kein anderer hätte das heimatliche Haus, das Land besser beschreiben können, als sie es in ihrer ›Beschreibung eines Dorfes‹, einem wahren Meisterwerk dichterischer Prosa, getan hat.

Eines Tages, so beginnt sie, *vielleicht sehr bald schon, werde ich den Versuch machen, das Dorf zu beschreiben. Ich werde überlegen, womit anfangen, mit dem Unterdorf, mit dem Friedhof, mit dem Wald. Oder mit den Höhlen, die hoch oben am Ölberg liegen, Wasser, so geht die Sage, erfüllte die Talbucht, wie jetzt zuweilen der Nebel, an den Felsen waren einmal Ringe, an den Ringen Boote befestigt, während in Wirklichkeit nur eines feststeht, nämlich, daß diese Höhlen die Zuflucht nacheiszeitlicher Jägerhorden waren.*

Ich werde, fährt sie fort, *den historischen Charakter der Landschaft betonen, und behaupten, daß, wer Einbildungskraft besitzt, noch heute die Heere durch die Ebene ziehen sehen kann,* nämlich Kelten und Germanen im Kampf mit römischen Legionen, die bewaffneten Scharen der Landleute im Bauernkrieg, welche das Schloß der Schnewlin zerstörten, schwedische Truppen und immer wieder französische Armeen – Zerstörung, Kontributionen und Elend.

Sie beschreibt das Dorf, sein einstiges, sein heutiges Bild, die Wege ringsherum und durch die Wälder, und sie tut es auf so eindringliche, geraffte Weise, daß wir alles, Land, Leute, Gerüche, sehen, fühlen und schmecken. *Wahrscheinlich werde ich auf den Rand des Blattes, auf dem ich die Hochwaldlichtung beschreibe, diese sehr charakteristischen Felsen zeichnen. Daneben zwei kleine Gestalten, die den Herrn Matern und seine Schwester (die einzige, die noch am Leben ist) vorstellen sollen. Die beiden, wie sie dort umhergehen, über Bäume sprechen, über Holzpreise, Holzfällerlöhne, Waldbesitz und Waldverkauf und sich uneins sind . . .*

Am nächsten Tag werde ich mich den Geräuschen des Dorfes zuwenden, zuerst den noch immer nicht verklungenen Geistergeräuschen, dem Schleppschritt der Kühe, dem Knarren der Wagenräder, dem Pferdegetrappel auf der Landstraße, der Glocke des Ausrufers, dem Rattern und Sausen der Dreschmaschine im Schopf

dem Sensendengeln, im Juni von den Wiesen her, metallisch kräftig, dem dürren Holzgeklapper der Flegel auf der Tenne,

Geräuschen, an deren Stelle etwas anderes getreten ist, etwas Lautes, Rasches, ein Hin und Her der Zukunft entgegen, das zieht und treibt

Geräusche von Traktoren, die mit vielfältigen Geräten hacken, jäten, pflanzen, pflügen, Wasser pumpen, regnen, mähen, dreschen, Erde krümeln

Geräusch der Sprengungen im Kalkwerk hinrollend über die Wälder . . .

Geräusche des Holzfällens, Kerbeschlagens, mit langstieligen Äxten, der Bäume, die fallend pfeifen, brausen, dann krachend aufschlagen, die Krone, der Stamm

des Westwinds wie immer alte orgelnde Stimme, das Erschrekken der Rehe im Wald.

Das Herrenhaus aber will sie nur von außen schildern, will nicht eintreten, *weder durch den Haupteingang, zu dem einige Stufen hinaufführen und durch den man in die Halle mit den Ahnenbildern, aber auch in den kleinen Arbeitsraum des Herrn Matern gelangt*

noch über die verfallene Terrasse, und durch den ehemaligen Salon, der an einen alten Staatsbeamten und Klavierspieler vermietet ist, in dem aber immer dieselbe, seit fünfzig Jahren dieselbe Papageientapete die Wände bedeckt

noch durch die Holzlege, in der einmal das Brot gebacken wurde, in der aber jetzt nur die Fahrräder und Roller der Kinder stehen

noch durch die Hintertür, durch deren Glasscheibe man die vielen Kinderstiefelchen sehen kann, die dort gleich beim Hereinkommen ausgezogen werden müssen, die vielleicht den Kindern des Herrn Matern gehören, vielleicht aber auch schon den Kindern dieser Kinder, oder den Kindern ganz fremder Leute

eben weil man das nicht weiß, weil man nichts weiß, alles nur von außen, den Hof mit den acht schon mehrmals erwähnten sehr alten Linden, von denen vier um den Brunnen herum und vier weiter westlich bei dem Treppchen zum tiefer gelegenen Untergarten stehen, mit dem Trottschopf, der vor ein paar Jahren neu gedeckt wurde, wobei (während des Richtfestes) die kleinen Söhne des Herrn Matern mit den Zimmerleuten auf dem Dachfirst standen

mit dem bei der Waschküche eingemauerten Grabstein eines Kindes aus der Familie Schnaevelin von Bärenlapp, die einmal hier ein Wasserschloß besaß

dann den nach Westen zu abgerundeten Untergarten, der einmal ein Obstgarten war, der jetzt aber aus schönen glatten Rasenflächen, einem Kreuz von Blumenrabatten und einer kleinen Springbrunnenschale mit einem grauen verwitterten Putto besteht

die beiden an die Ecken der Stützmauer gelehnten aus der Barockzeit stammenden Gartenhäuschen, in denen einmal die Igel wohnten, und von deren einem der Dämonenziegel, ein alter Tonziegel mit Sonnen und kleinen kreuzförmigen Sternchen stammt . . .

und wie das ist, wenn man im ersten Augustlicht aus dem Schatten der acht zu einer einzigen Krone zusammengewachsenen Hain-

buchen über die in Klarheit leuchtenden Rasenflächen blickt und wie das ist

wenn man in den Juninächten zwischen den Pfingstrosenbüschen hingeht und das Nachtgebirge der Linden im Osten aufsteigt.

Zum Schluß ihrer Erzählung hat Marie Luise Kaschnitz eine Vision, denn sie sieht, *wie der Himmel nachts hell ist von kreisrunden Raumschiffen, eine furchtbare Helligkeit,*

wie, was aber nicht geschehen wird, nicht geschehen wird, nicht geschehen wird, ruft sie beschwörend aus,

nach einer möglichen Katastrophe nahezu alles Leben erlischt und über der Einöde des Tales die Wälder wieder zusammenwachsen, neue Urwälder mitten im Tal

wie im Bett der Straße, die einmal der Burggraben des alten Wasserschlosses war, wieder Wasser fließt, ein Strom, der einen See bildet, einen See, der aufsteigt bis zu den Höhlen der nacheiszeitlichen Jäger, den Löchern, in denen sich die Bewohner des Tales vor den Schweden versteckten

wie von Schlamm und Wasser alles bedeckt ist, die hölzernen Jünger ertrunken und in St. Ulrich der runde Taufstein mit den zwölf Aposteln und dem Christus in der Mandel von fremden Fischen umspielt.

Es wird nicht geschehen, so hoffen wir mit ihr. Wir verließen Bollschweil, um noch das nahe gelegene St. Ulrich zu besuchen.

Oberhalb von Bollschweil biegt die Landstraße in das enge, von steilen Waldhängen begleitete Möhlintal ab. Blaue Schatten lagen im späten Nachmittagslicht unter den Bäumen und auf den Wiesen an den Waldrändern. Immer weiter geht es bergauf; es erscheinen einige Dorfhäuser, und dann ist sie da, die Kirche *St. Ulrich* auf der Höhe im vollen Sonnenlicht. Wenn ein neugewählter Abt von St. Peter das Priorat St. Ulrich zum ersten Mal besuchte, so wurde er geziemend begrüßt, wie wir hören. »An der Grenze empfingen mich einige Untertanen im Gewehr, und am Priorat stand das ganze Korps zwölf Mann hoch, gaben eine Salve und löseten die Böller.« Das geschah nun nicht, als wir dort eintrafen. Still und friedlich lag der schlichte Bau mit ländlich kräftigem Turm unter barocker Zwiebelhaube. Ringsum ist es wiesengrün, baumgrün, dahinter sind die Berge von schwerem blauem Herbstduft umwoben. Wir fühlen: Kirche und Dorf ruhen in vollkommener Ordnung; nur an dieser Stelle konnte das Kloster gebaut werden, nicht zu tief, nicht zu hoch, sondern im angenehmen Einklang mit Berg, Wald und Wiesen. Hinter der Kirche liegt der Friedhof, von einer Mauer umzogen, auf der ein lustiges Türmchen balanciert. Es ist nur eine Landkirche, aber im Innern ist sie weit, würdig, fröhlich, und sie hat das, was Wilhelm Hausenstein einen »schönen Zustand des Herzens« nennt. Das Rokoko hat sie auf das liebenswürdigste ausgestattet mit Orgelempore, reich gebildeter Kanzel, Hochaltar, zarten Stuckornamenten und Gemälden. Nobel für eine Landkirche dieser Art ist die Stukkatur des Wessobrunners Franz Anton Vogel, nobel sind die zartfarbigen Fresken wie petit-point-Stickereien von Franz Ludwig Hermann 1767 in die Flachdecke gesetzt worden. Sie zeigen Szenen aus dem Leben des Heiligen, der nichts mit dem hl. Ulrich von Augsburg zu tun hat. Wir sehen: Ulrich treibt den Teufel aus, seine Tätigkeit in der Schweiz, seine Verherrlichung und seinen Tod; die linken Wandbilder schildern: Gelübde der Keuschheit, Tausch eines Geländes mit dem Bischof von Basel und Grundsteinlegung des Klosters. Auf der rechten Seite: Gespräch mit der Königin Agnes, Aufnahme eines ihm übelwollenden Geistlichen, Teilung der Kleider mit einem Frierenden, und Ulrich erscheint seinem Mitbruder Kuno. Hochaltar und Seitenaltäre sind vortreffliche Arbeiten von Franz Moosbrugger aus Bregenz von 1748-50, und die acht Engel schuf der Wessobrunner Johann Georg Gigl. Benedikt Gambs, dem wir in Ebnet begegnet sind, malte 1751 das Altarblatt, eine Krönung Mariae, und die Kanzel schnitzte Matthias Faller, der vielbeschäftigte Klosterbruder von St. Märgen, 1771. Von ihm sind auch der Deckel des Taufsteins und die Ulrichsfigur.

Unter dem Kreuzaltar steht der Sarg des Heiligen, der 1029

in Regensburg als Sohn einer vornehmen Familie geboren und ein enger Freund des Abtes Wilhelm von Hirsau war. Sein Pate war Kaiser Heinrich III., und Ulrich amtierte eine Zeitlang als Mitglied der kaiserlichen Hofkapelle, dann als Dompropst bei seinem Onkel, dem Bischof von Freising. 1061 trat er in Cluny ein, dessen Abt ihn mit der Verbreitung der cluniazensischen Reform im alemannischen Süddeutschland beauftragte, und schließlich hat er im Möhlintal die Kirche St. Peter und Paul und das Kloster gebaut. Hier ist er 1093 gestorben. Schon bald nach seinem Tod begann die Verehrung Ulrichs in Peterszell, wie der Ort damals hieß. 1544 zogen die letzten Cluniazensermönche fort und das Priorat St. Ulrich, wie es nun genannt wurde, kam ab 1560 unter die Verwaltung von St. Peter im Schwarzwald. 1638 plünderten und verbrannten die Schweden Kirche und Kloster, die der damalige Vikar Karl Hanselmann auf eigene Kosten wieder herstellen ließ. So stand die Anlage, bis Abt Benedikt Wülberz 1739 mit Peter Thumb den Vertrag zum Neubau schloß, der 1740-49 ausgeführt wurde. Den Glockenturm baute J. Willam 1763-65. Abt Jakob Philipp Steyrer von St. Peter verdankt die Kirche ihre schöne Ausstattung.

Es ist eine Welt, die uns, wage ich zu sagen, trotz unserer technischen, dem Nützlichen zugewandten Zeit, noch anzusprechen vermag. Noch leuchten die Bilder, noch fühlt man Geborgenheit in dieser sowohl sinnenfrohen als auch vergeistigten, gedankenvollen Welt des Barock, einer Welt der Ordnung, die wir nicht mehr haben.

Wir verlassen die Kirche und werfen einen letzten Blick auf die steinerne Muttergottes an der Südwand, ein schönes, stilles Bildwerk aus der ersten Hälfte des 14. Jahrhunderts, von einem aus Straßburg stammenden Meister der Freiburger Münsterbauhütte geschaffen.

Draußen im Pfarrgarten steht ein bedeutendes Werk der Romanik, der Taufstein, vielleicht auch ehedem eine Brunnenschale; sie soll das unterste Becken eines dreischaligen Brunnens gewesen sein, der vormals im Kreuzgang stand. Das

Gefäß aus rotem Sandstein wurde etwa gleichzeitig mit dem Taufstein in der Kirche von Freudenstadt gearbeitet, im späten 11. Jahrhundert. Der Überlieferung nach ist dieser Stein ein Geschenk der Abtei Cluny, und die Sage erzählt, der Teufel selbst habe ihn dem hl. Ulrich bringen müssen. Es ist jedoch nicht festgestellt worden, ob das Becken in Cluny oder an Ort und Stelle gearbeitet wurde. Man vermutet, daß der Sandstein im Elsaß gebrochen worden ist. Wie dem auch sei, es ist eine prächtige Arbeit. Die obere Randzone trägt einen Blattfries, die untere phantastische Tiere, und das Mittelteil zeigt auf beiden Seiten Christus in der Mandorla, einmal zwischen den Evangelistensymbolen, dann zwischen Spruchbandträgern, und in Rundbogennischen stehen die zwölf Apostel, sitzen zwölf alttestamentliche Propheten. Die lateinische Inschrift lautet, vorsichtig ergänzt: ›Die vollkommene Ordnung Gottes verkündet der Welt das gleiche, was die Apostel mit ihrem Wort taten: den Glauben.‹ 1808 wurde das Priorat säkularisiert und seit 1946 beherbergt es die Land- und Volkshochschule. An welchem Ort würde man lieber lernen?

Im sinkenden Abend fuhren wir nach Freiburg zurück; von den Bäumen taumelten langsam die bunten Blätter, es duftete nach Kartoffelfeuern, deren Rauch in weißlichen Schwaden über die Felder wehte, und im Westen glomm noch feuerrot das Abendlicht.

Rund um den Kaiserstuhl

›Trink Wein vom Kaiserstuhl‹

Das Land zwischen Lörrach und Baden-Baden gehört zu den berühmten Weinbaugebieten längs den Ufern des Rheins. Wenn Weinlandschaften überall in Europa ein besonderer Charakter eigen ist, so gehört das badische Gebiet, das wir bereisen, zu den holdesten.

Wo zwischen Lörrach und Baden-Baden die Waldberge allmählich in die Ebene auslaufen, ist schon in römischer Zeit der Boden für die Rebe bereitet worden, aber wahrscheinlich wurde am Rhein schon viel früher, in der Bronzezeit, die Wildrebe genutzt. Hellgrün im Frühling, golden leuchtend im Herbst, liegen die Rebterrassen auf den Hängen. Vom Markgräflerland wird uns berichtet, *daß, wenn man einst für 26 Kreuzer eine anständige Mahlzeit mit Vorspeise, Suppe, Rind- und Kalbfleisch, Gemüse dazu, Huhn, Kapaun und Ente, Pasteten, Käse, Obst und Süßigkeiten einnahm, daß dann die erforderliche Menge badischen Weines umsonst auf den Tisch kam. Womit es nun allerdings längst vorbei ist. Wächst heute ja doch im Markgräflerland viel weniger Wein als damals, aber eben viel besserer.* (Gottfried Stein)

Das vielleicht schönste Weingebiet Badens ist der Kaiserstuhl mit dem Tuniberg, dieser eng geschlossene, von tiefen Tälern durchschnittene vulkanische Gebirgsstock, eine der sonnenreichsten, heißesten Landschaften in Deutschland, eine kleine, interessante und schöne Welt für sich. In der tiefen Lößschicht gedeihen feurige, kraftvolle Weine, und von den Kuppen, die über den Rebgärten liegen, schaut man über Täler, Dörfer und waldige Höhen zum Schwarzwald und zu den Vogesen. Der Kaiserstuhl »ist nichts für den reisenden Pöbel«, schreibt Franz Schneller, denn »Landschaft wie diese will verstanden sein«. Er hat recht. Es ist ein Weinland par excellence, und, so erzählt Schneller, *selbst in der Kirche verstummt die Liebe zu den Reben nicht. Im Deckengemälde des Gotteshauses von Kiechlinsbergen thront die Ortsheilige Petronella auf einer Wolke über den heimatlichen Rebhügeln, und die warme Gnade strahlt leuchtend aus ihren Händen auf das göttliche Gewächs. Ringsum auf kleinen Kissenwölkchen sitzend, die Ohren mit Kirschen geschmückt, drücken Engelchen aus himmlischen Trauben den Sonnenzusatz des Regens.*

Die Griechen kannten eine Sage von der Entdeckung der Rebe. Gott Dionysos wanderte über die Insel Naxos. Es war heiß, und als er sich zur Rast auf der Erde ausstreckte, sah er ein Pflänzchen, das er nicht kannte. Er grub es aus, um es in seinem Garten wieder einzupflanzen. Um es vor der Sonnenglut zu schützen, barg er es in einem Vogelknochen, aber alsbald trieb der Sproß in seiner göttlichen Hand kräftig hervor. Dionysos fand bald einen Löwenknochen am Wege, in den er das Reis bettete, doch auch dieser wurde zu eng. Schließlich fand er einen Eselsknochen, in dem die Pflanze mit Vogel- und Löwenknochen Platz fand. In Naxos angekommen, setzte Dionysos seinen Fund in die Erde. Die Rebe wuchs und gedieh, konnte sich jedoch nicht mehr von den drei Knochen lösen. Der Gott erntete die Trauben und lehrte den Menschen daraus Wein zu keltern. Die Rebe aber hatte etwas vom Wesen der Tiere angenommen, mit deren Gebeinen sie so fest verbunden war. Trinken die Menschen Wein, so beginnen sie zu singen wie die Vögel, werden sie mutig wie Löwen und wenn sie schließlich volltrunken sind, so gleichen sie dem Esel.

Zu Beginn des vorigen Jahrhunderts wurde mit dem Anbau neuer Rebsorten begonnen, mit Müller-Thurgau, Gutedel, Riesling, Silvaner, Traminer, Veltliner und Ruländer. Der Ruländer vor allem hat den Kaiserstuhl berühmt gemacht, denn 1711 hatte der Speyrer Kaufmann Ruländer die Kultur der nach ihm benannten Rebe begonnen. Es heißt, er habe diese

Burgunderrebe in seinem Garten entdeckt, wo sie aus den Kernen einer Traube gewachsen sei, welche ein französischer Soldat dort ausgespuckt hätte.

Oberrotweil, Burkheim, Bischoffingen, Achkarren, Bickensohl, Ihringen, Bötzingen sind nicht nur schöne alte Ortschaften, es sind auch berühmte Weinorte. Aber auch Endingen, Sasbach oder Bahlingen und die Gemeinden am Tuniberg sind bekannt genug geworden. Modern eingerichtete Winzergenossenschaften wie die Ihringer, die größte Deutschlands, sorgen für einen rationellen Weinbau. Allerdings verändern sie die Landschaft nicht wenig, indem die vielen kleinen Rebgärten zugunsten großer Anbauflächen verschwinden müssen.

»Wenn Mönche reisen, so regnet es«, hieß es einst in Süddeutschland. Ein Bauer fragte, ob das heiße, daß ihnen der Kopf vom vielen Weintrinken so rauche, daß die in die Luft aufsteigenden Dünste sich zu Regenwolken verdichteten. Die schlauen Mönche aber legten die Sache ganz anders aus. Könnten die Weine, so sagten sie, sprechen, so würden sie rufen: Ihr Diener Gottes, trinkt uns, damit wir nicht, den Mägen der Gottlosen einverleibt, mit diesen in die Hölle fahren müssen. Mit solchen Geschichten unterhielten wir uns, als wir in einem Kaiserstühler Dorfgasthaus saßen, dessen Ausleger sich wie ein freundlich winkender Arm in die Gasse streckte, Schäufele mit frischen Laugenbretzeln aßen und den köstlichen Weißherbst tranken. Dieser Wein wird aus Spätburgundertrauben gewonnen. Da man den Most nicht auf den roten Traubenschalen vergären läßt, behält er seine golden-rosige Farbe. Er schmeckte wundervoll, und dem ersten Schoppen folgte ein zweiter. Der Wirt setzte sich zu uns an den Tisch, erzählte dies und das und begann plötzlich ein Loblied auf die Zeit vor dem letzten Krieg zu singen. Schon leicht benebelt, fand ich nicht mehr die Kraft, ihm gebührend zu antworten. Ich vermochte nur mit einiger Schwierigkeit und dümmlichem Lächeln zu stammeln: Ich fand sie gar nicht so nett! Dennoch stand uns der Weinheilige St. Urban bei, als wir dann das Auto bestiegen und langsam nach Freiburg zurückfuhren. »O Mensch im Volksgwuhl, trink

Wein vom Kaiserstuhl«, dichtete der Endinger Kniebühler 1865. Diesem Rat folgen wir gern und selbst die Erinnerung an das Dritte Reich kann dich nicht mehr aufregen, wenn du sie durch die rosenrote Brille des Weißherbstes betrachtest.

Breisach

Einmal kamen wir im Spätherbst vom Kaiserstuhl. Die Nebel, die in dichten grauen Schwaden das Land verhüllten, lösten sich allmählich in hauchzarte Schleier auf, die über die Höhen von Kaiserstuhl und Tuniberg davonwehten. Bald tauchte aus dem Sonnendunst die zarte Silhouette des Breisacher Rheinfelsens auf, der einst von einem Arm des Stroms umflossen war. »Es liegt die Stadt auf einem runden Berg gleich wie ein mächtiges Schloß«, schreibt Sebastian Münster in seiner ›Cosmographia‹. Wie wenige Städte, hat Breisach unter immer neuen Belagerungen und schweren Kämpfen zu leiden gehabt. Neueste Ausgrabungen haben Reste von Fundamenten eines römischen Castrums freigelegt, und trotz der fürchterlichen Zerstörungen im März 1945 sind noch ansehnliche Teile der alten Stadt erhalten geblieben oder wiederhergestellt worden. Die Hauptstraße führt vorüber an reich geschmückten Portalen verschwundener Häuser; sie gewähren heute den Zutritt in die hinter hohen Mauern verborgenen Gärten. Aus schroffem Felsen steigen die Mauern empor, hinter denen in Kriegszeiten die Bewohner der Ebene Schutz suchten. »Ruhekissen des Heiligen Römischen Reichs« wurde die Stadt genannt, »Schlüssel zu Deutschland« die Festung, um die immer wieder hart gekämpft worden ist. Es gibt einen Schloßplatz ohne Schloß, einen Burgplatz, dessen Burg schon lange verschwunden ist, eine Kapuzinergasse ohne Kloster – das alles ist vergangen, als wäre es nie gewesen. Kaiser Heinrich II. schenkte Breisach dem Bistum Basel, König Rudolf von Habsburg gewann es für das Reich zurück, und zwar führte er auf Wagen Schiffe heran, baute eine Brücke und nahm den festen Platz, der sich im Schutze des Rheinarms unbezwinglich dünkte. Dasselbe tat Herzog Bernhard von Weimar, der große Feldherr der Protestanten, der Freund des bedeutenden französischen Heerführers Herzog Heinrich von Rohan und das bewunderte Vorbild des Marschalls Turenne, im Dreißigjährigen Krieg. Der Herzog hat sein ganzes Leben auf den Schlachtfeldern Deutschlands verbracht; er kämpfte zuerst in den Heeren des Grafen Mansfeld und des Herzogs Christian von Anhalt, schloß sich dann an König Gustav Adolf an und trat 1635 in französische Dienste, immer mit dem Ziel, sich selbst ein souveränes Fürstentum zu schaffen. Der Kaiser hatte ihm Franken angeboten, worauf er nicht einging, und Richelieu lockte ihn mit dem Versprechen auf das Elsaß. Die vollkommen ausgehungerte Stadt Breisach – 20000 Menschen waren Hungers gestorben – fiel nach tapferster Verteidigung 1638. Weimar hatte dem Kommandanten, Feldzeugmeister Freiherrn von Reinach, geschrieben, er stünde in so guter Position, daß dieser nicht auf Entsatz hoffen könne, zudem habe er es mit einem deutschen Fürsten von Geblüt zu tun und müsse daher auf ihn, den Herzog, mehr Rücksicht nehmen als auf andere. So mußte Reinach endlich die Waffen strecken. Hat Herzog Bernhard Breisach als festen Punkt seines erträumten Fürstentums behaupten wollen? Wir wissen es nicht, denn 1639 ist er in Neuenburg bei Müllheim gestorben. Seine letzten Worte waren: »Ich wundere mich, daß das Herz noch frisch ist und sich nicht zum Tode schicken will.« Man munkelte schon damals, Richelieu habe dem ihm unbequem werdenden Feldherrn Gift reichen lassen.

Alles das ist Geschichte, düstere Erinnerung, so wie die Zerstörung der alten Reichsveste in den letzten Kriegstagen 1945. Es ist still um die kleine Stadt geworden, die so lange Zeit der Zankapfel Frankreichs und Deutschlands gewesen ist. Ein Kunstwerk aber, im hellen weiten Raum des gotischen *Stephansmünsters*, eine Vision der letzten Dinge, hält die Erinnerung an blutige Notzeiten wach. Es ist das 1931 freigelegte große Jüngste Gericht Martin Schongauers an der inneren Westwand, ein monumentales Triptychon, in dessen Mitte der Herr als Weltenrichter thront, wo die Bösen in die lodernden Flammen gestürzt werden und die Seligen aus dem Kirchenraum hinaufzuwallen scheinen zu Gott.

Und noch etwas finden wir, das kostbarste Werk der Kirche, den Hochaltar des Meisters H. L. von 1523-26. Es ist eine Marienkrönung, ein Werk von sprühendem Leben; es scheint, als wäre der Wind, der um den Berg weht, auch hier am Werk, nicht minder die Wasser des tief unten ziehenden Stroms. Bärte wehen, Gewänder flattern und bauschen sich oder quirlen wie Wasserwirbel um die Glieder. Es strudelt und wallt, weht und flirrt; aus Rankenwerk und Gewandfalten schauen Engelchen hervor, klettern geschäftig herum und sehen neugierig zu. Das Ganze hat in seiner nervösen, doch kräftigen Eleganz Intensität und Lebhaftigkeit des Ausdrucks, etwas durchaus Barockes, doch nichts Maßloses, sondern die Kraft des echten Kunstwerks, erfüllt von pulsierendem Leben. »Sehen Sie«, sagte der Mesner, »sehen Sie nur, wie das Engele aus dem Gewand der Maria purzelt. Ein Jubel über die Krönung!«

Neuershausen

Um Kaiserstuhl und Tuniberg liegen viele Schlösser und Schlößchen, zu denen sich schon die neuen Siedlungen Freiburgs hinausschieben und ihre Ruhe bedrohen. Diese Häuser sind nicht länger mehr die Zentren des flachen Landes, sie stehen heute wie langsam versinkende Inseln in der unaufhörlich steigenden Flut nüchterner, gesichtsloser Wohnviertel. Jedes Dorf scheint seinen Ehrgeiz darein gesetzt zu haben, über wenigstens ein Hochhaus zu verfügen. Noch ist der kleine Park da, verwildert, weil es keine Gärtner mehr gibt, die sich seiner annehmen; noch stehen die Wirtschaftsgebäude, deren Ställe meist leer sind, und um alles das herum winden sich die Asphaltstraßen, immer neue, immer breitere für den brausenden Verkehr. Das ständige Knattern von Motorrädern, das Dröhnen von Lastwagen und Autos kommt Jahr für Jahr näher. Schon mußte eine alte Scheuer an der Parkmauer dem Moloch Verkehr weichen, und bald werden Wagen und Menschen auch das Schloß überrennen.

Schauderhaft! sagen wir. Der Lärm! – Aber was täten wir ohne Autos, ohne Tankstellen?

Gewiß hat es schon immer einschneidende Veränderungen gegeben: die Renaissance ließ die Burgen verfallen, Renaissanceschlösser wichen Barockanlagen, die wiederum nicht selten neugotischen oder späteren Bauten zum Opfer fielen. Aber es geschah nicht in so einschneidender, zerstörerischer Weise wie heute, und das Schloß hatte als Mittelpunkt des Dorfs oder des ländlichen Bezirks seine Aufgabe zu erfüllen, hatte »ein gewachsenes, geschichtliches Erbe von Maßstäben und Haltungen zu bewahren.« (Karl Bosl) Vielleicht bleibt das eine oder andere Schloß als Museum übrig, durch dessen tote, verstaubte Räume sich gelangweilte Besucher schieben und gähnend die eingedunkelten Ahnenbilder, die Möbel mit zerschlissenen Bezügen anstarren. In den Notizen Baudelaires von 1851 findet sich ein aufschlußreicher, wie auf unsere Zeit gemünzter Passus: *Die Welt geht dem Ende zu. Nur aus einem Grund könnte sie noch dauern: weil sie eben besteht. Aber wie schwach ist er, verglichen mit allem, was das Gegenteil ankündigt, namentlich mit der Frage: was hat die Welt künftig unter dem Himmel noch zu tun? Falls wir annehmen, sie werde materiell weiterbestehen: wäre das eine Existenz, würdig dieses Namens und des historischen Lexikons? Ich sage nicht, die Welt falle zurück auf die Gespensterstufe und in das drollige Durcheinander südamerikanischer Republiken, auch nicht, wir würden etwa in den Zustand primitiver Wildheit heimkehren und mit dem Gewehr in der Hand durch die grasbewachsenen Ruinen unserer Zivilisation der Nahrung nachstreichen. Nein; denn solche Abenteuer würden noch eine gewisse vitale Energie voraussetzen, ein Echo urtümlicher Zeiten. Wir werden ein neues Beispiel für die unerbittlichen geistig-sittlichen Gesetze und ihre neuen Opfer sein: wir werden an dem zugrunde gehen, aus dem wir zu leben geglaubt haben. Die Technik wird uns so weit amerikanisiert haben, der Fortschritt wird unser geistiges Teil so sehr verkümmern, daß sich nichts aus den blutrünstigen, frevelhaften oder widernatürlichen Träumen der Utopisten mit diesen positiven Tatsachen wird vergleichen lassen. Ich fordere jeden denkenden Menschen auf, mir zu zeigen, was vom*

Leben übrig bleibt. Die Religion – unnütz, darüber zu sprechen und nach Resten von ihr zu suchen; der einzige Skandal in diesen Dingen besteht noch darin, daß man sich die Mühe nimmt, Gott zu leugnen. Der Privatbesitz war im Grunde mit der Unterdrückung des Erstgeburtsrechts abgeschafft worden; aber die Zeit wird kommen, wo die Menschheit wie ein rachsüchtiger Kannibale denen das letzte Stück entreißen wird, die rechtmäßig die Revolutionen zu beerben glaubten. Und auch das wird noch nicht das äußerste Übel sein. Der menschlichen Vorstellungskraft sind ohne allzu große Mühe Republiken oder andere, gütergemeinschaftliche Staatswesen zugänglich, die einigen Ruhm verdienen, wenn sie von verehrungswürdigen Männern, von wahren Aristokraten regiert werden. Aber der allgemeine Ruin wird ja nicht einzig oder besonders durch politische Einrichtungen oder den allgemeinen Fortschritt, oder wie man das benennen will, in Erscheinung treten. In der Niedrigkeit der Herzen wird er sich zeigen. Muß ich denn noch sagen, daß das bißchen übrigbleibende Politik sich kläglich gegen die allumfassende Bestialität wehren wird, und daß die Regierenden, um sich zu halten und um ein Scheingebilde von Ordnung zu schaffen, gezwungenermaßen zu Mitteln werden greifen müssen, die unsere gegenwärtige doch so verhärtete Menschheit erschaudern ließe? So Baudelaire. Was würde er heute sagen?

Noch steht aber *Neuershausen*, nahe Bötzingen gelegen, das mit seinem Eingangshof und den Seitenhöfen zu den vornehmsten Schlößchen des Landes gehört, das sich die Gräfin von Schauenburg – ihr nichtsnutziger Mann war nach Wien verbannt worden – von dem Schüler des Claude Nicolas Ledoux, François Pinot, Ende des 18. Jahrhunderts bauen ließ, und das heute dem Freiherrn Marschall von Bieberstein gehört. Mit Dreiecksgiebel, lisenengeschmückten Fassaden und hohem Dach steht die edle, maßvolle Architektur im kleinen Park, ein sehr behagliches Haus mit geräumigen Zimmern voller Familienbilder und guter Möbel.

← 1 Der Triberger Wasserfall
Ölgemälde von Friedrich Helmsdorf (Ausschnitt)
Staatliche Kunsthalle, Karlsruhe

2 Der Mummelsee
Aquarell von Carl Philipp Fohr, 1814/15
Stiftung Oskar Reinhart, Winterthur

3 Bad Rippoldsau mit Kloster Sankt Nicolai
Lithographie von A. Merian

4 Baden-Baden *Aquarell von J. Berckmüller*
Institut für Baugeschichte,

6 Stephanie,
Großherzogin von Baden,
Kupferstich (Ausschnitt)
von E. Scriven

5 Der Türkenlouis
Kupferstich von S. Thomassin, 1692 (Ausschnitt)

7 Karlsruhe, Residenzschloß von der Stadtseite
Lithographie von C. Schultz nach C. Obach (Ausschnitt)

8 Hohengeroldseck
Stahlstich von Carl Frommel, 1840

9 Kloster Lichtental
Lithographie von C. Guise (Ausschnitt)

10 Der Titisee gegen den Feldberg
Aquatinta von H. Bebi nach E. Federle

11 Im Freiburger Münster
Lithographie von Fichot nach Chapuy

12 Abtei Sankt Peter
Aquarell von M. Weber, 1838
Augustinermuseum, Freiburg i. Br.

13 Blick vom Eckardtsberg auf Breisach
Aquatinta von Nilson nach Follenweider (Ausschnitt)

14 Das Albtal bei Sankt Blasien
Lavierte Zeichnung von Hans Thoma, 1870
Staatliche Kunsthalle, Karlsruhe

15 Die römischen Bäder in Badenweiler
Lithographie von Engelmann nach Chapuy

16 Die Rheinschnellen bei Laufenburg
Kupferstich von Benjamin Rod. Comte nach G. F. Gmelin, 1789

17 Johann Peter Hebel
Zeichnung von Feodor Iwanowitsch, 1809
Universitäts-Bibliothek, Basel

Munzingen

Wir sind am Fuße des Kaiserstuhls, den zu besuchen immer wieder ein wahres Vergnügen ist. Wir aber nehmen die Straße zum Tuniberg, diesem ganz mit Reben bedeckten Rücken südlich des Kaiserstuhls. Da oben gibt es eine Höhenstraße; sie führt kreuz und quer, man glaubt in einem Labyrinth zu stekken und nicht wieder hinausfinden zu können. Doch der Blick von dort oben! Er geht über den großen Garten Breisgau, hinaus ins Markgräflerland, hinüber ins Elsaß und auf Feldberg, Belchen und Blauen. Wir nahmen den Weg über *Merdingen*, dessen stattliche Kirche der Deutschordensbaumeister Johann Caspar Bagnato 1738-41 gebaut hat. Christian Wenzinger schuf die schöne Immaculata über dem Portal, Joseph Anton Feuchtmayer die Hochaltarplastik, darunter die prachtvollen Statuen Kaiser Heinrichs II. und der Kaiserin Kunigunde. An der Hauptstraße des Dorfs steht das Haus Saladin von 1666, ein üppiges Fachwerkhaus mit Erker über gemauertem Sockel.

Der Südspitze des Tunibergs zufahrend kommen wir nach Munzingen, unterhalb der Ehrentrudiskapelle, geweiht der Schwester des hl. Trudpert, eine uralte Opferstätte schon in heidnischer Zeit. Bei Munzingen ist eine der älteren Steinzeitsiedlungen vom Ausgang der Eiszeit ausgegraben worden. Kaiser Lothar schenkte 845 dem Frauenstift St. Stephan zu Straßburg den Freihof zu Munzingen, dann besaßen die Herren von Staufen den Ort, denen die elsässischen Waldner von Freundstein und andere Familien folgten. Der Freihof selbst wurde im 16. Jahrhundert von St. Stephan an das Haus Habsburg verkauft, das ihn dem kaiserlichen Feldherrn Lazarus von Schwendi verpfändete, dessen Schloß als Ruine noch in Burkheim am Westrand des Kaiserstuhls zu sehen ist. Später wurde er wieder österreichisch. 1668 teilten sich die Freiherren von Kageneck, Reinach und Wessenberg in das Dorf, das kurz danach mitsamt dem Freihof ganz in Kageneckscher Hand ist. Die Kagenecks entstammen dem elsässischen Uradel; sie stellten vierunddreißigmal den Städtemeister (Bürgermeister) der

Reichsstadt Straßburg. Johann Friedrich, kaiserlicher Geheimrat und Statthalter der vorderösterreichischen Lande, erhielt für seine Verdienste 1671 für sich und sein Haus von Kaiser Leopold I. den Freiherrentitel. Johann Friedrich aus der Linie Neuershausen, vermählt mit einer Freiin von Andlau, erwarb Munzingen und baute 1672 das Schloß. Neben Ebnet scheint mir Munzingen das am üppigsten ausgebildete Schloß im Breisgau zu sein. Etwa 1780 berief Graf Johann Friedrich Fridolin von Kageneck, der auch mit einer Andlau verheiratet war, vermutlich den Basler Johann Jakob Fechter, um das Schloß verschönern zu lassen.

Auf leicht ansteigendem Gelände staffeln sich hintereinander Dorfplatz, Schloßpark und Schloß, schreibt Martin Hesselbacher. *Der Dorfplatz gibt den Auftakt. Seine östliche Langseite bilden langgestreckte zweigeschossige Wohnbauten, von denen der alte ›Freihof‹ schon in seiner äußeren Gewandung als behäbiger Bau des späten 18. Jahrhunderts ländlicher Prägung herausragt. Ihnen gegenüber reihen sich eine Anzahl kleiner eingeschossiger Bauernhäuser auf, die mit ihren Giebeln dem Platz zu liegen. Diese ländlich-idyllische Bebauung, die den Dorfplatz zu beiden Seiten einrahmt, ist nur die Begleitmusik zu dem großartigen Bild, das sich im Norden des Platzes auftut! Über einer balustradengekrönten Futtermauer aus rotem Sandstein ragt heute die Pracht der Parkbäume, die in ihrer Mitte eine breite Gasse bilden, um den Blick auf das Mittelrisalit des Schlosses freizugeben.*

Wir betreten durch das schmiedeeiserne Tor zwischen Pfeilern mit Steinvasen und geschwungenen Mauern den Hof, in dem um die große Linde vier groteske Zwerggestalten aus Sandstein stehen. Vor uns erhebt sich mit wappengeschmücktem Giebel die steile Fassade des Schlosses, die auf Vorder- und Gartenseite gleich behandelt ist. Putzlisenen gliedern den rot und rosa gehaltenen Bau, auf dem leichte, elegante weiße Stukkaturen sitzen. Das Portal zum Park ist ein Rest der alten Renaissancearchitektur. Im Erdgeschoß lag die große Küche, die heute als Wohn- und Speisezimmer dient. Die eigentlichen Wohnräume liegen im Obergeschoß: das einstige Speisezimmer, dessen Deckenbild Simon Göser 1767 malte, wie er auch die reizenden Supraporten in anderen Räumen geschaffen hat. Während der Belagerung Freiburgs 1744 hat König Ludwig XV. – die Kagenecks waren in die Schweiz geflohen – einige Wochen in Munzingen gewohnt und aus den Fenstern an der Südostecke mit seinem Fernrohr die Kampfhandlungen verfolgt. Alle Räume sind mit guten Bildern und zum Teil kostbaren Möbeln ausgestattet. Vom einstigen Leben im Hause erzählt die Familienchronik. *Berühmt waren die Feste in dem damals mit fürstlichem Glanze eingerichteten Schlosse zu Munzigen, und mit großem Luxus wurden daselbst die Hochzeiten seiner durch Schönheit berühmten sieben Töchter gefeiert. Von dem Markgrafen von Baden war ihm für seine Lebzeiten die Ausübung der Jagd auf den altbaden'schen Gemarkungen belassen, und hierdurch im Besitz bedeutender Wildbänne, waren diese Jagden durch ihren Roth- und Schwarzwildstand weit berühmt . . .*

In diesem schönen vornehmen Hause wurde 1754 als Tochter Johann Friedrich Fridolins und der Maria Anna von Andlau Maria Beatrix geboren, die Mutter des Staatskanzlers Fürst Metternich, der also mit dem ganzen Adel des Landes verwandt gewesen ist. Es sei daher erlaubt, in der Folge auf die Gestalt des großen Staatsmannes näher einzugehen.

Folgen wir zuvor nochmals den Ausführungen des Grafen Kageneck, der über die Zusammensetzung des Breisgauer Adels schreibt: *Bei vielen wichtigen Einzelheiten fehlt heute das sichere Wissen, vor allem für die Anfangszeiten. Manche Namen lassen sich nur mit Hilfe der Akten verfolgen; andere haben ihre Spuren unverlierbar hinterlassen. Der ständige Wechsel der Geschlechter ist kennzeichnend, der einen ständigen Zustrom neuer Familien unterschiedlicher Herkunft ermöglicht. Aus einer Mischung des einheimischen Ritterstandes mit neuen Mitgliedern, vor allem aus den ehemals habsburgischen Gebieten im Elsaß, in der Schweiz, aus Oberschwaben und Tirol, ist so der Breisgauer Adel entstanden, mit dem sich dann französische und lothringische Geschlechter zu einer Einheit eigenen Charakters verschmolzen. So können sich dann alle Komponenten der Landes- und Standesgeschichte in dem Erbe eines Mannes wider-*

spiegeln, wie das Beispiel des eingangs erwähnten Baron Neveu, des Schloßherrn von Biengen, zeigt. In seiner Ahnentafel finden sich seit der Einwanderung französischer Vorfahren im 17. Jahrhundert Direktoren der Ritterschaft und vorderösterreichische Statthalter, bourbonische und habsburgische Offiziere, badische Beamte, breisgauische Grundherren einheimischer, elsässischer oder schweizerischer Herkunft. Basler Fürstbischöfe oder Komture des Deutschen und des Malteserordens gehörten zum Kreise dieser Verwandtschaft und beeinflußten maßgeblich die Entwicklung ihrer Familien. So gesehen erscheint der badische Grundherr mit dem fremdländischen Namen wie ein Symbol der Geschichte des Adels im Breisgau.

Aber, das ist mir aufgefallen, aus wievielen Komponenten solche Familien auch zusammengesetzt sind, sie scheinen voll und ganz ›badisch‹ geworden zu sein, im Tonfall der Sprache, in der Lebensart; sie sind gastfrei, gemütlich, jedem Aufwand abhold. Ein Bekannter erzählte mir, er sei in Munzingen zur Jagd eingeladen gewesen, hatte sich verspätet und fragte, als er eintraf: Wo ist der Herr Graf? Der Herr Graf, antwortete man ihm, der Herr Graf sitzt im Weinberg und ißt Traube.

Der Staatskanzler

Ende Mai 1813 brachte ein Eilkurier die Nachricht vom Sieg Napoleons bei Bautzen nach Wien. Kaiser Franz I. und sein Staatskanzler Metternich fuhren sogleich ins Hauptquartier nach Böhmen, wo Fürst Schwarzenberg sich auf ein eventuelles Eingreifen Österreichs vorbereitete, und trafen sich dort mit Zar Alexander I. von Rußland. Metternich erklärte, vor der endgültigen Entscheidung nochmals einen Vermittlungsversuch bei Napoleon machen zu wollen, wozu ihn wohl auch die Furcht vor einer immer mehr zunehmenden Macht Rußlands bewogen haben mag. Außerdem sollte dadurch Zeit für den Aufmarsch der Armee gewonnen werden. Napoleon hatte vom Treffen der beiden Monarchen gehört und verlangte ebenfalls eine Unterredung mit Metternich. Er liebte den klugen, geschmeidigen Kanzler nicht, der, in enger Zusammenarbeit mit seinem Vorgänger Graf Stadion, mehr und mehr zum gefährlichsten Gegner und die entscheidende Figur im Spiel der großen Politik geworden war, deren lässige Sicherheit, Ruhe, Höflichkeit und Vornehmheit ihn aber immer wieder fasziniert hat.

Der Kaiser erwartete Metternich mit Ungeduld, und am 24. Juni 1813 kam es zu dem berühmt gewordenen Gespräch. Von der Haltung Österreichs hing der weitere Verlauf des Feldzugs gegen Preußen und Rußland, ja sein künftiges Schicksal ab. Er war zornig; er fuhr den Staatskanzler an: Nun gut, was will man denn von mir? Daß ich mich entehre? Ich werde zu sterben wissen, aber ich trete keine Handbreit Bodens ab. Euere Herrscher, geboren auf den Thronen, können sich zwanzigmal schlagen lassen und doch immer wieder in ihre Residenzen zurückkehren; das kann ich nicht, der Sohn des Glückes. Meine Herrschaft überdauert den Tag nicht, an dem ich aufgehört habe, stark und folglich gefürchtet zu sein. Metternich antwortete: Krieg und Frieden liegen in der Hand Euerer Majestät. Sie können noch Frieden schließen. Morgen dürfte es zu spät sein. Er nannte Österreichs Forderungen, sie waren maßvoll und zielten in der Hauptsache auf das wiederherzustellende Gleichgewicht der europäischen Mächte ab. Napoleon brach wütend aus, lehnte ab und schrie: Ein Mann wie ich pfeift auf das Leben einer Million Menschen. Dann machte er in Unkenntnis des Charakters seines Gesprächspartners einen entscheidenden Fehler, er bot ihm eine hohe Summe an und fragte: Wieviel hat Ihnen England geboten? Metternich antwortete ruhig: Ich habe keine Hoffnung, den Zweck meiner Mission zu erreichen. Sie sind verloren, Sire. Ich fühlte es, ehe ich kam. Jetzt, da ich gehe, weiß ich es.

Wer war Clemens Lothar Wenzel Fürst von Metternich-Winneburg, der Vielgepriesene, Vielgeschmähte? Die Familie stammt vom Rhein; sie hatte im 17. Jahrhundert nach Aussterben der Freiherren von Winneburg-Beilstein deren reichsunmittelbare Herrschaft in der Eifel erhalten. Clemens kam 1773 in Koblenz zur Welt, als Sohn des kaiserlichen Gesandten und

Ministers Franz Georg Grafen von Metternich-Winneburg und der Gräfin Beatrix von Kageneck aus Munzingen am Kaiserstuhl.

Der Vater wurde von aller Welt als alberner, dummer Lebemann verspottet. Er kann so dumm nicht gewesen sein, denn er ließ seine Kinder sehr sorgfältig erziehen, ließ sie studieren und in jeder Weise für eine große Laufbahn vorbereiten. Einmal schreibt er seinem Sohn, daß er nur durch genaue Kenntnis der deutschen Sprache die Weisheit erlangen könne, welche über die Menge erhebe, »und um dieses in Ausübung zu bringen, werde ich mit Dir, lieber Clemens, unseren Briefwechsel in teutsch fortführen . . .«

Die Mutter, deren Eltern zu den Vertrauten der Kaiserin Maria Theresia gehörten, war sehr schön, sehr klug und gewandt und eine vortreffliche, liebevolle Mutter.

Clemens wurde in jeder Hinsicht als junger Herr aus großem Hause erzogen, im Palais zu Koblenz wie in dem heute verschwundenen Schloß zu Füßen der Ruine Winneburg in einem Seitental der Mosel bei Cochem. Mit achtundzwanzig Jahren war er kaiserlicher Gesandter in Dresden, bald darauf in Berlin, mit zweiunddreißig Botschafter in Paris, mit fünfunddreißig Kanzler des österreichischen Kaiserreichs – also ein schneller, glänzender Aufstieg. Er war nicht allein Staatsmann von eminenter Klugheit, schneller Auffassungsgabe und Feinfühligkeit, er hatte auch in hohem Maße den unwägbaren Reiz des großen Herrn, der mit lockerer Hand alle Schwierigkeiten zu meistern verstand.

Gerade diese leichte, scheinbar unbeschwerte Art seines Auftretens hat ihm scharfe, böse Kritik eingetragen. Napoleon erkannte die Qualitäten Metternichs und hat ihn immer wieder an sich gezogen, um ihn zu gewinnen. Er lügt gut!, sagte er. Einmal brüllte er den Botschafter an: Was will der Kaiser von mir? Metternich antwortete: Der Kaiser, Sire, will vor allem, daß Sie seinen Botschafter respektieren. Von Napoleon berichtete er nach Wien: *Napoleon motiviert stets jede Usurpation als Sicherung seiner Stärke und den Sturz jedes weiteren Thrones als eine ›Garantie‹. Seine Absicht bei der Wahl dieses Wortes geht dahin, der ungerechtesten, ungenügsamsten Maßregel wenigstens dem Wortlaut nach den Anschein eines auf Selbsterhaltung oder Verteidigung gegründeten Rechts zu geben.*

Metternich hat für die Ordnung gekämpft, die er auf dem Wiener Kongreß festlegte, eine Ordnung, die 1848 zerbrach. Was ist von seinen Gedanken geblieben, was wirkt bis in unsere Tage fort? Es ist sehr viel darüber geschrieben worden. Die einen halten ihn für einen Weisen, den größten Staatsmann des 19. Jahrhunderts, den Retter vor Anarchie und beginnender Verwirrung eines auseinanderbrechenden Europa, die anderen für einen eitlen, selbstsüchtigen Gecken, für einen frivolen Genießer des Lebens und der Macht, der nichts von deutscher Einheit wissen wollte, der die geistige Freiheit, die Selbstbestimmung der Völker unterdrückte. Er selbst nannte sich einen »rocher de bronze« im allgemeinen Aufruhr staatlicher Neu- und Umbildungen, einen Sachwalter des Abendlandes.

Wir sehen ihn heute mit anderen Augen; er erscheint als der letzte Repräsentant wirklicher Regierungskunst, welche die Möglichkeiten kennt und zu nutzen weiß. Als solcher hat Metternich die Gefahren der Entwicklung erkannt, die er zwar nicht abwenden konnte, deren Auswirkungen er jedoch prophetisch vorhergesehen hat. Lesen wir die 1962 erschienenen Maximen des Fürsten, werden wir dem Phänomen ›Metternich‹ näherkommen. Hier tritt er uns selbst entgegen, gedankenvoll, geistreich, nicht als das Zerrbild, das seine Gegner von ihm schufen. Da lesen wir zum Beispiel: *Eine echt deutsche Krankheit ist der Mangel an einem gehörig berechneten Ziel und Maß in den Dingen. Sie bleiben entweder hinter demselben stehen oder überschreiten es.*

Sicherlich hat er versucht, Veränderungen innerhalb der festgefügten ständischen Gesellschaftsstruktur aufzuhalten; er war zu klug, um nicht zu sehen, daß sie notwendigerweise kommen müßten, wollte jedoch diese Entwicklung in ruhige, geordnete Bahnen leiten, um Katastrophen zu vermeiden, die den Bestand Europas gefährden würden. Er kannte die Gefährlichkeit von Ideologien; er hatte sie ja als Student in Straßburg während der Französischen Revolution studieren können. Gerade seine Bemühungen, der politischen und sozialen Entwicklung des 19. Jahrhunderts unter Erhaltung uralter Erfahrungen einen stetigen Verlauf zu geben, machten ihn seinen Zeitgenossen und deren Nachfahren als Reaktionär verhaßt. Treitschke nennt ihn den »Verräter an der preußischen, an der deutschen Sache«. Metternich ging es um das ›europäische Gleichgewicht‹, die Solidarität der europäischen Staaten, was er auch ›Zusammenspiel‹ nannte. Er hatte erreicht, was wieder verloren ging und heute notwendiger wäre denn je.

Die Märzrevolution von 1848 fegte den Staatskanzler hinweg. Er sah sein Werk zerbrechen, zog sich zurück und lebte von nun an als geistvoller, tieferfahrener Privatmann. Mit Bismarck vertrug er sich nicht schlecht, wenn er auch die preußische Hegemonie in Deutschland für verderblich hielt. Wir lesen in einem Brief Bismarcks, den er seiner Frau vom Johannisberg im Rheingau, wo er Metternich besuchte, schrieb: *Den Mittwoch und Donnerstag habe ich bei dem alten Metternich zugebracht, er war sehr liebenswürdig und behaglich, erzählte ohne Unterbrechung von 1788 bis 1848, von Politik und Weinbau, von Literatur und Forstkultur, und bekämpfte meine schwermütige Zerstreutheit, die über die Gründe Deines Schweigens grübelte, mit seinem besten Johannisberger.*

Beide waren Europäer; Metternich aber noch im bescheideneren Sinn, indem sein Interesse ausschließlich dem alten Mitteleuropa galt, wie er es gestaltet hatte. Von einer Weltmacht des einen oder anderen Staates wollte er nichts wissen.

Ein Freund des Staatskanzlers, Joseph von Hübner, berichtet aus der letzten Lebenszeit des Fürsten: *Das Gespräch war lebhaft und angeregt. Beim Abschied sagte er mir zu wiederholten Malen und mit Nachdruck: »Ich war ein Fels der Ordnung.« Ich hatte bereits die Tür hinter mir geschlossen, als ich sie wieder leise öffnete, um den großen Staatsmann noch einmal zu betrachten. Da saß er an seinem Schreibtisch, die Feder in der Hand, den Blick sinnend nach oben gerichtet, wie ich ihn einst so oft in der Staatskanzlei gesehen hatte im vollen Glanz der Macht. Die Vorschatten des Todes, welche ich in den letzten Tagen zu bemerken glaubte, waren von seinem Antlitz gewichen. Ein Sonnenstrahl erleuchtete das Gemach und das zurückgeworfene Licht verklärte die edlen Züge. Nach einiger Zeit gewahrte er mich unter der Tür, heftete lange einen Blick des innigen Wohlwollens auf mich, wandte sich dann ab und sagte halblaut vor sich hin: »un rocher d'ordre«.*

Metternichs letzte Photographie zeigt ihn als alten Mann von wunderbarer Vornehmheit und Feinheit, das Bild eines schönen, sehr alten Herrn. Man kann es immer wieder anschauen. Die Kunst des Staatsmanns, wie er sie aufgefaßt hat, bestand in einer Politik der Ordnung, des Friedens, der Erhaltung, des ›Zusammenspiels‹. Das war ihm wichtiger als das Glück der Masse. Daran ist er gescheitert und er hat es gewußt; aber, so schrieb er 1838 an den französischen Botschafter Sainte-Aulaire: *Né et moralement formé comme je le suis, je ne cadre pas avec le temps; pour être content, j'aurais dû naître un siècle plus tôt ou un siècle plus tard. Je déteste les ères de passage; toute époque de transition est une maladie, et j'aime la santé publique.*

Schwarzwaldwanderung

Mark Twain schreibt: *Die Wälder sind so dicht und still, so tannig und so duftend ... Ein sattes, dauerhaftes Dämmerlicht fällt in die säulenbestandenen Gänge, so daß die verirrten Sonnensprenkel, die hier auf einen Stamm und dort auf einen Ast treffen, kräftig hervortreten und das Moos regelrecht zu brennen scheint, wo sie den Boden tüpfeln. Aber die eigentümlichste Wirkung und die zauberhafteste bringt das weichgestreute Licht der tief stehenden Nachmittagssonne hervor; kein einziger Strahl kann dann eindringen, das weiche Licht aber erfüllt alles mit einem zarten grünen Dunst, der Theaterbeleuchtung des Märchenlandes. Die Stimmung des Geheimnisvollen und Übernatürlichen, die zu jeder Zeit über dem Wald liegt, wird durch dieses unirdische Licht noch eindringlicher ...*

Im Oktober 1937 hatten wir beschlossen, eine Fußwanderung durch den Schwarzwald zu machen, meine Mutter, mein jüngster Bruder, eine junge Freundin und ich. Der Jagdhund Wurzel und die Dackel Resi und Knopf sollten uns begleiten. Wir planten von Wolfach über den Kniebis nach Baden-Baden zu wandern, aber es kam anders, als wir dachten. *Wolfach*, wo wir die Wanderung begannen, liegt an der Kinzig, zudem an einer uralten Straße, die vom Rhein nach Schwaben führt. Am Südrand des Städtchens steht das weitläufige Schloß des Fürsten zu Fürstenberg, das in der zweiten Hälfte des 17. Jahrhunderts als Schloß der Spätrenaissance umgebaut worden ist.

Von all dem sahen wir damals nicht viel, weil – wir hatten es nicht bedacht – der Jahreszeit entsprechend die Dämmerung frühzeitig anbrach. Bald war es stockfinster, außerdem fing es an zu regnen. Naß und hungrig trafen wir endlich in *Rippoldsau* ein, wo man uns im Badhotel wegen unserer Rucksäcke mißtrauisch begrüßte, aber doch aufnahm. Nun morgen – trösteten wir uns. Der Morgen kam; es goß wie aus Kübeln. Aber nun ging es rüstig bergan durch den »tannigen und so duftenden Wald«. Es rieselte und tropfte, dichte Nebelschwaden zogen zwischen den Stämmen, kein »zauberhaftes weiches Licht« erfreute uns, wie es Mark Twain erlebt hatte. Wir stapften bergan, immer weiter; eine schattenhafte Gestalt tauchte aus dem Grau, ein Förster: nehmet Sie gefälligst die Hund an die Leine. Schon hatten ihn die grauen Schwaden wieder verschluckt. So wanderten wir dahin, schwatzten, zeigten uns Dinge, die gar nicht zu sehen waren, und erreichten endlich die Höhe. Das muß der Kniebis sein! Welch herrliche Aussicht! Nichts war zu sehen, nicht die steilen Ginsterhänge, nicht die Huden mit weidendem Vieh, nicht das Rheintal unterhalb des unermeßlichen Waldes. Wir suchten längere Zeit nach dem Gasthaus, stärkten uns und setzten nach der trostreichen Versicherung des Wirts, das Wetter werde anhalten, unseren Weg fort. Nun hatten wir uns an den Regen gewöhnt, fanden es ganz schön und von eigentümlicher Wirkung. Der nebelerfüllte Wald hatte etwas Verwunschenes, fast Unheimliches; kein Laut war zu hören, kein Wild zu sehen, nur einmal ritt lärmend ein Auerhahn ab. Wäre jetzt der Holländer Michel erschienen, der zaubergewaltige, böse Flößer, wir hätten uns nicht gewundert. Wir fühlten uns in die Kinderzeit zurückversetzt, wo jedes Ding seine Bedeutung hatte, oft märchenhafter Art, denn man vermutete überall Zwerge und Feen. Am Weg liegende Baumstämme trugen greuliche Gesichter, und wir gingen nur ungern an ihnen vorüber. Alles das vergißt man, doch plötzlich meldete sich die Erinnerung angesichts gefällter Riesen hier im Hochwald. Natürlich verloren wir den Weg, da wir uns nicht über die Markierungen einigen konnten. Wir gingen und gingen, es dämmerte, der Regen troff und die Nebel zogen, aber wir fanden dann doch nach *Allerheiligen* und waren froh, als wir die Lichter des Gasthauses blinken sahen. Es wurde ein höchst gemütlicher Abend bei Forellen und badischem Wein, und nachher mußte uns die Mutter Hauffs ›Das kalte Herz‹ vorlesen – wir hatten an alles gedacht!

Am nächsten Morgen – es goß – besichtigten wir die Trümmer des einstigen Prämonstratenserklosters im engen Talkessel der Wiesenau, ein Ort von tiefer Eindrücklichkeit. Uta, eine Tochter des Grafen Gottfried von Calw und der Liutgarde, Erbtochter Herzog Bertholds III. von Zähringen, die Gemahlin Herzog Welfs VI. von Altdorf-Spoleto, hatte 1196 das Kloster gegründet. Der Sage nach belud man einen Esel mit dem für den Bau bestimmten Geld und trieb ihn in den Wald, damit der Himmel selbst ihn zu einem Bauplatz führe. Auf dem Sohlberg schlug der Esel einen Quell aus dem Felsen, doch baute Uta hier nur eine Kapelle zu Ehren der heiligen Ursula und ließ unten im Tal den Grundstein zu Allerheiligen legen. 1470 brannte das Kloster ab, die Mönche zogen in das Dorf Lautenbach über Oberkirch und wären gern in jener milderen Gegend geblieben, doch wurde zehn Jahre später verfügt, daß kein Propst mehr in Lautenbach wohnen dürfe, *weil dies die Verödung der heiligen Stätte, wo die Gebeine der Stifter und Wohltäter ruhten, veranlassen, dem Kloster selbst vor aller Welt ein abscheuliches Ärgernis und endlich den völligen Untergang zuziehen möchte.*

So baute man das Langhaus neu in Hallenform wieder auf, aus dessen südlichem Querschiff die elegante Allerheiligenkapelle mit ihrer von Säulchen getragenen Wölbung hervorragt. Nach der Säkularisierung brannten die Gebäude infolge eines Blitzschlags ab und wurden 1811 auf Abbruch verkauft. Wir sahen die Ruinen der Kirche damals im dichten Nebel. Bögen, Pfeiler und geborstene Mauern erschienen und verhüllten sich wieder. Leere Sarkophage standen zwischen den Trümmern; alles war wieder eins geworden mit Fels und Wald, durch den der Wasserfall herabstürzte.

Wir wanderten weiter durch den regennassen Wald über die Hornisgrinde nach Sasbachwalden, wo wir im Sternenwirtshaus einkehrten und die nasse Wanderung abbrachen, mit dem Gelöbnis, sie bei schönerem Wetter zu wiederholen.

Auf der Schwarzwaldtälerstraße

Es war im Herbst, als wir durchs Kinzigtal fuhren, ein warmer, sonniger Tag, wohl einer der letzten vor dem großen Wandel, vor Stürmen und Nebeln, wie wir sie damals auf unserer Fußwanderung erlebt hatten. Jetzt standen die Laubwälder noch gelb und rot durchflammt, leuchteten Buchen golden im stumpfen Grün der Fichten; in den Bauerngärten glühten Astern und späte Dahlien. Wir benutzten einen Teil der Schwarzwaldtälerstraße, um von Wolfach über Schiltach, Alpirsbach durch das obere Kinzigtal nach Freudenstadt zu gelangen.

Schiltach

Bei unserer Einfahrt in Schiltach werden wir sogleich von dem schönen Gasthaus zum Adler von 1604 begrüßt. Um 1000 gehörte das obere Kinzigtal und damit auch Schiltach zur Grafschaft Sulz am Neckar, und Anfang des 12. Jahrhunderts bauten die Herren von Geroldseck, eine Sulzer Seitenlinie, die Burg. Zu Beginn des 14. Jahrhunderts kam Herzog Hermann von Teck durch Heirat mit einer Geroldseck in den Besitz Schiltachs und verlieh wahrscheinlich 1330 dem Ort das Stadtrecht. Von den Teck kam Schiltach an die Herzöge von Urßlingen, deren Wappen die Stadt annahm, doch 1378 folgten die Grafen von Eberstein als Herren, die Schiltach vier Jahre später an Württemberg verkauften.

Steil geht es zum Marktplatz hinauf, und hier – welche Fülle prächtigster Fachwerkhäuser, die nach einem Brand um 1790-91 neu gebaut worden sind. Da ist das stattliche, 1593 von Heinrich Schickhardt gebaute Rathaus mit steilem Staffelgiebel, in Rundbögen dem Platz zu geöffnet, auf dem der hübsche Löwenbrunnen von 1751 steht. Es war eine Stadt der Holzfäller und Flößer, und man kann sich vorstellen, daß Wilhelm Hauffs Holländer Michel großspurig, grob und unheimlich im ›Adler‹ beim Wein gesessen ist. Bevor die Flößer ihre gefährliche Fahrt durch die ›Hölle‹ hinab zur Kinzig begannen, knieten sie zum Gebet nieder. Nach der Ankunft in Schiltach wurde die Flößerzeche gehalten. Flößerzünfte gab es in Wolfach, Schiltach und Alpirsbach; sie führten im Dienst der Schiffsherren ihre Flöße den Rhein hinunter bis nach Holland. Die schönste Fahrt war die, welche um Martini angetreten wurde.

Jeder Flößer erhielt nach der Flößerzeche von der Wirtin einen Strauß auf den Hut, auf Kosten der Schiffherren wurden sie heimgeführt, und überall, wo sie unterwegs einkehrten, gab's einen Freitrunk ... In Kehl wurden die Rheinflöße eingebunden und, mit 40 bis 50 Personen bemannt, ging es flußabwärts unter dem Kommando eines Ober- und Untersteuermanns. Sollte das Floß rechts geleitet werden, so rief der Kommandierende: »Hessenland!«, sollte es links gehen: »Frankenland!« Nachts wurden die Flöße an bestimmten Plätzen verankert. Die Flößer übernachteten in einer auf dem Floß errichteten Hütte. Im Jahre 1894 haben die Schiltacher den letzten Floß die Kinzig hinabgeführt; er war mit grünen Tannen geschmückt, an denen schwarzer Flor hing. Als man das letzte Floß die Wolfach hinabführte, wurde auf ihm ein grüner Tannenbaum errichtet und an ihm eine Tafel mit folgenden Versen angebracht:

Jetzt flößen wir zum letztenmal
Durch dieses schöne Wolfachtal;
Was lange uns're Freude war,
Ist wohl dahin auf immerdar.
(Ernst Schneider)

Schramberg

Lohnend ist ein Abstecher durch das Schiltachtal nach Schramberg. Es liegt am Schnittpunkt des tief eingeschnittenen Bernecktals, des Lauterbach- und Schiltachtals sowie des Kirnbach- und Gittelbachtals. Drei Burgen stehen auf den Höhen ringsum. Am Eingang zum Bernecktal die Burgengruppe Unter- und Oberfalkenstein, die sich über einen ganzen Kamm unzugänglicher Granitklippen hinzieht. Hierher hatte sich Herzog Ernst von Schwaben zurückgezogen, der sich 1026 gegen seinen Stiefvater Kaiser Konrad II. empört hatte und nach seiner Begnadigung ein Jahr später erneut rebellierte. Das Herzogtum Schwaben wurde ihm daraufhin genommen, er selbst gefangen gesetzt. Vier Jahre später versprach ihm der Kaiser die Freiheit, wenn er sich bereit erkläre, seinen Freund, Graf Werner von Kyburg, auszuliefern. Als Ernst sich weigerte, wurde er in die Acht getan. Mit seinem Freund Kyburg suchte er Zuflucht auf Falkenstein, von wo er nach Konstanz gebracht worden und dort im gleichen Jahr gestorben sein soll. Sein Schicksal hat die Phantasie des Volkes lange beschäftigt, und wir verdanken ihr das Volksbuch vom ›Herzog Ernst‹.

Auf Porphyrfelsen hoch über dem Schiltachtal steht die Ruine der Burg Schilteck und auf dem Schloßberg liegen die mächtigen Trümmer der Rechbergburg Hohenschramberg oder Nippenburg, 1457-59 gebaut. Von dem Ritter Rechberg werden wir noch hören.

Die regsame kleine Stadt hat eine ansehnliche Barockkirche, und am Eingang zum Bernecktal steht die *Erasmuskapelle*, Grablege der Grafen von Bissingen und Nippenburg, mit einer schönen Grablegung Christi, um 1500.

Schramberg ist bekannt geworden durch seine Steingutfabrikation, welche ein besonders schönes Bildergeschirr hergestellt hat. Nach 1750 erfand Robert Hancock in England ein neues Verfahren zur Dekorierung von Porzellan und Steingut, den Umdruck. Kupferstiche wurden auf dünnes Papier gedruckt und in der Art der Abziehbilder auf Keramik übertragen. Der einfarbige Druck hat durchaus den Charakter des Kupferstichs. Bald fand diese Art des Dekors weite Verbreitung, vor allem als das Steingut immer mehr in Mode kam. Weil der Scherben eine leicht gelbliche Farbe zeigte, ist die Ware als ›Creamware‹ aus England in alle Welt gegangen. Unter den Manufakturen sind Wedgwood und Spode, dann Copeland weltberühmt geworden. Copeland gelang 1795 die Herstellung einer hellen harten Steingutmasse, auf der sich das beliebte Kobaltblau unter Glasur gut brennen ließ. Sèvres experimentierte als erste Porzellanmanufaktur auf dem Kontinent mit dem neuen Verfahren, durch dessen Anwendung die 1795 gegründete Steingutfabrik Creil besonders schöne Ware herstellte. Andere Manufakturen folgten, und auch in Deutschland ist das Umdruckverfahren bald nach seiner Erfindung bekannt geworden. Ein etwas abenteuerlicher Franzose, Nicolas Pierre Berthevin, kam 1769 nach Mannheim, führte in Frankenthal das neue Verfahren vor, das er seine eigene Erfindung nannte, und durfte in Mosbach im Odenwald eine Fabrik eröffnen, die er 1772 wieder verließ. Erst fünfundzwanzig Jahre später ist, ohne Zusammenhang mit Berthevins Wirken, der Umdruck auf Steingut in Baden wieder aufgenommen worden. Joseph Anton Burger gründete 1794 in Zell am Harmersbach eine Fayencefabrik, Anfang der später bedeutenden Steingut- und Porzellanfabrik, die heute noch besteht. 1817 entstand im nahe gelegenen Hornberg eine keramische Manufaktur, die sehr schöne Ware lieferte und die ebenfalls noch besteht, heute jedoch Sanitärporzellan herstellt. Es gab solche Unternehmen in Damm bei Aschaffenburg, in Grünstadt in der Pfalz, in Mettlach und Wallerfangen im Saarland, in Emmendingen und Villingen und schließlich auch in Schramberg, wo Isidor Faist, ein Bauernsohn aus Nordrach, der in Zell und Hornberg gelernt hatte, eine Manufaktur ins Leben rief. Sie war 1819 im gräflich Bissingen-Nippenburgischen Schloß in der Stadt untergebracht und erhielt dann eigene Fabrikräume. Die Schramberger Ware ist durch einen weitgespannten Kreis der Bildthemen ausgezeichnet: Städte, Landschaften, Genreszenen, üppige Blumenmuster – ein wirkliches, sehr reizvolles Bildergeschirr. Um die Jahrhundertmitte hatte die Firma ihre höchste Blüte erreicht, dennoch stand sie 1883 vor dem Konkurs und ging damals an Villeroy & Boch über, die sie 1920 aufgaben. Heute steht das Werk unter der Leitung der Brüder Meyer, die das schöne alte Geschirr aber nicht mehr herstellen.

Gottes Freund – aller Welt Feind

Seit der ersten Hälfte des 15. Jahrhunderts sehen wir die Reichsritterschaft in doppelter Frontstellung, gegen Fürsten wie gegen Städte. Das Bürgertum hatte die Geldwirtschaft so weit entwickelt, daß die immer geringer werdenden Realeinkünfte der Ritter sehr entwertet wurden; es befand sich auch politisch im Aufstieg und wurde vor allem in den kirchlichen Organisationen mächtig, die bisher fast ausschließlich dem Adel vorbehalten gewesen waren. Nikolaus von Cues erklärte damals, der wahre Adel sei der des Geistes und der Persönlichkeit, während der Adel als Stand den Einzelnen getragen hatte. Um ihre mißliche finanzielle Lage zu bessern, fielen die Ritter auf den Ausweg, die ihr Gebiet durchfahrenden Warenzüge zu besteuern. Das war ihr Recht. Verweigerte ein Kaufmann den Zoll, so beschlagnahmten sie die Waren und ließen den Eigentümer erst nach Zahlung eines Lösegeldes frei. Begreiflicherweise setzten sich die Städte gegen solch unerträgliche Maßnahmen zur Wehr. So kam das böse, nicht unberechtigte Wort vom Raubritter auf, denn die Grenzen zwischen Zollvergehen und Straßenraub waren fließend. Dennoch trieben immer nur wenige Außenseiter des Ritterstandes professionellen Straßenraub, wozu ihnen die zahllosen Fehden mit den Städten günstige Gelegenheit boten. Die Reichsstädte hatten nahezu staatliche Selbständigkeit errungen. Um sich diese zu erhalten, schlossen sie sich in Bünden zusammen. Der erste große Landfriedensbund fast aller südwestdeutschen Reichsstädte wurde 1327 geschlossen, aber alle diese Verbindungen vermochten nicht ins Große zu wirken, weil es keine gemeinsame Leitung und Kasse gab. So erlitt der Schwäbische Städtebund 1372 eine vernichtende Niederlage durch Graf Eberhard II. von Württemberg und seine Verbündeten. Zwar konnte der Städtebund fünf Jahre später die Scharte auswetzen, ja man rückte sogar vor Stuttgart, und eine Zeitlang war die städtische Macht so groß, daß auch Herren vom hohen Adel dem Bund beitraten, wie die Grafen von Werdenberg-Sargans, Montfort und Nellenburg, aber, so heißt es, »da gingen die Reichsstädte in Schwaben auf an Gewalt und an Übermut«. Die zweite schwere Niederlage erlitt der Bund 1388 bei Döffingen gegen Württemberg.

Wie tief der Gegensatz zwischen Rittern und Bürgern empfunden wurde, machen die vergeblichen Versuche Kaiser Sigismunds deutlich, Reichsstädte und Reichsritterschaft zu versöhnen. Die Feindschaft des Bürgertums wurde um so gefährlicher, als sich die Fürsten mit den Städten verbanden, um mit ihrer Hilfe den fürstlichen Staat auszubauen, in welchem der Ritter der Verwaltung unterworfen sein sollte.

Um 1430 ging die ritterliche Kultur endgültig zu Ende, eine Kultur »überindividuellen bedeutsamen Wort-, Sinn- und Wirkungszusammenhangs, ein ideales Wertsystem, ein Ganzes, und als solches lebensfähig«. (H. Rößler) Das adlige Ideal wurde von den Bürgern nicht mehr als allein wertbestimmend anerkannt. Jacob Burckhardt nennt es ein Versiegen der Lebensquellen, »die einst der Nation ihr edleres, geistiges und leibliches Gepräge verliehen«. Ritterlich sein heißt jetzt nur noch soziales Ansehen und bedeutet, wie Rößler ausführt, *gerecht richten und sich der Armen, Bedrängten, Witwen und Waisen annehmen. Zucht, Triuwe, Mâze, Staete werden als ritterliche Tugenden nicht metaphysisch, sondern aus dem persönlichen Vorteil des Ritters begründet ... Die große Weltharmonie des Ritters, in der er sich selbst als Repräsentant der Vereinigung göttlicher und irdischer Kräfte verstand, weicht nun einem Dualismus. Das noch mittelalterliche Sowohl-Als-Auch des scholastischen Realismus wird abgelöst durch den harten Gegensatz des Entweder-Oder des Nominalismus.*

Die Tiroler Dichter Oswald von Wolkenstein und Hans Vintler stellten fest, daß die Macht des Geldes und der Lüge allmächtig geworden sei. Der Adel trat den Rückzug an, er plagte sich mit den Sorgen des Alltags, suchte sich anzupassen, schloß sich in Bünden zusammen und wurde doch der Lage nicht Herr. Man muß den Unterschied im Auge behalten, der im 14. und 15. Jahrhundert zwischen ehrlicher Fehde und Straßenraub gemacht wurde. Das Recht zur Fehde wurde dem Ritter ebensowenig bestritten wie Fürsten und Städten, wenn eine Einigung auf gütlichem Wege unmöglich geworden war.

Typische Erscheinungen jener im Umbruch befindlichen ritterlichen Welt sind Franz von Sickingen und Hans von Rechberg oder die kleinen ritterlichen Wegelagerer.

»Gott erhalt das römisch Reich / durch seinen Adel arm und reich«, seufzte Graf Reinhard zu Solms, der Festungsbaumeister, Kriegstheoretiker und -schriftsteller, der in einer Abhandlung versuchte, seinen Standesgenossen neue Aufgaben anzubieten. Es ist jedoch nicht so, als ob der Humanismus keinen Eingang im Rittertum gefunden hätte. Man denke, um nur einige zu nennen, an Ulrich von Hutten, an den Eichstätter Domherrn Albrecht von Eyb, an dessen Bruder Ludwig am Hofe des Markgrafen Albrecht Achilles von Brandenburg, an die Bischöfe von Bamberg und Augsburg, Sebastian Schenk von Limburg und Christoph von Stadion, an Johann von Schwarzenberg, den bambergischen Hofmeister und Reformator des Strafrechts und der Strafprozeßordnung.

Wie verfahren die Beziehungen zwischen Städten und Ritterschaft im 15. Jahrhundert waren, zeigt die Gestalt des Hans von Rechberg von Hohenrechberg, einer Burg, die am Rand der Rauhen Alb auf einem steilen Bergkegel steht, von wo aus man zum Hohenstaufen hinübersieht. Die Rechbergs waren eine begüterte Familie, versippt mit den Truchsessen von Waldburg, mit Zollern und Württemberg, Helfenstein, Fürstenberg und Montfort. Hans von Rechberg, als vierter Sohn, war wenig begütert und mußte sich seinen Lebensunterhalt als Kriegsmann verdienen. Als solcher hat er eine gewisse Rolle gespielt. Er hatte alle Eigenschaften des brillanten militärischen Führers, aber auch die unbezwingliche Lust am Abenteuer, welche ihn immer wieder in bedenkliche Unternehmungen verstrickte. Er war ein kluger, listiger Mann, gefürchtet als Kriegshauptmann in der Schweiz und in Schwaben; er hatte große Verbindungen durch seine beiden Frauen, eine Truchsess von Waldburg und eine Gräfin von Werdenberg-Sargans.

1441 schloß sich der Adel des Hegau zu einer Gesellschaft

zusammen, deren Ziel es war, Kaufmannszüge auf Land- und Wasserstraßen zu plündern, um den verhaßten Städten möglichst viel Schaden zu tun. Zu den Hauptleuten des Bundes gehörte Hans Rechberg. Vorwand für diese in Aussicht genommenen Raubzüge war eine Fehde der Herren von Geroldseck mit dem schwäbischen Städtebund. In einem Reiterlied des 15. Jahrhunderts heißt es:

Kaufleut sind edel worden,
Das merkt man täglich wohl,
Dann kommt der Reiterorden,
Macht ihren Adel voll.
Heraus soll man sie klauben
Aus ihren fuchsnen Schauben
Mit Brennen und mit Rauben
Dieselben Kaufleut gut,
Um ihren Übermut ....

Die Fehde – sie konnte sich zum Verderben der Landbevölkerung jahrelang hinziehen – begann am 19. Mai 1441 mit einem Hauptschlag der Ritter gegen die von der Genfer Messe heimkehrenden Kaufleute. Rechberg und der Graf von Lupfen beschlagnahmten an diesem Tag zwei Warenschiffe bei Stiegen am Untersee im Wert von 120000 Goldgulden. Wenige Tage später erfolgte die Absage an den Städtebund, der nun zur Gegenwehr rüstete. Im Oktober beschlossen zweiunddreißig Reichsstädte einen Zug gegen ihre Feinde, um die Sicherheit auf den Straßen wiederherzustellen. Es sollte solange Krieg geführt werden, bis das Ziel erreicht sei. Oberster Hauptmann der städtischen Streitkräfte war der Ulmer Patrizier Jörg Ehinger. Man nahm einige Burgen, zerstörte sie und wandte sich dann gegen Rechberg, dessen Güter verwüstet wurden.

1442 begann ein neuer Feldzug. Im November schloß man Frieden, der Ritterbund löste sich auf, er war nicht gerade erfolgreich gewesen. Rechberg trat in habsburgische Dienste im Kampf Zürichs gegen die Eidgenossen, dann diente er dem Markgrafen Albrecht Achilles in der erfolglosen Fehde gegen Nürnberg. Rechberg war entschlossen, den Kampf gegen die

Städte wieder aufzunehmen, aber er sicherte sich für den Fall einer Niederlage durch Abmachungen mit Venedig und Francesco Sforza, Herzog von Mailand, die ihn gerne in ihren Diensten gesehen hätten.

In diesem Jahr sah Rechberg sich seinem Ziel nahe, denn er fand den Vorwand, gegen die Städte vorzugehen. Heinrich von Isenburg – er hat nichts mit dem fürstlichen Haus zu tun –, dessen Burg die Ulmer zerstört hatten, war dieser Vorwand, denn, so begründete Rechberg seinen Schritt, Heinrich sei damals noch nicht volljährig gewesen und daher an den Schiedsspruch nicht gebunden. Er forderte Ulm auf, dem jungen Mann sein väterliches Erbe zu ersetzen. Ulm antwortete nicht.

Schwere Wolken zogen tief über die dunklen Waldberge des Schwarzwalds; der Sturm peitschte den Regen schräg vor sich her. Plump und schwankend rollte ein Warenzug im tiefen Schmutz der sich nach Rottweil senkenden Landstraße dahin. Voraus ritten zwei Knechte, es folgten zwei Herren auf edlen Pferden, der Ulmer Jörg Ehinger und Rudolf Muntprat aus Ravensburg, beide Teilhaber der reichen Ravensburger Handelsgesellschaft. Neben den Planwagen gingen die Fuhrleute, zu beiden Seiten Knechte im Harnisch, mit Eisenhauben und langen Spießen, und einige ebenfalls bewaffnete Ballenbinder.

Rechts und links der Straße stiegen im Nebel fast unsichtbare bewaldete Hänge auf. Immer wieder rutschten die Pferde und stemmten die Beine gegen die nachdrückende Last der Wagen. Bei jedem Halt legten die Fuhrleute Knüppel vor die Räder und jedes neues Anfahren geschah mit Geschrei und Fluchen. Die beiden Kaufherren zogen fröstelnd die Pelzschauben um sich und schauten immer wieder an den Lehnen empor, aber es blieb still, die ziehenden Nebel ließen Stämme und Buschwerk nur schattenhaft auftauchen und wieder versinken.

Horch, sagte der Ehinger. Hörst du nichts? Es rührt sich doch etwas da oben! – Ach was. Das ist der Regen, der Wind, antwortete Muntprat. Sie hatten Grund zur Besorgnis, denn der Herr von Rechberg, das wußten sie ja, hatte etwas gegen die Städte vor. Sie kannten Rechbergs Forderung an Ulm, und nun waren sie nahe von Rottweil, aber auch nicht weit vom rechbergschen Ramstein. Sie ritten schweigend weiter, als der Wagenzug sich knarrend und schütternd wieder in Bewegung setzte. Da – ein Wiehern im Wald – ein scharfer Ruf – und mit mächtigem Sprung setzte ein gepanzerter Reiter über die Böschung auf die Straße. Von allen Seiten tauchten Reiter aus dem Wald; Fuhrleute und Knechte schrien: Schnapphähne! Die Überraschung war vollkommen, an Gegenwehr war nicht mehr zu denken. Der Gewappnete hielt vor den Kaufherren, schlug das Visier zurück und sagte: Ich bin Heinrich von Isenburg. Ihr müßt gefangen sein, weil Ulm mir das Meine nicht geben will. – Seid Ihr des Teufels, rief Ehinger. Laßt uns fahren, sonst habt Ihr es mit den Städten zu tun. – Ich sch . . . . auf euch Pfeffersäcke, schrie der Ritter. Führt sie ab! – Warenzug und Kaufleute waren bald darauf in sicherem Gewahrsam des Ramsteins. – So mag es gewesen sein. Jedenfalls hatte sich Isenburg mit Hilfe rechbergscher Knechte, angeblich ohne Wissen seines Beschützers, die beiden Herren gegriffen. Mit ihnen hatten die Ritter ein Zwangsmittel gegen die Städte in der Hand. Rechberg nutzte den willkommenen Fang, denn beide Männer waren sehr reich. Gegen ein Lösegeld von 3500 Gulden ließ man sie frei. Die Städte kochten vor Zorn; Ulm beschwerte sich bei Graf Ulrich von Württemberg, doch Rechberg sagte dem Städtebund »in edler Entrüstung über ihre Verleumdungen« ab und verheerte städtisches Gebiet. Seine Knechte wurden bald über Schwaben hinaus die ›Böcke‹ genannt. 1455 setzte Augsburg auf den Kopf eines Bocks zehn Gulden Belohnung aus. Rechberg und Isenburg lehnten alle Schlichtungsvorschläge ab. Im Juli 1452 trafen die Kontingente der Reichsstädte zusammen, belagerten und nahmen den Ramstein, den sie zerstörten. Von der Ruggburg bei Bregenz setzte Rechberg die Fehde mit Brand und Verwüstung fort. Nun mischte sich der Graf zu Fürstenberg ein; er setzte Heinrich von Isenburg fest, damit die Ruhe endlich wiederhergestellt würde. Der Städtebund zog mit sechshundert Mann unter Führung Jakob Ehingers vor die Ruggburg, die genommen, aber leer gefunden wurde. Auch diese Burg ging in Flammen auf. Rechberg setzte den Kleinkrieg unverdrossen fort. Seine Schwäger, die Grafen von Werdenberg, verlangten Entschädigung für die Ruggburg, die zum Teil ihnen gehöre, außerdem hätten sie mit der Fehde nichts zu tun.

Die Unsicherheit im Land war so groß geworden, daß der Kaiser auf bewegende Bitten der Städte einzugreifen beschloß. Er lud Rechberg und die Städte vor sein Schiedsgericht. Es nutzte nichts, denn Rechberg kam nicht. Der Kaiser machte ein neues Angebot und der Bischof von Würzburg als Schiedsrichter setzte 1454 eine Tagung in Würzburg an. Wer nicht erschien, war Rechberg. Die Städte forderten 50000 Gulden Entschädigung, doch auf diese Forderung ging der Ritter nicht ein, sondern er zog im Herbst vor Rottweil, ließ die Stadt plündern und anzünden. Ein Jahr später kam die Angelegenheit vor das Kammergericht, wo Kaiser Friedrich III. selbst den Vorsitz führte und wo der streitbare Ritter auf Schadenersatz für die Zerstörung der Ruggburg klagte. Dem hielten die Städte entgegen, daß sie durch die Gefangennahme Muntprats und Ehingers zuerst geschädigt worden seien, doch Rechbergs Klage wurde stattgegeben, die Ansprüche der Städte wurden zurückgestellt. Die Höhe der Entschädigungssumme hatten die kaiserlichen Kommissare Markgraf Jakob von Baden und Reichserbmarschall Heinrich von Pappenheim festzusetzen. Nach langen Verhandlungen wurden Rechberg 3500 rheinische Goldgulden ausbezahlt, doch mußte er sich verpflichten, zwei Jahre lang nichts gegen die Städte zu unternehmen. Lindau hatte sich schon vorher mit ihm durch Zahlung von 700 Gulden verglichen, Rottweil mußte für die Ehre, gebrandschatzt worden zu sein, 450 Gulden zahlen. Rechberg hatte auf der ganzen Linie gesiegt. Er errichtete das neue Schloß Schramberg im Schwarzwald, dessen Bau die Städte voller Zorn verfolgt haben mögen.

Rechberg starb als wohlhabender Mann, getreu seiner Devise:

Gottes Freund – aller Welt Feind.

O gib uns Schicksal die Kraft ...

In Schramberg wurde der Dichter Otto Heuschele 1900 als Sohn eines Gärtners geboren, und seine ersten Jahre hat er in der Uhrenstadt verlebt. Ich lernte ihn 1942, zunächst nur brieflich, kennen, denn ich hatte ihm nach der Lektüre eines seiner Bücher aus dem Lazarett Herrenalb im Schwarzwald geschrieben, ohne zu ahnen, daß sich aus diesem Brief eine feste Freundschaft entwickeln würde. »Glauben Sie mir, ein wirklich Gläubiger und ein wirklicher Humanist wiegt Zehntausende auf«, heißt es in seiner Antwort. In diesem kurzen Satz liegt Heuscheles geistige Haltung beschlossen. Achtundzwanzig Jahre später schreibt er: *Zum Geburtstag, der in diesen Tagen zu feiern ist, es ist ein runder, senden wir Dir unsere herzlichsten Grüße und besten Wünsche. Beginne ein neues Jahrzehnt mutig und gelassen, laß Dich nicht anfechten von der Barbarei, die sich immer mehr breit macht. Wir können ihr nichts anderes entgegenstellen als unsere Haltung und unser Werk. Wir tun es beide auf unsere Weise ...*

Dies ist der Tenor aller Briefe, aller Schriften Heuscheles; es ist die Sorge um die zunehmende Entmenschlichung des Daseins. Er lebt im Bewußtsein des Auftrags, Mensch zu bleiben, gegen den Zeitgeist zu stehen, vor den Gefahren zu warnen, die uns allenthalben bedrohen. »Nichts ist gefährlicher als der Mensch in seiner Ganzheit«, schreibt er einmal, und ein Halt ist ihm Goethes Wort: *Laßt uns so viel als möglich an der Gesinnung halten, in der wir herankamen: wir werden mit vielleicht noch wenigen die letzten sein einer Epoche, die so bald nicht wiederkehrt.* Manches Gespräch mit Heuschele deckt die Sorge gegenüber einer recht ungewissen Zukunft Europas auf, doch hält ihn der Glaube an die Macht guter geistiger Kräfte, echter Tradition aufrecht.

Er sitzt nicht versponnen in seinem kleinen Haus im wuchernden Garten vor den Toren der Stauferstadt Waiblingen; er hat Verbindung mit vielen Menschen, nicht zuletzt mit der Jugend, welcher er ein offenes Herz entgegenbringt. Heuschele weiß um alles, was in Waiblingen vor sich geht, wo er seit dem letzten Krieg Deutsch am Gymnasium lehrte; er verfolgt mit wachem Interesse alles, was in der Welt der Literatur und Kunst geschieht. Vieles gefällt ihm nicht. Dann sagt er, mit einer steilen Falte zwischen den buschigen Augenbrauen, in seinem gemütlichen Schwäbisch: »Ha no! Was soll man dazu noch sage!« Aber man kann mit ihm lachen, und was ist befreiender?

Heuschele braucht die Freundschaft; sie ist ihm ein nie abreißender Dialog. Zu seinen Freunden gehörten Reinhold Schneider und Eduard Spranger, gehört Karl Kerényi, und er selbst sagt, daß »unser Leben durch solche wesenhaften und schicksalhaften Begegnungen« bestehe. In einem Brief Carl J. Burckhardts zu seinem siebzigsten Geburtstag heißt es: *Auswählen zu dürfen ist eine große Gunst. Sie wägen und wissen, daß das Unwägbare so oft das Gewichtigste ist. Sie haben Augenmaß und erkennen den Verlauf der Grenzen jeden Wertes. Sie üben ihr Amt als ein unbestechlicher Kenner aus. Sie sind nie zeithörig, weil Sie Respekt haben und wissen, daß jede Leistung auf der Leistung vergangener Geschlechter beruht ... Ihre Natur ist schwäbisch und schwäbische Natur umgibt Sie, trägt Sie, wird durch Ihre dichterischen Aussagen sichtbar und würdig und sie bestimmt Ihren Ton, bedingt Ihr Maß und durch Liebe auch Ihr eigenes Glück und das Ihrer Zeitgenossen ...*

Heuschele ist in der württembergischen Landschaft tief verwurzelt; er beschwört sie immer wieder in Briefen, in Romanen, Novellen und Gedichten; sie hat für ihn immer noch nicht ihren Sinn verloren, der in der engen Verbindung Mensch-Natur besteht. Er sieht die freie Herrlichkeit der Schöpfung und kämpft gegen das pöbelhafte Wesen unserer Zeit, welche das Geheimnis leugnet. Kurz vor Kriegsende erhielt ich folgendes Gedicht von ihm:

Welcher unendliche Zauber
Hat dich in düsterverhangener Nacht
O Erde geschmückt mit dem festlichen Kleide?
Bräutlich erstrahlst du
Unter so viel Schönheit
Auch in düsterer Zeit.

Und die Seele, die sorgenverhüllte,
Sie läßt sich erfüllen
Von der strahlenden Reinheit der Landschaft,
Vom leuchtenden Schmuck der Bäume.
Märchen scheint, was vor uns sich entrollt.
Musik, leicht schwebende,
Müßte aus Baum und aus Strauch
Uns versöhnend umziehen.

Will uns ein gütiger Gott
Mit dem weißen Schleier der Reinheit
Das Grauen verhüllen,
Das jetzt über die Erde hingeht
Nach des Krieges furchtbar geheimem Gesetz?

O gib uns, Schicksal, die Kraft,
Die Schönheit der Erde zu halten
Und sie zu tragen als schützend Bild
Durch der Nächte unergründliche Finsternis.

Ein starker Wille zur Form ist Heuschele eigen; *dieser schwäbische Formwille*, so sagt er, *ist aber nie seelenlos, wie der schwäbische Geist selbst kein Widersacher der Seele ist, sondern in enger Verbindung mit ihren schöpferischen Kräften wirkt.*

So übt Heuschele in aller Stille und unberührt vom geschäftigen Treiben der Welt die bewährten Kräfte für die Erhaltung und Erweiterung des geistigen Erbes, auf seine eigene Art, auf schwäbische Art.

Schenkenzell

Auf die Schwarzwaldtälerstraße Wolfach–Freudenstadt zurückkehrend, kommen wir auf ihr durch Schenkenzell unterhalb der Ruine der Schenkenburg, die auf langgestrecktem Bergsporn ins Kinzigtal vorspringt. Die Burg ist wohl von den Grafen von Geroldseck gebaut worden und wurde 1534 in der Fehde des Grafen Wilhelm zu Fürstenberg mit seinen Vasallen Hans und Wilhelm von Weitingen zerstört. Nahe von Schenkenzell, in einem stillen Seitental, liegen die Reste des Klarissenklosters *Wittichen,* das die Nonne Luitgard, eine bekannte Mystikerin, die 1349 starb, gegründet hat. 1681 wurde die Klosterkirche auf älteren Fundamenten neu gebaut. Zu Füßen des Schalldeckels der Kanzel von 1720 sitzt die Stifterin Luitgard mit dem Kirchenmodell, über ihrem Haupt fliegt ein Posaunenengel. Der Überlieferung nach soll sie schon als Kind ihre Kleider vorn abgeschnitten haben, um damit Stoff für Schleppen zu gewinnen, denn so, glaubte sie, sei die Kleidung der Engel beschaffen. In einer Verzückung erhielt sie den Auftrag, ein Kloster für vierunddreißig Nonnen zu stiften, analog zu den vierunddreißig Lebensjahren Christi. Und so gründete sie 1325 »mit einem Heller im Vermögen« Wittichen. Dann ging sie auf Wanderschaft, um das Geld für den Bau zusammenzubetteln, bekehrte unterwegs manchen Übeltäter und wurde in der Schweiz von der sich gerade dort aufhaltenden Königin Anna von Ungarn empfangen, welche ihr mit reichen Spenden half.

Von Schenkenzell ist es nicht mehr weit nach Alpirsbach, einem schönen alten Städtchen an der Kinzig.

Alpirsbach

Wir eilten nach dem Hercynischen Wald, schrieb Kaiser Julian nach der Schlacht gegen die Alemannen 357 bei Straßburg, *und was mir hier vor Augen trat, war ganz ungewöhnlich und ungeheuerlich. Auf jeden Fall könnte ich mich ohne Zögern dafür verbürgen, daß im gesamten römischen Reich, soweit unsere Kenntnis reicht, ähnliches dieser Art nicht mehr erschaut wird. Sollte aber einer das thessalische Tal von Tempe, den Paß der Thermopylen oder den gewaltigen, sich fernhin dehnenden Taurus für unwegsam erklären, so möge er sich von mir gesagt sein lassen, daß dies alles Kinderspiel ist, verglichen mit der wilden Unzugänglichkeit des Hercynischen Waldes . . . Hier habe ich wie ein Jäger gehaust, umgeben von wilden Tieren und im Kampf mit ihnen, und dabei Sitten angetroffen, die Schöntun und Schmeichelei nicht kannten, sondern nur ein einfaches, ungezwungenes Benehmen gegen jedermann auf gleichem Fuß. Ich habe die Barbaren jenseits des Rheins wilde Lieder singen hören in einer Sprache, die so ziemlich dem rauhen Gekrächz der Vögel glich; jene aber hatten Freude daran ...*

Von der Konsolidierung der alemannischen Herrschaft im ›Dekumatland‹ – die Bedeutung des Wortes ist noch nicht geklärt, doch handelt es sich um die von den Römern im Süden Deutschlands besetzten Gebiete – blieb der Schwarzwald als wilder, unheimlicher, unbesiedelter Wald ausgeschlossen, und er blieb es bis ins 11. Jahrhundert. In jener Zeit ging er, als herrenloses Land Königsland, in den Besitz einiger Grafenfamilien über, welche sich seiner Urbarmachung und Besiedelung widmeten und die ersten Klöster wie Hirsau oder St. Blasien ins Leben riefen. So ist auch Alpirsbach an der Wende vom 11. zum 12. Jahrhundert entstanden, als Stiftung der Herren von Hausen, Zollern und Sulz, deren Frauen als gemeinsames Erbe das Hofgut der Grafen des Uffgaus, der späteren Grafen von Eberstein, an ihre Männer gebracht hatten. Papst Paschalis II. bestätigte 1101 die Stiftung, verlieh dem Konvent das Recht der freien Abtswahl und der Wahl der Schirmvögte. Erhöht über dem Ort mit seinen reichen Fachwerkhäusern steht die einstige Benediktinerabtei, welche als Doppelkloster für Nonnen und Mönche geplant gewesen ist. Da Hirsau nicht mehr besteht und auch die frühe Klosterkirche von St. Blasien verschwunden ist, so ist Alpirsbach das bedeutendste Beispiel für eine vom Geiste Clunys geprägte Kirche und als solche ein Denkmal ersten Ranges. Es wurde von Mönchen aus St. Blasien besetzt und von Äbten aus Hirsau geleitet, welche die Hirsauer Reformen dort wirksam werden ließen.

1099 ist die Kirche zu Ehren der Gottesmutter und des hl. Benedikt geweiht worden. Es handelte sich jedoch nicht um das dem hl. Nikolaus geweihte heutige Münster, sondern um eine ältere Kirche, deren Turm zwischen dem ehemaligen Amtshaus und dem Forstamt noch steht. Die Abtei schloß sich nach 1450 der Bursfelder Kongregation an. Es war dies eine Reformvereinigung von Benediktinerklöstern, der auch Ordensniederlassungen in Belgien, Dänemark und Holland angehörten und deren erstes Generalkapitel im Kloster Bursfeld bei Göttingen

1446 stattfand. Der Papst bestätigte 1459 die Kongregation. An der Universität Köln hatte die Kongregation von 1616 bis 1740 ein eigenes Seminar für Ordensgeistliche.

In der ersten Hälfte des 16. Jahrhunderts litt das Kloster unter Bränden, wurde 1525 von den Bauern geplündert, 1535 von Herzog Ulrich von Württemberg säkularisiert und in eine Lateinschule umgewandelt. Heute dienen die Gebäude staatlichen Ämtern, das Münster ist protestantische Pfarrkirche.

Vom cluniazensischen Reformcharakter der Hirsauer Bauschule einer Säulenbasilika spricht der klare Grundriß der heutigen Kirche, die strenge, ernste, schmucklose Flächigkeit der Fassaden, das Fehlen eines Westchors. In seiner Schlichtheit steht das Münster den reich durchgebildeten Kaiserdomen am Rhein gegenüber. Es ist eine dreischiffige Basilika mit westlicher Vorhalle, und einer Ostapsis. Die beiden halbrunden Apsiden der Querschiffe fehlen heute; über ihnen sollten sich die Türme erheben, aber nur der Nordturm ist aufgeführt worden. Wir wissen nicht, wann der Bau der Kirche begonnen hat, wann sie geweiht worden ist, doch wird sie um 1130 vollendet gewesen sein. Aus dieser Zeit etwa stammt das Tympanon des Westportals. Das erste Obergeschoß des Turms, gegliedert durch Rundbogenfriese und Lisenen, entstand bis zur Mitte des 12. Jahrhunderts; ihm folgten die übrigen Geschosse in gotischer Zeit und der Staffelgiebel zu Beginn des 16. Jahrhunderts. Zwischen 1220 und 1250 baute man die neue Sakristei an der Südecke des Querhauses, wohl beeinflußt von Maulbronn, denn der Kragstein der Südwestecke zeigt das dort häufig vorkommende Mondsichelzeichen. Das Maßwerkfenster wurde zwei Jahrhunderte später eingebrochen. Vor 1450 wurde der Chor umgebaut; er erhielt die hohen Maßwerkfenster über dem romanischen Unterbau, und am Ende des Jahrhunderts wurde, anläßlich des Neubaus des Kreuzgangs durch Abt Hieronymus Hulzing, die Außenwand des südlichen Seitenschiffs von großen Spitzbogenfenstern durchbrochen, um die Verbindung von Kirche und Obergeschoß des Kreuzgangs herzustellen. Abt Alexius ließ zwischen 1506 und 1510 die Südapsis, die sogenannte Sulzerkapelle, durch ein elegantes Chörlein mit sternförmigem Rippengewölbe ersetzen. Das Mauerwerk der Vorhallenfront stammt aus der Zeit des Abtes Heinrich Haugg (1397 bis 1414). Sein Bildnis und das eines Heiligen, wohl Benedikts, sowie die Wappen Württemberg, Hausach, Fürstenberg (?) und Haugg sind über der Mittelarkade angebracht.

Wie Murbach oder Rosheim im Elsaß ist das Alpirsbacher Münster in seinen klaren Maßen und in der warmen Farbigkeit des roten Sandsteins von ganz besonderer Schönheit. Plastischer Schmuck ist nur sparsam angebracht worden, und die ganze Welt der Fabelwesen und Tiere ist auf ein Mindestmaß reduziert, so daß der hl. Bernhard von Clairvaux, der gegen den Schmuckreichtum an den Kirchen wetterte, kaum etwas auszusetzen gehabt hätte. Wir sehen einen liegenden Löwen als Kragstein am südlichen Nebenchor oder einen bärtigen Kopf an einem der Säulchen der Apsis. Die Maiestas Domini im Bogenfeld des Westportals ist ein ausgezeichnetes Werk aus dem zweiten Viertel des 12. Jahrhunderts. Das Stifterpaar, vielleicht Graf Adalbert von Zollern und seine Frau Adelheid von Eberstein, trat in das neugegründete Kloster ein. Das Relief umläuft die Inschrift: »Ego sum ostium dicit Dominus; per me si quis introierit, salvabitur – Ich bin die Tür, spricht der Herr, wer durch mich eingeht, wird gerettet.« Das Relief wird einem lombardischen Meister zugeschrieben, was nicht verwunderlich wäre, da lombardische Steinmetzen in Hirsau und Lorsch gearbeitet haben. Die wieder mit Leder bezogenen Türflügel mit den bronzenen Löwenköpfen stammen aus gleicher Zeit.

Wir betreten die Kirche, deren gewaltige Höhe überrascht. Fest und wuchtig stehen die Säulen mit schweren Würfelkapitellen zwischen den Arkaden, über denen ein Zickzackfries aus zweifarbigem Sandstein verläuft. Basen und Kapitelle der beiden letzten Säulen vor der Vierung tragen Löwenköpfe, bärtige Fratzen, Fabeltiere und Blattwerk; sie werden als Symbole der Verdammung und Erlösung gedeutet. Auf der Südseite die Verkörperung der Hölle durch Fratzen, Kröten, Drachen, auf der Nordseite die des Himmels durch geflügelte Engelsköpfe.

Die Gewölbe in den Altarnischen des Hauptchors zeigen Fresken aus dem Anfang des 13. Jahrhunderts, das Jüngste Gericht, und im Gewölbe der Apsis sehen wir Christus als Weltenrichter in der Mandorla auf dem Regenbogen, umgeben von den Evangelistensymbolen, zu Seiten die Seligen und Verdammten. Nur weniges ist von der einst sicherlich reichen Ausstattung des Münsters erhalten. Da ist der schöne Hochaltar vom Anfang des 16. Jahrhunderts, eine Marienkrönung, flankiert von den Hl. Nikolaus und Benedikt, ein Werk der Ulmer Syrlinwerkstatt. Die Altarflügel tragen Malereien in Braun mit weißer Höhung, außen Geißelung und Dornenkrönung, innen Verkündigung und Heimsuchung.

Im nördlichen Querschiff steht noch eine Bank, vielleicht vom alten Chorgestühl, ein Unikum romanischer Schnitzarbeit vor 1150. Das spätgotische Chorgestühl des Meisters H. M. wurde 1493 vollendet. Unter den zahlreichen Grabsteinen gehört wohl der anmutigste einem jungen Priester in der Sulzerkapelle, dessen Gestalt zu Beginn des 14. Jahrhunderts lediglich in zarten Umrißlinien dargestellt ist.

Um das Geviert des herrlich gewölbten Kreuzgangs, der 1480-90 entstand, gruppieren sich die Konventsbauten, ostwärts der Kapitelsaal in den zierlichen Formen um 1230, wohl von Maulbronn beeinflußt. Über ihm lagen Dormitorium, Küche, Wirtschaftsräume und Parlatorium, alles das durch ältere und jüngere Um- und Einbauten verändert. In das Dormitorium wurden im 15. Jahrhundert Zellen eingebaut, ganz behagliche Räume, mit schön profilierten Türstöcken, mit Fachwerkwänden, deren Füllungen hie und da Rankenmalerei tragen. Das ehemalige Refektorium dient heute als katholische Kirche.

Vor der Westfront des Münsters liegen die Reste der Burg, einer Wasserburg des 13. Jahrhunderts, ehemals wohl Sitz des Vogtes. Alles übrige ist verschwunden.

Im Münster aber fühlen wir noch die Lebenskraft tätigen Ordenslebens und wir erfahren hier, wie eine Kirche der Hirsauer Bauschule ausgesehen hat.

PETER BIRMANN (1758-1844)
Das Höllental bei Freiburg im Breisgau
Aquarell, 1801

Basel, Kupferstichkabinett
der öffentlichen Kunstsammlungen

Foto: Hans Hinz, Basel

Freudenstadt

Worüber sollte man sich wohl freuen? Freudenstadt, das erst zu Ende des vorigen Jahrhunderts Kurort geworden ist, liegt hoch, inmitten schwermütiger schwarzer Wälder; es liegt *mitten auff dem Schwarzwald und gleichsamb im Wagrecht und Centro desselbigen*, schreibt Merian. Es war *ein solch rauhe, dicke und finstere Wildnuss, da man vor Jaren für den verfallenen Bäumen und Windbrüchen schwärlich und Winterzeit garnicht fortkommen können ...*

Die Stadt ist entstanden aus einer Laune Herzog Friedrichs, der hier eine Festung und Bergwerksstadt wünschte, auch einen Handelsplatz; aber er starb, ehe er seinen Plan vollenden konnte. Herzog Friedrich von der Linie Mömpelgard, 1593 in Württemberg zur Regierung gelangt, wollte sich durch eine Festung den Weg in seine linksrheinischen Besitzungen sichern. Man sollte denken, daß der dafür gewählte Ort etwas weit vom Rhein entfernt war, aber in der Nähe lagen die Christophstaler Bergwerke, wo nach Silber und Kupfer geschürft wurde. Das sollte nun in größerem Umfang geschehen, um die stets leeren herzoglichen Kassen zu füllen. Der Herzog holte wegen ihres protestantischen Bekenntnisses verfolgte Steiermärker und Kärntner ins Land, die den Kern der ersten Einwohner bildeten. Name der Siedlung sollte Friedrichstadt sein, doch schon bald wurde, vielleicht aus Freude an der neuen Heimat, Freudenstadt daraus.

Als Baumeister verschrieb sich der Herzog den begabten, phantasievollen Heinrich Schickhardt aus Herrenberg, den er in Frankreich und Italien hatte ausbilden lassen. Sicher war es eine reizvolle Aufgabe, mitten in die Wildnis des Schwarzwalds eine ganze Festungsstadt zu setzen. Die Entwürfe sind noch erhalten. Wie groß die Stadt gedacht war, zeigt der Plan.

»Es haben aber Ihre Gnaden gewollt, daß hinten und vor jedem Haus ein Gassen und das Schloß mitten auf dem Markt stehen soll.« Schickhardt jedoch plante um der Symmetrie willen das Schloß, das mit Bastionen versehen sein sollte, in einer Ecke des Vierecks und reihte ringsum – die Anlage erinnert an die Aufteilung eines Mühlebrettes – die Häuser um einen kleinen Marktplatz. Kleine Wohnhausblöcke waren vorgesehen, doch das gefiel Herzog Friedrich gar nicht; er wollte den Platz weiträumig und repräsentativ und ringsherum nur drei Zeilen, deren innerste Arkaden erhalten sollten. Für die Mitte des Platzes bestimmte er ein großes Schloß mit Graben, Rundtürmen und Innenhof, eine Festung in der Festung. Es ist nicht gebaut worden und an dem dafür bestimmten Platz steht heute das Stadthaus. Auch die geplanten Befestigungen unterblieben. 1599 begann der Stadtbau, eine quadratische Anlage, ähnlich einem römischen Castrum, ein kühner Versuch. Über den Arkaden stand Giebel an Giebel, sicher in sehr effektvoller Wirkung. Die vier inneren Ecken sollten repräsentative Bauten aufnehmen, wie Kirche, Rathaus, Kaufhaus, und points de vue setzen, doch sind nur Kirche und Rathaus errichtet worden.

1632 brannte die Stadt ab; Herzog Eberhard III. begann den Wiederaufbau. 1864 wurden die Tore abgebrochen, und im April 1945 fiel Freudenstadt Bomben und Artilleriefeuer fast ganz zum Opfer. 1949 ging man an den Wiederaufbau der Stadt, den man als außerordentlich geglückt ansehen muß, da man den originellen Plan Schickhardts wieder aufnahm.

Der Grundriß der *Kirche,* 1601–08 gebaut, besteht aus zwei im rechten Winkel aneinanderstoßenden Flügeln, deren jeder seinen Turm hat, die baulich verschieden behandelt sind, was den Reiz der Anlage erhöht. Formen der späten Gotik und der Renaissance halten sich die Waage. Ein Flügel war den Männern, der andere den Frauen bestimmt. Die 1945 gleichfalls schwer beschädigte Kirche ist vortrefflich wieder aufgebaut worden. Das tief sitzende Netzgewölbe überspannt die beiden Schiffe des hellen, luftigen, sparsam geschmückten Raumes. Von der alten Ausstattung erhalten ist ein schön geschnitztes Kruzifix aus der Zeit um 1500 und Lesepult und Taufbecken, beide aus dem 12. Jahrhundert. Den Taufstein umziehen reliefierte Tiere, deren Deutung noch nicht gelungen ist. Der die Schlange verschlingende Hirsch stellt vielleicht die von der Sünde vergiftete Kreatur vor, der Löwe, Symbol der Gewalt aber auch der Stärke, bedroht das hl. Einhorn, und in den Kampf von Fabeltieren greift der Mensch ein. Das Lesepult kommt aus Alpirsbach oder Hirsau; es ist eine höchst eindrucksvolle, starkfarbige Holzschnitzerei, die um 1150 zu datieren ist. Getragen wird das Pult von den vier Evangelisten.

Rund um den riesigen, mit Anlagen bepflanzten Platz stehen über Laubengängen die neuen Häuser, nicht wie einst mit den Giebeln zu ihm hin, sondern traufseitig, und alles das, in wohlabgestufter Farbigkeit, macht das neue Freudenstadt zu einem sehr angenehmen Ort.

Schwarzwaldklöster

St. Peter

Eine besonders schöne Fahrt kann man nach St. Peter und St. Märgen und dann über den Kandel in den Schwarzwald machen. Wir fuhren im August von Freiburg nach Denzlingen und bogen dort ins Glottertal ab, ein Tal von großer Schönheit. Aus dem Weinland ging es allmählich bergan, vorüber an Wegkreuzen und Höfen, dann durch eine Waldschlucht auf die Höhe. Schwere Regengüsse waren niedergegangen; aus den Tälern quollen dichte Nebel, trieben über die Berge, hingen in den Wäldern – die Hexen kochen Kaffee, sagten wir als Kinder. Scharfumrissen standen die Berge vor blau-schwarzem Himmel, der im Westen fahlweiß glomm. Eine späte Sonne brach durch und ließ die Hangwiesen grellgrün aufleuchten.

Hier oben, allen Winden ausgesetzt, liegt das ehemalige Benediktinerstift St. Peter, eine Gründung Herzog Bertholds II. von Zähringen von 1093. Acht Zähringer Herzöge sind dort begraben; sie ruhen im Chor zu Seiten des Hochaltars. St. Peter war eine Zelle der von Hirsau ausgehenden Reformbewegung, aber seine abgeschiedene Lage ließ es nicht zu gleicher Bedeutung kommen wie das einflußreiche Hirsau. Mehrere Brände vernichteten den mittelalterlichen Baubestand; hinzu kamen drückende Schulden und sinkende Klosterzucht. Doch St. Peter hat im 18. Jahrhundert noch einmal eine Blüte erlebt, als drei tüchtige Äbte ihm vorstanden. Ulrich Bürgi und Philipp Jakob Steyrer bauten das Stift neu auf, Ignaz Speckle, der letzte Abt, ein kluger, frommer Mann, tat alles, um das Kloster vor der Säkularisierung zu retten, der es 1806 dennoch zum Opfer fiel. Während seiner Regierungszeit litt St. Peter, wie das gesamte Land, entsetzlich unter fortgesetzten Durchmärschen und Besatzungen französischer Revolutionsarmeen und kaiserlicher Truppen, die kaum erschwingliche Kontributionen an Geld und Naturallieferungen verlangten. Immer wieder ritt oder fuhr der Abt nach Freiburg zu Beratungen des Prälatenstandes, und kurze Zeit wurde er als Geisel in Straßburg festgehalten. *Die Unruhe ist unbeschreiblich*, notiert der Abt in seinem Tagebuch. *Die Quartiere der Franzosen sind äußerst beschwerlich. Sobald sie kommen, verlangen sie zu trinken und essen, sie mögen zu was immer einer Stunde kommen; und dann trinken sie fast den ganzen Tag und wollen ihre Mahlzeiten halten; alle wollen an dem ersten Tisch sein. Die Husaren nannten die Gesindestube eine Baracke und wollten nicht hineingehen; sie wollten wie Ehrengäste traktiert werden, der unsinnige Begriff von égalité wirbelt stets in ihren Köpfen.*

Peter Thumb hat 1724-27 die Kirche gebaut, der bis 1772 die Klosterbauten folgten. Die Anlage bildet ein großes Rechteck, durch einen Quertrakt in zwei Höfe geschieden. Durch das schöne Tor der Wirtschaftsgebäude gelangen wir in den Vorhof mit der mächtigen Linde, unter der ein Brunnen springt, und stehen vor der Westfront des Konventsgebäudes. Die rote Sandsteinfassade der *Kirche* mit dem hohen Giebel zwischen überkuppelten Türmen erinnert an Ebersmünster im Elsaß, das ebenfalls von Thumb gebaut worden ist. Klar, schlicht, mit sparsamem Zierat versehen steht sie vor uns. Die gleichfalls schlichten *Konventsbauten* werden durch Risalite und Eckpavillons belebt. Das Kircheninnere zeigt die Voralberger Wandpfeileranlage mit Emporen. Der Chor ist durch das prachtvolle Eisengitter vom Schiff getrennt, diesem hohen, hellen Raum, der in Weiß, Rot und Gold leuchtet. Wenn er es auch an Üppigkeit nicht mit bayerischen Stiften dieser Zeit aufnehmen kann, wenn es auch nicht die dort so häufigen phantastischen Raumüberschneidungen gibt, so wirkt der Raum doch überaus vornehm und festlich. Die sparsam angebrachten Stukkaturen stammen von Johann Baptist Clerici, die Deckenfresken, Szenen aus dem Leben Petri, von Franz Joseph Spiegler, der auch die Altarblätter der schönen stuckmarmornen Seitenaltäre malte, das Hochaltarbild, eine Marienkrönung, von Johann Christoph Storer. Joseph Anton Feuchtmayer schnitzte die Figuren des reichen Hochaltars: Benedikt und Scholastika, Clemens und Ursula, und an den Wandpfeilern stehen Feuchtmayers Stifterfiguren des Zähringer Hauses. Über der Westempore glänzt golden das graziöse Orgelwerk von Matthias Faller mit den eleganten Figuren von Christian Wenzinger. Es sind also die besten Künstler am Werk gewesen. 1805 starb der Klosterschreiner Jakob Haag aus Überlingen, der vierzig Jahre in St. Peter gearbeitet hatte. Die meisten Möbel, auch das Chorgestühl, stammen von seiner Hand.

Von besonderer Schönheit ist der weitgewölbte *Bibliothekssaal* mit Stukkaturen von Johann Georg Gigl mit seiner reichgeschweiften, von blau marmorierten Balustergeländern besetzten Galerie, an welcher die bewegten Gestalten der Wissenschaften und Künste von Matthias Faller nach Entwürfen von Wenzinger aus dem Jahre 1752 angebracht sind. Benedikt Gambs malte das große, starkfarbige Deckenbild, die Huldigung von Wissenschaften und Künsten vor der Dreifaltigkeit. Im Zusammenklang von Architektur, Farben, Malerei und Plastik ist es vielleicht der schönste barocke Raum eines Schwarzwaldklosters. Zu nennen sind ferner die Kreuzkapelle, der einstige Kapitelsaal, mit Stukkatur von Gigl und Fresken der Kreuzsymbolik von Simon Göser, und im Obergeschoß des Südtrakts der Fürstensaal, wo hohe Gäste bewirtet wurden, mit den leuchtenden Deckenmalereien Gösers von 1772-73 und Gigls Stuckarbeiten. Wir sehen Christus beim Gastmahl im Hause des Simon und andere Darstellungen, die sich auf die Verwendung des Saals als Speisezimmer beziehen. Allenthalben sind die genannten Meister am Werk gewesen und haben ebenso festliche wie behagliche Interieurs geschaffen, deren Mobiliar allerdings während der Säkularisierung in alle Winde zerstreut wurde.

Man hat die Welt voll angeschrien über den Reichtum der Klöster und hat die Pfaffen vor der ganzen Welt herabgesetzt, schreibt Speckle 1796. *Nun ist mit dem Ansehen der Geistlichkeit auch das*

Ansehen aller Obrigkeit gefallen. Überhaupt ist niemand Meister als die Soldaten, keine Obrigkeit wird respektiert als die bewaffnete... Das Volk hat von den Franzosen gerade das Gegenteil von dem gelernt, was man hätte lernen können, nämlich die Folgen solcher Unordnung. Und ein Jahr später schreibt er: *Der mittlere Stand, man könnte fast sagen, der Stand der Literaten, gelehrt sind sie doch eigentlich nicht, die Professoren, Advokaten, Schreiber, auch ein großer Teil neumodischer Geistlicher ist eigentlich der Religion gefährlich, die Klasse der Bücherschreiber vordersamst. Diese ganze Klasse scheint wissentlich oder unwissentlich in den großen geheimen Bund verwebt, der am Untergang der Religion und des Staates arbeitet.*

Speckle hat sich auch nach der Säkularisierung seines Klosters nach Kräften angenommen, für die vertriebenen Patres neue Stellungen besorgt und versucht, die völlige Zertrümmerung des Klosterbesitzes zu verhindern, doch vergeblich. Immer wieder erschienen badische Kommissionen im Kloster, die Speckle baten, dabei zu sein, und einmal notiert er ärgerlich: *Um nämlich mehr Wohnungen im Kloster anzubringen, kam man auf den unsinnigen Einfall, die schöne Bibliothek und den schönen großen Speisesaal zu verbauen und zu Wohnungen umzugestalten.* Es stellte sich als zu kostspielig heraus, außerdem *ist dieser Gedanke schon etwas vom verwunderlichsten und trägt das Gepräge des Zeitgeistes, der seine Freude an Zerstörungen alles Schönen und Guten findet.* Speckle ist es zu verdanken, daß die Klosteranlage von St. Peter erhalten blieb; sie dient heute als Priesterseminar der Erzdiözese Freiburg.

St. Märgen

Noch ein kurzes Stück Weg und vor uns liegt die doppeltürmige Kirche des ehemaligen Augustinerchorherrenstifts St. Märgen, das um 1115 vom Straßburger Dompropst Bruno Grafen von Hohenberg gegründet worden war. Von den Hohenberg kam die Vogtei über das Kloster an die Habsburger, welche Familien des Freiburger Patriziats damit belehnten. Wie St. Peter wurde St. Märgen von Bränden heimgesucht, zum letzten Mal 1704 im Spanischen Erbfolgekrieg, als die französischen Truppen die Kirche anzündeten. 1716 begann der Wiederaufbau, und am 10. 10. 1723 konnte das Gnadenbild, eine französische Arbeit des frühen 12. Jahrhunderts, wieder seinen Einzug in die Kirche halten, die 1725 geweiht wurde. Gleichzeitig legte man den Grundstein für das neue Kollegiatsgebäude, dessen zweiter Bauabschnitt mit dem Prälatenbau in die Jahre 1761-62 fällt. 1806 wurde das Stift säkularisiert; ein Teil des Prälatenbaus ist Bürgermeisteramt und Pfarrhaus, das übrige enthält Privatwohnungen.

1715 schloß Propst Andreas Dilger den Bauvertrag mit Christoph Winkler, der aber bald entlassen wurde und Johannes Matthies aus Mittelberg im Kleinen Walsertal Platz machte. 1736 schnitzte Matthias Faller, als Klosterbruder Pater Floridus genannt, die Figuren von Gnaden-, Joseph- und Kreuzaltar. Die Altäre baute der Schreiner Martin Hermann aus Villingen. 1907 zerstörte ein Blitzschlag die Kirche und einen Teil der Klostergebäude. Im gleichen Jahr begann der Wiederaufbau, im großen ganzen in der alten Form. So ist der neue Hochaltar dem alten nachgebildet, nur die Figuren Fallers sind erhalten, der hl. Augustin, die beiden Johannes und der selige Augustinerpater Foresius. Faller schnitzte auch die Kreuzigungsgruppe im Chor. Der südliche Seitenaltar enthält noch ein Gemälde von 1725 des Rottweilers Joseph Firtmaier, der hl. Augustin als Patron der Stände.

Noch heute wird das Gnadenbild eifrig von Pilgern besucht, aber auch am ›Tag des Schwarzwälder Pferdes‹ ist St. Märgen ein Treffpunkt der Bauern. *Aus nah und fern sind die Bauern von ihren Höfen gekommen, um ihre schönsten Pferde einem Preisgericht vorzuführen und sie segnen zu lassen. Auch die alten hochbeinigen Bauernkutschen, die Berner Wagen, Landauer, Kremser, Pritschenwägele – wie sie alle heißen mögen – wurden aus dem Schuppen gezogen, die alten Lederdächer, die Speichen der Räder auf Hochglanz poliert und das Saumzeug der Pferde frisch gewichst. Ja, man hat die alten Chaisen sogar mit Silberdisteln, Erika, Blumen und Tannen-*

grün festlich herausgeputzt. Mit klingendem Spiel zieht die Dorfmusik auf. Sonne funkelt auf den Messingtrompeten. Es folgen die Trachtenmädchen, und hinter ihnen, von Ministranten in hochroten Chorröcken getragen, ein Vortragskreuz und windgebauschte Fahnen, die bekunden, daß auch die Kirche an diesem Feste Anteil hat. (Max Rieple)

Auf dem Ohmen steht, an Stelle eines keltischen Heiligtums, die *Judas-Thaddäus-Kapelle*, die Abt Dilger 1734-35 von dem Maurermeister Matthäus Fehrenbach bauen und von Faller – wahrscheinlich zur gleichen Zeit – mit Altarfiguren versehen ließ. Das Deckenbild malte der Freiburger Johannes Pfunner, 1757.

Im Nordwesten, jenseits des Glottertals, liegt der *Kandel*, dessen baumlose Kuppe von dichten Nadelwäldern umgeben ist. Er ist der Blocksberg des Schwarzwalds, denn um den schroff zum Elztal abfallenden Kandelfelsen tanzten die Hexen, die dazu den herrlichsten Blick über das Land hatten. Wir wenden uns nun in nördliche Richtung und kommen durch das enge, von hohen Wald- und Wiesenhängen eingeschlossene Hexenloch, durchronnen von einem klaren, unter gewaltigen Huflattichblättern fast versteckten Bach, nach Furtwangen, einem der Hauptorte der Uhrenindustrie.

Furtwangen

Schwarzwälder Uhren

Nahe St. Märgen liegt Furtwangen mit seiner historischen Uhrensammlung. Erwin Jaeckle hat in seinem Buch ›Die Botschaft der Sternstraßen‹ den Uhrmachern – er stammt von ihnen ab – ein Denkmal gesetzt; allerdings sind seine Ahnherren Johannes Jaeckle und Jakob Vosseler keine Schwarzwälder gewesen, sondern waren in Schwenningen zu Hause, aber sie bauten die Uhr, die sie einem durchziehenden Händler abkauften, nach und werden Ende des 18. Jahrhunderts in den Steuerbüchern Uhrmacher und Dreher genannt. Beide Männer hörten gerne die Geschichten der wandernden Händler, die im Winter mit der ›Kräze‹ durchs Land zogen, um ihre Ware abzusetzen. *Die Erzählungen der Hinausziehenden wurden zum Traum der Zurückgebliebenen. In Kienspan und Brennampel loderte das Flämmchen der Sehnsucht. So nahmen meine Ahnen auf dem kargen Völkersteig der Baar auf ihre bescheidene Weise an den barocken Visionen teil, die Philipp Matthäus Hahn als Pfarrer in Kornwestheim großartig in seine astronomischen Wunder bannte. Etwas von all dem muß in meinem Vater gelebt haben, pochend, verlockend, unverstanden.*

Wer kennt nicht die Schwarzwalduhren? Sie fanden sich einst überall und auch heute noch begegnet man ihnen häufig.

In *Furtwangen* gibt es ein ebenso schönes wie interessantes Museum, die Historische Uhrensammlung. Dort tickt und tackt es, pendelt, schwingt, tanzt, flötet und pfeift es vielhundertstimmig, und aus einer Standuhr meldet sogar eine schnarrende Stimme die Stundenzahl. Wir sehen Uhren aller Größen und Stilepochen; wir sehen die frühen, ganz aus Holz gefertigten Uhren, die berühmte Globenuhr, das Planetarium von

Philipp Matthäus Hahn, die astronomische Wanduhr des Paters Thaddäus Rinderle aus St. Peter, der ein großer Freund und Förderer der Uhrmacher gewesen ist. Und es gibt eine Kolonialuhr von 1910, deren Zeiger die einstigen deutschen Kolonien aufzeigt. Ihr Schild trägt die Inschrift: ›Kein Sonnenuntergang in unserem Reich – Unsere Zukunft liegt auf dem Wasser‹.

Die ersten Uhren aus dem Wald werden um das Jahr 1665 angesetzt. Ein Chronist berichtet, daß der Spürzener Schreiner Lorenz Frey in den achtziger Jahren des 17. Jahrhunderts nach dem Muster, das ein Glasträger, der mit böhmischen Gläsern handelte, mitbrachte, die erste Schwarzwalduhr gezimmert habe. Andere Kunde meldet, daß schon in den sechziger Jahren die Uhrmacherei in der Vogtei Waldau betrieben worden sei. Doch erst im 18. Jahrhundert nahm dieses Gewerbe einen bemerkenswerten Aufschwung.

Simon Dilger aus Urach und Franz Ketterer aus Schönwald bei Triberg sind die Gründer der Uhrenindustrie. Sie bauten sogenannte Unruheuhren, ganz aus Holz, mit nur drei Rädern. 1730 läßt Ketterer den Kuckuck erscheinen; 1740 kam die Pendeluhr auf. Friedrich Dilger führte aus Paris feinere Instrumente ein und brachte auf seinen Uhren bewegliche Figuren an. Um 1740 erfand man den Spindelbohrer und ersetzte die gläsernen Glöckchen, die einen so feinen, zarten Klang geben, durch metallene, wie auch kurz darauf nur noch Metallrädchen verwendet wurden. In Waldau gab es eine Glockengießerei, die nur Glöckchen für Uhren herstellte. 1768 verfertigte Johann Wehrle in Simonswald die erste Spieluhr mit Glasglocken, der bald tanzende Figuren beigesellt wurden, und zwei Jahre später folgte das erste Spielwerk mit Pfeifen. Um 1790 erfand Jakob Herbstreit die Wanduhr, nach ihm ›Jockeli-Uhr‹ benannt. Zu Ende des Jahrhunderts gab es fünfhundert Uhrmachermeister, die mit ihren Gehilfen jährlich 150000 Stück im Wert von 700000–800000 Goldmark lieferten. Es gab zur Zeit der Französischen Revolution Uhren, auf deren Zifferblatt mit dem Stundenschlag Salome dem Johannes den Kopf abschlägt. Da gibt es die alte zwölfstündige Gewichtsuhr, die vierundzwanzigstündige, die Achttageuhr, Figuren- und Kuckucksuhren, Trompeteruhren, die seit 1858 von Bäuerle in Furtwangen gebaut wurden. Alle Stunde tritt aus einem Türchen der Trompeter und bläst Signale. Es gibt Wachteluhren und Vogeluhren, die ganze Lieder pfeifen, deren Stimme wir als die von Fink oder Drossel erkennen können. Im 19. Jahrhundert umfaßte das Uhrenland zweiundneunzig Gemeinden mit 1429 Meistern und Fabrikanten. Aus der Uhrmacherei ging die Fabrikation der Spieluhren hervor, die dann zum selbständigen Erwerbszweig ausgebaut worden ist. Schon 1768 wurde die erste Spieluhr mit Glasglöckchen gebaut, aber es gab auch solche mit Klaviersaiten, die auf Resonanzböden gespannt sind. Meister Blessing aus Furtwangen verfertigte um 1840 das erste größere Musikwerk, nannte es Orchestrion und verkaufte es für 36000 Mark nach England. Ich habe als Bub noch mit Entzücken in Wirtsstuben den Orchestrien gelauscht, sehr zum Ärger der Älteren, die der ohrenbetäubende Lärm an der Unterhaltung hinderte. Sie sind die Vorfahren der heute allenthalben aufgestellten Musicbox, die wiederum uns Ältere ärgert.

Anfänglich verkauften Glas- und Strohhutmacher auch Uhren, aber bald zogen die Uhrmacher selbst mit ihrer Ware durchs Land, durchwanderten den Breisgau, Schwaben, Bayern und Sachsen, später auch Frankreich. 1770 hatte sich der Handel schon über ganz Europa ausgedehnt, von Schweden bis Portugal, von Rußland bis England und Irland, aber auch in der Türkei, in Ägypten und Nordamerika wurden die Uhren gut verkauft. Furtwangen und Triberg waren die Zentren der Uhrenindustrie, Triberg dazu der Mittelpunkt der Strohhutflechterei. Man bildete große Gesellschaften, aber als 1850 Frankreich die Einfuhr mit hohen Zöllen belegte, ging die Uhrenfabrikation zurück. Um sie zu erhalten, gründete Baudirektor Robert Gerwig, der die Schwarzwaldbahn gebaut hat, in Furtwangen eine Uhrmacherschule, die bis 1862 bestand.

Im vorigen Jahrhundert, aber auch heute gelegentlich noch, lebte der Uhrmacher in seinem geschindelten Häuschen, wo alle männlichen Familienmitglieder unverdrossen von früh bis spät arbeiteten. Die Uhren wurden dann in die ›Kräze‹ gepackt und dem Händler gebracht, der sie vertrieb.

Friedrich Schnack erzählt sehr hübsch von einem Besuch bei einem alten Meister auf dem Schwarzwald, den er bat, ihm von seinem Handwerk zu erzählen:

»Sie stören mich nicht«, sagte der Alte. »Oder stören Sie mich nur, es ist mir recht – der Mensch ist kein Uhrwerk. In den Uhren jedoch sind Störungen nicht statthaft. Ich habe auch Zeit – bei einem Uhrmacher kommt es überdies nicht darauf an, er hat genug Zeit. Er teilt die Zeit ein und teilt sie aus – jede Uhr bekommt ihren gerechten Anteil . . .« Ein Uhrenphilosoph . . . ›Kuckuck, Kuckuck‹ rief eine andere Uhr und zeigte halb sechs. »Mein Vater«, erzählte ich, »besaß eine gemalte Schwarzwälder Bauernuhr mit Rosen auf dem Schild, die stammte aus Rötenbach. Der Name stand auf der Rückwand.« – »In Rötenbach blühte einst die Volkskunst. Die Männer schnitzten, machten Uhren und bauten Geigen . . . Die bemalten Uhrenschilder einer Familie Winterhalter waren sehr geschätzt, die Leute hatten ein gutes Einkommen. Einer der Söhne ging nach Rußland und wurde Maler am Hof zu Petersburg. Ein anderer Winterhalter malte ein Bild von Napoleon III. *Aber das ist alles vergessen. Das Gedächtnis der Welt ist schwach. Mit der Uhrmacherei ist auch nicht mehr viel los. Die Leute mögen die einfache Bauernuhr mit dem bemalten Schild nicht mehr, sie kaufen lieber Fabrikware. Und doch ziert ein solches Schild die Wand . . . Das Schwarzwälder Uhrmacherlied – ist es Ihnen bekannt?« Er langte eine glatte Holztafel von der Fensterwand über dem Werktisch. »Es ist unser Schicksal. Kaum einer kennt es noch. Wozu auch? Andre Zeiten, andre Lieder. Die jungen Leute singen heutzutage ihre Schlager – darin geht es auch um Liebe, Leid und Abschied, nur butteriger, schaumiger . . .« Er reichte mir die Tafel, auf der mit schwarzer Schrift und roten Initialen, wie in einem alten Meßbuch, der Text geschrieben stand: Die Uhr schlägt eins / Ich war ein Kind / Wie war die Zeit mir wohlgesinnt / Und flog dahin in Wonnen / Die Uhr schlägt zwei / Es wächst der Knab / Feld, Wald und Heid' / Sind eine Lab' / Frisch fließt der Lebensbronnen / Die Uhr schlägt drei / Es wird ungrad' / Die Welt ist weit / Und rauh der*

Pfad/Doch Kraft ist in den Seelen/Die Uhr schlägt vier/Es winkt das Glück/Es kann Dir garnicht fehlen/Die Uhr schlägt fünf/Ich hatt' eine Braut/Die ward zum Weib mir angetraut/Wie war die Arbeit süße/Die Uhr schlägt sechs/Das Haus ward voll/Der Kinder Lust im Ohr mir scholl/Doch Sorg' hatt' schnelle Füße/Die Uhr schlägt sieben/Krankheit kam/Mich bang und früh gefangen nahm/Mein Weib ging für mich schaffen/Die Uhr schlägt acht/Ich sah einen Schrein/Da legten sie mein Kind hinein/Konnt' kaum empor mich raffen/Die Uhr schlägt neun/Ich bin erwacht/Ich habe mein Weib zur Ruh gebracht/Wohl unter grünem Rasen/Die Uhr schlägt zehn/Das Herz mir brach/Die Kindlein folgten der Mutter nach/Haben mich alle verlassen/Die Uhr schlägt elf–/Die Zeit ist stumm/Wie einsam ist's um mich herum/Nichts will zurück mir kehren/Genug! Genug! Bald schlägt es zwöïf/Den letzten Schlag/Gott helf, Gott helf!/Darf ich ihn endlich hören?

Da hatte ich nun eine kleine Uhrenkultur- und -handelsgeschichte. »Nun gut«, meinte ich, »auf dieser Welt ist nichts beständig, und auch im Schwarzwald nicht. Aber Ihre elfte Stunde, auf die Sie vorhin anspielten, braucht Ihnen keine Sorge zu machen – einsam scheint es nicht um Sie zu sein, da Sie einen so reizenden Enkel haben.« – »Wahrhaftig, Sie haben recht«, rief der Alte aus und fuhr dem Jungen liebkosend mit der Hand über das Haar. »Meiner Tochter Sohn! Der ist mir lieber als alle toten Uhrmacher und alle Uhren – in ihm merk' ich, wie es an der Zeit ist. Er ist mein lieber Waldvogel, mein Kuckuck ...!« Und da rief auch schon eine kleine Kuckucksuhr spitzbübisch ›Kuckuck! Kuckuck!‹, als wollte sie nicht mehr enden. Es herrschte plötzlich große Heiterkeit in der Werkstube, wo es nach Lack und Farben roch und die bemalten Uhrenschilde auf dem Tisch in der Sonne schimmerten. Und es war eine nette Bezüglichkeit, daß der kleine Zeiger der Kuckucksuhr gerade die elfte Stunde anzeigte und der Kuckuck elfmal rief, als täte er es zu Ehren seines Meisters.

Das altüberlieferte handwerkliche Geschick und Können wirkt heute noch fort in den modernen, sehr leistungsfähigen Industrien wie Uhren- und Radioherstellung, sowie in der Elektronik.

Von Furtwangen aus

Villingen

Von Furtwangen ist es über Vöhrenbach nicht weit nach Villingen, das man besuchen sollte, denn es bietet das schöne Beispiel einer einheitlich geschlossenen Stadtanlage. Villingen liegt zwischen Schwarzwald und Baar an der Brigach, dem Quellbach der Donau. Westlich steigt der Wald in Kuppen und Kämmen zum Hochschwarzwald auf, durchschnitten von langen Tälern, deren Besiedlung seit dem 11. Jahrhundert erfolgte. Die Römer sind hier gewesen, wie Funde bezeugen; möglicherweise ließ sich schon im 5. Jahrhundert n. Chr. eine alemannische Sippe dort nieder, aus der die Stadt dann gewachsen ist. 999 gaben die Zähringer der Siedlung das Markt-, Zoll- und Münzrecht und um 1120 hat dann Herzog Konrad von Zähringen die eigentliche Stadt gegründet, die 1218 Reichsstadt wurde und es blieb bis zum Untergang des staufischen Hauses. Villingen war danach einige Zeit Besitz der Grafen zu Fürstenberg, welche die Stadt als Stützpunkt ihres Territoriums auszubauen bemüht waren. Nach dem großen Brand von 1271 wurde der Bau des Münsters erneut aufgenommen; durch die Johanniterkommende brachte man erfahrene Männer in die Stadt; die Franziskaner wurden berufen, das Spital von Gräfin Agnes zu Fürstenberg gestiftet. Aber 1326 fiel Villingen an Österreich und blieb bei Habsburg bis zum Ende der vorderösterreichischen Lande.

Es ist eine alte, sehr schöne Stadt, die wir besuchen. Sie bildet etwa ein Oval, umzogen von Stadtmauer und Türmen – die dem Mauerring vorgelegten Befestigungen wurden im 19. Jahrhundert abgetragen –, durchzogen von der breiten Niederen und Oberen Straße zum Obertor, gekreuzt von der Riet-

und Bickenstraße zwischen Riettor und Bickentor. Das Niedertor steht nicht mehr. Die anderen Straßen verlaufen parallel zu diesen beiden Hauptverkehrsadern, ganz nach dem Schema Zähringer Stadtplanungen, in das die Akzente der Kirchen, Klöster und öffentlichen Gebäude gesetzt worden sind, wie das Kornhaus, das Rathaus von 1534, das Kaufhaus beim Münster. Wenn wir Kirchen und Tore besuchen, haben wir in Straßen und Gassen die reizvollsten Bilder alter Stadtschönheit, meist aus dem 16. bis 18. Jahrhundert, ein vielfarbiges, immer wechselndes Bild. Da ist der Kaiserturm im Osten, 1372 gebaut, das Bickentor von 1533 dicht dabei, das Riettor im Westen, 1541 umgebaut, und das Obertor aus dem 13. Jahrhundert im Norden. Am geräumigen Münsterplatz steht die Pfarrkirche, das *Liebfrauenmünster,* dessen Neubau nach dem großen Stadtbrand von 1271 erfolgte. Damals baute man den Chor und begann die beiden Türme, die erst im 15. und 16. Jahrhundert vollendet wurden. In der zweiten Hälfte des 15. Jahrhunderts folgte das Langhaus, dessen romanisches Südportal beibehalten wurde. Im 18. Jahrhundert ist das Innere nicht gerade überzeugend barockisiert worden, und das 19. Jahrhundert hat, 1829, die mittelalterliche Ausstattung größtenteils entfernt. Erhalten blieb die prächtige Steinkanzel, die Anton Joseph Schupp 1500–10 fertigte, eine Kreuzigungsgruppe der gleichen Zeit und das ›Nägelin-Kreuz‹ aus der zweiten Hälfte des 14. Jahrhunderts. Am Riettor steht das ehemalige, 1268 gegründete *Franziskanerkloster* mit seinem Kreuzgang des 15. Jahrhunderts, der schöne Maßwerkfenster zeigt, und unweit davon das ehemalige Benediktinerkloster St. Georgen, dessen Kirche Michael Thumb 1688 bis 1719 baute. Am Bickentor finden wir das *Bickenkloster,* wo Ursulinerinnen wirken, mit einer kleinen hübschen Kirche, in der vor allem das schöne Kruzifix von 1320 zu nennen ist.

Will man noch ein übriges tun, so besuche man die *Städtischen Sammlungen* im alten Rathaus, in dem manches bedeutende Stück zu finden ist, wie Wirkteppiche aus dem Bickenkloster um 1400, ein schöner Palmesel vom Anfang des 16. Jahrhunderts, Barockplastik von Joseph Schupp, Villinger Keramik, eine Bürgerstube, ausgezeichnete Goldschmiedearbeiten, darunter ein von Graf Heinrich zu Fürstenberg 1270 gestifteter Kelch, wohl von dem Freiburger Goldschmied Johannes.

Alles das aber ist nicht so eindrucksvoll wie das Stadtbild selbst, das wir auf Rundgängen durch Straßen und Gassen erleben. Zum Straßenbild gehören die zahlreichen Erker, ›Ausstoß‹ genannt, geschmückt mit Wappen, Fratzen oder Malereien. Es ist ein Stadtbild, das von der Bedeutung und dem festen Bürgersinn des alten Villingen spricht.

Maria in der Tannen

Von Villingen nehmen wir die Straße über St. Georgen nach *Triberg*, das 1324 Stadt genannt wird. Sie gehörte den Grafen von Zollern-Hohenberg, den Herren von Triberg und Hornberg und kam 1355 an Österreich. Wenn wir die Richtung nach Schonach einschlagen, finden wir hoch über dem tief eingeschnittenen Triberger Tal, wo Schonach, Gutach und Nußbach sich vereinigen, zwischen alten Bäumen die Wallfahrtskirche Maria in der Tannen. Am Weg nach Schonach sprang eine Quelle und neben ihr stand eine mächtige Tanne. Ein Unbekannter hatte im Dreißigjährigen Krieg an ihren Stamm ein Pergamentbildchen der Muttergottes geheftet; als es eines Tages, im Jahre 1644, abfiel, hob es die siebenjährige Barbara Franz auf und nahm es mit nach Hause. Das Bildchen kehrte nicht, wie es bei vielen anderen Gnadenstätten geschah, an seinen Platz zurück, sondern es strafte das Mädchen mit drohender Erblindung. Als es das Bild wieder zurückgetragen hatte, wich die Krankheit sofort. Ein Jahr später wurde Friedrich Schwab durch Waschung in der Quelle vom Aussatz geheilt. Er stiftete ein kleines, aus Lindenholz geschnitztes Marienbild und stellte es im Stamm der Tanne auf. Die Wallfahrt zur Maria in der Tannen nahm ihren Anfang; ein Opferstock wurde aufgestellt, aber da er immer wieder erbrochen wurde, ließ der Stadtpfarrer Irslinger alles entfernen, mit Ausnahme des Bildes, und die Wallfahrt schlief langsam ein. Während des Pfälzischen Erbfolgekrieges, der so viel Not und Zerstörung über das Land brachte, hörten am 20. Dezember 1692 die drei Tiroler Soldaten Anton Haiss, Georg Gruber und Lorenz Zähringer einen wunderbaren Gesang. Sie gingen ihm nach, fanden das Gnadenbild, hüllten es in roten Samt, sammelten bei ihren Kameraden Geld und ließen ein Schutzdach errichten mit der Inschrift »Heilige Maria, Patronin der Soldaten, bitte für uns«. Als dann der Soldat Gabriel Maurer hier geheilt wurde, nahm die Wallfahrt einen neuen Aufschwung. 1695 baute man eine Holzkapelle, und zwei Jahre später legte der Hauptmann Freiherr von Kageneck den Grundstein zum ersten Steinbau. Merkwürdigerweise mußte auf Befehl des Bischofs die Tanne geschlagen werden. Heilungen geschahen, die Wallfahrt nahm weiter zu; man brauchte eine neue Kirche, die 1700-05 gebaut wurde. 1713, während des Spanischen Erbfolgekriegs, verlobte sich das belagerte Villingen zu Maria in der Tannen und stiftete nach seiner Rettung das große Villinger Votivbild. 1805 wirkte der hl. Clemens Maria Hofbauer aus Wien an der Kirche. Da jedoch der Verweser des Bistums Konstanz, Ignaz Freiherr von Wessenberg, ein Gegner der Wallfahrt war, mußte Hofbauer noch im gleichen Jahr Triberg wieder verlassen. Seine letzten ärgerlichen Worte waren: »Triberg wird geprüft werden aber seinen Glauben nicht verlieren, weil es unter dem Schutz der Mutter Gottes steht.«

Es ist ein schlichter, sehr ansprechender Raum mit gewölbtem Chor und flachgedecktem Schiff mit schöner brauner Kassettendecke. Prächtig sind die Altäre in Braun und Gold von dem Villinger Anton Joseph Schupp, die Altarbilder malte Johann Georg Glyckher, von dem auch das Villinger Votivbild stammt, und das Hochaltarbild schuf Johann Christoph Storer. Auch die Kanzel dürfte von Schupp gearbeitet sein. Altäre und Kanzel sind von unglaublichem Reichtum, vor allem die Seitenaltäre mit ihren wilden Akanthusranken, phantasievoll und sichtlich mit Hingabe geschnitzt und geschreinert. Mitten im Hochaltar, im Stumpf der gefällten Tanne, steht das Gnadenbild, und um es ist die ganze heilige Sippe versammelt: Mutter Anna mit Maria, Joachim mit dem Johannesknaben, im Auszug Joseph, dazu die Heiligen Franz Xaver und Antonius von Padua und zahlreiche Engel. Das kostbarste Stück des Altars ist ein silbergetriebenes Antependium, 1706 vom ›Türkenlouis‹ gestiftet. Das viele warme Holz, die starke Farbigkeit machen aus der Kirche einen sehr behaglichen Raum echter Volksfrömmigkeit von großer Eindrücklichkeit.

Rund um den Feldberg

Höllental, Hinterzarten, Titisee

Man kann den Feldberg von Freiburg aus auf der Straße durch das Günterstal über den Schauinsland erreichen; wir aber wählen den Weg durch das *Höllental. Hinter Freiburg*, heißt es in einer Beschreibung von 1838, *liegt ein lieblicher, reizender Thalgrund, mit blühenden Auen, fruchtbaren Feldern und wohlhabenden Dörfern besät. Himmelreich ist der bezeichnende Name, den diese paradiesische Gegend führt. Aber gleich hinter dem Himmelreich öffnet sich, gleich dem schwarzen Schlund der Hölle, ein dunkles, furchtbares Felsenthal. Thurmhoch erheben sich die Felsen zu beiden Seiten des Weges, oft scheinen sie diesen versperren zu wollen.* Das Höllental war vormals fast unzugänglich und nur auf einem Saumpfad zu überwinden, den auch der französische General Moreau mit seinen Truppen 1796 auf dem Rückzug vor Erzherzog Karl nach Freiburg benutzte. Für Marie Antoinettes Reise von Wien nach Paris aber mußte durch Fronarbeit der Bauern eine fahrbare Straße gemacht werden.

Erst im 19. Jahrhundert begann die badische Regierung mit dem Bau guter Chausseen, und so mußte auch der beschwerliche Steig einer regelrechten Straße weichen. Im Mittelalter saßen die Herren von Falkenstein dort auf ihrer hochgelegenen, nun in Trümmern liegenden Burg, und bei Höllsteig steht die *St. Oswaldkapelle*, die 1148 geweiht wurde und eines der ältesten kirchlichen Bauwerke des hohen Schwarzwaldes ist, mit romanischer Sakristei, gotischem Chor, einem guten Schnitzaltar von 1520 und Fresken des 16. Jahrhunderts.

Der Rotbach stürzt sich in die Höllentalschlucht, über der auf einem Felsen der Bronzehirsch steht, Sinnbild der Sage, daß hier ein von Jägern gehetzter Hirsch den gewaltigen Sprung über die Schlucht getan habe. Bei St. Oswald fällt die Ravennaschlucht jäh ins Höllental ab. Ihr Name hat nichts mit dem italienischen Ravenna zu tun, sondern ist sicherlich vom französischen ›ravin‹ abgeleitet. Die Fahrstraße ist erst 1860 voll ausgebaut worden, und 1887 wurde die Bahnlinie in Betrieb genommen.

In der Leipziger Illustrierten von 1887 lesen wir einen Bericht über die Bahn. 1873 war bereits die Schwarzwaldbahn von Offenburg quer durch das Gebirge gebaut worden. *Sie gilt mit Recht für eine der schönsten und großartigsten Eisenbahnanlagen in ganz Deutschland, die in Bezug auf landschaftliche Schönheit der durchzogenen Gegend wie auch Kühnheit des Baues nur von der Semmeringbahn und den neuesten Alpenbahnen übertroffen wird.* Seit dem 21. Mai 1887 konnte die neue Strecke Höllental-Neustadt befahren werden. *In dem schönen Hauptbahnhof zu Freiburg besteigt man den Zug, der auf dem westlichen Gleis hält und mit einer kleinen, ein heiseres Gekrächz ausstoßenden Locomotive bespannt ist ... Nun nimmt der Engpaß und damit der interessanteste Teil der ganzen Bahnlinie seinen Anfang; der letztere ist in die steilen Felswände der nördlichen Thalseite eingesprengt (weshalb die Plätze der Reisenden möglichst auf der südlichen Seite zu wählen sind) oder auch durch gewaltige Stützmauern getragen. Die Fahrt verlangsamt sich, so daß die bequemsten Ausblicke gestattet sind und das umherschweifende Auge gesättigt wird ... Oberhalb der Station Höllsteig überschreitet die Bahn den Wasserfall der Ravennaschlucht auf 144 Mtr. langem, von drei Steinpfeilern gestütztem Viaduct aus rothem Sandstein. Eine prächtige Szenerie. Das in kleinen Cascaden herunterstürzende Gebirgswasser ist der Ravennenbach. Durch den unter der Straße hinziehenden Ravennatunnel gelangt man bald in den bedeutendsten der ganzen Bahnlinie: den Finsterranktunnel und auf der letzten Wand des Löffelthales in den letzten der sieben Tunnels: den Löffelthal-Tunnel.*

Nun ist man oben im Hochland und kommt nach *Hinterzarten*, dem wohl beliebtesten Kur- und Wintersportzentrum des Schwarzwalds, dessen landschaftliche Schönheiten um 1850 entdeckt worden sind. Hier kann man die »umherschweifenden Augen« aufs neue »sättigen«.

Im 15. Jahrhundert war der Ort Eigentum der Falkenstein und Schnewlin von Landeck, dann der Sickingen und Schenk von Castell. Die 1416 gebaute und 1722 erweiterte Kirche zeigt über den Altären die Wappen der beiden letzteren Familien. An alten Bauten ist das Gasthaus Adler von 1446 zu nennen, sowie einige alte Bauernhöfe zwischen den modernen Häusern, die in den letzten Jahren, der wachsenden Beliebtheit Hinterzartens als Wintersportzentrum Rechnung tragend, gebaut worden sind. Der Olympiasieger in der Nordischen Kombination 1960, Weltmeister 1966 und vielfache Sieger in Skimeisterschaften Georg Thoma ist hier zu Hause. Er leitet auch die Skischule Hinterzarten und besitzt das Hotel Thomahof.

Ein Rest der Eiszeit ist das Hinterzartener Hochmoor, das durch einen Gletschersee entstanden ist.

Von Hinterzarten fahren wir weiter zum *Titisee* unter dem Feldberg, einer weiten Wasserfläche, gerahmt von schwarzen Wäldern. *Willst du den Titisee in seiner eigentlichen Schönheit erleben*, schreibt Max Rieple, *entfliehe dem Bezirk des schön angelegten Kurgartens . . . und wandere dem linken Ufer entlang. Mache ab und zu bei einer der ebenmäßig gewachsenen Tannen halt, die ihre braunen Wurzelfüße in dem moorigen Wasser baden, und verweile schließlich an jener Stelle, wo der vielverschlungene, vom Feldberg kommende Seebach in den See einmündet. Hier hat sich noch ein Stück ursprünglicher Natur erhalten. Der Moorboden federt als Schwingwiese elastisch unter jedem Tritt, und dunkles Wasser steigt in die Spur, die dein Fuß zwischen Moosbeerengestrüpp hinterläßt. Birken, Espen, Erlen und Weiden säumen hier das Ufer, Flügelginster überzieht die Hänge, und die Weidenröschen haben sich sonntäglich herausgeputzt.*

Einst war der Titisee der größte und tiefste See des Schwarzwalds, aber nun übertrifft ihn der Schluchsee nach seiner Aufstauung. Wie alle Schwarzwaldwässer, hat auch der Titisee seine Sagen. Auf dem Grund soll sich ein Loch befinden, das eine Hexe mit ihrer Nachtmütze verstopft hat. Von dieser Mütze fault jedes Jahr ein Faden ab; wenn der letzte Faden vergangen ist, wird der See ausbrechen und Höllen- und Dreisamtal überfluten. Eine andere Sage berichtet, daß hier ein Kloster stand, dessen Mönche sich so sehr weltlichen Freuden hingaben, daß das Kloster zur Strafe eines Tages plötzlich versank. In stillen Nächten kann man das Geläut der Kirchenglocken vernehmen.

Über dem Titisee steigt der *Feldberg* bis zu einer Höhe von 1493 m auf; von ihm gehen die Täler der Alb, Wiese und Gutach aus. Noch 1870 war er ein wahrer Urwaldberg, den man nur mit einem kundigen Führer besteigen konnte, denn die Straße vom Titisee war noch nicht gebaut. Dort oben gibt es eine üppige Flora; da blühen der gelbe Enzian, die Arnika und Soldanelle, die Bergdistel, das Bergmännele und vieles mehr. Der Rücken des Bergs besteht aus weiten baumlosen Kuppen, durchschnitten von der Senke des ›Grüble‹. Von dort oben haben wir einen Blick von unwahrscheinlicher Pracht und Weite, denn an klaren Tagen sieht man tief im Süden die Alpen von der Zugspitze bis zum Montblanc, nach Osten und Norden zu schaut man über Herzogenhorn und Kandel, über die unendlichen dunklen Wälder zur Baar, und im Westen schließt der Wall der Vogesen den Horizont ab. Wenn die Wolken ziehen, wenn Licht und Schatten unablässig wechseln, scheint das ganze Gebirge, im Spiel der Farben zwischen dunkelstem und hellstem Grün und allen Schattierungen von Blau, in der ungeheueren Weiträumigkeit der Landschaft in ein Wogen zu geraten. Schwarz stehen die Wälder an den Flanken des Berges, durchbrochen von lichten Hängen, auf denen die Glocken weidender Kühe klingen. Man muß den Feldberg im Herbst erlebt haben, wenn die Heide blüht und die Beeren der Eberеschen rot glühen, wenn plötzlich Nebel einfällt, der das Gebirge in eine seltsam geheimnisvolle, unwirkliche Landschaft verwandelt, in der jeder Laut erstickt, bis auf das Sausen des Windes oder einen heiseren Häherruf. Man muß ihn in klaren Wintertagen gesehen haben, glänzend im tiefen Schnee, der den Wäldern das Ernste, Melancholische nimmt und den Bäumen die abenteuerlichsten Gestalten gibt. Der Feldberg ist nicht mehr einsam, er wird von Tausenden besucht, zu allen Jahreszeiten, zu Fuß oder mit dem Sessellift, und er ist ein Paradies der Skiläufer. Deshalb mußte auch die kleine Kapelle beim Feldberger Hof einer größeren Kirche Platz machen, die 1963 gebaut worden ist. Es ist ein im großen ganzen gelungener Kirchenbau – bis auf die Westfront, die mir nicht recht in Harmonie mit dem übrigen zu stehen scheint. Und dann ist halt Sichtbeton ein Material, über das sich immer wieder streiten läßt.

Zum Belchen

Der schönste Berg des Schwarzwalds ist für mich der Belchen, der mit 1414 m fast die Höhe des Feldbergs erreicht.

Wir können von Freiburg über den Schauinsland, dann durch das Ober- und Untermünstertal, oder von Staufen durch das Untermünstertal zu ihm gelangen. Im Ort Untermünstertal aber biegen wir rechts ab, um zur Kälbelesscheuer zu fahren. Auf dem schönen Weg dorthin durch das schmale Tal zeigt ein Wegweiser das ›Besuchsbergwerk‹ an, einen der alten Stollen des Landes.

Es sei erlaubt, hier etwas über den *Bergbau im Schwarzwald* zu erzählen. Die wichtigsten Bergbaugebiete Vorderösterreichs lagen in den Vogesen und im Schwarzwald, und hier, um Wolfach, betrieben auch die Grafen zu Fürstenberg mit Erfolg das Schürfen nach Silber, während die Abtei St. Blasien hohe Gewinne aus ihren Gruben bei Todtnau zog. Der rentabelste Zweig des Bergbaus war die Silbergewinnung; Kupfer und Eisenerz blieben Nebenprodukte.

Die Anfänge des Bergbaus gehen auf die Römer zurück; wahrscheinlich finden sich die ältesten Schächte aus jener Zeit bei Badenweiler. Der Bergbau war ein königliches Regal; die Bergleute, freie Leute, standen unter königlichem Schutz. Als 993 Kaiser Otto III. seine Güter im Sulzbachtal dem Kloster Sulzburg, einer Stiftung der Herzöge von Zähringen, schenkte, nahm er die Bergwerke aus. Sie blieben bis 1028 königlicher Besitz, und in diesem Jahr beginnt mit der Urkunde König Konrads II. die beglaubigte Geschichte des Bergbaus, denn durch diese Urkunde wurden dem Bistum Basel einige Silberminen im Breisgau übertragen. Diese Bergwerke lagen am Ausgang des Münstertals nahe beieinander. Heinrich von Thun,

Bischof von Basel, gab die Minen den Herzögen von Zähringen, denen nach ihrem Erlöschen Graf Egino von Freiburg als Lehensträger folgte.

Die wichtigsten Bergwerke lagen um den Schauinsland, Todtnau, im Münstertal, oberen Wiesental und im Hotzenwald in der Grafschaft Hauenstein. Die Reviere um St. Ulrich bei Bollschweil und im Suggental waren schon ausgeschöpft, als Österreich den Breisgau an sich brachte.

Seine Blütezeit erlebte der Silberbergbau im 13. und 14. Jahrhundert; er ging im Dreißigjährigen Krieg zugrunde, wurde jedoch im 18. Jahrhundert mit vielen Kosten in bescheidenem Umfang wieder aufgenommen. Auf dem Todtnauer Berg waren seit 1601 alle Gruben aufgelassen, die Sulzbacher seit 1518, aber im Kinzigtal wurde im 16. Jahrhundert von den Grafen zu Fürstenberg der Bergbau wieder stärker betrieben. 1530 wurde dort eine Bergordnung erlassen, die auf die Reform des Bergwesens durch Kaiser Maximilian I. zurückgeht.

Zur Überwachung der landesherrlichen Regale amtierte bei der vorderösterreichischen Regierung ein kaiserlicher Bergmeister, dem festbesoldete Hüttenschreiber zur Seite standen.

Städte, Geistlichkeit und Adel strebten nach dem Besitz von Silbergruben, und in diesem Wettstreit wurden nicht immer die feinsten Methoden angewandt. Im 14. Jahrhundert sind die Patrizier von Basel, Breisach, Esslingen, vor allem aber von Freiburg, Repräsentanten der großen Gewerke, die Bergbau und Verhüttung betrieben. Im Südschwarzwald kam das Silber aus vielen Gruben zusammen, wurde in Barren gegossen und mit dem ›Freiburger Brand‹ gestempelt. Am Silberhandel sind auch die Freiburger Herren von Schnewlin sehr reich geworden, allerdings mußten sie kapitalkräftig sein, um überhaupt Bergbau mit Profit betreiben zu können. Wie die Konkurrenten gegeneinander vorgingen, zeigt der Freiburger Silberkrieg von 1346, in dessen Verlauf die Stadt den Bergwerksort Münster im Münstertal dem Erdboden gleichmachte.

Das einst an Silber überreiche Münstertal wurde vom Kloster St. Trudpert mit Beschlag belegt. Seine Vögte waren die

Herren von Staufen, Ministerialen der Herzöge von Zähringen, dann der Grafen von Freiburg. Die Mönche von St. Trudpert hatten das obere Münstertal von Habsburg als Eigentum erhalten, mit Ausnahme der Rechtsprechung und der Silberminen, welche sich Österreich vorbehielt. Die Mönche aber fertigten falsche Urkunden an, die ihren Anspruch an den Silbergruben beweisen sollten, und sie blieben in ihrem Besitz, trotz aller Anstrengungen Österreichs, sie daraus zu vertreiben.

Die Bergleute liebten die geistlichen Herren nicht, ja der Sage nach sollen sie den hl. Trudpert erschlagen haben, denn sie fürchteten, heißt es, daß die Nähe eines Mönchs Unglück bringe. Alles das liegt weit zurück, versunken im tiefen Schacht der Geschichte, doch das ›Besuchsbergwerk‹ vermag uns einen Eindruck vom ehemaligen Bergbauleben zu vermitteln.

Der schmalen Straße weiter folgend, die sich steil zur Höhe schraubt, kommen wir dann zur *Kälbelesscheuer*, zu einem der angenehmsten Plätze im Schwarzwald. Das kleine Berggasthaus mit Kuhställen liegt geduckt an der Flanke des Belchen, hoch über dem Tal, vor Winden geschützt, und wenn man vor dem Haus in der Sonne sitzt, vielleicht bei Speckpfannkuchen und einem Glas Kirschwasser, hat man in vollem Behagen den schönsten Blick über das tief unten liegende Tal und das Waldland.

Dann fahren wir wieder nach Untermünstertal, biegen ins Obermünstertal ein und kommen bald darauf nach St. Trudpert, das den freien Bergleuten solch ein Dorn im Auge gewesen ist.

St. Trudpert

Oberhalb des Flüßchens Neumagen liegt auf den buckligen Hangwiesen das Kloster, zu dem eine Allee gewaltiger alter Linden hinaufführt. Die ehemalige Benediktinerabtei gilt als das älteste rechtsrheinische Kloster, denn hier hatte sich der hl. Trudpert, ein irischer Missionar, im 7. Jahrhundert eine Zelle gebaut.

Nach seiner Vita soll der Heilige während des Baus seiner Niederlassung von einem der Arbeit überdrüssigen Helfer, nach anderer Kunde von den Bergleuten, erschlagen worden sein. An der Stelle, wo er den Tod fand, springt eine wundertätige Quelle; Wunder und Heilungen förderten die Verehrung des Heiligen im Breisgau. Vom alten Kloster weiß man nicht viel. Es wird urkundlich 852 genannt, und 902 stiftete der Elsässer Graf Liutfried Grundbesitz, sein Grab liegt im Chor der Kirche. Das Kloster war sehr reich dank seiner usurpierten Silberminen und von diesem Wohlstand zeigt noch das prächtige silberne Vortragekreuz, das um 1175 gearbeitet worden ist. Die Schweden zerstörten 1632 die Abtei und erst 1698 wurde mit dem Neubau der St. Trudpert-Kapelle, einem kleinen Zentralbau bei der Quelle, begonnen. 1710 nahm Peter Thumb den Neubau der Kirche in Angriff, deren gotischer Chor erhalten blieb. Dann baute er das Kloster, welches nach der Säkularisierung 1806 Eigentum des badischen Staatsministers Freiherrn von Andlau wurde, der große Teile abbrechen ließ. Seit 1918 wirken hier die Schwestern vom hl. Joseph, und das Kloster ist neubarock – gar nicht übel – wieder aufgebaut worden.

Die Stuckarbeiten in der Kirche, einem hellen freundlichen Raum, sind von Michelangelo Prevosti, und Francesco Giorgioli malte die Deckenbilder: Leben der Apostel Petrus und Paulus, der hl. Margaretha und die Geschichte des hl. Trudpert.

Thumb hat seine Planung sehr geschickt durch Terrassierung und Treppen dem Gelände angepaßt, so daß sich immer neue Blicke ergeben, aber am schönsten ist der Blick über Wiesen und Wald hinaus ins grüne Tal.

Belchen

Weiter hinauf geht es durch die allerherrlichste Landschaft bis Utzenfeld, von wo wir den Belchen erreichen. Wie der Feldberg, trägt der Belchen eine baumlose Hochfläche, einen großartigen breiten Rücken im Glanz der Höhe. Eigentlich ist es schade, daß man nun mit dem Auto hinauffahren kann. Schöner ist es, ihn zu Fuß zu besteigen. Wahrscheinlich würden nicht viele es tun, und das hätte den Vorteil, daß ungebrochene Stille auf der mächtigen Kuppe herrschen würde, durchweht von der köstlichsten, frischesten Luft.

Wie es einem Wanderer ergehen kann, berichtet Roger Pilkington, der 1965 von Pforzheim durch den Schwarzwald zum Hochrhein wanderte. In Todtmoos eingetroffen, suchte er Unterkunft für die Nacht. *Ich ging von Pension zu Hotel, zu Gasthaus, zu Kurhaus und zu Pension, aber erfolglos; und komischerweise war der Zimmernachweis gerade am Wochenende geschlossen. Aber immerhin war es mir interessant zu erfahren, wie ein einzelner Wanderer dort bei hohem Betrieb empfangen würde. Einige bedauerten sehr – und ehrlich – daß sie kein freies Zimmer hatten. Andere waren höhnisch. »Gehen Sie nur weiter«, rief mir der Wirt einer Pension spöttisch zu. »Mit dem Wandern ist nichts mehr. Das ist schon längst überholt.« ›Man‹ hatte für solche Narrenpossen keine Zeit.*

Ein paar waren recht unfreundlich, und als ich endlich sah, daß es wirklich eine Zeitverschwendung war, in Todtmoos weiterzusuchen, marschierte ich nach Schwarzenbach ab. Dort fand ich eine Pension, die tatsächlich Zimmer frei hatte.

»Aber für eine Nacht nicht«, sagte die Frau. »Wegen der Wäsche usw. Es lohnt sich nicht. Und für einen Wanderer auch nicht!« Sie sah mich an, als hätte ich Maul- und Klauenseuche, und ihr Dackel stieß seine spitze Nase hoch in die Luft.

»Wenn Sie nur eine Nacht bleiben wollen, das dürfen Sie. Nur müssen Sie natürlich eine ganze Woche Vollpension zahlen.«

»Natürlich«, erwiderte ich. »Aber ich schlafe lieber im Wald.« Ich fragte bei der Säge, auf einem Bauernhof, überall. Die Dorfleute waren alle sehr, sehr nett, und sie sandten mich hoffnungsvoll von Haus zu Haus weiter. Endlich kam ich zum allerletzten Hof des Dorfes, einem schönen Bauernhaus mit einem Dach, das beinahe zum Boden reichte. Alle Fenster waren heiter und mit Geranien geschmückt, und vor dem Haus wuchsen Begonien und Dahlien gerade so stark und bunt wie in meinem eigenen Garten zu Hause in Lon-

don. Mitten in den Pflanzen standen zwei Zwergfiguren, als wären sie fleißige Gärtner. Es sah alles so froh aus, so keck und so einladend. Hier möchte ich hinein, dachte ich. Wenn ich hier nur auf dem Boden schlafen darf, ist es mir recht.

Ich klopfte. Die nicht sehr alte Frau sah mich etwas ungewiß an. »Ich weiß nicht, was mein Mann dazu sagen würde«, meinte sie.

Der Mann, der Vater von drei lieblichen Kindern, wußte auch nicht, was seine Frau dazu sagen würde. Das ist doch ein richtiges Ehepaar, dachte ich. Keiner will dem anderen entgegenhandeln; und gerade so sollte es in einer netten Familie sein. Hier wäre ich zufrieden.

Nur waren die beiden noch unsicher. »Ich weiß nicht, wir sind auf Fremde nicht eingerichtet«, sagte die Frau.

»Nein«, bestätigte der Bauer. »Das berühmte Wirtschaftswunder ist nicht ins Bauernhäusle vorgeschoben, verstehen Sie. Man sollte eigentlich ein Streichholz darunterschieben und neu bauen.«

»Hier lebt man einfach«, fügte die Frau noch hinzu. »Wir haben kein fließendes Wasser im Zimmer, nur den einen Hahn bei der Tür.«

Ich beruhigte rasch, daß ich keine italienischen Diener im Frack erwartete. Und ich erklärte weiter, ich selber hätte einen Schwager an der schottischen Grenze, der Gebirgsfarmer sei und Schafe züchte. Es war also klar, daß ich etwas vom Bauernwesen verstand, und die Leute luden mich ohne weiteres ein.

Und das war etwas Schönes. Morgens standen wir schon um halb sechs mit den Kühen auf, dann saßen wir lange bei einem herrlichen Frühstück von Kaffee und Traubenkuchen und plauderten von der Landwirtschaft, von Schafen und Schweinen und Forstarbeit, während der Kleinste mit dem feuerroten Haar immer die Trauben vom Kuchen der anderen wegnahm und aß . . .

In London hat Pilkington mir von dieser Fußtour erzählt und er schickte mir dann diesen Bericht in deutscher Sprache.

ERICH HECKEL (1883–1970)
Titisee
Aquarell, 1921 (Ausschnitt)
Offenburg, Sammlung Burda

Im Markgräflerland

Es ist leichter, die Wirkung eines Bauwerks, eines Kunstwerks zu schildern und zu deuten, als eine Landschaft zu beschreiben. Sie läßt sich schwerer fassen, wenn man nicht allein ihren geologischen Aufbau, ihre Flora, Fauna oder ihre landwirtschaftliche Bedeutung analysieren will. Goethe sagte 1819 zum Kanzler Friedrich von Müller: »Die Natur ist eine dumme Gans, man muß sie erst zu etwas machen.« Er hat aber auch gesagt: »Natur! Wir sind von ihr umgeben und umschlungen – unvermögend aus ihr heraus zu treten, und unvermögend tiefer in sie hinein zu kommen.« Damals stand der Mensch vor der Natur, ohne sie ganz und gar beherrschen zu wollen, denn, so sagt Goethe, »man wirkt mit ihr, auch wenn man gegen sie wirken will«.

Wie man mit ihr wirken kann, erfahren wir auf einer Fahrt durch das Gebiet zwischen Freiburg und Basel, das Markgräflerland. Eine solche Reise gehört zu den angenehmen Dingen des Lebens. Apfel-, Birn- und Nußbäume stehen an den Straßen, in Gärten und Wiesen, und an den Hängen steigen die Weinberge auf. Alles ist wohlbestellt, gepflegt, üppig. »Die Natur ist eine dumme Gans, man muß sie erst zu etwas machen.« Hier hat man es getan. Noch ist es so, aber nehmen wir eigentlich nicht immerzu Abschied? »Noch ist hier alles beim alten«, sagen wir erfreut, aber wie lange noch? Dem Begriff Natur, als ›Schöpfung‹ verstanden, steht der Begriff ›Nutzbarkeit‹ entgegen. Am Ortsrand des schönen alten Städtchens Staufen zum Beispiel erhebt sich jetzt ein häßlicher riesengroßer Terrassenwohnblock aus Zement, welcher den bisher das Bild bestimmenden Burgberg mit seiner Ruine zur Bedeutungslosigkeit verurteilt. Das ›Gemachte‹ steht neben dem ›Gewordenen‹; selten paßt es zusammen.

Der beste Markgräfler Wein wächst angeblich um Auggen, südlich von Müllheim, genauer gesagt ist es Hach. Mit dem kleinen Dorf ist eine lustige Geschichte verknüpft. Einst wurde der Ort in einem der vielen Kriege, die immer wieder über die Rheinlande hingegangen sind, zerstört. Die Bauern richteten daraufhin die Kirche in einer Scheuer ein und gaben dem Pfarrer ein Faß als Kanzel. *Als am dritten Sonntag nach Ostern der Prediger die Worte der Schrift wählte: »Über ein Kleines, da werdet ihr mich nicht mehr sehen«, erfüllte sich das Wort, indem der Kanzelboden einkrachte und der Prediger im Innern des Fasses verschwand.* (Franz Schneller)

Wer das Land kennenlernen will, sollte die Autobahn meiden und auf der alten Straße fahren, die über Krozingen, Müllheim nach Basel führt. Hübscher noch geht es auf der Badischen Weinstraße, die, kurz hinter Freiburg beginnend, am Fuß des Gebirges über Badenweiler und Kandern dem Süden zustrebt. Vor allem aber muß man kreuz und quer in dieser prächtigen Landschaft herumfahren. Vieles ist bereits in meinen ›Fahrten ins Elsass‹ beschrieben, wie Staufen, Sulzburg, Laufen, Müllheim, so daß diese Orte nicht mehr geschildert werden können.

Badenweiler

Wie schön ist eine Fahrt auf der Weinstraße über Staufen, Sulzburg, Britzingen nach dem auf einem Vorberg des Blauen gelegenen Badenweiler mit den Ruinen seiner markgräflichen Burg, den schönen, 1824–35 von Johann Michael Zeyher geschaffenen Gartenanlagen, den Resten eines römischen Bades, mit Hotels, Sanatorien und von Gärten umgebenen Villen. Keinen an Naturschönheiten reicheren und für die Verteidigung geeigneteren Ort hätten die Römer für ihre Niederlassung wählen können. *Da ruht der stille, liebliche Thalgrund von Ober- und Unterweiler*, schreibt Joseph Bader 1844, *umgeben links vom Brizinger Eichforst und vom Hühnerstall, wohinter der Hügelheinerwald finster hervorschaut ... Zwischen sanften Wald- und Rebenhügeln und geschmückt mit zahlreichen üppigen Obstbäumen, er-*

streckt sich das vom Klemmbach bewässerte Thal bis hinaus an die Landstraße bei Müllheim. Er beschreibt den Blick von der Burg über das Land, *über das frische Grün des nahen Thalgrundes, über die mannigfachen Abhügelungen rechts und links, über Haine und Weingärten; über das flache Land alsdann, hinaus an den Rhein, an der Hard, über die gesegnete Fläche des Elsasses, bis wo die Vogesen in blauem Dufte den Himmel berühren.*

Friederike Brun schildert einen Besuch Badenweilers am 6. September 1801: *Ein milder Regen hatte das Land erfrischt; wir bogen gleich bergan und kamen durch prächtige große Dörfer, welche zwischen wohlgepflegten gewässerten Wiesen und unter herrlichen Obstbäumen liegen ... Das Berggelände, welches wir hinanfahren, ist entzückend! So wir höher kommen, schließen sich allen Seiten kleine Tälchen wie traute Kämmerlein auf. Alle sind frisch und wohl gebaut und wimmelnd von Bevölkerung. Vor uns ragen hoch auf phantastische Berggipfel und die romantische Ruine des Bergschlosses Badwyler erscheint auf ihrem grünen Berge. Das Schloß ward einst vom großen Condé zerstört, und ein paar Jahrhunderte später kasernierte der kleine Condé im Dorf am Fuß der Trümmer. Am Bergabhang, unter dem Felsen Badwyler, hängt sozusagen das römische Bad. Die Quelle dieses wohltätigen Badewassers ist oben im Ort aufgefaßt, wo man nun badet. Ein Schutthügel, grün, mit Rosen überwachsen, deckt das Bad wie einst die Maison Carrée zu Nismes. Der Markgraf hat es ganz herausgegraben und mit einem Dache decken lassen. Dieses römische Bad ist so vollkommen erhalten, daß man nach Wegräumung des Schuttes aus den Wasserleitungen es vollkommen wieder hätte in Gang bringen können; der Markgraf wollte dies, als die verderbliche Revolution ausbrach, durch welche die Vergangenheit umdämmert und die Zukunft umhüllt ward. Mit dem vortrefflichen in Kupfer gestochenen Plan des berühmten Cascatellen-Malers und Claude-Lorrain-Kupferstechers Gmelin zu Rom in der Hand, konnte ich mir einen viel anschaulicheren Begriff von diesen Prachtgebäuden der Alten machen, als nach allen kolossalen, aber viel mehr zerstörten römischen Thermen ...*

Unter Markgraf Karl Friedrich von Baden, wie Friederike Brun bemerkt, ist das Bad 1784 sorgfältig freigelegt worden.

Es war die erste wissenschaftlich durchgeführte archäologische Ausgrabung einer römischen Anlage in Deutschland. Die durch Hypokausten geheizten Thermen bilden eine Doppelanlage des 2. Jahrhunderts n. Chr. für Frauen und Männer, mit vier großen Becken und Nebenräumen. Durch die Eingangshalle kam man zuerst in die Auskleideräume, welche Nischen für Fußbäder und Duschen hatten. Von hier aus gelangte man in das eigentliche Bad mit Bassins und Schwitzräumen. Es gab auch Gemeinschaftsbecken für Männer und Frauen.

Auf der alten Straße gelangen wir zuerst nach *Bad Krozingen*. Es gibt dort neben dem ehemaligen Propsteigebäude von St. Blasien aus der Renaissance und einer gut stuckierten Kapelle von 1608 die uralte Glöcklehofkapelle. In ihr finden sich Freskenreste aus der zweiten Hälfte des 10. Jahrhunderts, die mit der St. Gallener Malerei in Verbindung gebracht werden. Es ist der segnende Christus in der Mandorla, das Gastmahl des Herodes, die Enthauptung Johannes des Täufers dargestellt, und in der Fensterlaibung sehen wir Kain und Abel das Opfer bringen. In Heitersheim steht noch das große Wasserschloß des Johanniterordens aus dem 16. bis 18. Jahrhundert.

Zwischen Müllheim und Basel sollte man einen Abstecher nach *Blansingen* unweit des Isteiner Klotzes und des Rheins machen. Da liegt außerhalb des Dorfes am Wiesenhang eines stillen Hügellandes die Kirche, ein schlichter, wohl in der Hauptsache im 15. Jahrhundert errichteter Bau, der 1173 zum ersten Mal erwähnt wird, mit flach gedecktem Chor und Schiff und einem Westturm unter steilem Satteldach. Im 18. und 19. Jahrhundert baten die beiden Gemeinden Blansingen und Welmlingen immer wieder St. Blasien, dann die badische Regierung um einen Neubau des Langhauses, weil es so dunkel, feucht und traurig sei. Damals wurden lediglich große Spitzbogenfenster eingebrochen. Erst 1953 begann eine umfassende Restaurierung des Inneren, in deren Verlauf die Fresken freigelegt worden sind.

Der Freskenzyklus aus der Zeit um 1450 ist qualitätvoll und

von reicher Farbigkeit. Das Thema ist an der nördlichen Längswand, der Evangelienseite, in doppelter Reihung die Passion Christi, an der Südwand, der Epistelseite, sind es Szenen aus dem Leben Petri und Pauli, an der Westecke der Nordwand sehen wir das Jüngste Gericht, im Chorbogen die Klugen und Törichten Jungfrauen, an der Südwand den hl. Christophorus. Auf den Wänden neben dem Chorbogen sind Moses und Petrus dargestellt. Im Chor war die Freilegung der Fresken wegen ihrer völligen Verwitterung nicht mehr möglich. Die Wandmalereien werden zwei Meistern zugeschrieben, dem ›Meister der Evangelienseite‹, der aus dem nächsten Umkreis des ›Meisters von 1446‹ zu suchen ist, und dem ›Epistelmeister‹, der aus der Nähe des ›Spielkartenmeisters‹ kommt, um 1450.

Der schlichte Raum wird durch das Programm der Bilderfolgen zu wunderbarer Geschlossenheit gebracht und gegliedert durch die gemalte Sockelzone und die Bildrahmungen und Zwergarkaturen als oberen Abschluß.

Gegenüber der Kirche steht ein altes Bauernhaus; vor ihm liegt ein knallbunter Garten voller Immortellen, Zinnien, Dahlien, Schlingrosen, Tagetes, Begonien, Phlox, Cosmeen, Salatköpfen und Küchenkräutern, eine wuchernde farbige Wildnis, und über dem Wald steigt im Hintergrund der Schwarzwald auf. Blansingen ist eines der Dörfer, wie sie im ganzen Markgräflerland verstreut liegen, das man von den Höhen des Gebirges überschaut. So werden wir auf Kreuz- und Querfahrten die Schönheit der Landschaft, die Schönheit der alten Orte erfahren.

Lassen wir Johann Peter Hebel das Wort:

Z'Bürglen uf der Höh,
Nei, was cha me seh!
O, wie wechsle Berg und Tal,
Land und Wasser überal,
Z'Bürglen uf der Höh.

Im kleinen Wiesental

Wenn der nördliche und mittlere Schwarzwald oft dunkel, ja düster erscheint, zeigt sich der südliche, zum Rhein abfallende Teil als ein heiteres, von grünen Wiesentälern durchschnittenes Gebirge, in dem noch der Laubwald vorherrscht. Eine köstliche Fahrt führt von Badenweiler über Neuenweg nach Schönau, wo wir in südlicher Richtung ins Wiesental, die Heimat Johann Peter Hebels, einbiegen können, um über Zell, Hausen bei Schopfheim, wo das Hebelhaus steht, ein altes Fachwerkhaus mit Stuben aus der Hebelzeit, nach Lörrach, von dort über Rheinfelden nach Säckingen oder über Kandern nach Badenweiler zurückgelangen können.

Wir wählen jedoch das kleine Wiesental, das schon bei Neuenweg beginnt. Es ist schmäler, lauschiger, sich immer zwischen Laubwaldhängen hinschlängelnd, eine noch wirklich ganz unverdorbene, stille Landschaft. Fast verborgen rinnt die Kleine Wiese durch Erlen und Kraut, vorüber an Dörfern, an einzeln stehenden Höfen. Kühe weiden an den Hängen, Kinder spielen am Wasser, das klar über bräunlichen Grund fließt. Nuß- und Obstbäume stehen in den Wiesen. Es ist eine Landschaft, wie sie in dem geliebten Liederbuch ›Sang und Klang fürs Kinderherz‹ zu finden waren. Es ist ein Tal, wo man mit dem Auto bummeln kann; es ist einsam. Man möchte anhalten, aussteigen und am Bach entlang wandern oder in den Wald eintreten, auf eine der Höhen steigen, von denen man wieder auf andere Waldberge und in andere Täler schaut. Im Fahren sieht man nur, man hört nichts, nicht das Zwitschern der Vögel, den Kuckucksruf oder das Trommeln des Spechts an den Stämmen, nicht das leise Murmeln des Baches oder das Flüstern des Windes im Laub. Man riecht auch nicht den Duft des Heus auf den Wiesen. Man fährt, man schaut – vorbei, vorbei.

Im kleinen Wiesental ist die Schönheit von einer heimlichen, stillen Abgeschiedenheit. ›Irgendwo dahinten‹, ist man, weit weg von Industrien, Maschinen, sausendem Verkehr auf den Autobahnen, Benzingestank. Wald- und Wiesengrün wechseln ständig in Sonnenlicht und Wolkenschatten, und man hat das Gefühl, das Tal ruhe zufrieden und heiter in sich selbst, wie ein mit sich und der Welt im Einklang lebendes menschliches Wesen. So hat es ja auch Hebel gesehen: als frisches, junges Mädchen in der schönen Tracht des Landes.

Wo mit liebligem Gsicht us tiefverborgene Chlüfte
d'Wiesen use luegt, check ins Todtnauer Tal springt ...
O, wie bisch so nett, wie hasch so heiteri Äugli! ...

Schön sind die einzeln stehenden Bauernhöfe, und, wie bei allen Dingen ist Schönheit nicht eine Frage des Quantums, sondern der Proportion. Man muß weit suchen, um noch ein strohgedecktes Haus zu finden, denn das Stroh ist fast durchweg durch Ziegel ersetzt worden. Ein solches Haus ist der Inbegriff ›sicheren Hausens‹; geborgen unter dem tief herabreichenden Dach steht es auf gemauertem Sockel, mit hölzernem, oft verschindeltem Oberteil, mit kleinen Fenstern.

Alles das verblaßte langsam in der Abenddämmerung, als wir das Tal verließen.

Das Schatzkästlein

Seit Hebels Tod ist soviel Zeit vergangen, daß die Zeugnisse seines Lebens, Gedichte, Geschichten und Briefe, zur Einheit verschmolzen und nicht mehr zu trennen sind. Er ist schon zu Lebzeiten bewundert worden, auch in Rußland.

Hebels Vater, der aus Simmern im Hunsrück stammte, während die Mutter aus Hausen im Schwarzwälder Wiesental kam, stand als ›Herrendiener‹ im Dienst des Basler Majors J. J. Iselin. In Basel wurde Johann Peter Hebel am 10. Mai 1760 geboren. Nach des Vaters Tod ließ sich die Mutter mit ihrem Sohn in Hausen nieder, wo das Hebelhäuschen heute noch steht. Seine erste Pfarrstelle hatte er in Hertingen bei Müllheim, in dieser angenehmen, milden Gegend der Schwarzwaldausläufer. Es ist ein kleines Dorf mit bunten Gärten und hübschen Häusern in den Weinbergen; das Pfarrhaus selbst liegt in einem großen mauerumgürteten Garten. Der Blauen schließt das Bild ab.

Auf vielen Wanderungen hat Hebel das Land kennen und lieben gelernt, aber sein Traum, als Landpfarrer einer Gemeinde im Markgräflerland wirken zu dürfen, hat sich nicht erfüllt, denn er wurde als Professor nach Karlsruhe berufen, wo er 1826 als Prälat der Evangelischen Landeskirche Badens gestorben ist.

Basel war ihm die liebste Stadt, das Gebiet südlich von Freiburg das Land seiner Sehnsucht. Im entfernten Karlsruhe hat das Heimweh Hebel dazu gebracht, die Heimat zu ›dichten‹, und zwar in seiner alemannischen Mundart. Man könnte fragen, was sollen uns Verse im Dialekt? Das hat doch nichts mit großer Dichtung zu tun. Doch wenn wir uns bemühen, ihn zu verstehen, erkennen wir, wie mächtig der Sprachgeist eines Volkes wirksam wird. Hebels Alemannische Gedichte sind 1803 erschienen und seine Beiträge für den von ihm redigierten ›Rheinischen Hausfreund‹ brachte er als ›Schatzkästlein des rheinischen Hausfreundes‹ 1811 bei Cotta heraus. Es ist wirklich ein Kästlein, reich an Schätzen, geschrieben in der einfachsten, hellsten und besinnlichsten Sprache, nicht alemannisch, sondern schriftdeutsch, das ihm ebenso zu Gebote stand wie die Mundart. Hebel war sich des Wagnisses, in der Volkssprache zu dichten, wohl bewußt, denn er hat sich vor dem Erscheinen der ›Alemannischen Gedichte‹ eingehend mit dem Tübinger Mundartforscher Graeter beraten.

Mancher mag sich bei Nennung des Namens Hebel des beschwingten, heiteren, auch ernsten Prosastücks Carl J. Burckhardts erinnern ›Ein Vormittag beim Buchhändler‹. Burckhardt hatte mit Rainer Maria Rilke zusammen eine Pariser Buchhandlung besucht. Hier kam es zu einem Gespräch zwischen Literaturfreunden, in dessen Verlauf die Rede auf die Fabeln La Fontaines kam. Rilke sagte: »Nein ... Um die Fabeln zu verstehen, muß man entweder ein Franzose sein oder ein wirklicher Europäer – das heißt *auch* ein Franzose ... Nein, in dieser Weise gibt es nichts, was ihm zur Seite zu stellen wäre, vor allem nicht im Deutschen.« Der Bibliothekar Lucien Herr unterbrach ihn: »Im Deutschen – ich kenne einen deutschen Dichter, der ist wie ein jüngerer Bruder von La Fontaine.« Burckhardt wußte, wer gemeint war; Rilke erriet es nicht. Nach einer Charakterisierung La Fontaines griff der Bibliothekar zu einem Band Hebelscher Gedichte und las die lustigen Verse: ›z'Müllen an der Post ...‹ »Das ist«, sagte er, »die andere Hälfte meiner Jugend, meine ganze Kindheit; wenn ich das höre, bin ich zu Hause, gibt es keinen Unterschied mehr zwischen zwei Sprachen. Da bin ich völlig im alten Europa, da ist alles echt und wahr und genau und gemessen unter seiner Hand und das Kleinste herrlich, und das Größte vermag er auch auszusprechen. Hat jemals in der Dichtung einer das Gewitter, den mächtigen Vorgang der Natur, in Worten so verwirklicht wie er? Die zwei ersten Zeilen sind das Herrlichste, das ich kenne ...« Und er sprach:

Der Vogel schwankt so tief und still,
Er weiß nit, woner ane will ...

Rilke verstand nichts. Herr lachte und sagte: »C'est franc comme l'osier, frisch und frank wie eine Weidenrute, das ist ein Ausdruck unserer Bauern, dabei ist es ungeheuer kunstmäßig, ebenso talentvoll und sicher wie La Fontaine; aber dabei aus dem Genius der Volkssprache und der deutschen Sprache und durch den Goetheschen Vers mit einer Art von Aura begabt, die bei unsrem Landsmann fehlt. Goethe hat Hebel ganz verstanden, bis zu seiner Einzigartigkeit und Größe; er hat begriffen, wie tief in diesem Wiesentäler der seiner Nation oft so tragisch mangelnde ›bon sens‹ bis auf die Höhen der Inspiration besteht; und wie Goethe so auch Jean Paul, der erfaßt hat, daß hier etwas vorliegt, was einzigartig ist im Sinne der Originalität, unerschöpflich wie eine radiumhaltige Quelle.«

Burckhardt hat mir selbst viele Verse Hebels vorgelesen und

mir ihren Sinn erschlossen. In diesen Gedichten und Kalendergeschichten lebt ein Deutschland, das es nicht mehr gibt. Das Leben in den Dörfern ist nicht mehr so; die Atmosphäre hat sich durchaus gewandelt. Zwar waren die Volksschichten durch Standesordnungen schärfer voneinander geschieden, aber sie waren menschlich dennoch enger verbunden als heute, wo es keine Stände mehr gibt. Alter Brauch und Glaube prägten noch das Leben der Menschen der Hebelzeit, die sicherlich auch nicht einfacher zu durchleben war als unsere Gegenwart, doch war man selbst einfacher, vielleicht sogar redlicher, vorurteilsloser. In Hebels Gedichten und Geschichten, so anspruchslos sie erscheinen, ist ein großer Reichtum menschlicher Beziehungen lebendig. Liebe, Gemütlichkeit in des Wortes ursprünglicher Bedeutung herrschten vor, niemals aber Roheit. Die Wunder des Märchens klingen noch fort und die kleinen Wirklichkeiten des täglichen Lebens werden witzig und tröstlich abgehandelt.

Unter diesen behaglichen, stillen, fröhlichen und ernsten Gedichten, in denen die oberländische Heimat, der Wiesefluß, das ganze Tal und die Markgräfler Landschaft in vollem Glanz erscheinen, findet sich eines, das sich von allen andern düster unterscheidet. Es ist das Zwiegespräch, das Großvater und Enkel auf dem Weg nach Basel führen, eine Vision Hebels, wie Dürers seltsame Traumzeichnung, die an die Wirkung atomarer Zerstörung gemahnt. Der Bub sagt, wenn er das Röttler Schloß sieht, müsse er daran denken, daß auch ihr Haus einmal so aussehen könnte. Der Großvater antwortet:

Je, 's isch nit anderst, lueg mi a, wie d'witt!
Isch Basel nit e schöni tolli Stadt? . . .
's isch eithue, Chind, es schlacht emol e Stund,
goht Basel au ins Grab, und streckt no do
und dört e Glied zum Boden us, e Joch,
en alte Thurn, e Giebel-Wand; es wachst
do Holder druf, do Buechli, Tanne dört,
und Moos und Farn, und Reiger sitze druf –
's isch schad derfür! – und sin bis dorthi d'Lüt
so narsch wie jez, so göhn au G'spenster um . . .

Den Buben graust es, doch der Großvater läßt sich nicht aufhalten:

Drob röthet si
der Himmel, und es dundert überal,
z'erst heimli, alsgemach lut, wie sellemol
wo Anno Sechsenünzgi der Franzos
so unding gschosse het. Der Bode schwankt,
aß d'Chilch-Thürn guge, d'Glocke schlagen a,
und lüte selber Bet-Zit wit und breit,
und alles betet. Drüber chunnt der Tag;
o b'hütis Gott, me brucht ke Sonn derzu,
der Himmel stoht im Blitz, und d'Welt im Glast . . .

Ätti hör auf, schreit der Bub, aber er will doch wissen, wie es weitergeht, wo die Menschen geblieben sind.

Närsch, d'Lüt sin nümme do, wenn's brennt, sie sin –
wo sin sie? Seig du frumm, und halt di wohl,
geb, wo de bisch, und bhalt di Gwisse rein! . . .
Der Belche stoht vercholt,
der Blauen au, as wie zwee alti Thürn,
und zwische drinn isch alles use brennt
bis tief in Bode abe. D'Wiese het
ke Wasser meh, 's isch alles öd und schwarz,
und todtestill, so wit me luegt – das siehsch,
und seisch di 'm Cammerad, wo mitder goht:
»Lueg, dört isch d'Erde gsi, und selle Berg
het Belche gheiße! Nit gar wit dervo
isch Wisleth gsi, dört hani au scho glebt,
und Stiere g'wettet, Holz go Basel g'führt . . .
und möcht iez nümme hi.«

Das Gedicht bricht ab; es schließt mit dem aufmunternden Ruf des Alten an die Zugochsen: »Hüst Laubi, Merz!« Wollte Hebel das Jüngste Gericht schildern, oder ist hier etwas aus den tiefen Schächten des Unterbewußten, eine Ahnung künftigen Unheils aufgestiegen? Wir wissen es nicht. Die Worte stehen da mit der Gewalt des zweiten Petrusbriefes.

Hebel wollte sein Vermögen zum Teil als Stiftung nach Hausen geben, damit sonntags jedermann im Dorf einen Schoppen Wein trinken könne. Der Plan konnte nicht durchgeführt werden, aber 1850 kaufte die Lesegesellschaft zum Pflug in Schopfheim den oberen Stock des Hauses in Hausen und ließ ihn wie zu Hebels Jugend einrichten. Zehn Jahre später wurde dann der hundertste Geburtstag des Dichters mit einem Volksfest gefeiert. Seitdem treffen sich alljährlich am 10. Mai die Hebelfreunde von beiden Seiten des Rheins in Hausen, um das Gedächtnis des Dichters mit dem ›Hebelmähli‹ zu feiern. Bei dieser Gelegenheit wird der Hebelpreis verliehen. Lassen wir dem Herrn Prälaten noch einmal das Wort:

Ne Gsang in Ehre
wer wills verwehre?
Singt's Thierli nit in Hurst und Nast,
der Engel nit im Sterneglast?
e freie frohe Muth,
e gsund und frölich Blut
goht über Geld und Gut . . .

Am Hochrhein

Bei Lörrach, dessen altes Stadtbild weitgehend verloren gegangen ist, breitet sich das weite, von Industrien besetzte Tal der Wiese und auf dem nördlichen Steilhang sitzt die mächtige Ruine der *Burg Rötteln.* »Siehsch dört vorne s' Röttler Schloß – verfalleni Mure«, wie Hebel schreibt. Die Burg wurde 1311 von Rudolf I. Markgrafen von Hachberg (Hochberg)-Sausenberg vom letzten Herrn von Rötteln gekauft. Die Hachberger waren eine Seitenlinie der Zähringer. Seit 1678 liegt das Schloß in Trümmern. Seine ältesten Teile entstammen der Romanik, am besten erhalten ist der Palas des 14. Jahrhunderts, den eine tiefe Schlucht von der hundertvierzig Meter langen Vorburg trennt. Beim Eingang steht ein Wachtturm, im Schloßhof der mächtige Bergfried. Die Zeichen alter Macht sind ausgelöscht, und zu Füßen der Burg, in der Kirche des Dorfes Rötteln, das ebenfalls hoch am Hang liegt, schlafen Markgraf Rudolf III. von Hachberg und seine Gemahlin, Anna Gräfin von Freiburg. Die prächtigen Grabmäler sind um 1430 geschaffen worden. Rudolf hat 1401 die Kirche gebaut, wie die Inschrift über dem Westportal verkündet. Nur noch der Kirchturm ist aus der Erbauungszeit, die übrigen Teile sind zu Beginn unseres Jahrhunderts durchgreifend verändert worden. Der Chor enthält ein hübsches Gestühl des 15. Jahrhunderts mit der Wurzel Jesse und dem hl. Georg, und im Schiff gibt es einige gute Renaissanceepitaphien markgräflicher Landschreiber und Ritter.

Hinter Lörrach, in Richtung Rheinfelden fahrend, biegen wir ab nach Inzlingen und finden dort im Talgrund eines der reizvollen Schlösser dieser Gegend, das Wasserschloß *Reichenstein*, einst Sitz der Herren von Reichenstein. Wie überall im Badischen, ist es ein kleines, bescheidenes Haus, wie auch der badische Adel sparsam und bescheiden lebte und lebt. Eine große alte Linde bewacht die Toreinfahrt, in welche die Jahreszahl 1563 eingehauen ist, aber der anmutige kleine Sitz um engen Hof und mit einem runden Turm unter Spitzhelm an der Südseite ist im 18. Jahrhundert etwas verändert worden. Er erhielt in jener Zeit den geschweiften Giebel über der Torfahrt und die Rokokomalereien um die Fenster. Im Obergeschoß liegt ein kleiner Saal mit reicher, wappengeschmückter Stuckdecke, den Symbolen der vier Jahreszeiten und Darstellungen der Reichensteinschen Schlösser Inzlingen, Reichenstein-Münchenstein, Brombach und Landskron. Still und verwahrlost spiegelt sich dieser hübsche Sitz im Weiher, an dessen Ufer eine prachtvolle Nepomukfigur des Rokoko Wacht hält.

Nun kommen wir zum Hochrhein und sind in einer außerordentlich schönen Stromlandschaft. Breit fließt der Rhein, heute durch zahlreiche Kraft- und Stauwerke gebändigt, zwischen Jura und Schwarzwald dahin. Es gibt keine schäumenden Wirbel mehr wie einst bei Laufenburg und Rheinfelden, sondern in fast seeartiger Ruhe zieht der Strom durch das Land.

44 n. Chr. gründeten die Römer die Stadt Augst, Augusta Raurica, beim heutigen Basel, und begannen um 74 mit der Anlage einer Befestigungslinie gegen den Schwarzwald, die von Jungholz zwischen Wehra und Murg nach Dogern führte, nach Tiefenstein abbog, um von dort über Nöggenschwihl bis zur Schwarza zu laufen. Es ist die Linie, die heute noch ›Landhag‹ genannt wird. Um 260 durchbrachen die Alemannen den Limes. Eiligst wurden römische Legionen in die bedrohten Gebiete geworfen, wurden Wachttürme und Kastelle instandgesetzt, aber um 400 mußte Rom auch das Hochrheintal aufgeben, das durch zahllose Türme gesichert war. Die Alemannen setzten sich südlich des Rheins fest und zerstörten Augusta Raurica, dem die Habsburger dann den Namen Kaiser-Augst gegeben haben.

Die vier Waldstädte, die wir nun rheinaufwärts besuchen, haben ihren Namen von der Lage am Fuß des Schwarzwalds und Juras; sie spielten im Gefüge Vorderösterreichs eine gleichgerichtete Rolle, denn sie bildeten eine Verwaltungseinheit unter einem Hauptmann. 1573 war es Michael von Schönau, dessen Titel lautete: Hauptmann der vier Waldstädte am Rhein und Vogt beider Herrschaften Laufenburg und Rheinfelden.

Die Geschichte ihrer Entstehung und frühen Entwicklung allerdings war verschieden und schien nicht auf gemeinsames Schicksal zu weisen. Die kleinen Waldstädte sind als wichtige Stromübergänge immer wieder kriegerischen Wirren ausgesetzt gewesen.

Rheinfelden

Als erste im Reigen der Waldstädte erscheint Rheinfelden, die Doppelstadt, einst nur auf dem Schweizer Ufer gelegen. Der badische Teil entstand erst um die Wende zu unserem Jahrhundert. Älter noch als die Stadt selbst war die Burg auf dem ›Stein‹, der kleinen Insel im Fluß. Auf Merians Stich ist sie bereits nicht mehr vorhanden, und heute ist dort ein Garten unter hohen Bäumen. Von diesem festen Sitz war 1077 Rudolf Graf von Rheinfelden und Herzog von Schwaben nach Mainz gezogen, um sich dort als Gegenkönig wählen zu lassen. Drei Jahre später fiel er im Kampf gegen Heinrich IV. und wurde mit königlichen Ehren zu Merseburg beigesetzt. Als der Kaiser das Grab besuchte, soll er gesagt haben: Wolle Gott, daß alle meine Feinde so herrlich begraben lägen!

1080 ging Rheinfelden in den Besitz der Zähringer über, welche die kleine Stadt auf dem südlichen Ufer gegründet haben, die in der ersten Hälfte des 13. Jahrhunderts ummauert worden ist. Dann wurde Rheinfelden, das Reichsstadt geworden war und um seine Reichsfreiheit immer gekämpft hat, habsburgisch. In fortwährenden Kriegen und Fehden hatte die Stadt viel zu leiden. Im Dreißigjährigen Krieg wurde sie von allen streitenden Parteien immer wieder gründlich geplündert und im ständigen Hin und Her dieses Krieges erschien auch Herzog Bernhard von Weimar am Hochrhein, um das kaisertreue Basel zu besetzen. Rheinfelden schien ihm eine günstige strategische Position gegen Lothringen, Burgund und die Freigrafschaft zu bieten. Überraschend griff der Herzog am 20. Januar 1638 die

Waldstädte an, ging bei Säckingen über den Rhein, besetzte Laufenburg und nahm Rheinfelden nach kurzer Belagerung. Vor den Mauern der Stadt focht im protestantischen Heer Herzog Heinrich von Rohan, eine der sympathischsten Gestalten des Jahrhunderts, ein kluger, tiefreligiöser, staatsmännisch begabter Herr, der als Hugenottenführer lange gegen die französische Krone gekämpft hatte, dann aber als Diplomat und Heerführer in königliche Dienste getreten war, bis ihn der Kardinal Richelieu seiner Stellung enthob. Er begab sich in den Schutz seines Freundes Weimar, wurde bei Rheinfelden verwundet und starb im April 1638 im Kloster Königsfelden. Auch während der Französischen Revolution hatte die Stadt viel auszustehen. Sie ist 1803 dem Kanton Aargau einverleibt worden.

Wie die Stadt vor etwa 150 Jahren aussah, schildert Victor Hugo: *Hier teilt sich der Rhein, mitten im Strom hockt ein großer Felsen, mit einer Ruine drauf, zu beiden Ufern führt eine eigenartige gedeckte Holzbrücke. Eine kleine gotische Stadt, von Toren, Zinnen und Kirchtürmen starrend, zieht sich ungeordnet zu dieser Holzbrücke hinab; es ist Rheinfelden, vordem ein militärisches und geistliches Zentrum am Rhein, eine der vier Waldstädte, berühmt und reizvoll ... Ich weilte eine gute halbe Stunde in Rheinfelden. Die Wirtshausschilder hängen an riesigen, mit Laubwerk verzierten schmiedeeisernen Gestängen weit über die Straßen hinaus: ein höchst belustigender Anblick. Auch die Hauptstraße macht einen heiteren Eindruck mit dem schönen Brunnen, worauf ein Gewappneter steht, der das Stadtbanner stolz mit hocherhobenem Arm über seinem Haupte hält.*

So sieht es in Rheinfelden heute noch aus. Alles ist von kleinen Maßen; in wenigen Minuten hat man die Stadt durchschritten, ist der Weg vom Rhein zum Kupfer- oder Storchennestturm zurückgelegt, eine Zeile mittelalterlichen Gepräges, beherrscht vom Rathaus, das aus verschiedenen Gebäuden zusammengewachsen ist und 1767 seine klar gegliederte Fassade erhalten hat. Und hier stehen auch die behäbigen Gasthäuser, deren lustige Schilder Hugo beschrieben hat: Krone, Salmen, Feldschlößle, Schiff, Rebstock oder Storchen. In der Nähe des

Messerturms am Rhein liegt die Johanniterkirche mit schönen Maßwerkfenstern, in der Kirchgasse steht die Stadtpfarrkirche St. Martin, ein nicht allzu interessanter barockisierter Bau, und das starke, wehrhafte Obertor ragt über die Dächer empor. Alles das spricht von der bewegten Stadtgeschichte.

Jenseits des Stroms sah es am Ende des vorigen Jahrhunderts noch anders aus; da gab es nur Dörfer, da brauste noch der Rhein über die gefährlichen Stromschnellen an Rheinfelden vorüber, gefürchtet von den Schiffern. Aber das änderte sich, als 1898 das erste Kraftwerk am Hochrhein fertiggestellt war. Die Stromschnellen verschwanden, mit ihnen die Anlagen für den Salmenfang, und dem Salm selbst ist der Weg stromauf durch die Kraft- und Stauwerke verlegt worden. Dem Kraftwerk folgte auf der badischen Seite bald eine neue Siedlung im stillen Rheintal, das nun ›klein Amerika‹ genannt wurde. Häßliche Häuser und Mietskasernen wurden gebaut, ohne Sinn und Plan, ohne Rücksicht auf das alte Stadtbild gegenüber oder auf die Landschaft, und dieses Konglomerat von Siedlungen und dörflicher Eingemeindung erhielt 1922 den Namen Stadt Rheinfelden in Baden.

Nach Säckingen

Von Rheinfelden auf der badischen Seite weiter flußauf reisend, erreichen wir bald die alte Deutschordenskommende *Beuggen*, hart am Strom liegend und von breitem, versumpftem Wassergraben umzogen. Die weitläufige Anlage war von einer Ringmauer mit Türmen und Bastionen gesichert, an welche die Wirtschaftsgebäude angebaut sind. Durch den 1534 errichteten zinnengeschmückten Torbau, an den sich die alte hübsche Schmiede aus gleicher Zeit lehnt, betreten wir den weiten Hof, den wir auf der Rheinseite durch einen Torturm verlassen können. Das Hauptgebäude selbst, das gegen den Rhein zu einen Staffelgiebel aus spätgotischer Zeit trägt, ist 1755 von Johann Kaspar Bagnato für den Komtur Franz Grafen von Königsegg umgebaut und erweitert worden. Auch die an das Schloß anschließende Kirche hat Bagnato gebaut, deren Deckenfresken mit Szenen aus dem Leben der hl. Elisabeth, der Ordenspatronin, Franz Ludwig Hermann malte.

Im 16. Jahrhundert wurde die Torfahrt am Rhein, durch die einst der Weg nach Rheinfelden führte, auf Befehl des Komturs Georg von Andlau vermauert. Andlau soll zornig ausgerufen haben: »Mauert das Tor zu! Wo mein Vorgänger, der Schuft Reischach durchgeritten ist, soll kein deutscher Ritter mehr reiten!« Herr von Reischach hatte sich der Reformation angeschlossen, geheiratet und war mit seiner Frau in das Schloß eingezogen.

Nicht weit von Beuggen kommen wir dann in das Dorf *Schwörstadt*, durchfahren es und sehen eine Platanenallee zum Fluß hinunterziehen. An ihrem Ende steht das Schlößchen der Freiherren von Schönau, die, wie wir noch hören werden, mit Säckingen und Viktor von Scheffel so eng verbunden sind. Das Schlößchen, eine schlichte, vornehme Anlage aus der Weinbrennerschule um 1830, steht an Stelle einer Wasserburg, die zu Beginn des vorigen Jahrhunderts abgebrannt ist. Es ist ein behagliches Haus mit schönem Hausrat, vor allem aber, und das ist sein besonderer Reiz, hat es eine breite Terrasse über dem Strom.

Die Schönau entstammen elsässischem Uradel, erheirateten 1320 Schwörstadt von den Herren von Stein und hatten Güter um Säckingen, Wehr und Zell. Sie waren Erbtruchsesse des Bistums Basel, verwalteten das ›Große Meieramt‹ (Gerichtsherren) des fürstlichen Damenstifts Säckingen, waren Waldvögte der Grafschaft Hauenstein und wurden 1668 in den Reichsfreiherrenstand erhoben. Sie gehören zu den Familien, welche ererbtes Eigentum gut und gewissenhaft verwalten. Hier in Schwörstadt ist es nicht die ›Große Welt‹, sondern die immer wieder spürbare enge Bindung an Land und Bevölkerung, die wohltuend berührt. Mit dem Wissen um die Pflichten, welche ein Landbesitz auferlegt, geht heute die Sorge um die Zukunft Hand in Hand, die Sorge, daß alles dies sorgsam Behütete verloren gehen könnte. Ungestörter als in Stadthäusern ist auf dem Land vieles erhalten geblieben, von dem prägende Kräfte ausgingen; in Landhäusern ist das langsame Werden einer Kultur zu erkennen, die nicht tot ist, sondern weiterlebt und sich an den Aufgaben unserer Zeit zu bewähren hat. Denn denjenigen, die ein Festhalten an gewissen Werten und Überlieferungen hochmütig als ›Flucht in die Vergangenheit‹ abtun, kann man entgegenhalten, daß sie selbst sich auf der ›Flucht vor der Vergangenheit‹ befinden. *Wo der bare Hochmut auftritt, der alles Gewesene verwirft und aus sich schaffen will, dort ist es mit der Kunst wie auch mit anderen Dingen in dieser Welt aus, und man wirft sich in das bloße Leere*, stellt Adalbert Stifter im ›Nachsommer‹ fest.

Auf der Terrasse saßen wir an einem warmen Augustabend beim Wein. Still und dunkel zog der Strom vorüber, schwarz standen die Wälder am jenseitigen Ufer, an dem eine verspätete Schwanenfamilie hinschwamm, und im Westen stand noch ein letztes Leuchten der versunkenen Sonne.

Die Trompeterstadt

Es ist eine sehr alte Siedlung; sie geht bis ins 6. Jahrhundert zurück, als der hl. Fridolin aus Irland über Frankreich, wo er eine Zeitlang Abt des Hilariusklosters in Poitiers war, an den Rhein kam, um zu missionieren. Seine Vita erzählt, daß er auf der Suche nach einem geeigneten Platz für den Klosterbau auf eine Rheininsel kam. Fridolin führte in seiner Wandertasche als Reliquie einen Finger des hl. Hilarius mit. Er wollte auf der Insel rasten, hängte die Reisetasche an einen Baum und das Wunder geschah: der Baum neigte sich ehrfürchtig und tief zur Erde. Fridolin erkannte, daß er hier bauen solle. Also gründete er auf der Rheininsel – Säckingen war einst ganz vom Strom umflossen, wie der Stich Merians zeigt – ein Doppelkloster mit einer Hilariuskirche. Aus ihm entwickelte sich später das adlige Damenstift, dessen Äbtissin in den Reichsfürstenstand aufgenommen wurde; sie war Fürstäbtissin von Säckingen und gebot über reichen Grundbesitz. Zur Zeit der Karolinger war das Stift königliches Eigenkloster und 878 schenkte Kaiser Karl III. es seiner Frau Richardis. Neben dem Kloster lag die kaiserliche Pfalz, deren letzter Besucher 1173 Kaiser Friedrich I. Barbarossa gewesen ist, der im gleichen Jahr den Grafen von Habsburg die Reichsvogtei über Säckingen verlieh. 1272 vernichtete ein Brand die karolingisch-romanische Anlage, deren Krypta erhalten geblieben ist. 1342 zerstörte ein zweiter Brand die Kirche erneut, und man begann mit dem Neubau, dessen Chor 1360 geweiht wurde. Der Bau des Langhauses des *St. Fridolinmünsters* zog sich bis ins 15. Jahrhundert hin. Der Brand von 1678, angelegt von französischen Truppen während des Pfälzischen Erbfolgekrieges, machte umfangreiche Instandsetzungsarbeiten notwendig. Bis 1703 erfolgte der Anbau von zwei Kapellen am Ende des Langhauses, der Einbau von Emporen und der Kapellen zwischen den Chorstrebepfeilern. Die Westfassade schuf der Deutschordensbaumeister Johann Kaspar Bagnato, der auch die Kapellen seitlich der Türme baute. In der Nische über dem reichen Portal steht die Statue des hl. Fridolin, dem ein Gerippe ein Dokument reicht. Die Legende erzählt nämlich, daß Neider Fridolin den Landbesitz streitig machten, doch gelang ihm die wunderbare Erweckung eines der Spender, des Ursus, damit er vor Gericht für ihn zeugen konnte.

Nach einem neuerlichen Brand erhielt das Innere ab 1751 seine Rokokoausstattung von dem Stukkator Johann Michael Feichtmayr und dem Konstanzer Maler Franz Joseph Spiegler. Durch die Vorhalle mit reich stuckiertem Gewölbe treten wir in das dreischiffige Langhaus, dessen gotischer Charakter an den achteckigen, ohne Kapitelle in die Arkaden übergehenden Pfeilern zu erkennen ist. Graziöser Rocaillestuck liegt über Decke und Wänden und rahmt die Fresken, welche die Fridolinlegende zeigen, während der Chor Szenen aus dem Marienleben aufweist. Engel- und Apostelkapelle tragen Wessobrunner Stuck des ausgehenden 17. Jahrhunderts und Fresken des Tessiners F. A. Giorgioli. Der Hochaltar von 1721 und die von einem Atlanten getragene Kanzel sind Werke von Josef Mooß.

Die oberen Turmpartien mit den Zwiebelhelmen sind ebenfalls nach 1751 errichtet worden.

Der festliche, heitere Raum ist am 6. März Mittelpunkt des Fridolinfestes. Dann steht der prachtvolle Schrein des Augsburgers Gottlieb Emanuel Oernster, welcher die Gebeine des Heiligen enthält, vor dem Altar; er wird nach der Messe in der Prozession mitgeführt.

Viktor von Scheffel, der 1850 nach Säckingen kam und im Hallwylhaus wohnte, hat uns dieses Fest geschildert. *Es war ein heller, blauer Sonntagmorgen übers Rheintal aufgegangen, als schon in der Frühe Böllerschüsse und Glockengeläute das Fest des Schutzpatrons verkündeten. Und allmählich füllten sich die Straßen von Säckingen und vor allem der Platz vor der Stiftskirche; vom Wald herab kamen die Hauensteiner und andere Wäldler gestiegen, und wer im Rheintal unten wohnt, und aus der Schweiz drüben, vom Fricktal und aus dem Aargauischen kam's herbeigeströmt, und in der fremdartigen Tracht manches Maidli's oder Biedermanns war zu erschauen, daß auch entferntere Bezirke, Lörrach, Mühlheim etc, ihre Mannschaft stellten. Und in buntem Gewimmel wogte da die Menge auf dem Marktplatz auf und ab ... Um 9 Uhr läutete es mit allen Glokken, und da strömte die ganze Menge in die Stiftskirche, und Kopf an Kopf gedrängt stand alles in der weiten Fridolinskirche ... Zuerst kam eine gewaltige Predigt – dazu hatten sie einen eigenen Festredner von weither verschrieben –, der donnerte und blitzte gegen das Treiben der Welt und die Hoffart und Freischärler und zeigte am Exempel Fridolini, der seinen irländischen Prinzentitel und allen Ruhm und heidnisches Wissen an den Nagel gehängt hatte, um zu Säckingen das Evangelium zu predigen, was wahre christliche Größe sei, und polterte und lärmte und schlug die Kanzelbretter schier entzwei und sprach sich zuletzt ganz heiser ... trotz alledem und alledem bleibt's wahr, daß der katholische Kultus etwas Mark- und Beindurchschütterndes hat und behalten wird bis ans Ende der germanischen Weltgestaltung ...* Ob allerdings eine solche Predigt heute noch gleichen Eindruck machen würde, bleibe dahingestellt.

Gleich neben der Stiftskirche steht als Rest der alten Stiftsgebäude von 1570–80 das heutige Landratsamt mit seinem Staffelgiebel, und vor ihm liegt der Kirchplatz mit seinen hübschen Häusern des 17. und 18. Jahrhunderts, unter die sich einige gute Architekturen des frühen 19. Jahrhunderts eingeschlichen haben.

Wandern wir vom Kirchplatz durch die Wernerstraße, kommen wir zum Schloß, dem einstigen Sitz der Freiherren von Schönau. Die stattliche Anlage aus gotischer Zeit mit ihren beiden Ecktürmen und dem Mittelturm auf der Gartenseite wurde im 17. und 18. Jahrhundert verändert. Das Innere enthält einen schönen stuckierten Barocksaal sowie prachtvoll eingelegte Türen und heute das ausgezeichnet geordnete *Hochrheinmuseum*. Im Park steht an der Mauer über dem Strom ein hübscher Rokokopavillon, und von dort schaut man hinüber zum Gallusturm, der mit einigen Mauerresten von der alten Befestigung übrig geblieben ist.

Das ›Trompeterschloß‹, wie es auch genannt wird, war Schauplatz der Geschichte des Trompeters von Säckingen, dieses im späten 19. Jahrhundert so beliebten und volkstümlichen Epos Viktor von Scheffels. In der nördlichen Außenwand des Stiftskirchenchors lesen wir auf einem Epitaph die Inschrift: »Aeterām Animae quam et corpori vivēs aspiravit tranquillitatem per felicissimam et securam mortem assequitur coniugū amoris mutui comparabile. Par Domiūs Franciscus Werner Kirchhofer et Doña Maria Ursula de Schönaw ille ultimo May Anno 1690 ista vicesimo Marty 1691. Deo vivant.« Kurz gesagt heißt das: Hier hat das in gegenseitiger Liebe unvergleichliche Ehepaar die ewige Ruhe des Leibes und der Seele gesucht.

Wer ist der ›Trompeter‹ gewesen? Franz Werner Kirchhofer wurde 1633 im Eckhaus an der Wernergasse geboren. Er war also ein Säckinger und kein Heidelberger. Auch ist er nicht geadelt worden und war kein Trompeter, sondern eher eine Art Hauskapellmeister Otto Rudolfs von Schönau, dessen Tochter Maria Ursula aus der zweiten Ehe mit Salome zu Rhein 1632 geboren worden war. Sie hat Kirchhofer geheiratet, und diese romantische Liebesgeschichte, welche dem Herrn von Schönau gar nicht gefiel, gab dem Städtchen reichlich Stoff zum Klatsch. Man erzählte sich, der Herr von Schönau habe seine Tochter als Hoffräulein an den kaiserlichen Hof geschickt, wohin ihr Kirchhofer gefolgt sei. Er sei in Wien Hof- und Domkapellmeister geworden, und als er eines Tages unerwartet dem geliebten Mädchen auf der Straße begegnete, sei dieses in Ohnmacht gefallen. Der Kaiser, von der Angelegenheit unterrichtet, habe den getreuen Trompeter geadelt und die Heirat vermittelt. Alles das ist erfunden, auch Scheffels dichterische Schilderung der Begegnung der Liebenden in Rom, wo Kirchhofer seiner Maria Ursula, der Scheffel des Reimes wegen den Namen Margarethe gab, als päpstlicher Marchese Camposanto entgegentrat. Die Wirklichkeit war viel nüchterner, denn Maria Ursulas Brüder verweigerten ihr das väterliche Erbe und versuchten den unliebsamen Schwager aus Säckingen zu entfernen. Er aber verklagte seine Schwäger bei dem kaiserlichen Statthalter in Innsbruck, Erzherzog Ferdinand, gewann den Prozeß und blieb in Säckingen. Ende gut, alles gut, so auch bei Scheffel, dessen berühmter Sang mit den Versen schließt:

Liebe und Trompetenblasen
  Nützen viel zu guten Dingen,
Liebe und Trompetenblasen,
  Selbst ein adlig Weib erringen;
Liebe und Trompetenblasen,
  Mög' es jedem so gelingen,
Wie dem Herrn Trompeter Werner
  An dem Rheine zu Säckingen!

Das Ehepaar Kirchhofer erlebte noch die Zerstörung dei Stadt durch den französischen Marschall de Créqui 1678.

Gehen wir durch die Rheinbrückstraße, vorüber am Hallwylerhof, dem Schaffnereigebäude der Deutschordenskommende Beuggen, gebaut von Hartmann von Hallwyl, kommen wir zur einzigen am Oberrhein erhaltenen gedeckten Holzbrücke, eine prächtige Zimmermannsarbeit aus den Jahren 1570-80, die nach Stein hinüberführt. Drüben finden wir über der Straße und in den Anlagen vor einem modernen Fabrikgebäude zwei Kreuze aus rotem Sandstein, die auf beiden Seiten den Gekreuzigten zeigen. Auf den Sockeln sind die Wappen Schönau-Reischach und die Jahreszahl 1600 eingehauen. Die Kreuze wurden zur Erinnerung an einen Herrn von Schönau aufgerichtet, der hier von seinem Pferd zu Tode geschleift worden war.

Schauen wir von der Höhe zurück, liegt jenseits des Stroms die Stadt, die sich mit Industrien und modernen Siedlungen ausdehnt. Aber am Rhein dominiert noch das alte Stadtbild aus des Trompeters Zeiten.

Laufenburg

Etwa in der Mitte der zum Damenstift Säckingen gehörenden Grundherrschaft lag die Doppelstadt Laufenburg, über welche die Habsburger das Vogteirecht besaßen. Zu beiden Seiten des Rheins stand je eine Burg, die rechtsrheinische, später Ofterdingen genannt, lag auf der Uferhöhe, die linksrheinische, Schloß Laufenburg, sitzt auf dem Felsen über dem Ort. 1207 belehnte die Äbtissin von Säckingen Habsburg ›auf ewig‹ mit beiden festen Häusern, aber schon einundvierzig Jahre später trat Rudolf III. Graf von Habsburg als Stadtherr von Laufenburg auf, das ein wichtiger Warenstapelplatz geworden war.

Eng zusammengedrängt liegt die alte malerische Stadt auf dem Schweizer Ufer zwischen Strom und Berg. Man schaut von der Höhe über das Gewirr der Dächer in schluchtartige Gassen, in denen Brunnen plätschern, und darüber stehen auf dem Berg die barockisierte Kirche des 15. Jahrhunderts und der Burgturm. 1248 war das Städtchen ummauert; Teile des Berings und Türme sind noch vorhanden, darunter der Wasemerturm mit seiner schönen spätgotischen Maßwerkbrüstung.

Um die Jahrhundertwende brausten noch die Stromschnellen zwischen den Ufern, wie sie Hans Thoma auf einem seiner schönsten Landschaftsbilder dargestellt hat und wie sie 1780 Wilhelm Heinse schilderte:

Von dem Brausen herbeygeführt: so glaubt ich die ersten Augenblicke, es sey ein ganz kleiner Arm vom Rhein, ob ich gleich nicht einsehen konnte, wo sonst ein Strom seyn müsse, da der ganze Raum von mir darüber bis zum Berg drüben lauter Anhöhe war. Endlich ganz nahe daran sah ich voll Wunders, daß er es ganz war, und diesen engen mit schroffen Felsen besetzten und verrammelten Weg zwischen zwey hohen Anhöhen mit Sträuchern bewachsen, fast immer nur dreyßig bis vierzig Schritt breit durch mancherlei Krümmungen durchmußte. Er stürzte sich von der Brücke an dadurch in lauter Fällen und Wirbeln mit einer Allgewalt, einem so anschwellenden vollen stürmenden Zug, daß jede andere Gewalt davor verschwindet. Der Schaum spritzt oft in die Höhe, als ob er davon fliegen wollte ...

Waldshut

Die vierte Hochrheinstadt, gegenüber dem Eintritt der Aare in den Rhein, ist Waldshut, von Graf Rudolf von Habsburg, dem späteren deutschen König, zum Schutze der 1245 von ihm übernommenen Vogtei über St. Blasien gegründet. Als nach der Stadtgründung nun Bürger einzogen, waren sie in Verlegenheit um einen passenden Namen. Ich lasse euch die Wahl, sagte Graf Rudolf. Den Namen, den ihr der Siedlung gebt, soll sie tragen. Die Bürger aber konnten sich nicht einig werden, so daß der Graf schließlich einen Preis von zehntausend Goldstücken aussetzte. Da trat eines Tages ein Hotzenwälder Bauer hervor und rief: Herr Graf, Ihr habt das Städtlein gewiß zum Schutze unseres Waldes gebaut. Nennt's also Waldshut. So geschah es.

Die Stadt hat alle Merkmale einer Gründungsstadt: regelmäßigen Grundriß mit vier Toren, eine Hauptstraße und gleichlaufende Nebenstraßen, gekreuzt von einer Querachse. Von den Befestigungen sind nur Reste erhalten. Einst zog entlang der Schlucht des Seltenbachs ein zweiter Mauerring mit Türmen, der Gärten umschloß. Waldshut war aber nicht allein als Festung gedacht, es lag günstig für den Handelsverkehr an der Straße nach Schaffhausen, am Eingang zum Albtal und gegenüber dem Tal der Aare, aber sie ist die einzige der vier Städte gewesen, die nicht durch eine Brücke mit der Schweiz verbunden war.

Wir betreten sie durch das Obertor an der Brücke über den Seltenbach, auf der die Figuren stehen, welche die verschwundenen Stadtbrunnen schmückten. Es ist eine schöne, freundliche Stadt, deren breiten, zu beiden Seiten von je einer schmäleren Straße flankierten Straßenmarkt, die Kaiserstraße, zwei starke Tortürme sichern. Der prächtige Markt mit zum Teil trefflichen Häusern aus dem 17. und 18. Jahrhundert muß noch hübscher gewesen sein, als die Brunnen sprangen. Ungefähr in der Mitte der Häuserzeile steht das Rathaus, ein guter Bau von 1770. Hie und da steigen Holzgiebel, ›Hotzenhauben‹ genannt, oder ein gotischer Staffelgiebel über den Dächern auf. *Der eine Stadtturm schaut Sonnenaufgang zu*, schreibt Adolf Hildebrand. *Drin hat man den Großvater festgesetzt, als er aus der 48er Revolution heim kam. Der andere Turm schaut gegen die Abendsonne. Die alte Frau Hoffarth wohnte dort oben über der Uhr bei ihren roten Geranien. Was war nicht alles zu schauen und zu erleben bei ihr durch die kleinen Fenster in der dicken Mauer rheinabwärts, entlang dem Silberband des schönsten Flusses, der in die weite, weite Welt zieht. Oder durch die Blumenstöcke auf der anderen Turmseite über die Dächer und in die Vordergasse, wo die dicken Männer keine Beine mehr hatten und wie Käfer über die helle Straße zogen. Wie schön war es, wenn an Festtagen von den Häusern die langen Fahnen gleich Engelsflügeln lautlos sich im Morgenlicht wiegten, wenn es Fronleichnamstag war und der herrliche Raum der geschlossenen Straße vom unteren Tor zum obern in eine grüne Waldwiese sich verwandelt hatte und hinter den hohen Buchenästen die alten Giebelhäuser herunterschauten auf die goldenen Altäre, auf die Prozession, aus der über Musik und Gesang der Weihrauch emporschwebte. Dazu tickte die Turmuhr unhemmbar, und von der niederen Decke hing das Seil der Feuerglocke. Vor dem oberen Tor aber floß der Seltenbach tief unter der Steinbrücke dem Rhein zu. Wenn man aus dem Schatten dieser Bachwildnis hinaufschaute zur Stadttorbrücke in der Sonne, dann schien es, als ob es die Himmelsbrücke sei ins Paradies.*

Am Ostrand der Stadt steht die Obere Kirche, die, mit Ausnahme der Chormauern aus dem 13. Jahrhundert, zwischen 1804-08 nach Plänen des Baumeisters von St. Blasien, Sebastian

Fritschi, gebaut worden ist. Schöner ist die Friedhofskapelle von 1683 mit flachgedecktem Schiff, gewölbtem Chor, in dem eine Nachbildung des Heiligen Grabes in Jerusalem steht, mit hübschen Altären und Epitaphien. Bäume, alte und neue Grabsteine umgeben sie.

1468 versuchten die Schweizer Eidgenossen nach der Eroberung des Thurgau Waldshut einzunehmen, um einen Stützpunkt auf dem rechten Rheinufer zu gewinnen. Es ist ihnen nicht gelungen, und zwar, wie die Sage erzählt, nur wegen einer List der Waldshuter Jung-Gesellen, die einen mit den letzten Lebensmitteln fett gemachten Hammel auf der Stadtmauer zeigten, worauf die Schweizer abzogen. Auf dieses Ereignis geht die ›Waldshuter Junggesellenschaft‹ zurück, eine der ältesten Zunftgesellschaften des Reichs, welche alte Sitten und Bräuche heute noch pflegt. Zur Erinnerung an den Hammelsieg wird alljährlich das Volksfest der ›Chilbi‹ gefeiert. Da kommen aus der Schweiz, aus dem Hotzenwald, von überall her, die Gäste, um an der Verlosung des Hammels teilzunehmen. So stimmt in Waldshut Altes und Neues in schönster Harmonie zusammen.

Die Grafschaft Hauenstein im Hotzenwald

Ehe wir uns erneut aufmachen, um Täler und Höhen des südlichen Schwarzwalds zu durchstreifen, soll etwas über den Hotzenwald, die alte Grafschaft Hauenstein, mitgeteilt werden. Das Gebiet des Hotzenwaldes liegt zwischen Wehra und Alb, St. Blasien und den Hochrheinstädten Säckingen und Waldshut. Es ist ein Gebiet, das auf Grund der ausgeprägten Charaktereigenschaften seiner Bewohner und seiner in der Einungsverfassung festgelegten Selbstverwaltung eine ganz besondere Stellung im Machtbereich der Habsburger und der Abtei St. Blasien eingenommen hat. Bis zum Jahre 1806, als der südliche Teil des Schwarzwalds an Baden kam, gehörte das ganze Land zwischen Wehra und Schwarza und nördlich bis Todtmoos zum Hauensteiner Land. Die Alb ist der Hauptfluß; nach ihr hieß das Gebiet ursprünglich Albgau, wozu auch die Landgrafschaft Stühlingen gehört hat.

Hauenstein, die kleinste Stadt Deutschlands, nordöstlich von Laufenburg am Rhein gelegen und aus einer einzigen Häuserzeile bestehend, war der Hauptort. Auf der Höhe des Gebirges wechseln Heiden, Matten und Felder, im Rheintal liegen bestes Ackerland, Wiesen und Weingärten. Der mittlere Teil bildet ein mildes Hochland, durchschnitten von zahlreichen Talschluchten. Von der Gugel bei Todtmoos vermag man den ganzen Hotzenwald zu überschauen.

Vormals führte das Gebiet den Namen Grafschaft Hauenstein; sie umfaßte die fünf Einungen Murg, Hochsal, Rickenbach, Görwihl, Wolpadingen zwischen Alb und Ibach, die drei

Einungen Höchenschwander Berg, Birndorf und Dogern, sowie die beiden Talschaften Schönau und Todtnau, die ›zugewandte‹ Vogtei Todtmoos und Waldshut. Bis 1597 aber ist auch der ›Zwing und Bann‹ von St. Blasien Teil der Grafschaft gewesen. Zur Zeit Rudolfs von Habsburg sprach man von den ›Leuten auf dem Wald‹, vom Zwing und Bann als von der ›Rechtung zu St. Blasien‹; 1383 führte das sich bildende Territorium den Namen ›Vogtei Hauenstein‹, dann heißt es ›Herrschaft Hauenstein‹ und seit 1562 schließlich ›Grafschaft Hauenstein‹. Nach dem Anschluß an Baden wurde die alte Grafschaft unter die Amtsbezirke Waldshut, Säckingen und St. Blasien aufgeteilt; der Name Grafschaft Hauenstein verschwand. Man suchte nun einen neuen Namen. Joseph Merk und Viktor von Scheffel sprachen zuerst vom Hotzenwald und der Historiker Eberhard Gothein führte diesen Namen in die Wissenschaft ein. Hotz ist ein altes Wort für Bauer.

Es war und ist kein reiches Land, in dem die Hotzenwälder leben. Sie trieben Ackerbau, Viehzucht, Hausindustrie und Handwerk, und heute sind die Bauern vielfach in den Industrien am Rhein beschäftigt; der Viehbestand hat abgenommen, die Wiesen versteppen mancherorts, weil das Gras nicht mehr benötigt wird. Schon 1830 begann eine Abwanderung der Bevölkerung in die rheinische Industrie, ins Elsaß und die Schweiz, nach Frankreich, Preußen und Polen, nach Nordamerika, Texas und Mexiko, ja selbst nach Algier und Marokko.

In der Urkunde von 1433 wurde die Selbstverwaltung der stolzen, immer wieder für ihre Freiheit kämpfenden Bauern, die Gerichts- und Einungsverfassung, festgelegt. Darin heißt es: *Wir, die Einungsmeister und das ganze Land vor und hinter Hag mitsammt den Tälern Todtnau und Schönau, tun kund und zu wissen: Da jeweils eine Gewohnheit und altes Herkommen bei uns gewesen, in allen Dingen einig zusammen zu halten, und wir uns aber seit Kurzem her in entlichen Stücken und Handlungen von einander gesondert, woraus viele Unfälle und Gebrechen für uns und das Land entstanden sind, so haben wir uns neuerdings vereint, verpflichtet und verbunden, daß Alle auf dem Wald hinfür in allen Sachen mit Tun und mit Lassen, sonderlich in Kriegen und Feindschaften, eins zusammen sein und gehören wollen, wie vorher. Keiner soll sich vom Andern ziehen, sondern Alle sollen einander helfen in Frieden und Unfrieden gegen männiglich, so sich wider uns setzet oder uns angreift. Die auf dem Walde sollen Volkes gegen den Feind stellen drei Teile, Todtnau und Schönau den vierten Teil; alles jedoch ohne Abbruch der Rechte des Hauses Österreich und der Abtei Sankt Blasien.*

Diese Urkunde stellt einen Teil der Rechte und Freiheiten dar, welche das Haus Habsburg als Schutzherr den Hauensteinern zugestanden hatte. Rückgrat dieser Einung waren die Freibauern. Acht Einungsmeister oder Achtmänner wählten aus ihrer Mitte den Redmann, der die Leitung hatte, während der Waldvogt die habsburgischen, der Waldpropst die Rechte der Abtei zu wahren hatte. Die Hauensteiner Verfassung wirkte wohltätig auf Ordnung und Wohlstand und hob das Selbstgefühl der Bauern. Einer dieser Einungssitze war *Hochsal*, ein Dorf nahe von Hauenstein. Dort steht eine sehr stattliche gotische Kirche mit hohem, bergfriedartigem Chorturm, dem ›alten Hotz‹. Über den spitzbogigen Arkaden des Schiffs, über das Gewölbe um die Deckenfresken zieht sich heiterer, zierlicher Rokokostuck; im Chor befindet sich eine schöne spätgotische Sakramentsnische mit den Statuen der Heiligen Pelagius und Oswald, und an der Stirnseite des nördlichen Seitenschiffes ein Relief des Marientodes aus gleicher Zeit. Im Turm soll die selige Mechthildis als Einsiedlerin gelebt haben. In der Krypta steht ein grob behauener Sandsteinsarkophag, angeblich von 1088, in dem die Gebeine der frommen Frau ruhen. Keine Legende, keine Urkunde oder Inschrift berichtet uns Näheres von ihr, die vor allem bei Rückenschmerzen angerufen wird. Vielleicht gehörte sie zur Familie der Grafen von Tiefenstein, die im Albtal angesessen war. Die Sage berichtet, daß immer, wenn Mechthildis zu ihrem Turm zurückkehrte, alle Glocken zu läuten begannen, nur einmal nicht, als sie, auf der Wanderung müde geworden, von Dogern einen Rebstecken als Stütze mitgenommen habe. Erst als sie ihn wieder zurückgebracht hatte, fingen die Glocken an zu läuten.

Die Freibauern im Hotzenwald waren freie Vogtleute der Habsburger; sie durften Waffen tragen und über ihr Gut verfügen. Sie waren berühmt für ihre Kriegstüchtigkeit, hatten jedoch einen schweren Stand gegenüber St. Blasien, das seinen Einfluß auch auf habsburgisches Gebiet auszudehnen suchte. Die zunehmende Hörigkeit der einst freien Bauern führte 1524 zu einem ernsten Aufstand gegen geistliche und fürstliche Obrigkeit und 1719 kam es zu offener Empörung gegen St. Blasien im sogen. Salpetererkrieg, der sich 1727-28 und 1743-46 wiederholte. Anführer war der Salpetersieder Johann Fridolin Albietz aus Buch. 1755 wurden deshalb auf Befehl der Kaiserin Maria Theresia siebenundzwanzig Salpetererfamilien zwangsweise ins Banat umgesiedelt, wo sie das von den Türken verheerte Land in eines der fruchtbarsten Gebiete der Monarchie verwandelten.

Die militärische und finanzielle Bedeutung der Grafschaft hing von dem Wirken der Einungen und ihrem Bündnis mit den Talvogteien und dem Zwing und Bann ab. Ihre Aufgebote, deren Hauptmann der jeweilige Waldvogt war, sind ein nicht gering einzuschätzender militärischer Faktor gewesen. *Zu Beginn des 16. Jahrhunderts standen Kampfgeist und Kriegsbereitschaft der Hauensteiner hoch im Kurs. Sie stellten ›Freiknechte‹ zum Venetianischen und Mailänder Krieg und bildeten das Rückgrat jener Bewegung, deren Anschauungen die Schrift des ›Oberrheinischen Revolutionärs‹ verkündete: »Das Volk macht einen Kaiser. Der Kaiser macht nicht das Volk!« Der ›König des Schwarzwalds‹ solle neuer Kaiser werden. Die Schwarzwälder müßten Schlegel und Hauer hinlegen und das Eisen zur Hand nehmen, um dem Übermut zu wehren, dem gemeinen Nutzen Beistand zu tun und helfen, das Wort Gottes zu handhaben.* (Karl Friedrich Wernet)

Der Hotzenwald ist ein ziemlich rauhes Land; kurze Sommer und lange Winter auf den Höhen, nebelreiche Herbste in den Niederungen, alles das macht das Leben der Bauern nicht leicht, aber sie sind eng mit ihren Wäldern verbunden, und das freie Leben auf den Höhen entschädigt sie für vieles. Joseph Bader hat den Josephstag, eines der Volksfeste, in Hauenstein

1839 geschildert: *In der engen Straße waren verschiedene Krämerbuden aufgeschlagen, weil mit dem Hauensteiner Josefsfeste ein Jahrmarkt verbunden ist. Ich kaufte mir eine Kleinigkeit und trat alsdann in eines der Wirthshäuser. Kaum hatte man mich da erblickt, als mir von allen Seiten volle Gläser zugestreckt wurden. Ich that Bescheid und setzte mich unter das junge Volk. Nun begann das Spiel des Witzes, und wehe mir, wenn ich die Besonnenheit verloren hätte. Denn bei solchen Gelegenheiten neckt man den Fremden gerne, und freut sich schalkhaft, wenn er in Verwirrung geräth und eine Niederlage erleidet. Weiß er aber munter und unbefangen gleiche Münze auszuwechseln, so wird ihm bald allgemein hofirt und seine Laune darf sich ungehemmt bewegen.*

Noch immer bewundere ich, welch' ein Reichthum des Witzes diesem Volk eigen ist. Schlag auf Schlag werden die schärfsten und treffendsten Anspielungen gemacht, und ich habe nie bemerkt, daß sich Jemand um irgend eine Antwort verlegen gezeigt hätte. Auch fiel mir bei solchen Wettstreiten des Verstandes und der Zunge immer der herrschende Dialekt besonders angenehm auf, und gab mir Stoff zu interessanten Beobachtungen. Unter fröhlichen Gesprächen und Gesängen wurde das Fest beschlossen und mit jener Zufriedenheit, die ein glücklich verlebter Tag allezeit über unsere Seele verbreitet, kehrte man in größeren und kleineren Scharen nach Hause, während noch die scheidende Sonne ihre letzten Strahlen über die Gegend ergoß.

Vom Rhein in den Hochschwarzwald

In der Heimat Hans Thomas

Wer die Wahl hat, hat die Qual. So ging es uns, als wir uns zu entscheiden suchten, welche Straße wir vom Rhein in den Hochschwarzwald nehmen sollten – wir sind sie dann alle gefahren.

Beginnen wir unsere Reise in Murg zwischen Säckingen und Laufenburg, folgen wir dem Flüßchen Murg, das durch ein enges, von steilen Felswänden begleitetes Tal rauscht, vorüber an der Ruine der Burg Wieladingen nach Hottingen, wo wir die Höhenstraße erreichen, die ebenfalls in Murg beginnt. Sie bringt uns nach *Todtmoos*, wo die Wallfahrtskirche des ehemaligen Priorats von St. Blasien steht, 1627 gebaut und im 18. Jahrhundert ganz verändert. Nahe der Kirche steht das schöne Prioratsgebäude von 1733, das jetzt als Pfarrhaus dient. Wir sind hier schon im Hochschwarzwald mit seinen dunklen Tannen- und Fichtenforsten, Bergmatten und -tälern.

Von Todtmoos kommend gelangen wir nach *Bernau*, wo Hans Thoma am 2. Oktober 1839 zur Welt gekommen ist. *Bernau,* so schreibt er in seinen Erinnerungen, ist *ein von Blumen- und Honigduft erfülltes hochgelegenes Wiesental, von braunen Forellenbächlein durchzogen, die alle als Alb nach Osten ziehen, es liegt südlich vom Herzogenhorn, ein Kranz von Bergen, so gelagert, daß sie das Tal nicht einengen, umgibt es mit dunklen Tannen. An das Herzogenhorn schließt sich das Spießhorn an, dann östlicher der Kaiserberg und der Steppberg, dann das Albtal St. Blasien zu, südlich der Rechberg, dann der Oren, der Farnberg, dann die Todtmooserstraße, der Hochkopf, im Westen der stattliche Blößling, zwischen dem und dem Herzogenhorn die Wacht, die Wasserscheide der westlich ziehenden Wiese und der östlich ziehenden Alb; über die Wacht führt die Straße nach Schönau... Durch das stundenlange breite Tal reihen sich die mit Schindeln gedeckten braunen Holzhäuser, bilden in dem grünen Tal einzelne Dorfgruppen, in deren mittleren sich die Kirche befindet...* Diese Dorfgruppen heißen Inner-, Ober- und Unterlehen, Bernau-Hof, Kaiserhaus. Es ist eine der charakteristischen Landschaften des Schwarzwalds, durchflossen von Bächen, die sich mit der Alb vereinigen, durchschnitten von Tälern und Schluchten. Es gibt Hochmoore, wo im Frühjahr die weißen Blüten des Wollgrases nicken. Die Landschaft hat Weite und Größe; die Luft ist angenehm frisch, auch im Hochsommer.

Das Bernauer Tal ist um die Wende vom 11. zum 12. Jahrhundert von St. Blasien besiedelt worden. Es stellte die nächste Verbindung zum Wiesental dar, wo das Stift bei Todtnau Silbergruben und Landgüter besaß. Auch in Bernau-Hof wurde nach Silber geschürft.

Der Name Bernau geht vermutlich auf Berno oder Berner, den Anführer der Mönche zurück, die hier zuerst siedelten und die erste Kirche bauten, die 1157 geweiht wurde. Andere Klosterhöfe entstanden bald darauf in Innerlehen, im jetzigen Kaiserhaus, und diese Höfe wurden dann an Bauern verpachtet. Innerlehen mit Kirche, Pfarrhaus und Rathaus ist der Mittelpunkt des Hochtals. Das älteste Bauernhaus steht in Bernau-Hof; es ist das Naglerhaus aus dem Jahre 1538. Daneben gibt es einige Höfe des 17. und 18. Jahrhunderts. Alle Häuser mit gemauerten Erdgeschossen entstammen der Zeit nach 1810, denn damals durften keine Holzhäuser mehr gebaut werden. Es gibt Familien, wie die Thoma, welche schon im 15. Jahrhundert hier oben angesessen sind. Wie ein Bauernhaus aussieht, wie man in ihm lebt, schildert Pfarrer Morath aus dem Bernau benachbarten Ibach. Bei der Höhenlage der Gemeinden, der geringen Fruchtbarkeit des Bodens und der Rauheit des Klimas waren die Bauern auf Nebenverdienst angewiesen. Baumwollspinnerei wurde betrieben; die Bauern waren Holzmacher, Schindelmacher, Köhler, Kübler oder Weber. *Der Bauer lebt von Landwirtschaft und Viehzucht. So hat er in seinem Hause auch das Vieh im Stall stehen. Die Haustiere gehören zu seinem Hauswesen, zu seiner Hausgemeinschaft. Fast jedes Tier hat seinen eigenen Namen. Am frühen Morgen geht der Bauer zu seinen Tieren in den Stall. Er gibt ihnen Futter und macht den Stall sauber und streut ihnen dann mit Sägemehl oder Stroh ein. Früher verwendete man zum Einstreuen auch ›Wäsmen‹, das sind getrocknete und zerrissene Grasnarben. In den alten Akten wird ausdrücklich darauf hingewiesen. An dem Brunnen im Haus wird das Vieh getränkt. Mutter oder Tochter besorgen das Melken der Kühe, damit es Milch gibt zum Kaffee und zum ›Anken‹ machen ... Mancher Bauer hat heute eine Melkmaschine. Bevor ich ins Studium ging, habe ich oft daheim unsere acht Kühe gemolken, aber ohne Melkmaschine, sondern mit den eigenen Händen. Bevor der Bauer am Abend ins Bett geht, schaut er noch einmal nach, ob im Stall alles in Ordnung ist, nicht daß sich eines der Tiere von der Kette losgemacht hat und im Stall herumgeistert und die anderen in der Ruhe stört. Früher, als man nicht einfach den Lichtschalter bedienen konnte, hat der Vater seine Stalllaterne, mit einem Kerzenstumpen darin, angezündet, um nach den Tieren zu sehen, und bei seinem Gang durch die Ställe hat er auch ein Vaterunser gebetet als Stallsegen, weil gerade der mit der Natur verbundene und von der Natur abhängige Bauer weiß: ›An Gottes Segen ist alles gelegen‹.*

Da der Bauer Vieh hält, braucht er auch einen oder zwei Ställe. Bei uns daheim gab es den ›Kuhstall‹ und den ›Stierstall‹. Im Kuhstall waren auch die Hühner daheim und die Kälble. Im Stierstall waren die Stiere (Ochsen) und das Jungvieh und auch die Schweine. Zwischen beiden Ställen war die Tenne, wo das Heu liegt, das schon hergerichtet ist zum ›Fürgeben‹, was bedeutet, daß man dem Vieh das Heu in die Barren gibt zum Fressen. Über der Tenne ist der Heustall oder die Heulege. Dort lagert das im Heuet heimgebrachte Heu für den Winter. In der ›Hailegi‹ steht auch die Futterschneidemaschine, mit der man das Heu klein macht und oft auch mit geschnittenem Stroh vermischt, wenn der Heustock so gegen das Frühjahr zu die Schwindsucht bekommt. Für uns Buben war das Futterschneiden eine nicht gerade beliebte Arbeit, wenn wir im Winter von der Schule heimkamen. Schon das ›Hailüchen‹ war eine schwere Arbeit, wenn man mit dem ›Hailücher‹ fast garnichts aus dem festen Heustock herausreißen konnte. Und die Futterschneidmaschine mußten wir noch von Hand drehen, wobei man sehr müde geworden ist. Und da hat das Futterschneiden manchmal etwas lange gedauert, weil wir zwischendurch mal lieber in den Schnee hinausgegangen sind zum Schlittenfahren oder zum Schneeballwerfen . . .

Über der Heulege befindet sich die Einfahrt, genannt der ›Ifahr‹. Der ›Ifahr‹ beginnt mit dem großen Einfahrtstor für die Heu- und Getreidewagen und geht durch das ganze Haus vor bis zu seiner Stirnseite mit dem großen Dachwalmen. Sein Boden besteht aus dikken Balken, damit er die schweren Wagen tragen kann. Im ›Ifahr‹ kann man vom Heuwagen aus das Heu links oder rechts direkt in die Heulege hinabwerfen und so die Wagen auf einfache Weise entladen. Vorn im Ifahr ist die Bühne, auf der man die Garben unterbringen kann bis zum Dreschen. Auf dem Ifahrboden haben wir früher auch die Garben gedroschen mit dem Flegel, zu zweit oder zu dritt oder auch zu viert, so daß es immer ein ganz schönes Klopfkonzert gab.

Der Bauer braucht in seinem Haus auch einen ›Schopf‹, in dem er das Brennholz, die Bengel und Reisigwellen unterbringen kann, denn auf dem Schwarzwald braucht man im Winter viel Holz, damit der Ofen und die Kunst – ›Chuscht‹ genannt – warm werden. Bei uns daheim ist neben dem Kachelofen eine zweistöckige Kunst. An den Winterabenden, wenn Feierabend war, lagen ein paar Buben auf dem Ofen. Andere saßen auf der unteren oder obern ›Chuscht‹ und andere auf der Ofenbank. So waren alle in der Wärme und dabei in geselliger Gemeinschaft verbunden. In der ›Chuscht‹ war auch das Chuschtloch, in dem die Mutter das Essen warm gestellt hat für die Kinder, die spät aus der Schule heimkamen.

Der Bauer braucht auch einen Keller. In ihm sind die Kartoffelhurten zum Lagern der ›Erdäpfel‹. Der Kartoffelbau wurde in unserer Gegend eingeführt durch Fürstabt Martin Gerbert. Im Keller liegen auch die Fässer für den Heidelbeerwein, damit er kühl lagert und hält. Den Heidelbeerwein verdanken wir zwar keinem Abt, aber doch einem Pfarrer, dem Hotzenpfarrer Josef Döbele von Görwihl. Früher hatte man aus Heidelbeeren Schnaps gebrannt – heute übrigens auch wieder. – Dem Pfarrer Döbele haben seine Görwihler zu viel Schnaps getrunken. Da hat er im Jahre 1879 den Versuch gemacht, ob man aus den Heidelbeeren nicht auch einen Wein machen könne. Der Versuch ist gelungen ... Das Weinmachen aus Heidelbeeren verbreitete sich im ganzen Gebiet des früheren Zwing und Bann St. Blasien. Mein Vater hat mir einmal beim Mähen erzählt, daß sein Vater Eustachius Morath, als der damalige Bürgermeister von Blasiwald, für die Gemeinde die Erlaubnis zum Weinmachen aus Heidelbeeren in Karlsruhe erwirkt habe. Als in den Jahren 1887 und 1888 in Hierbach die Kirche und das Pfarrhaus erbaut wurden, da hat man in den Grundstein der Kirche auch ein Fläschchen Heidelbeerwein hineingelegt zum Andenken und zur Anerkennung für Pfarrer Döbele.

Im Keller des Schwarzwaldhauses hat auch der Zuber seinen Platz, in welchem das geschlachtete Schwein in der Beize liegt, bevor es nachher in die Rauchkammer gehängt wird ...

Der Schwarzwaldbauer lebt nicht nur für seine Landwirtschaft und sein Vieh. Er hat auch eine Familie, und er hängt an Frau und Kindern. Für seine Familie braucht er auch Platz in seinem Hause. Er hat eine große Stube mit dem großen Kachelofen und der ›Chuscht‹. Im Herrgottswinkel steht der lange Tisch, an dem die zahlreiche Familie Platz nehmen kann.

Er braucht auch eine Schlafkammer für sich und seine Frau und die kleinen Kinder, und Schlafkammern für seine größeren Bueble und Maidli. In ein Bauernhaus gehört auch eine Werkstatt mit einer Hobelbank und einem gehörigen ›Geschirrkasten‹, einem Werkzeugschrank; denn in so einem Bauernbetrieb gibt es immer wieder etwas zu richten.

Aus all diesen Bedürfnissen und Notwendigkeiten ist die Gestaltung und Einrichtung der alten Bauernhäuser herausgewachsen. So ein Haus muß lang und breit sein, damit alles unter seinem Dach Platz hat. Und dieses Dach hat an seiner Stirnseite gewöhnlich einen großen Walmen, damit man auch noch vor dem Haus eine Holzbeuge oder einen Wellenhaufen trocken unterbringen kann ... Das Dach ging bei den alten Häusern noch mehr als heute weit hinab gegen die Mutter Erde, damit auch alles darunter schön warm hatte und geschützt und geborgen war. Jedes Schwarzwaldhaus steht wie ein Edelsitz inmitten der eigenen Feldflur, damit der Besitzer die Vor-

teile dieser Lage, wie kurze Betriebswege und eine vom Nachbarn ungehemmte Entfaltung und Bewirtschaftung ausnützen kann ... Alles in allem ist jedes echte Schwarzwaldhaus ein wahres Meisterwerk des Holzbaues von künstlerischer Klarheit und vollständiger Harmonie, sowohl in der äußeren Form wie auch im inneren Wesen.

Zentrum der in dem Hochtal verstreuten Siedlung Bernau ist *Innerlehen* mit der 1735-38 gebauten Kirche St. Johannes Baptista, die 1800 nach Westen verlängert worden ist. Es ist ein schlichter Bau, hell und freundlich, mit sparsamer Stuckierung, einigen Heiligenfiguren des 18. Jahrhunderts und zwei Seitenaltarbildern, welche Hans Thoma 1911 gemalt hat: die Muttergottes über dem Dorf Bernau und die Taufe Christi. Gegenüber der Kirche steht das kleine weiße Pfarrhaus, über dessen Eingang das Wappen von St. Blasien mit der Jahreszahl 1742 sitzt. Es wurde von Thomas Wolf aus Boll und Werner Wasmer aus Bernau gebaut und ist ein sehr behagliches Haus, denn der Pfarrer konnte es mit schönen alten Möbeln und Bildern aus dem Besitz seiner Mutter einrichten. Während der Unterhaltung bei Tisch stellte sich heraus, daß er und ich die gleiche englische Urgroßmutter haben.

Im Rathaus ist ein kleines Thoma-Museum untergebracht, in dem vor allem die Graphik reich vertreten ist.

Hans Thoma hat sein heimatliches Tal sehr geliebt. *Vom Berge habe ich heute hinabgesehen in das Tal*, schreibt er in seinen Erinnerungen. *Es lag so still da und nur der Takt vom Hämmern der Kübler fügte sich in diese Stille ein. Da dachte ich, wie schön wäre es, wenn ich hier bleiben und den Küblertakt mitschlagen könnte – aber ich muß ja wieder in die Stadt, in deren Lärm ich einsam bin.*

Ehe man nach St. Blasien fährt, sollte man *Menzenschwand* mit seinen besonders schönen Schwarzwaldhöfen besuchen. Hier wurde Franz Xaver Winterhalter 1805 geboren, dessen Familie mit der Hans Thomas verwandt ist. Winterhalter war im vorigen Jahrhundert der Maler der vornehmen europäischen Welt.

Sein glänzender Aufstieg begann 1834 in Paris, wo er schnell der beliebteste Porträtist wurde, und ebenso beliebt war er auch später am Hof Kaiser Napoleons III., in England und Deutschland. Wir kennen das schöne Bild der Kaiserin Eugenie im Kreise ihrer Hofdamen oder das prachtvoll gemalte Porträt der jungen Fürstin zu Sayn-Wittgenstein, die er als achtzehnjähriges Mädchen 1834 in Paris gemalt hat. Ihre Mutter, die Fürstin Bariatinsky, schrieb dem Maler aus Petersburg einen Dankbrief:

Lieber Herr Winterhalter! Ich habe lange gebraucht, mein Versprechen zu erfüllen, und doch geschah es nicht aus Undankbarkeit. Mein Mann, der in Rußland mit Ihrer Majestät der Zarin mehr als einen Monat nach meiner Ankunft eingetroffen ist, war ganz entzückt von dem reizenden Portrait unserer Tochter. Alle, die es sehen, finden es bezaubernd und bewundern es. Ich habe es stets vor Augen und schulde Ihnen herzlichen Dank für den schönen Anblick, den es mir gewährt. Sie selbst bewahrt eine sehr angenehme Erinnerung von den Sitzungen in der Rue de La Rochefoucauld. Nehmen Sie, lieber Herr Winterhalter, meine besten Grüße entgegen ...

Im Albtal

St. Blasien

Kommen wir von Bernau herab, sehen wir über den Dächern einer kleinen Stadt etwas Merkwürdiges, etwas, das gar nicht in den Schwarzwald zu passen scheint: eine ungeheuere graugrüne Kuppel vor dem dunklen Hintergrund der Waldberge. Es ist das Münster von St. Blasien.

Das Tal der Alb, in dem St. Blasien liegt, wird bestimmt vom dunklen Grün der Fichten und Tannen, vom Grau der Felsen. Es ist eine fast schwermütig-ernste Landschaft. Die Kuppel der Klosterkirche steht zu ihr im seltsamen Kontrast, aber sie teilt mit ihr den strengen Ernst. Sie thront über der breiten Nordfront der Abtei, die sich um zwei Höfe gruppiert, auch sie schlicht und streng, mit Ausnahme des barocken Schwungs des Westflügels.

Ganz anders mag es vor mehr als tausend Jahren hier ausgesehen haben. Damals, in frühkarolingischer Zeit, ließen sich in diesem unwirtlichen Waldtal Eremiten nieder. Dort, wo der Steinbach in die Alb mündet, hausten sie in Holzhütten um ein hölzernes Kirchlein St. Nikolaus. Sie wurden 858 dem Kloster Rheinau bei Schaffhausen unterstellt, empfingen von ihm die Regel des hl. Benedikt und die Gebeine des hl. Blasius, des armenischen Bischofs, welcher 287 n. Chr. den Märtyrertod gestorben ist. 866 bestätigte Kaiser Ludwig der Deutsche die Gründung. Bald fand die kleine Zelle des hl. Blasius Zulauf, aber die Ungarn zerstörten sie bei einem ihrer Einfälle und die Mönche flohen nach Rheinau.

948 ließ der Ritter Reginbert von Seldenbüren aus dem Zürichgau Kirche und Kloster neu bauen, in das er dann eingetreten ist. Es ist das eigentliche Gründungsjahr der Abtei, die

983 von Kaiser Otto II. in ihrem Besitzstand und ihren Freiheiten bestätigt wurde. Auch von dieser Anlage, die vermutlich im heutigen Kurgarten zu suchen ist, blieb nichts übrig. St. Blasiens Baugeschichte beginnt um die Jahrtausendwende mit der Errichtung des ›Alten Münsters‹ 1013-36, das im 17. Jahrhundert abgebrochen wurde. Neben diesem entstand 1095-1108 das ›Neue Münster‹ nach Hirsauer Schema, also im Geist der cluniazensischen Reform. 1322 und 1526 zerstörten Brände Kirche und Kloster bis auf den Grund. Man baute stets sogleich wieder auf. Schließlich folgte ein umfassender Umbau der Abtei um 1620, die um ein ganzes Geviert erweitert und 1728-42 von Johann Michael Beer vollkommen verändert wurde. Das Neue Münster hatten Franz Beer und Kaspar Moosbrugger schon um 1720 barockisiert. Die Außenbauten der Abtei stammen zum größten Teil von Johann Kaspar Bagnato, der Torbau wurde 1677 nach seinem Plan von Salzmann vollendet.

Alles Land um die Quelle der Alb, von Herzogenhorn und Hochkopf bis zum Urberg, hinab zur Schwarzach und wieder hinauf zum Schluchsee und Feldberg war Eigentum des Klosters. Durch Schenkungen wuchs der Besitz zu beträchtlichem Umfang. Dazu gehörten die Silberbergwerke von Todtnau und Schönau und zur Zeit König Rudolfs von Habsburg gebot die Abtei über hundert Dörfer. Durch den Kauf der kleinen Grafschaft Bonndorf am Osthang des Schwarzwalds (1609) wurde St. Blasien 1746 ein gefürstetes Stift mit einem Fürstabt.

Die Abtei hatte keinen geringen Ärger mit den Bauern von Hauenstein im Hotzenwald, die sich durch Jahrhunderte gegen die Abhängigkeit von St. Blasien wehrten. 1525 überfielen sie deshalb das Kloster und plünderten es gründlich. Zu Beginn des 18. Jahrhunderts hatten die Hauensteiner Bauern von Kaiser Leopold I. einen Erlaß bewirkt, der es verbot, sie leibeigen zu nennen, und als sie 1727 den Huldigungseid ablegen sollten, taten sie es erst, als das Wort ›Leib‹ aus der Eidesformel gestrichen worden war. Das Kloster aber hielt sich nicht daran, und so kam es im gleichen Jahr zum ›Salpetereraufstand‹ unter

Führung des Salpeterhändlers Albietz, der 1743-46 erneut aufflammte. Doch der Abt hatte den längeren Arm, und es gelang ihm, die Kraft der Bauern zu brechen.

Die heutige Kirche verdankt ihre Entstehung dem Fürstabt Gerbert, der 1737 in St. Blasien eingetreten war und den Namen Martin angenommen hatte. Er ist der bedeutendste Abt des Klosters gewesen. Als Sohn einer patrizischen Familie wurde Franz Dominik Gerbert von Hornau 1720 in Horb am Neckar geboren. Er war ein sehr aktiver, sehr gebildeter, weitgereister Mann, als Fürstabt – er wurde 1764 als Martin II. gewählt – Vorsitzender des Breisgauer Prälatenstandes. In Wien und Freiburg, dem Sitz der vorderösterreichischen Regierung, stand er in hohem Ansehen. Kirche und Orden standen im Vordergrund seiner politischen Tätigkeit, die er angesichts der antikirchlichen Tendenzen des Jahrhunderts nicht vernachlässigen durfte, obwohl seine ganze Liebe der Wissenschaft galt. Immer wieder ist er nach Wien gereist, um sich gegen kirchenfeindliche Maßnahmen Kaiser Josephs II. zu wehren. Er war ›aufgeklärt‹ im guten Sinn, das heißt allen geistigen Strömungen offen, doch nicht kritiklos zugewandt. Unter seiner Leitung ist St. Blasien das geistige und geistliche Zentrum Süddeutschlands gewesen. In Paris hatte Gerbert an der Erneuerung benediktinischen Geistes mitgearbeitet; er kämpfte gegen den Rationalismus der Aufklärung, arbeitete für eine Reform des Studienbetriebes, stand in regem geistigen Austausch mit Theologen beider Konfessionen. Er hat die Publikation der ›Germania Sacra‹ begonnen, schrieb eine Geschichte des Hauses Habsburg und des Schwarzwalds und veröffentlichte Arbeiten über Kirchenmusik und Liturgie. 1780 richtete er ein Gymnasium im Kloster ein. Seine wissenschaftliche Tätigkeit wurde 1768 jäh unterbrochen. In der Klosterküche brach ein Brand aus, dem das Neue Münster und der größte Teil der Konventbauten zum Opfer fielen. Besonders hart traf den Abt der Verlust der gesamten Bibliothek, des Archivs, des Münzkabinetts und aller seiner Schriften. Sofort ging er an den Wiederaufbau. Für die Kirche schwebten ihm die Kuppeln des Pantheons in Rom und des Pariser Invalidendoms vor. Als Architekten empfahl ihm der Fürst von Hohenzollern-Hechingen Michel d'Ixnard, der für den Fürsten und den Grafen von Königsegg tätig gewesen war und die Kirche des Damenstifts Buchau am Federsee, sowie das Sickingenpalais in Freiburg gebaut hatte.

Am 1. Oktober 1768 schloß der Abt den Vertrag mit d'Ixnard über den Neubau von St. Blasien. Der Graf von Königsegg schrieb Martin II.: »Herr D'Ixnard ist wie ein weißer Raabe. Er ist ein Fremder, dahero hat er in der That viele Feinde und Mißgönner.« Fürst Hohenzollern äußerte sich 1774, er habe mit Kennern die Pläne zum Kirchbau studiert und halte sie für »ein chef d'oeuvre d'architecture«.

1771 zogen die Mönche wieder in die neuen, von d'Ixnard entworfenen, noch nicht vollendeten Konventbauten ein. Ein Jahr später erfolgte die Grundsteinlegung zum Münsterbau, dem »großartigsten Denkmal der frühen klassizistischen Richtung«. (G. Dehio) Freiherr von Sickingen empfahl als Stukkator Ludwig Alois Bossi und berichtete über d'Ixnard. Bauleiter war Franz Joseph Salzmann, und Nicolas Pigage, der kurpfälzische Hofbaumeister in Mannheim, entwarf die Holzkonstruktion der Kuppel, die nach dem Brand von 1874 durch ein Stahlgerüst ersetzt wurde. 1795, zwei Jahre nach dem Tode Abt Martins II., war die Kirche vollendet.

Kardinal Graf Migazzi, Erzbischof von Wien, pries die neue Kirche in St. Blasien so sehr, daß der Abt, fürchtend, der kaiserliche Hof werde seine großen Baupläne mißbilligen, 1774 einem Freund nach Wien schrieb, er müsse gestehen, sehr erschrocken zu sein, als er vernommen habe, »daß sich der Dixnar, Director meines hier wieder aufführenden abgebrannten Kirchengebäues, in Wien befinde und seine darzu gefertigte Plans sogar S. K. K. Apostolischen Majestät vorzuweisen die allerhöchste Gnad gehabt habe. E. Wohlgeboren wissen gar wohl, daß die Architects ihren Rissen einen solchen Schmuck zu geben pflegen, die man niemalen in das Werk zu setzen gedenket ...« Sein Vertrauter nannte in seinem Antwortschreiben d'Ixnards Handlungsweise »französische Impertinenz«. Es handelte sich um die Kuppel, welche d'Ixnard sehr reich entworfen hatte.

Neben dem Bauwesen widmete sich der Abt seinen politischen und wissenschaftlichen Arbeiten eifrig weiter. Er war in großer Sorge um die Zukunft der Kirche und schrieb einmal dem Kardinal Migazzi, sein Wiener Aufenthalt habe ihn dahin belehrt, daß das tausendjährige Reich zu Ende gehe, das mit Pippin begonnen habe, und in Zukunft »ein Weh nach dem andern zu befürchten sei«. Er bat um Überlassung von Reliquien des hl. Fridolin, Schutzpatron des Schwarzwalds. Domkapitular von Smitner antwortete 1779: »Euer Hochfürstl. Gnaden erhalten auf solche Art hiemit von dem hl. Fridolin das größte Bein, was von selben übrig noch ware . . .«

Von der Kaiserin Maria Theresia erlangte Martin II. die Erlaubnis, Gebeine habsburgischer Fürsten aus Gräbern in Basel und Königsfelden in eine Fürstengruft der neuen Kirche zu überführen, denn für ihn war das Haus Habsburg Träger einer gottgewollten Ordnung und daher wollte er unter dem Dach seines Münsters sammeln, was verstreut war. Als dies geschehen war, sandte ihm die Kaiserin ein schwarzes Porzellanservice – es war nach dem Tode des Kaisers Franz I. und, wie sie sagt, eines der ersten Service der Wiener Manufaktur – und schrieb dazu: »Die schwarze Farbe trifft mit meiner Lage überein, da ich mich schon mehr unter die Toten als Lebenden zähle. Und nachdem Eure Andacht für die Verstorbenen Meines Hauses so eifrig gesorgt, bin ich versichert, daß auch ich jederzeit an Dero Andenken teilhaben werde.«

Martins neue Kirche also stand. Ein Tadel Wiens an überreichem Schmuck war nicht zu befürchten, denn kein barocker Überschwang, keine Rokokoeleganz, sondern Feierlichkeit und Strenge sind die Merkmale der klargegliederten Bauteile. *Ja, wunderbar allein schon, wie die solenne Kühle der klassizistischen Architektur, so scharf umrissen, mit der kühlenden Feierlichkeit der Tannenforste sich zum Chorus ordnet.* (W. Hausenstein) Zwischen zwei Türmen, welche d'Ixnard niedrig gehalten hat, um die Wucht der Kuppel zu betonen, spannt sich die von Säulen getragene Vorhalle. Über der Mitteltür ins Innere befindet sich das Christusbild von Christian Wenzinger mit der Umschrift: »Hic factus est in caput anguli.« Die Schnitzereien auf den Türflügeln, Maria und Joseph, sind nach dem Entwurf von Pigage geschaffen worden.

Der die gesamte Klosteranlage beherrschende Rundbau ist ebenfalls von höchster Strenge und Klarheit des Aufbaus. Die Säule beherrscht den Innenraum. Zwanzig kolossale Säulen stehen im Rund; sie tragen den Unterbau der kassettierten Kuppel, die selbst an einer im Tambour versteckten Tragkuppel befestigt ist. Einst mag das Innere weniger nüchtern und kalt gewirkt haben, da die Fenster mit farbigem Glas versehen, die Säulen farbig gefaßt waren wie die schönen rosa Stuckmarmorsäulen, welche die Tonne des langen Mönchschors tragen. Von Bossis Stukkaturen sind nur Reste erhalten, darunter das gute Alabasterporträt des Abtes in der westlichen Turmkapelle. Das Deckenbild von Christian Wenzinger ist durch ein neues ersetzt worden und von den Stukkaturen Johann Gigls ist noch wenig vorhanden. Die große kostbare Silbermannorgel ist während des letzten Krieges in der Stephanskirche in Karlsruhe verbrannt, das Chorgestühl befindet sich in der Pfarrkirche zu Waldshut, allerdings in veränderter Form.

Verlassen wir die Kirche und gehen wir zum Westtrakt, sind wir in einer anderen Welt, in der Welt des Barock. Da wölbt sich aus der Fassadenflucht, zwischen den Eckrisaliten, prächtig und elegant der Mittelbau des Johann Michael Beer vor. Hier gleicht das Kloster einer fürstlichen Residenz mit vasenbekrönter Dachbalustrade, mit üppiger Pilastergliederung und kunstvollen Wasserspeiern. Aus dem geräumigen Vestibül führt das helle, weite Treppenhaus mit schönem schmiedeeisernen Geländer nach oben. Im ersten Obergeschoß des Flügels liegt die heutige Hauskapelle, der einstige ovale Musiksaal, dessen reiche Stukkaturen Bossi geschaffen hat. In diesem Stockwerk lagen die Wohnungen des Abtes und der Gäste. Erhalten ist der Habsburgersaal im südwestlichen Eckrisalit mit seiner reichen Ausstattung an Stukkaturen von Bossi und Gemälden, welche die habsburgischen Kaiserpaare des 18. Jahrhunderts zeigen: Leopold I. und Eleonore Magdalena von Pfalz-Neuburg, Joseph I. und Wilhelmine Amalie von Braunschweig, Karl VI. und Elisabeth von Braunschweig, Franz I. und Maria Theresia. Joseph II. fehlt bezeichnenderweise. Auch der Gründer des Klosters, Reginbert von Seldenbüren, ist dargestellt. In seiner Wohnung im Abteiflügel empfing Martin II. 1781 Friedrich Nicolai, einen Vorkämpfer der deutschen Aufklärung, der berichtete: »Dieser edle Mann hatte etwas ausgezeichnet Wahres und Herzliches, etwas Bescheidenes und doch Würdiges, etwas Heiteres und Zuvorkommendes und doch dabey sehr Anständiges in seinem Gesicht und in seinem ganzen Wesen ...« Sehr gebildet nennt er ihn, sehr gescheit, gar nicht fürstlich pompös, aber ihn frappierte ein einziges Mal in seinem Auge »der trübe schwimmende Blick ascetischer klösterlicher Abtötung«.

1793 ist Fürstabt Martin II. gestorben. Es blieb ihm erspart, die dreizehn Jahre später erfolgende Säkularisierung des Stifts erleben zu müssen. Die Mönche zogen nach St. Paul in Kärnten und nahmen in neunzehn Särgen die habsburgischen Gebeine mit, denen Martin in seiner Kirche eine letzte Ruhestatt hatte gewähren wollen. 1809 wurde in St. Blasien eine Fabrik eingerichtet und 1874 brach in der Spinnerei hinter dem Mönchschor ein Feuer aus; die Kuppel stürzte ein und wurde 1911-13 wiederhergestellt. 1934 wurde das Kloster den Jesuiten von Feldkirch überlassen, die hier die deutsche Abteilung der berühmten Stella Matutina einrichteten. Nach der Aufhebung der Schule im Dritten Reich konnten Internat und Gymnasium 1946 von den Jesuiten neu eröffnet werden.

Tiefenstein

Eine der landschaftlich schönsten Straßen führt von St. Blasien, vorbei am Albsee, durch das Tal der Alb, die am Feldberg entspringt, durch das Tal von Menzenschwand und Bernau nach St. Blasien rinnt, von wo sie sich tief im Grund zwischen

WILLIAM TURNER (1775-1851)
Schaffhausen mit dem Munot
Aquarell, nach 1830
London, British Museum
(Turner Bequest)
Foto: R. B. Fleming, London

Felsen und Laubwald zum Rhein hinabstürzt. Man sieht sie nur selten, da die Straße im Wald am Hang verläuft, bis sie den einsamen, düsteren Talgrund bei *Tiefenstein* erreicht.

Hier hatten die Freiherren von Tiefenstein, die bedeutendsten Grundherren des Hotzenwalder Einungsgebietes, ihre Burg, von der nur geringe Trümmer übrig geblieben sind. Von oben schaut man in den Etzwihler Tobel. *Der erste Anblick war überraschend, ja schaudererregend,* schreibt Joseph Bader, *denn das Ganze ist äußerst wild, und jener Bauer sagte sehr bezeichnend: »Hier sieht es aus, als ob der liebe Gott allen Schutt hergebracht, da er die Welt erschuf.«*

Die Tiefensteiner stammten aus dem Thurgau; sie besaßen im Albgau das Land zwischen Tiefenstein und Ibach und bis zur Wehra; dazu kamen Güter im Breisgau und der Ortenau. Sie machten fromme Stiftungen an die Stifte St. Blasien, Säckingen und Stein am Rhein, was die Habsburger ärgerte, welche die Herrschaft gern selbst besessen hätten. In der ersten Hälfte des 13. Jahrhunderts kam es zu erbitterter Fehde zwischen Hugo von Tiefenstein und Rudolf von Habsburg, der sich des Tiefensteiner Gebietes zur Abrundung seines Territoriums bemächtigen wollte. Die arg bedrängten Tiefensteiner waren gezwungen, immer wieder Land zu veräußern und mußten selbst ihre Stammburg an den Bischof von Basel verkaufen. Verarmt saßen sie nun in einem Turm auf der Bildsteinflüh, von wo aus sie sich durch Raub und Brand an St. Blasien und Habsburg rächten. Hugo hat sich dann als alter Herr von neunzig Jahren mit der Abtei versöhnt, kaufte von ihr ein Leibgeding in der Nähe von Freiburg, wo er 1317 gestorben ist. Die Sage aber erzählt den traurigen Ausgang der Tiefensteiner anders.

Die habsburgischen Kriegsknechte kamen in ungeheueren Scharen durch das Tal der Alb, alles vor sich her verwüstend und verbrennend, und legten sich zum vierten Mal in zehn Jahren vor die Burg. An ihrer Spitze Graf Rudolf, der spätere König. Aber die Tiefensteiner wehrten sich nach Kräften, und die Belagerer verloren viele Leute. Herr Hugo stand bekümmert oben auf der Warte des hohen Turmes und blickte in den wilden, tobenden Schwarm der Feinde und in die gräuliche Zerstörung hinaus, welche dieselben in seinem Gute angerichtet. Da kam Mechtildis ebenfalls auf die Warte, und wie sie das bekümmerte Antlitz ihres Gemahls ersah, wollte sie ihn mit liebenden Worten trösten. Aber der Ritter fuhr sie ziemlich rauh an: »Du allein bist schuld an unserem jetzigen Elend! Warum hindertest du mich, wie ich einst vor vielen Jahren den Mann, der uns verdirbt, vernichten wollte!«

»Es ist besser, unsere zeitlichen Güter verderben, als daß du durch Meuchelmord deine ewige Seligkeit verloren hättest«, entgegnete die fromme Frau. – Als bald darauf Hunger und große Not im Schlosse entstand, starb eines Morgens des Ritters Weib und er stand starr vor Schmerz und Schrecken vor der Entschlafenen. Alles, was er schon verloren, dünkte ihm nichts gegen diesen größten Verlust eines liebenden Weibes.

Schon gedachte er notgedrungen, die Burg dem Feinde zu übergeben, als dieser, das Schloß für unbezwinglich haltend, mitsamt seinen wilden Streitern abzog, doch drohend, daß er bald wiederkommen werde. Der Freiherr von Tiefenstein fluchte ihm in ohnmächtigem Groll.

Wieder waren Jahre vergangen. Herr Hugo war ein alter Mann geworden und noch waren die letzten Kämpfe mit den Habsburgern nicht ausgekämpft. Ein starker Sohn war ihm erwachsen, der geschworen, des Hauses Schmach und Unbill an dem stolzen Feind zu rächen. Aber auch seine Kraft reichte nicht hin, den Übermächtigen zu bezwingen, und im wilden Sturm nahm Rudolf von Habsburg die alte Feste, der Tiefensteiner Stammschloß. Der greise Hugo floh in höchster Not, alt, schwach und verlassen. Im Gebirge und Wald, weit hinten am tosenden Urbach, wo einst im wüsten Felsenrevier der Bildsteinfluh einer seiner Ahnen einen schmucklosen Turm erbaut, war nun des Freiherrn letzter Zufluchtsort. Von dort aus sah er in dunkler Nacht die Brandröte von seiner alten Burg, die der Habsburger zerstörte. Das war aber nicht das Schlimmste, was in jener Nacht vorging. Beim wilden Mauerkampf zu Tiefenstein fiel der Sohn des alten Ritters. Um Mitternacht brachten dem Alten einige fliehende Knechte die Schreckensnachricht. Der gebeugte Mann fiel weinend auf die Knie und betete für die Seele seines toten Sohnes. –

Später verkaufte er, was ihm an Gerechtsamen noch geblieben und verließ den einsamen Turm im Walde nicht mehr. Nur in nächster Nähe streifte er durch das wüste Revier. Oft saß er tagelang auf einem Felsblock am schäumenden Urbach und blickte gedankenvoll in das rasche Wellengetrieb. Da konnte man oft sehen, wie plötzlich ein wilder Schmerz über sein gefurchtes Gesicht zuckte; oft auch verklärte ein mildes Lächeln das Greisen Züge. Das war eben, wenn alte Erinnerungen durch seine Seele zogen. Wenn er an das erlittene Unrecht dachte, fuhr ein wilder Zorn durch ihn, doch machte ihn bald wieder die Erinnerung an sein liebendes Weib und die Hoffnung einer Wiedervereinigung mit ihr in der ewigen Seligkeit glücklich und fröhlich.

Wir kehren von Tiefenstein wieder an den Rhein zurück und setzen unsere Fahrt rheinaufwärts nach Schaffhausen fort.

Weiter rheinaufwärts

Von Waldshut nach Schaffhausen

Die Wege nach Schaffhausen sind auf beiden Seiten des Rheins schön. Drüben, auf der Schweizer Seite, führt die Straße über Zurzach, Kaiserstuhl, Eglisau. *Zurzach* war einst ein berühmter Messeort, wo Kaufleute aller europäischen Länder zusammentrafen, wo Leder, Tuche, Gewürze, Eisen und Edelmetalle, Wein und Pergament gehandelt wurden. Außerdem wird hier am 1. September zur hl. Verena gepilgert; es ist eine uralte Wallfahrt, die schon im 10. Jahrhundert bezeugt ist.

Vom deutschen Ufer führte eine römische Brücke hinüber, deren Pfähle bei niedrigem Wasserstand noch zu sehen sind. Es ist ein behaglicher kleiner Ort, durchschnitten von zwei Hauptstraßen, mit hübschen Häusern, darunter das prachtvolle Fachwerkhaus ›zur Rose‹ oder das Messehaus ›zur Waage‹, dessen Hof hölzerne Lauben schmücken. Im Herzen des Ortes liegt die Stiftskirche St. Verena, ehemals mit einem Benediktiner-, dann Chorherrenstift verbunden und bereits 830 erwähnt. Doch soll schon um 800 ein Doppelkloster bestanden haben, denn der Karolinger Kaiser Karl der Dicke überließ es seiner Frau auf Lebenszeit. Schon vor der Klostergründung gab es in Zurzach das Grab der hl. Verena, die der Legende nach mit der von St. Mauritius geführten Thebäischen Legion über die Alpen in die Schweiz gekommen und in Zurzach gestorben war. Man nimmt an, daß das Kloster in der zweiten Hälfte des 10. Jahrhunderts gebaut worden ist, aber die ersten Baunachrichten stammen aus dem Zurzacher Mirakelbuch von 1010. 1294 fiel die Kirche einem Brand zum Opfer; sie wurde gleich wieder aufgebaut, doch zogen sich die Arbeiten bis 1347 hin. Der interessanteste Raum der Kirche ist die Krypta von etwa 1300, eine dreischiffige Halle, in deren Westjoch der Sarkophag Verenas steht, 1613 gearbeitet. Auf der Deckplatte liegt die Heilige, die Kamm und Krug in den Händen hält, denn, wie die Legende erzählt, kämmte und wusch sie die Kranken im Spital.

Weiterfahrend gelangen wir nach *Kaiserstuhl am Rhein*, an der wichtigen Verbindungslinie Baden-Schaffhausen, Schwarzwald-Zürich gelegen. Das die Stadt beherrschende kräftige Tor des 12.-13. Jahrhunderts war der Bergfried der Burg, in der die Freiherren von Kaiserstuhl saßen, denen wahrscheinlich auch die gegenüberliegende Burg Rötteln oder Rotwasserstelz gehörte, deren Turm vielleicht aus römischer Zeit stammt.

1254 übernahmen die Freiherren von Regensberg Burg und Ort, die sie 1294 dem Bischof von Konstanz verkauften. Vom mächtigen Stadttor breitet sich die Stadt in Dreiecksform zum Strom hinab, durchzogen von der Hauptstraße, die von Seitengassen gekreuzt wird. Es ist eine wohlerhaltene, schöne Stadt. Unten am Rhein liegt der ehemalige Amtshof von St. Blasien von 1563 mit seinen kräftigen Staffelgiebeln, und nahe davon steht das 1764 gebaute Palais des Johann Jakob Mayenfisch, der es zum französischen Marschall gebracht hatte. Dem gleichen Jahr gehört der Sitz ›zur Linde‹ an, eines der schönsten Aargauer Bürgerhäuser. Gottfried Keller hat Kaiserstuhl geliebt und machte es zum Schauplatz seiner Novelle ›Die Leute von Seldwyla‹.

Weiter geht es durch eine freundliche Landschaft über Eglisau, eine alte Rheinbrückenstadt, nach *Rheinau*, das mit St. Blasien in freundlichster Verbindung stand. Auf der flachen Insel, welche der sich seinen Weg suchende Strom angeschwemmt hatte, liegt die einstige Benediktinerabtei, deren sagenhafte Gründung 778 erfolgt sein soll. Als einziger Rest des 1114 geweihten romanischen Münsters ist das Tympanon in der Vorhalle des südlichen Turmes erhalten. Abt Gerold II. und Franz Beer als Baumeister haben der Anlage ihre heutige Gestalt gegeben, 1704-10 entstand die Kirche, 1711-17 folgte der östliche Konventflügel mit Bibliothek und Sakristei und etwas später baute man den Westflügel um. Die südlich der Kirche gelegene alte Prälatur des 17. Jahrhunderts und der Konventbau zwischen dem neuen Abteigebäude und dem östlichen Konventflügel aus der gleichen Zeit ließ man stehen.

Man gelangt über den geräumigen Wirtschaftshof und eine Brücke zum Kloster – heute Pflegeanstalt – und kommt wieder in einen baumbestandenen Hof mit einem Marienbrunnen, um den Kirche und Abtei gelagert sind. Zwischen den wuchtigen Türmen mit Achteckaufsätzen unter Kuppelhelmen steht die schmale barocke Fassade. Beer mußte auf den spätgotischen Turm des alten Münsters Rücksicht nehmen, 1572–78 errichtet, daher baute er den Nordturm in gleicher Form. Nur die Turmaufsätze sind barock. Auf den Turmspitzen stehen riesige Engel, in deren Posaunen Äolsharfen eingebaut waren, so daß sie lauten Schall gaben, wenn der Wind hindurchfuhr.

Die Kirche tut sich als ein festlicher Raum vor uns auf, mit farbenprächtigen Altären, reichem Chorgestühl, einem wundervollen Chorgitter von 1732 und der großen, von Christoph Leu aus Augsburg 1711–15 gefertigten Orgel. Als Stukkator hat Franz Schmutzer aus Wessobrunn gewirkt und die Fresken malte Francesco Antonio Giorgioli, Szenen aus dem Marienleben, Allerheiligenhimmel im Mönchschor und in den Seitenarmen des Chors Bilder aus Christi Leben. Das prachtvollste Werk aber ist der Hochaltar des Judas Thadäus Sichelbein mit der gewaltigen goldenen, von Engeln getragenen Krone der Himmelskönigin.

Unterhalb von Rheinau, beim Dorf *Balm*, finden sich Reste einer habsburgischen Veste. Als Graf Hans von Habsburg, der Letzte der Laufenburger Linie, dort 1408 gestorben war, folgten die Grafen von Sulz im Besitz. Sie führten endlosen Streit mit den Äbten von Rheinau, in dessen Kirche einige Mitglieder der Familie begraben liegen. Joseph Bader erzählt um die Mitte des vorigen Jahrhunderts von einem Besuch in Rheinau. *»Da liegen sie«, sagte mir ein ehrwürdiger Pater, »in Staub zerfallen, die wilden, stolzen Ritter; ungestört schlafen sie in der geweihten Erde desselben Gotteshauses, welches sie so grausam verfolgt haben. Der Herr verleihe ihnen eine gnädige Urständ.«*

Bleiben wir auf der deutschen Rheinseite, um nach Schaffhausen zu gelangen, müssen wir immer wieder schweizerisches Gebiet durchfahren, das sich hier über den Strom hinüberzieht.

Wir kommen von Waldshut nach *Tiengen* im Klettgau, mit seinem Storchenturm und Resten einer Stadtmauer, mit dem über der Stadt auf starker Stützmauer liegenden Schloß, das zwischen 1571 und 1619 gebaut worden ist und den Grafen von Sulz gehörte. Diese Familie war eines der uralten Geschlechter aus dem Neckarland; sie erbten die Landgrafschaft Klettgau, die man vom Stühlinger Berg Hoher Randen übersehen kann und deren Grenzen im Osten und Süden der Rhein, im Norden und Westen die Wutach, im Nordosten der Hegau bilden.

Auf dem Schlosse Thiengen, schreibt Joseph Bader, *wo sie drei Jahrhunderte gehaust, betrachtete ich als Knabe stundenlang ihre Bilder, wie sie in Lebensgröße vor mir hiengen; ich schlief in ihren Gemächern, wo noch Alles das Gepräge der alten Zeiten trug; ich lernte Latein zum Theil aus Büchern, welche schon sie gebraucht; ich wühlte in ihrem Archiv, las ihre Urkunden und Briefe, ergötzte mich an ihren Siegeln, Wappen und Ahnenproben, und spielte mit manchem Waffenstücke, welches sie einst in blutiger Fehde getragen.*

Aus der Familie Sulz, welche einst die Landgrafschaft Klettgau beherrschte, die Landgrafschaft Stühlingen verwaltete und Fürstenberg erbte, stammt Graf Hermann, Landvogt von Vorderösterreich und Präsident des Rottweiler Hofgerichts. Er verheiratete seinen Sohn Rudolf mit Ursula, der Tochter des letzten Grafen von Habsburg-Laufenburg, welche den Klettgau an Sulz brachte. Graf Karl Ludwig, der 1617 starb, verheiratet mit Katharina Gräfin von Sayn, war Präsident des Hofkriegsrats in Wien und wurde wegen seiner Körpergröße ›der lange Schwabe‹ genannt. Die Sulzer starben 1687 aus und wurden von den Fürsten Fürstenberg und Schwarzenberg beerbt, doch Schwarzenberg verkaufte seinen Anteil 1812 an Baden.

Von Tiengen sollte man durch das Wutachtal nach *Stühlingen* fahren, ebenfalls eine alte Landgrafschaft mit der Stadt gleichen Namens, die 1093 erstmalig erwähnt wird und als Burg und Stadt seit 1262 besteht. Doch schon zweihundert Jahre zuvor ist es der Sitz der Grafen von Lupfen gewesen. Das Städtchen, das im Schweizer Krieg 1499 zerstört wurde, entstand in seiner heutigen Gestalt im 17. und 18. Jahrhundert, und die Pfarrkirche baute gegen Ende des 18. Jahrhunderts der fürstenbergische Baumeister Franz Joseph Salzmann, während Kanzel, Altäre und Taufstein von dem Riedlinger Johann Friedrich Vollmer, der Stuck von einem unbekannten Freiburger Meister geschaffen wurden.

Über der Stadt steht *Schloß Hohenlupfen* mit seinem mittelalterlichen Bergfried. Die Wohngebäude um den Hof wurden im frühen 17. Jahrhundert umgebaut. Als erster Landgraf von Stühlingen erscheint Rudolf Graf von Lenzburg, und nach dem Erlöschen dieses Hauses folgten die Freiherren von Küssaburg, welche von den Grafen von Lupfen beerbt wurden, von denen die Landgrafschaft 1582 an die Reichserbmarschälle Grafen von Pappenheim, 1640 an die Fürsten zu Fürstenberg überging, die lange auf dem Schlosse residierten, bis sie ihre Residenz nach Donaueschingen verlegten.

Einer der Grafen von Pappenheim hat das Schloß umgebaut. Von ihm erzählt man folgende Sage. Er lebte als Junggeselle recht angenehm auf Hohenlupfen, mußte aber deshalb stets den Spott seiner Nachbarn ertragen. Eines Tages hatte er genug davon und schwor dem Freiherrn von Roggenbach, er würde seine Tochter heiraten, die im Frauenkloster zu Berau erzogen wurde. Roggenbach war es zufrieden und sagte zu, er würde seine Tochter bringen, lebend oder tot. An die Gefühle des Mädchens dachte keiner der beiden Herren, und als der Vater ihr seinen Wunsch eröffnete, wurde sie vor Kummer krank und starb alsbald, denn sie hatte bereits einen Verehrer, von dem sie nicht lassen wollte. Roggenbach aber hielt sein Wort; er brachte die tote, festlich geschmückte Braut nach Hohenlupfen, zum nicht geringen Schrecken und Verdruß des Bräutigams.

Von Hohenlupfen soll der Bauernkrieg von 1525 ausgegangen sein, denn, so berichtet eine andere Sage in der Zimmernschen Chronik, die Gräfin von Lupfen hätte mitten in der

Ernte ihren Bauern befohlen, Schneckenhäuser zu sammeln, damit ihre Mägde das Garn darauf wickeln könnten. Es ist eine dumme Sage, denn selbst die törichteste Burgherrin hätte kaum die Erntearbeiten unterbrechen lassen, von deren Erträgen auch sie lebte.

Weiterfahrend gelangen wir, bald hinter Stühlingen rechts abbiegend, nach Siblingen, von dort auf einer kleinen Nebenstraße in südlicher Richtung nach *Neunkirch*. Durch den hohen, 1574 gebauten Torturm, an dessen Mauer sich das kleine gemütliche Wachthaus mit seinen Säulchen lehnt, kommen wir in die ganz regelmäßige Anlage eines römischen Castrums, bestehend aus vier Längs- und drei Querstraßen. Es gibt keinen Marktplatz, doch stattliche, schlichte Häuser der Spätgotik an der Hauptstraße. Über dem kleinen Durchlaß neben dem Torturm lesen wir: »Dur's groß Tor goht din letzte Gang, drum gang dur's chli und leb no lang.«

So wollen wir es auch halten und unseren Weg fortsetzen; noch wenige Kilometer, dann sind wir am Rheinfall angelangt, dessen Wassermassen am westlichen Ende des Bodensees zwischen den Felsen hinabstürzen. Drunten gibt es eine Stelle, wo man fast im Gewitter des Falles steht, der brüllend herabschießt. Zu unseren Füßen schäumt und siedet die Flut; im Sonnenlicht irisierender Wasserstaub steigt in Säulen auf, und die Luft ist im gewaltigen Donner des Wassers wie von einem Sturm bewegt.

Droben auf der waldigen Uferhöhe steht das Schlößchen Laufen, und von hier ist es nur noch ein Sprung nach Schaffhausen.

Schaffhausen

Die Lage am Rhein ist für die Entstehung der Stadt – Besitz der Grafen von Nellenburg – sehr günstig gewesen. Graf Eberhard III. erhielt von seinem Vetter Kaiser Heinrich III. 1045 das Münzrecht, das den damals sehr kleinen Ort in den Rang einer Stadt erhob. Vier Jahre später gründete Eberhard zu Füßen des Hügels, am Rhein, das Kloster Allerheiligen, in das der Stifter später selbst eingetreten ist. An seinem Grab ereigneten sich viele Wunder. Allerheiligen, das der Erzieher und Kaplan des Grafen, Liutbald, baute, stand in engster Beziehung zu Hirsau, dem cluniazensischen Reformkloster im Schwarzwald.

Eberhards Sohn, Graf Burkhard, überließ dem Kloster die Herrschaft über die Stadt, die es jedoch nicht selbst ausübte, sondern Zoll-, Münz- und Gerichtshoheit als Lehen an einige Adelsfamilien vergab, die, wie die Peyer, Randenburg und Waldkirch, lange Zeit die patrizische Oberschicht gebildet haben. Münzrecht und Klostergründung waren also die Vorbedingung für die bedeutende Entwicklung des Stadtwesens. 1218 hat Schaffhausen die Reichsfreiheit erhalten, kam aber 1330 unter österreichische Herrschaft, bis es sich 1415 erneut frei machen konnte. Nachdem das politische Programm des süddeutschen Städtebundes gescheitert war, schloß sich Schaffhausen 1454 dem Bund der Eidgenossen an, in den es 1501 als 12. Stand aufgenommen worden ist. 1798 erfolgte die Auflösung des alten Stadtstaates; Schaffhausen wurde Kanton, und der teilweise Abbruch von Mauern und Toren versinnbildlicht gleichsam symbolisch den neuen Stand der Stadt. Der Historiker Johannes von Müller hat damals geschrieben: *Eine kleine Stadt, welche thut so viel sie kann, ist vor der Welt ehrwürdiger als der mächtigste König, der seine Schuldigkeit nicht thut. Überhaupt ist nicht groß oder klein, was auf der Landkarte so scheint; es kommt auf den Geist an.*

Die Lebensader Schaffhausens war der Rhein, und die Stadt hat es verstanden, diese günstige Lage auszunutzen. Nur Schaffhausener Schiffe durften den Strom befahren. Allerdings fuhren die meisten nur bis Basel, wo sie verkauft wurden. Schaffhausen war ein wichtiger Stapelplatz, da hier die flußabwärts geführten Güter umgeladen werden mußten, um auf dem Landweg am Rheinfall vorüber befördert zu werden. Heute ist Schaffhausen ein Zentrum der Schwerindustrie, vor allem der Fischerschen Stahlwerke.

Ehe man sich zu einem Rundgang durch die Stadt anschickt, sollte man das *Allerheiligenkloster* besuchen – es wurde 1529 säkularisiert –, da man in dem dort untergebrachten ausgezeichneten Museum auch einen guten Überblick über Geschichte und Kunst der Stadt gewinnen kann. Es ist keine Verkörperung der städtischen Welt, was wir hier antreffen, es ist ein Zufluchtsort jener gewesenen Welt, ein Abglanz des Lebens, ein Spiegel der Vergangenheit.

Die erste Kirche ist 1064 vom Bischof von Konstanz geweiht worden; sie lag unmittelbar südlich des heutigen *Münsters*, dessen Bau man 1087 begann; die Weihe erfolgte 1104. Zwischen 1100 und 1110 entstanden die Grabmäler der Stifter, des Grafen Eberhard, seiner Frau Ita, Gräfin von Kirchberg, und des Grafen Burkhard, die im Langhaus standen und heute in der Ehrhardskapelle des Museums untergebracht sind. Hand in Hand mit dem Neubau der Kirche ist das Kloster vergrößert worden. In der zweiten Hälfte des 12. Jahrhunderts wurde der Chor umgebaut, entstand der Turm mit Blendarkaden, Lisenen und Halbsäulen, wurde die Abtei im Westtrakt neu gebaut und erhielt die mit prächtigen Reliefs geschmückte Loggia. 1484 entstand die neue Abtei mit ihrem Staffelgiebel. Das Münster, wie es heute vor uns steht, ist eine schlichte, im Innern flach gedeckte Säulenbasilika von strengem Ernst. Der Garten des Kreuzgangs aus dem späten 15. Jahrhundert mit Bäumen, Rasen und Blumen diente seit 1582 als Grablege des Patriziats und hieß daher Junkernfriedhof. Eine lange Reihe von Epitaphien des 16. bis 19. Jahrhunderts ist an den Wänden des Kreuzgangs angebracht, darunter eines der Familie von Waldkirch von 1629, als die Pest in Schaffhausen wütete, mit der rührenden Inschrift:

Grausam die Pest in dieser Statt
    Mehr dann ein Jahr gewütet hatt
Allein im Augsten starben dran
    Neunhundert Kinder, Weib und Mann
Wir vier Geschwüstrigt do zemalen
    D'Schuldt der Natur auch müsen zahlen
Aus Lieb keins kondt ohns ander sin
    Drumb nam uns Gott mit ein andern hin.

Vom stillen Bezirk des Klosters steigt die lebhafte Stadt prächtig hügelan. Es ist ein höchst behaglicher Ort, dem es nicht an Großartigkeit gebricht. Die Höhe des von Rebgärten bedeckten Emmersbergs krönt der Munot – »Unot« – »ane not«. Dort hauste der Türmer, dem alle Wirtshausfreuden verboten waren. »Wil er drinckhen, soll er uff dem Thurn mit siner Fraue drinckhen«, heißt es. Am Weihnachtstag mußte er »das Kindlein wiegen«, das heißt Weihnachtslieder spielen. Strenge und Freundlichkeit eines hochmögenden Rats sprechen sich in diesen Bestimmungen aus.

Der älteste Stadtteil aus dem 10. Jahrhundert, dem sich im 13. Jahrhundert die Oberstadt und im 14. Jahrhundert die äußere Vorstadt angeschlossen haben, liegt um die Vordergasse. Um die Mitte des 14. Jahrhunderts wurden neue umfangreiche Befestigungen gebaut, von denen das Schwabentor im Norden 1370 genannt wird. Es erhielt 1555 ein, jetzt verschwundenes, Vorwerk, das die Inschrift trug: »Pax intransibus, salus exeuntibus – Friede den Kommenden, Heil den Gehenden.« Auch hier spricht der Stadtgeist in Güte und Menschlichkeit.

Einige Türme stehen noch, so der Oberturm, der Finsterwaldturm mit einem Stück Wehrgang, der Diebsturm in der Mauer. Zu den einstigen adligen *Wohntürmen* – wie sie es in Regensburg noch in großer Zahl gibt – gehörten der Oberturm, der Turm am Fronwaagplatz, das Haus zum Ritter, das die Nordwestecke der ersten Befestigung bildete. Andere Wohntürme sind an manchem Bürgerhaus noch zu sehen. 1564-85 baute der Rat den *Munot*. Er ist vermutlich der einzig ausgeführte Rundbau, wie ihn Albrecht Dürers Entwurf für eine solche Festung in seiner Befestigungslehre von 1527 vorlegt. Lange Mauerzüge verbinden ihn mit der Stadt.

Straßauf, straßab zeigt sich uns eine Fülle prächtiger *Bürgerhäuser*, Zunft- und Trinkstuben, die zum größten Teil nach dem verheerenden Brand von 1372 bis ins 19. Jahrhundert gebaut worden sind. Manche haben durchaus palastartigen Charakter wie das Doppelhaus Wasserquelle und Zieglerburg der Waldkirch, viele von erstaunlichem, phantastischem Reichtum des Fassadenschmucks, besonders mit einer Fülle von Erkern der Gotik bis zum Rokoko versehen. Die Häuser tragen lustige Namen, die am Erker oder über der Haustür angebracht sind: Blauer Himmel, Palmzweig, Fortuna, Zitronenbaum, Feuriger Ofen, Sittich, Ritter, Silberner Brunnen oder Silberne Schnecke, Otter, Großer Käfig, Schneeberg, Halber Mond, Zum süßen Winkel, Haselstaude, Steinbock, um nur einige zu nennen.

Auf dem Weg vom Schwabentor zum Fronwaagplatz mit dem Vierröhren- oder Metzgerbrunnen von 1524, bekrönt von einer Landsknechtsgestalt, sehen wir das spätgotische ›Türmlein‹, einst Sitz der Peyer, und ringsum die hübschesten Häuser, darunter Großen und Kleinen Käfig, letzteren mit Malereien von 1675, auf denen Tamerlan den gefangenen Sultan Bajazet in einem Käfig mit sich führt. Am Platz selbst steht die ehemalige Herrenstube mit eleganter Rokokofassade.

Wir biegen vom Fronwaagplatz in die Vordergasse ein, die besonders reich und festlich wirkt: da ist das Rathaus (1408-12) mit Treppengiebel, herrlicher spätgotischer Ratsstube und Ratslaube und dem Großratssaal des 17. Jahrhunderts. Da sind weiter die reizende Fassade des Hauses Engelsburg, die Vordere Melusine mit reliefgeschmücktem Erker, Wasserquelle und Zieglerburg mit der reichen Fassade von 1738, der Ritter, der um 1560 für Hans von Waldkirch umgebaut und von dem Schaffhausener Maler Tobias Stimmer 1568-70 mit Fresken bemalt wurde. Es handelt sich um Kopien, die Originale befinden sich im Allerheiligenmuseum. In der Mitte des Giebels reitet der römische Ritter Marcus Curtius, über ihm erscheinen Fortitudo und Prudentia und in den Ecken lehnen über eine Balustrade Hausherr und Maler. In der nächsten Zone sind über den Fenstern drei von Putten gehaltene Medaillons angebracht, deren mittleres den Pelikan, die beiden seitlichen Cicero und Demosthenes zeigen. Zwischen den Fenstern sehen wir in gemalter Bogenarchitektur Odysseus mit Circe und die Verwandlung der Daphne in einen Lorbeerbaum, symbolische Darstellung für kluges Entrinnen aus Gefahr. Am ersten Obergeschoß zeigt der Fries mit dem Allianzwappen des Hausherrn

Rückkehr und Empfang des Ritters; darunter befindet sich die Virtus in Gestalt eines Königs und Bischofs, zudem Ruhm und Unsterblichkeit. Stimmer hatte hier zum ersten Mal Gelegenheit, ein großes künstlerisches Programm durchzuführen.

Das Stadtbild hält den Besucher in Spannung; es ist streng und anmutig zugleich. Pracht wechselt mit Schlichtheit, Mittelalter mit Renaissance und Barock, alles das von imposanter Geschlossenheit. So spricht die Stadt noch heute für die bürgerliche Gesinnung und Tradition, aus der keiner ausbrechen konnte, es auch nicht wollte. Sie hatte ihren eigenen Stil, war echtes ›Zuhause‹. Daß alles dies einst ›von Hand‹ gemacht worden ist, mutet uns in der Zeit der Fertigbauten beinahe an wie eine Sage.

Die größten Verdienste um die Erhaltung und Verschönerung Schaffhausens hat sich der Stadtpräsident Walther Bringolf erworben. Ihm vor allen anderen verdanken wir das Allerheiligenmuseum. Bringolf soll in seiner Jugend sehr oppositionell gegen alles Bestehende gewesen sein, aber er hat in den Jahren seiner Tätigkeit einen schöpferischen und alle wirklichen Werte erhaltenden, schützenden und in seltener Weise dem Neuen verbundenen Charakter entwickelt. Überlegener Parlamentarier, wurde er zu einem wahren Stadtvater, der in jedem Jahrhundert aufbauend gewirkt hätte.

Stein am Rhein

Um 260 n. Chr. wurde der Bodensee zum ersten Mal Grenzland des römischen Imperiums, denn auf der Nordseite des Sees saßen die Alemannen, am Nordwestufer die Lentienser. Römische Städte und keltische Dörfer wurden zerstört oder verfielen, da die Germanen nichts mit ihnen anzufangen wußten und die Einwohner zum größten Teil vor der Versklavung geflohen waren. Erst nach einigen Jahrzehnten traf Rom wirksame Gegenmaßnahmen. Kaiser Diokletian, der seit 284 regierte, ließ die alten Kastelle links des Rheins und rechts des Lechs instandsetzen oder neu bauen. Die Kastelle waren durch zahlreiche Warten gesichert; so standen zwischen Stein am Rhein und Basel allein vierzig Türme. Übrigens soll der Name ›Seehas‹ für die Bewohner der Bodenseeufer aus dem römischen Staatshandbuch Notitia Dignitatum stammen, welches die Neuordnung der römischen Provinzen diesseits der Alpen enthält. In diesem Buch finden sich viele Abzeichen, welche die verschiedenen Truppenteile als Unterscheidungsmerkmale auf den Schilden trugen, darunter eines mit Namen Constantia und dem Abzeichen eines hasenartigen weißen Tieres auf rotem Schild. Daher soll man die Truppe den ›Seehasen‹ genannt haben, und dieser Name sei später auf die Bevölkerung übergegangen. Es ist eine hübsche Geschichte. Doch handelt es sich, wie Otto Feger nachweist, nicht um Konstanz, sondern um Coutance in der Normandie. Der Spitzname ›Seehas‹ sei auf das Mittelalter oder die Renaissance zurückzuführen. Am Ende des 4. Jahrhunderts überließen die Römer den Alemannen die Ufergebiete des Rheins und schlossen Freundschaftsverträge mit ihnen.

955 wurde Burkhart Herzog von Schwaben, dessen Frau Hadwig die Tochter Herzog Heinrichs von Bayern war. Nach dem Tode des Herzogs wohnte sie meist auf dem Hohentwiel, gefürchtet wegen ihrer Strenge, bewundert wegen ihrer Energie und hohen Bildung. Von St. Gallen erbat sie sich den jungen Mönch Eckehart, Neffen des Dekans, einen großen Gelehrten, später Vorsteher der beiden St. Gallener Schulen. Eckehart muß ein schöner junger Mann gewesen sein, denn Kaiser Otto II. sagte von ihm: keinem hat jemals St. Benedikts Kutte besser gestanden. Als Lehrer der Herzogin Hadwig kam der junge Mönch auf den Hohentwiel, wo er nicht selten unter den Launen der Herrin zu leiden hatte. Ihr angebliches Liebesverhältnis gehört in das Reich der Sage. Hadwig hatte mit ihrem Mann auf dem Hohentwiel ein Klösterchen gegründet, das nach ihrem 994 erfolgten Tode von St. Gallen als St. Georgskloster nach Stein verlegt worden ist. Zwischen See und Burg Hohenklingen soll ein Drache gehaust haben, den der hl. Georg tötete, und seitdem ist der Heilige der Schutzpatron von Stein. Über der profanen Geschichte steht die heilige Geschichte, hat Paul

Claudel gesagt. In unserer Zeit, da europäische Kultur und Tradition im tiefsten Grund erschüttert sind, da nicht nur die Kirche, sondern auch der Glaube zu wanken scheinen, haben die Heiligen als verehrte Schutzpatrone von Staaten, Städten und Familien an Glanz verloren. Aber was einst war, hat trotzdem immer noch Bestand, denn Vergangenheit, Gegenwart und Zukunft sind nicht ein jedes für sich zu sehen, sie durchdringen sich, und die Heiligen sind vielleicht die Vorposten auf dem Weg durch das Dunkel, zwischen den Mächten der Höhe und der Tiefe.

Eine hohe Brücke schwingt am Ausfluß des Untersees über den Rhein und führt nach Stein unter dem Schienerberg, der die mächtige Burg Hohenklingen trägt. Man ist sogleich auf dem Marktplatz, der sich in der stattlichen Hauptstraße fortsetzt, gesäumt von spätgotischen Hauswänden, die sich in schönster Harmonie aneinanderreihen. Es ist ein Städtchen von ganz besonderer Eigenart und Schönheit – ein wahres Bilderbuchstädtchen.

Im zweiten Viertel des 9. Jahrhunderts wird Stein in der Vita des hl. Otmar, von der Hand des Reichenauer Abtes Walahfrid Strabo, genannt. Damals ist es eine kleine Siedlung von Bauern und Fischern gewesen.

Sie wuchs langsam vom 11. bis zum 13. Jahrhundert heran, war 1097 befestigt und wird 1267 Stadt genannt. Die von Altenklingen bei Konstanz stammenden Herren von Klingen, die im ersten Viertel des 13. Jahrhunderts die Burg Hohenklingen bauten, teilten sich mit dem Kloster in die Stadtherrschaft, doch 1457 kaufte Stein Burg und Herrschaft und errang die Reichsfreiheit, die sie 1484 an Zürich verlor. 1539 kaufte die Stadt noch die Klingener Herrschaft Ramsen und später weiteren Besitz dieser Familie. Seit 1803 gehört Stein zum Kanton Schaffhausen. Um 1347 erhielt Stein neue Befestigungen, welche im 19. Jahrhundert größtenteils abgebrochen wurden, außerdem hat ein versehentlicher Bombenangriff der Alliierten 1945 beträchtlichen Schaden angerichtet, der inzwischen jedoch behoben wurde.

Erhalten sind am westlichen Stadtende das Untertor, am Nordende das Obertor, der Diebs- oder Hexenturm und der Kretzenturm. So klein sie ist, diese Stadt, man weiß in ihr, wer man ist, was man hat, was man war und ganz sicher auch, was man will. Von außen sieht man es ihr zuerst gar nicht an, denn Stein hält mit dem, was es zeigen kann, bis zu dem Augenblick zurück, da man sein Inneres betritt. Dann aber wird der Trumpf ausgespielt, auf Stadtplatz und Hauptstraße. Nicht der Trumpf der Großartigkeit, sondern einer herzgewinnenden Beschaulichkeit und Behaglichkeit, die in den Gassen walten, deren Häuser mit Malereien geschmückt sind wie die Seiten eines Bilderbuchs. Sie sind teilweise mit pfleglicher Liebe wiederhergestellt oder ganz neu gemalt worden.

Es ist, als ob sich auf dem Marktplatz noch jetzt das bürgerliche Selbstbewußtsein und die wehmütige Erinnerung an den kurzen Traum der Reichsfreiheit behaupten wollten. Wie ein offener Empfangssaal, dessen Wände mit starkfarbigen Wandteppichen geschmückt zu sein scheinen, denn fast alle Fassaden sind bemalt, breitet er sich aus. Friedlich plätschert das Wasser des Brunnens von 1601, auf dem die farbige Gestalt eines Landsknechts Wache hält. Wandern wir außerhalb der Reisezeit durch das Städtchen mit seinen malerischen Ecken und Winkeln, so scheint die Zeit stillgestanden zu sein, und man erwartet, einem berühmten Sohn der Stadt zu begegnen, dem Freiherrn Schmid von Schwarzenhorn, kaiserlichen Gesandten an der Pforte im 17. Jahrhundert. Nach der Rückkehr aus der Türkei schenkte er seinem Heimatort ein kostbares Trinkgeschirr, das heute noch bei festlichen Gelegenheiten benutzt wird.

Da steht das 1539-42 gebaute, 1898-1900 veränderte *Rathaus*, das auch in dieser Zeit die Historienbilder erhalten hat. Da ist, gleich neben der Brücke, das Gredhaus, heute Hotel Rheinfels, von 1508-17. Es diente als Salz- und Kaufhaus und der Name ›Gred‹ leitet sich vom lateinischen gradus = Stufe ab, da die stufenförmige Ländestätte charakteristisch für die Bauart solcher Häuser war.

An der Hauptstraße stehen Zunft- und Gasthäuser, eines hübscher als das andere und von großer Eindrücklichkeit: Gelber Leuen, Mohrenkönig, Rosenkranz, Steinadler, Adler, Weißer Adler, Schwarzes Horn, Meise, Roter Ochsen, um nur einige zu nennen. Das Ganze wirkt äußerst festlich, gar nicht museal, sondern lebendig und wohnlich, mit Erkern, Fachwerk und Fresken zu prächtiger Einheit verbunden. Besonders hübsch sind die Malereien im Saal des ›Roten Ochsen‹, von Andreas Schmucker 1615 geschaffen. Auch den Saal der ›Krone‹ hat Schmucker ausgemalt, und die Fassadenmalereien des ›Weißen Adlers‹, 1520–25 entstanden, zeigen Szenen aus dem Dekamerone, Landsknechte und Allegorien. Auch in den Seitengassen steht ein gutes Haus neben dem anderen. Die heitere Stadt verdankt ihren Ruhm nicht allein der schönen Bürgerlichkeit des Stadtbildes und der Schönheit des umliegenden Seelandes, sondern vor allem dem Georgskloster. Wie in den meisten Städten mit geistlichen Stadtherren wird Steins Bürgerzeit im späteren Mittelalter überschattet von den Händeln mit den Äbten von St. Georgen.

Die Stimmung der alten Stadt verdichtet sich im *Kloster St. Georgen*, wo das Leben mehr behaglich als arbeitsam gewesen sein muß, denn das einzige literarische Opus, das aus ihm hervorgegangen ist, ist die gelehrte Abhandlung zum Schachspiel des Mönchs Konrad von Ammenhausen von 1337. Die Kirche aus dem 11. Jahrhundert, immer wieder umgebaut und vielleicht zu Beginn des 12. Jahrhunderts neu aufgeführt, ist im Kern erhalten. Ihre Chormalereien weisen auf die Klostergründung durch Burkhart und Hadwig hin, auf die Kirchenstiftung Kaiser Heinrichs II. und auf die Verlegung nach Stein.

Der Neubau des um drei Höfe am Rhein gelagerten *Klosterkomplexes* begann am Ende des 14. Jahrhunderts. Der größte Bauherr aber war Abt David von Winkelsheim, der Zug um Zug dem alten Benediktinerstift das heutige Gesicht gab, in dem die zierlichen spätgotischen Formen verklingen und in die Frührenaissance übergehen. Der interessanteste Teil der Anlage ist der David-Jodocusbau, die Prälatur, mit kräftigem Fachwerk, dessen großartiger Freskenschmuck in Verbindung mit spätgotischen Vertäfelungen, Decken und Hausrat eine höchst opulente und originelle Abtswohnung darstellt.

Schon der Vorraum ist mit 1506 gemalten Wandbildern geschmückt: Ranken, Blumen, ein astronomischer Tierkreis, wie er kurz vorher in Schedels Weltchronik von 1493 erscheint. Die untere Abtsstube, vollendet zwischen 1508-10, trägt eine prachtvolle Holzdecke in Form eines Netzgewölbes, durch profilierte Stäbe in Rauten und Rechtecke so aufgeteilt, daß in der Mitte ein großer sechsstrahliger Stern entsteht, in dessen Zentrum und an dessen Zacken farbige Medaillons sitzen: Löwe, Greif, Phönix, Pelikan, Elefant – Allegorien, welche auf die menschliche und göttliche Natur Christi hinweisen. So ist der Elefant das Sinnbild der Mäßigkeit und Keuschheit, der Pelikan opfert sich für seine Jungen, der Phönix erscheint als Sinnbild der Auferstehung. Die Wandbilder über den Täfelungen zeigen in Grisaille Szenen aus der römischen Geschichte und aus der Heiligenlegende. Wir sehen die Gründung Roms, die Verteidigung Roms durch Horatius Cocles, die der Künstler nach Stein verlegt hat, den Tod, St. Georg in Landsknechtstracht mit gewaltigem Federhut, im Erker die Heiligen Georg und Christophorus. Im Treppenflur ist die Frage des Königs Darius nach den vier stärksten Dingen der Welt dargestellt: Stark ist der Wein, stärker der König, noch stärker die Frau, über alle aber siegt die Wahrheit.

So geht es von Raum zu Raum der einst sicher sehr behaglichen Abtswohnung. Die untere Abtsstube im Jodocusbau ist ganz vertäfelt und reich verziert, doch der schönste Raum ist ohne Zweifel der Festsaal im Davidsbau mit einem neuen, gut eingefügten Fliesenboden. Die Holzdecke ist ein außergewöhnlich schönes Beispiel spätgotischer Schnitzkunst. Zwischen den Längsbalken wölben sich schmale Holztonnen; die Balken tragen im Wechsel Maßwerkdekor und Flachschnitzerei: auf schwarzem Grund bunte Pflanzen und Vögel, auf rotem und grünem Grund unbemaltes Maßwerk; die Quergurten sind mit Fabeltieren und Pflanzenwerk geschmückt. Die Malereien an den Wänden und in den Fensternischen, 1515-16 entstanden, sind nicht in Freskotechnik ausgeführt, sondern in Wasserfarben mit Leimzusatz aufgetragen, weiß, grau und schwarz, dazu kommt Blau für die Luft, Graugrün für Bäume, das Rot der Dächer, Gelb und Gold für die Haare. Die beiden Hauptmaler waren Thomas Schmid aus Stein und Ambrosius, der jüngere Sohn Hans Holbeins d. Ä. Schmid hat das Programm entworfen und die Bilder in der Hauptsache gemalt. Es ist schwierig, das Werk der beiden Meister zu unterscheiden. Mit der Entstehung der Bilder ist eine lustige Geschichte verknüpft. Einst besuchte Abt David mit zwei Mönchen die Messe von Zurzach, wo sie Gäste des Propstes von St. Verena waren. Auf dem Rundgang fand der Abt schwarzen Wollstoff für neue Kutten der Klosterbrüder, viel billiger als in Zürich. Als sie weiter schlenderten, kamen sie zu einem Bänkelsänger, der gerade die Geschichte eines Diebs in Stein zum besten gab, der dem Opferstock der Kirche hundert Gulden geraubt haben sollte. Da sprang plötzlich ein junger Mann hervor und rief: Du lügst! Es waren nur 1 Gulden und dreizehn Batzen. Gleich darauf griffen die Marktaufseher den Sünder und wollten ihn abführen. Abt David jedoch verlangte, daß der Dieb ihm als Stadtherrn ausgeliefert werde und nahm ihn mit. Warum hast du den Opferstock bestohlen, fragte er. Ich wollte mir Pinsel und Farben kaufen und Euch ein Bild malen, antwortete der junge Mann, doch da ich Hunger hatte, habe ich nach langer Zeit wieder einmal richtig gegessen. Sogleich ließ der Abt Pinsel und Farbe kaufen und sämtliche Wände seines Saals bemalen. In wenigen Wochen war das Werk vollendet, und da alles wohlgelungen war, ließ Abt David den Maler frei und belohnte ihn mit einundfünfzig Gulden und dreizehn Batzen, genau so viel, als er beim Stoffkauf in Zurzach eingespart hatte.

Die Thematik des Bilderzyklus ist dem 1. und 4. Gesang von Vergils ›Aeneis‹ entnommen. Wir sehen den Bau von Karthago, den Schwur Hannibals, die Erbauung von Rom, den Schwur Scipios, die Eroberung von Sagunt, Artemisia, Tomyris, Lucretia, Marcus Curtius, diesen als wild dahinsprengenden Ritter,

Herkules, Virginia, Dido, Kandace, die Eroberung von Karthago, das als Stadt Stein erscheint, Tod und Lautenschlägerin, Narr und Geigerin, die Zurzacher Messe, Pferdemarkt, Wappen und im Erker die Heiligen Sebastian und Georg, Herzog Burkhart, Muttergottes, Kaiser Heinrich II. und die Heiligen Christophorus und Michael.

Alles das hat, abgesehen von den Motiven, gar nichts von italienischer Renaissance; es ist sehr deutsch und wirkt wie eine kostbare, illustrierte Handschrift von wunderbar geschlossener Form, ein Denkmal zwischen Spätgotik und Renaissance in schönster Erhaltung.

Steigen wir durch die Rebhänge hinauf nach *Hohenklingen*, sehen wir manch hübsches Weinberghäuschen, darunter eines aus dem 18. Jahrhundert mit bemalten Fensterläden, deren einer die Inschrift trägt:

> Jesu pflantz auch süße Trauben
> Liebe Gottes, Forcht und Glauben.

Schaut man gegen Abend von der Höhe auf die Stadt hinab, meint man, die Zeit stünde wirklich still. In Schweigen versinkt die kleine Stadt, um auszuruhen, und auf dem Brunnen hält der Landsknecht Wache wie seit endlosen Jahren. Wer wollte in unserer von Angst und Unsicherheit geschüttelten Zeit in solcher Stunde zweifeln, daß hier die Vergangenheit nicht ebenso Gewicht hätte wie die rastlosen Tage der Gegenwart?

Ein Freiherr aus Stein

Die Steiner Bürgerschaft, die mit ihren eigenen Angelegenheiten genug zu tun hatte, ließ es sich sicherlich nicht träumen, daß sie durch einen ihrer Söhne mit der großen Politik in Berührung kommen sollte. Die maßgeblichen Familien bekleideten die Ämter des Bürgermeisters, der Ratsherren, des Säckelmeisters, Stadthauptmanns oder eines Vogts der Grundherrschaften, und alles vollzog sich im Rahmen eines wohlgeordneten kleinen Stadtwesens. Es ist ihnen sicher nie der Gedanke gekommen, daß der Sohn ihres unter Hinterlassung von vierzehn Kindern und sehr wenig Geld gestorbenen Ratsherrn und Stadthauptmanns Felix Schmid im Haus zum Schwarzenhorn der Stadt eines Tages ein kostbares Geschenk machen würde. Diese Gabe, einen in Augsburg gefertigten Becher, erhielt sie im Jahre 1659 von Johann Rudolf Schmid, Freiherrn von Schwarzenhorn.

Er schrieb dem Rat, »daß zu ewiger Gedächtnis ein curioses Trinkgeschirr, desgleichen in der Christenheit keines zu finden sein wird, ich der Stadt verehre ... Alle Cavaliers, die dieses Geschirr gesehen, loben es und sagen, daß es ein würdiges, ewiges, lobreiches Gedächtnis sein werde«.

Den Pokal tragen die drei Sultane Murad IV., Ibrahim und Mehmed IV. Den Deckel schmücken drei Kaiser: Ferdinand II., Ferdinand III. und Leopold I. Auf der Laibung sieht man Schmid als kaiserlichen Botschafter bei einem Empfang im Serail vor Mehmed IV., und die Buckelmedaillons tragen eingraviert ein Gedicht des Spenders – er gehörte der Nürnberger Fruchtbringenden Gesellschaft an –, dessen letzter Vers lautet:

Bey jedem Freudenfest, so oft der Rath beysammen,
Empfehl ich die noch seynd von meines Stammes Namen,
Gott geb uns allen Fried, und meinem Herrenstand
Die Gnad, daß er zuneme, Ehr hab im Vatterlandt!
Wer redlich durch sein Witz kan Ehr und Gut erwerben,
Und läßt auf Erden Ruhm, der thut unsterblich sterben.

Im Begleitschreiben heißt es, »daß solches Geschirr jetzt ins künftig, und für und für bei dieser Stadt, solang rinnt der Rhein, zu immerwährender Gedächtnus verbleiben und von dem löblichen Stadtrat in allen ihren Friedensfesten, so oft es demselben beliebt, gebraucht werden solle«. Und so wird es noch heute gehalten. Jeder, der vom Bürgermeister als Ehrengast empfangen wird, erhält einen Trunk aus dem silbernen Pokal.

Johann Rudolf hat ein abenteuerliches Schicksal gehabt. Seine Mutter wird nicht böse gewesen sein, als ein Gönner, dessen Name nicht bekannt ist, den neunjährigen Buben mit sich nach Verona nahm, ihn erziehen und als Maler ausbilden ließ. Dieser Wohltäter fiel sodann im Kampf gegen die Türken, aber er hatte seinen Schützling zuvor als Erben eingesetzt. Doch Schmid selbst geriet in türkische Gefangenschaft, wurde als Sklave verkauft und lebte als solcher zwanzig Jahre in der Türkei, bis ihn der kaiserliche Gesandte Freiherr von Kurz loskaufte, um ihn wegen seiner Beherrschung der türkischen Sprache und Kenntnis türkischer Sitten und Mentalität als Dolmetscher zu verwenden. Dann wurde er nach Wien geschickt, wo er fünf Jahre lebte. Als 1629 an einen Wechsel des kaiserlichen Residenten in Konstantinopel gedacht werden mußte, schlug der Botschafter Graf Kuefstein den nun neununddreißigjährigen Schmid für diesen Posten vor. Schmid war in Wien bekannt geworden, man schätzte ihn wegen seines redlichen, festen Wesens, und so zog er als Resident in die Türkei zurück. Es war zur Zeit des Dreißigjährigen Krieges, und Konstantinopel war der Schauplatz diplomatischer Umtriebe und Intrigen, denn Frankreich und die protestantischen Mächte versuchten mit allen Mitteln, die Türkei zum Eintritt in den Krieg gegen den Kaiser zu veranlassen. Schmid hatte genaue Instruktionen, da er als Resident, der nicht dem diplomatischen Corps angehörte, besser, weil inoffiziell, zu wirken vermochte. Er sollte eine Beendigung des Krieges zwischen der Türkei und Persien sowie ein Bündnis zwischen Schweden und der Pforte unter allen Umständen verhindern, außerdem die Polen und die Kosaken in der Walachei und Moldau, Albaner und Bulgaren zur Rebellion bringen. Man verlangte also viel, und dem Steiner Bürgersohn wurden Leben und Wirken sowohl von den Diplomaten als auch von den Türken schwer gemacht. Von den Vertretern der europäischen Mächte beargwöhnt, von den Türken schlecht behandelt, weil er nicht zu den akkreditierten Gesandten gehörte, verstand er es dennoch, sich in »mehreren Respekt« zu setzen. An der Pforte trat er wie ein Gesandter auf, so daß der Großwesir ihn wütend anschrie: »Du ungläubiger Christenhund, warum küßt du mir nicht den Rock? Wenn du es künftighin nicht tust, werde ich dich zu

Boden schlagen, du Hund!« Schmid ist »von dorten weg mit großem Grimm und Unlust nach Hause geritten«. 1639 wurde der Wesir auf Befehl des Sultans erwürgt und Schmid hatte einen Feind weniger.

Als 1630 die Schweden auf dem deutschen Kriegsschauplatz erschienen, begann für den Residenten das wichtigste diplomatische Spiel, und er berichtet über die Intrigen und Vorgänge in Konstantinopel, wo die Vertreter der protestantischen Staaten nun den Sultan mit aller Macht drängten, in den Krieg einzugreifen. Über alles berichtete er getreulich nach Wien; die Siege der kaiserlichen Armeen ließ er durch öffentliche Gebete und Messen feiern.

1631 erschien der erste schwedische Gesandte an der Pforte, um den Sultan endlich zum Kriegseintritt zu bewegen, doch trotz dieser diplomatischen Schritte und dank der Gegenarbeit Schmids konnte sich Murad nicht dazu entschließen. Schmid wollte in diesen turbulenten Tagen schier verzweifeln. »Ich bin hie wie ein verlohrenes Schäfl«, schrieb er, »weder durch Venedig noch durch andere Weg höre ich von keinem Buchstaben . . . Ich grimbe mich zu tot, und es schmerzt mich bis in die Seel, um daß ich so verlassen und übel traktiert würd.« 1632 traf der zweite schwedische Gesandte in Konstantinopel ein, um mit dem Großwesir zu verhandeln. Schmid arbeitete erfolgreich gegen ihn, indem er dem Wesir bewies, daß der Gesandte kein Schwede, sondern ein fahnenflüchtiger Deutscher sei, worauf dieser abgewiesen wurde. Doch, so schreibt er, den Türken dürfe man nicht trauen. »Sie sind voller Falsch und Betrug; sie pflegen sich keiner Lüge zu schämen; was heute bei ihnen weiß ist, ist morgen schwarz.« Den Sultan Murad IV. schildert er als »Gäch, wütende und tyrannische Figur«. Murad selbst beschloß, den Krieg gegen Persien fortzusetzen, so daß die Gefahr für Europa abgewendet war. Er starb 1640.

Inzwischen hatte sich Schmids Stellung erheblich gebessert. Man wußte, wer er war, welchen Einfluß er zu üben verstand; er wurde von den Botschaftern zu Rate gezogen und die Türken wußten, daß sie es mit einem klugen, energischen Mann zu tun hatten. Fünfzehn Jahre hatte er in Konstantinopel gewirkt, nun war er müde und bat immer wieder um seine Abberufung aus der »bestialischen« Umgebung. 1643 wurde seine Demission angenommen; er reiste nach Wien, wo er einen langen schriftlichen Bericht über seine Tätigkeit einreichte, und ein Jahr später zog er in den Hofkriegsrat ein, wo ihm die Leitung der Ostpolitik übertragen wurde. Vier Jahre später mußte er, inzwischen in den Freiherrnstand erhoben – man gab ihm den Namen seines väterlichen Hauses Schwarzenhorn –, als Gesandter wieder in die Türkei, und dann reiste er zur Ratifizierung des Friedensvertrages, der alle zwanzig Jahre erneuert werden mußte, als kaiserlicher Botschafter nach Konstantinopel, wo er seinem Rang gemäß ehrenvoll empfangen wurde. Nach Wien zurückgekehrt, übertrug ihm der Kaiser den Vorsitz im Hofkriegsrat. Den 1683 ausbrechenden Türkenkrieg hat er nicht mehr erlebt, denn 1677 ist er gestorben.

In Stein verfolgte man Schmids Laufbahn mit Bewunderung und versuchte immer wieder, mit ihm Verbindung aufzunehmen, was durch die Reise von drei Neffen Schmid nach Wien auch gelang. Die ganze Familie wurde geadelt. Johann Rudolf schrieb daraufhin dem Vetter in Stein einen Brief, in dem er streng und ernst zu dieser Standeserhöhung Stellung nimmt. Da heißt es: *Es gehört viel dazu, einen solchen Stand zu führen und wer die Mittel nit hat und doch standesgemäß leben will, wird nur ausgelacht. Es hat der Herr Vetter zu beobachten und absonderlich wohl anzumerken, daß im römischen Reich und fast aller Orten diejenigen, welche für Edel gemacht sind und stattliche Wappen führen wollen, nit mit Handwerk oder Kaufmannschaft und dergleichen niedrige Gewerb sich ernähren; sonder auf adelige rittermäßige Tugenden sich befleißigen und in adelige Geschlechter heuraten müssen. Sunst hilft nichts zu zeigen und zu sagen, dis ist mein Wappen, ich bin von diesem und jenem Geschlecht; viel besser ist, man schweige, wann weder Mittel noch Tugend, den Adel zu führen, nit hat.* Der Freiherr, der Güter in Österreich erworben hatte und standesgemäß leben konnte, wollte seinen Vetter Hans Heinrich Schmid vor Lächerlichkeit bewahren.

Mit seinen Verwandten und dem Rat blieb Johann Rudolf im brieflichen Verkehr und einmal bittet er, der Rat solle ihm »einmal einen bas großen Schweizerkäse schicken; möchte gerne vor meinem Tode einen essen«.

Er schenkte der Stadt sein Porträt von Nikolaus van Hoye; es zeigt ihn als Botschafter in türkischer Tracht vor dem Sultan Mehmed IV. 1663, als die Türken in Ungarn einfielen, schickte ihn der Kaiser als Abgeordneten an die Eidgenossenschaft, um zur Türkenhilfe aufzurufen, und ein Jahr später schrieb der Vierundsiebzigjährige, er würde nach Stein kommen, »um mein geliebtes Vatterland in meinem hohen Alter noch einmal zu sehen und meine geliebten Herren Compatrioten zu besuchen«. Er kam mit seiner Frau und dem Schwiegersohn, Freiherrn von Rehlingen, in einer sechsspännigen Kutsche angefahren, wie es am Haus zum Schwarzenhorn gemalt zu sehen ist. In seinem letzten Brief heißt es: »Meine hochgeehrten Herren zu Stein, auch meine Base und alle Befreundeten, wie euch den Herrn grüßen wir, ich, meine Gemahlin und alle die Meinigen von Herzen in den Schutz des Höchsten uns samt befehlend. Meines vielgeehrten Herrn allzeit Dienst schuldigster Johann Rudolf Freiherr von Schwarzenhorn.«

In der Baar

Donaueschingen

Von Schaffhausen fahren wir über Singen und Geisingen durch stilles, waldreiches Hügelland zur Donau. Drüben verlieren sich die Berge der Rauhen Alb im blauen Fernduft. Das Hochland der Baar ist rauh; strenge Winter fegen darüber hin.

Spärlich sind die Dörfer. Am Gartenzaun des langgestreckten Bauernhauses steht das schlanke Tannenstämmchen, bildet mit seinem Grünschmuck und dem vom Sevibaum und Buchs ›die Palme‹. Mit buntem Band umzogen und lachenden Martinsäpfeln geschmückt, wird sie am Sonntag vor Ostern zur Weihe in die Kirche getragen, soll nun den Blitz vom Haus abhalten und Segen den Fluren bringen. Denn gewaltige Gewitter brauen im Sommer Wolken über der Baar zusammen, und der Winter hält bis in den Mai hinein stand.

Führt der Fremde mit dem Bauern in der Baar ein Gespräch, erhält er, wenn der überhaupt den Mund auftut, auf alle Fragen nur ein knappes »jo – jo« zur Antwort. Beobachtet er aber die Leute unter sich, erwacht der zurückhaltende Alemanne plötzlich zu einem lustigen, stets zum Sticheln aufgelegten Kerl mit kernig frischem Wesen, frisch wie die Luft der Weide. Wer ihn besser kennenlernen möchte, muß mit ihm winters ›im Kehr‹ von Haus zu Haus ›z'Hogarten‹ gehen, ihn bei Trunk und Tanz beobachten.

Die einheimische Tracht hält leider nur noch die Frau in Ehren. Sie besteht aus einer Kappe mit von Gold- und Silderfäden durchwirktem Seidenboden und Bändern, die bis zur Ferse fallen, einer reichgestickten ›Brust‹, Puffärmeln und einem schwarzen, samtverbrämten Rock. Dazu tragen die Katholischen weiße und die Protestanten rote Strümpfe.

Das Patriarchalische wahrt der Mann. Als echter Bauer stellt er bei der Begrüßung dem andern immer zuerst die Frage: »Wie steht's im Stall?« (Franz Schneller)

In diesem Land ist die Donau noch ein schmales Flüßchen, dem wir folgen, um bald darauf in Donaueschingen einzufahren. Seine Wasser empfängt der Fluß aus Brigach und Breg, die aus dem Schwarzwald kommen, sich bei Donaueschingen vereinigen und den Namen Donau annehmen. Im Schloßpark springt eine Quelle ins Rund einer hübschen Steinfassung unter der Marmorgruppe des Schweizer Bildhauers Adolf Heer; sie wird als Ursprung des Stroms bezeichnet, aber es sind die Wasser der beiden genannten Schwarzwaldflüßchen, die hier als romantische Quelle gefaßt worden sind.

Der Römer Decimus Magnus Ausonius schrieb 310 n. Chr. folgende Verse auf ein Suebenmädchen:

Reizende du,
lockendes Glück,
Spiel mir und Liebesfreude,
Wildling, und doch
zieh ich dich vor
römischen Puppenlärvchen.
Bissula, kaum
paßt ja zu dir,
Zarte, der rauhe Name,
abstoßend klingt
anderen wohl,
was deinem Herrn Musik ist.

Eine sehr alte Sitte war es, den Ursprung eines Flusses, dessen Wasser als heilig und heilsam gilt, durch Hineinspringen und Untertauchen zu verehren. So wurde es in Donaueschingen im 17. Jahrhundert gehalten. Das ›Donauprotokoll‹ aus den Jahren 1660-65 enthält lustige gereimte Einträge in deutscher und französischer Sprache zu diesen freiwillig-unfreiwilligen Bädern. Mit Pistolen- oder Böllerschüssen wurden die Gäste, ganz gleich zu welcher Jahreszeit, zum Sprung ins Wasser angefeuert. Ein Tusch von Trompeten und Pauken ehrte den Mutigen, und ein Glas, genannt die ›Sackpfeife‹, mit ›ehrlichem Mosler‹ wurde ihm kredenzt.

1723 verlegte Fürst Johann Wilhelm Ernst zu Fürstenberg

die Residenz von Stühlingen nach Donaueschingen in der Baar, einer Landschaft zwischen Schwarzwald und Rauher Alb. Es war damals schon ein stattlicher Markt, der nun als Residenz ausgestaltet wurde. Rings um die schöngegliederte, 1724-47 von dem Böhmen Franz Maximilian Kanka gebaute *Stadtpfarrkirche St. Johannes* steigen die Giebel der behaglichen kleinen Stadt auf, die nach dem großen Brand von 1808 fast ganz neu aufgebaut worden ist und die auch im letzten Krieg einige Schäden davongetragen hatte. Das Fürstenbergische Schloß im großen Park, zur gleichen Zeit wie die Kirche errichtet, gehört nicht zu den Meisterleistungen der Baukunst, denn es wurde 1893 so verändert, daß es mehr einer pompösen Villa jener Zeit gleicht, woran die Fürstin, eine geborene de Talleyrand-Périgord, wohl ihren Anteil gehabt haben mag.

Des Fürsten Karl Egon II. Interesse galt den Künsten nicht weniger als der Politik und Wirtschaft. Er förderte zeitgenössische Maler, er ließ die bemerkenswerten Sammlungen seines Hauses nach dem Vorbild der Brüder Boisserée neu ordnen und bereicherte sie durch Erwerbungen aus dem Kunstbesitz des mit seinem Hause eng befreundeten Freiherrn Joseph von Laßberg, dem Schwager der Dichterin Annette von Droste-Hülshoff; er vermehrte die Kupferstichsammlung und richtete ein Antikenkabinett ein. Auch die Welt der Literatur erfreute sich seiner tatkräftigen Unterstützung, welche 1829 den Beginn der Herausgabe des ›Codex Traditionum San Gallensium‹ ermöglichte; die Edierung des ›Deutschen Liedersaales‹, dessen erster Band 1820 erschien, wurde aus fürstlichen Mitteln finanziert, und so gab es noch vieles mehr.

Zwei Barockbauten bergen das umfangreiche Hausarchiv und die riesige fürstliche *Bibliothek*, die bis zum heutigen Tag stets ergänzt wird, Arbeitsräume und eine Leihbibliothek enthält und im besten Sinn von der Einsicht zeugt, daß man Verantwortung für geistige und künstlerische Werte zu tragen habe. Kostbare Inkunabeln, Handschriften, Miniaturen, Codices und Stundenbücher bilden den älteren Bestand, darunter befinden sich die Weltchronik des Rudolf von Ems, eines

Dienstmanns der Grafen von Montfort, eines Epikers aus der ersten Hälfte des 13. Jahrhunderts; die Handschrift C des Nibelungenliedes, die längste und höfischste Fassung des Epos aus dem frühen 13. Jahrhundert, die in Schloß Hohenems in Vorarlberg gefunden und über die Sammlung Laßberg nach Donaueschingen gelangte; das altfranzösische Epos ›Le vœu du paon‹ und schließlich die berühmte Zimmernsche Chronik, eine wahre Schatzkammer für denjenigen, der die Sitten und Bräuche und den Lebensstil des 16. Jahrhunderts studieren will.

Von den Grafen von Zimmern, Montfort, Helfenstein, den Freiherren von Gundelfingen und Laßberg stammt vieles in den *Kunstsammlungen* im Karlsbau beim Schloß: eine Passionsfolge des älteren Holbein, Gemälde von Lucas Cranach d. Ä., vor allem das Werk des Meisters von Meßkirch, Gemälde der Bodenseeschule, von Bartholomäus Zeitblom, Bernhard Strigel, Hans Leonhard Schäufelein und unter den Niederländern von Rogier van der Weyden, um nur einige zu nennen. Nach dem letzten Krieg kaufte das fürstliche Haus zwei Flügel des Frankfurter Grünewaldaltars, die verschollen waren, aber damals in Privatbesitz wieder auftauchten. Fürstenberg griff zu, um die Tafeln vor der Abwanderung ins Ausland zu retten. Sie sind 1971 an die Kunsthalle Karlsruhe verkauft worden. Den ersten Katalog der Sammlungen schrieb Levin Schücking, der Freund der Droste-Hülshoff. Laßbergs Sammlungen kamen nach seinem Tod 1855 in den Besitz der Familie Fürstenberg. So führt die Galerie von Donaueschingen dem Besucher in ausgezeichneten Beispielen die Entwicklung der deutschen Malerei am Oberrhein und in Schwaben vor Augen und vermag an Qualität durchaus neben den großen deutschen Museen zu bestehen.

Das Haus Fürstenberg

Marie von Ebner-Eschenbach schrieb einst ein Zukunftsbild. Da stöbert ein zwölfjähriger Bub des 22. Jahrhunderts im Trödel auf dem Speicher des Hauses, findet Reste eines Buches und darin ein seltsames Wort. Er heischt vom Vater Erklärung.

WILHELM SCHEUCHZER (1803-66)
Ansicht von Donaueschingen
Gouache, 1827 (Ausschnitt)

Donaueschingen,
Fürstlich Fürstenbergische Sammlungen

Foto: Georg Goerlipp, Donaueschingen

»Wie lautet es?«, fragte der Vater. – Das müde Knäblein buchstabierte mit leise hinfließendem Tone: »Rit-ter-lich-keit.«

»Ritterlichkeit?« Mählich ließ der Vater den mageren, blassen Zeigefinger der überdamenhaft schmalen Hand zur neurasthenischen Stirn emporschweben. »Ritterlichkeit?« wiederholte er visionär, »mir ist, als hätte ich deinen Großvater dereinst etwas ähnlich klingendes aussprechen gehört. Warte – ich will nachschlagen – in einem alten Wörterbuch.«

Ritterlichkeit, ein Begriff, den wir schon fast vergessen haben. Manchmal trifft man auf der Münchner Maximilianstraße einen hochgewachsenen alten Herrn mit schlohweißem Haar und Schnurrbart, eine elegante, sehr vornehme Gestalt. Es ist der Fürst zu Fürstenberg. Ritterlichkeit fällt einem sofort ein, denn ritterlich wirkt der alte Herr, wie eine Erscheinung aus längst vergangener Zeit. Die Herren jener versunkenen Zeit, obwohl es gar nicht so lange her ist, ruhten sicher in sich selbst, unangefochten von der Meinung des Tages, eingedenk einer Ordnung, die nun längst nicht mehr besteht und die nur noch in den Bildern der Schlösser und Burgen jener vergangenen Zeit nachklingt.

Graf Egino v. von Urach, der Haupterbe der Zähringer geworden war, nannte sich später Graf von Freiburg. Anläßlich der Erbteilung der Grafen von Freiburg im Jahre 1245 waren dem jüngeren Sohn Heinrich der östliche Teil der Baar, sowie Teile des Schwarzwaldes zugefallen. Seit 1250 nannte Heinrich sich nach dem Fürstenberg, der einst Zollernscher Besitz gewesen war. Er ist der Stifter des fürstlichen Hauses. Heinrich war zuerst, wie sein Bruder Konrad von Freiburg, Gegner der Staufer, trat aber später auf ihre Seite. Durch gemeinsame Urgroßeltern mit Rudolf von Habsburg verwandt, trat er sofort in dessen Dienste, als Rudolf König geworden war und hatte nicht geringen Anteil an der Wiederherstellung der Reichsgewalt. König Rudolf selbst sagte, Heinrich habe mit unerschütterlicher Gesinnung und Ausdauer dem Reich gedient. Zum Dank erhielt er Villingen und Haslach als erbliche Reichslehen. Vermutlich geht der Bau des Villinger Münsters auf ihn zurück. Heinrichs Sohn Friedrich erheiratete die Herrschaft Wolfach, die sich von der Höhe des Kniebis bis zur Kinzig erstreckte. 1283 besaß das Haus Fürstenberg die gesamte Baar und nannte sich auch Landgrafen in der Baar. Heinrich war einer der bedeutendsten Kolonisatoren des Schwarzwalds. Seine Söhne teilten die gesamte Ländermasse, manches ist später veräußert worden, und 1326 verloren sie Villingen wieder an Habsburg.

Im Laufe der Zeit kamen die Grafschaft Heiligenberg, die Herrschaften Jungnau und Trochtelfingen, die Herrschaften Meßkirch, Gundelfingen und die Landgrafschaft Stühlingen durch Heirat oder Erbschaft hinzu, so daß sich ein sehr umfangreiches reichsunmittelbares Territorium gebildet hatte. Dazu kamen noch die inzwischen wieder verlorenen Herrschaften Pürglitz in Böhmen und Weitra in Niederösterreich. 1664 wurde die Linie Heiligenberg in den Reichsfürstenstand erhoben, der später auf die Stühlinger Linie übertragen worden ist. Als Fürst und Landgraf zu Fürstenberg zog Fürstenberg im Reichsfürstenrat ein.

Die Fürstenberg sind ein ungestümes Geschlecht, ehrgeizig, aber auch im höchsten Maße bereit, Hilfe zu leisten, wenn es notwendig ist. Sie machten im Laufe der Jahrhunderte immer wieder von sich reden, im Guten und im Bösen, als treuer Reichsstand oder als Reichsfeinde.

Da sind zum Beispiel die fürstenbergischen Herren im 17. Jahrhundert, dieser Epoche äußerster menschlicher Verwilderung, politischer Unsicherheit und von Intrigen aller Art.

Als eine »Anomalie in der Geschichte des großen schwäbischen Hauses Fürstenberg« bezeichnet der ›Rheinische Antiquarius‹ drei Söhne des Grafen Egon VIII., des tüchtigen, treuen kaiserlichen Feldzeugmeisters, der schon drei Söhne im Krieg gegen Frankreich verloren hatte.

Es sind Franz Egon, Wilhelm Egon und Hermann Egon, die sich auf besondere Weise ausgezeichnet haben.

Franz Egon war der Jugendfreund Herzog Maximilian Heinrichs von Bayern, des Kurfürsten von Köln, und wie dieser zum geistlichen Stand bestimmt. Als Oberhofmeister und Minister seines Freundes spielte er am Hof zu Bonn die einflußreichste Rolle; außerdem war er Domherr von Köln, Speyer, Hildesheim, Straßburg und Lüttich, alles reiche Pfründen. Doch war dies dem ehrgeizigen jungen Mann nicht genug. Er fühlte sich vom Glanz des französischen Hofs unwiderstehlich angezogen, zudem konnte er vom stets in Geldnöten steckenden Kaiser wenig, von Frankreich viel erhoffen. Franz Egon und seine Brüder, vor allem Wilhelm Egon, ebenfalls Domherr in Köln, arbeiteten für die französischen Interessen; sie brachten den Kurfürsten von Köln in das französische Lager und versuchten, Ludwig XIV. die Kaiserwürde zu verschaffen. Mit Wilhelm Egon traf Franz Egon in Metz mit dem Minister Kardinal Mazarin zusammen, der ihnen glänzende Versprechungen machte und bedeutende Summen zur Verfügung stellte. Als sich die Pläne um Ludwig XIV. jedoch zerschlugen, reiste Franz Egon nach München, um mit Hilfe seines Bruders Hermann Egon, Geheimrat und Obersthofmeister – dem »schlimmsten von allen«, wie ihre Schwester Gräfin zu Löwenstein schreibt –, Kurfürst Ferdinand Maria zur Annahme der Kaiserkrone zu bewegen. Auch hier war kein Erfolg beschieden, denn der Kurfürst lehnte rundweg ab, und Erzherzog Leopold wurde 1658 zum Kaiser gekrönt. Auf Betreiben Franz Egons schlossen daraufhin Mainz, Köln, Kurpfalz, Braunschweig und Hessen-Kassel 1658 den Rheinischen Bund, um den habsburgischen Einfluß im Reich auszuschalten.

1652 hatte Mazarin dem sechsundzwanzigjährigen Franz Egon das Bistum Metz verschafft, doch verweigerte der Papst die Bestätigung, da Franz Egon nicht die Weihen hatte, die er erst 1661 in Köln empfing. Auf Metz hat er wieder verzichtet, als er zur Belohnung für seine Tätigkeit zwölf Jahre später das Bistum Straßburg erhielt. In seinem Dankschreiben an Ludwig XIV. für empfangenes Wohlwollen und mit der Bitte um weitere Zuwendungen seiner Gläubiger wegen heißt es: »Mais comme il lui a plû de m'assurer elle-même et par M.M.ses ministres, que son principal but est de m'avancer à l'Électorat des Cologne, j'ose espérer de sa bonté royale qu'elle voudra bien m'y assister aujourd'hui, où par l'approche de la paix elle vient derechef être mis sur le tapis, et où le duc de Neubourg, par l'assistence de l'Empéreur et de ses amis ne manque pas d'employer des sommes immenses afin de gagner l'amitié des ministres de M.l'Électeur et des chanoines capitulaires . . .«

Franz Egon erreichte sein Ziel, die kürfürstliche Würde, nicht, erhielt aber 1680 eine französische Pension von 60000 Livres. Er starb 1682 von niemandem betrauert.

Der um drei Jahre jüngere Bruder Wilhelm Egon übertraf Franz Egon noch an Eifer für die französischen Interessen. Er spielte eine zwielichtige Doppelrolle; einmal trat er als der allmächtige Minister des Kurfürsten von Köln auf, dann wieder als französischer Parteigänger und Agent. Auf einem Bankett des Kurfürsten von Mainz goß er während eines Toasts auf den Kaiser den Inhalt seines Glases auf den Boden. Graf Hatzfeldt forderte ihn daraufhin und stieß ihm, als er die Gesundheit Ludwigs XIV. ausbringen wollte, das Glas in die Zähne.

In Wien hatte man beschlossen, den Störenfried in Bonn zu züchtigen und vom Schauplatz seines verderblichen Wirkens zu entfernen. Man entführte ihn 1674, brachte ihn auf die Festung Spielberg bei Brünn, sodann in sicheren Gewahrsam nach Wiener-Neustadt. Zwar traten Frankreich, England und Schweden für ihn ein, aber Kaiser und Reichstag erklärten, recht gehandelt zu haben, denn Wilhelm Egon sei ein Reichsfeind.

Durch den Frieden von Nymwegen fiel er unter die Amnestie und eilte sofort nach Versailles, um dem König seine Aufwartung zu machen. 1682 wurde er Nachfolger seines Bruders in Straßburg und vier Jahre später auf Veranlassung Ludwigs XIV. zum Kardinal ernannt. Kurfürst Maximilian Heinrich von Köln wollte ihn als seinen Nachfolger bestätigt sehen, wogegen Bayern, Kurpfalz und der Kaiser Einspruch erhoben. So folgte 1688 in Köln Herzog Joseph Clemens von Bayern. Wilhelm Egon ist 1704 in Paris gestorben. Der Herzog von St. Simon, der scharfe Beobachter der Personen und Zustände am französischen Hof, charakterisiert ihn folgendermaßen: »Fürstenberg était un homme de médiocre taille . . . avec le plus beau visage du monde . . . qui parlait fort mal français; qui à le voir et à l'entendre à l'ordinaire, paraissait un butor, et qui approfondi et mis sur la politique et les affaires, à ce que j'ai oui-dire aux ministres et à bien d'autres des tous pays, passait la mesure ordinaire de la capacité, de la finesse et de l'industrie. Il a tout fait de bruit en Europe, qu'il est inutile de chercher à le faire connaitre . . .«

Ein ganz anderer Mann war Fürst Karl Egon II., der 1806 die Mediatisierung des Fürstentums erlebte, ein hochgebildeter, kluger Herr, der ungeachtet des Verlustes seiner Souveränität nicht auf politische Verantwortung und öffentliches Wirken verzichtete, wozu ihm das Recht der Standschaft in der I. Badischen Kammer viele Möglichkeiten bot.

Fürst Karl Egon II.

Das Haus Fürstenberg stellt durch Generationen den Typus des liberalen-konservativen hohen Adels dar. »Hohes dynastisches Selbstbewußtsein, Traditionsstolz, ausschließlich standesgemäße Ehen, öfters mit souveränen Häusern, fürstliche Familienpolitik und herrscherlicher Lebensstil gehörten zu den selbstverständlichen Gepflogenheiten der Chefs.« (Heinz Gollwitzer)

Die Fürstenberg waren eine der etwa achtzig Familien jener kleinen, einst regierenden Häuser, welche 1806 mediatisiert wurden, deren Rechte 1815 durch den Wiener Kongreß festgelegt worden sind und die unter dem Begriff ›Standesherren‹ zusammengefaßt werden. Für den Freiherrn vom Stein war es eine der wichtigsten Aufgaben bei der Neugestaltung Deutschlands, die Verluste auszugleichen, welche die Mediatisierten als Opfer des Rheinbundsystems erlitten hatten. Thurn und Taxis und Fürstenberg wünschte er sogar als regierende Fürsten wieder einzusetzen an Stelle der Rheinbundfürsten von der Leyen und Isenburg, die »wegen ihrer Kleinheit und wegen ihres verworfenen Betragens nicht beibehalten werden können«. Von der Leyen, wie wir gesehen haben, ist allerdings nichts anderes übrig geblieben, als sich dem Willen Napoleons zu beugen. Steins Äußerung entsprang seiner Antipathie gegen die Mittelstaaten, die sich so wenig freundlich gegen hohen Adel und Reichsritterschaft betragen hatten. Die Gruppe der ›Standesherren‹ hat im 19. Jahrhundert keine geringe Rolle in der politischen Geschichte gespielt. Die drei bedeutendsten leitenden Staatsminister Österreichs kamen aus ihren Reihen: Johann Philipp Graf Stadion, Lothar Clemens Wenzel Fürst von Metternich und Felix Fürst von Schwarzenberg. In Preußen amtierte Wilhelm Fürst zu Sayn-Wittgenstein-Hohenstein als königlicher Haus- und Polizeiminister; der erste Ministerpräsident der Paulskirchenregierung in Frankfurt war Karl Fürst zu Leiningen und der letzte August Ludwig Prinz zu Sayn-Wittgenstein-Berleburg, und man erwog 1848, den Fürsten Konstantin von Waldburg-Zeil an die Spitze des Paulskirchenkabinetts zu bringen. Chlodwig Fürst zu Hohenlohe-Schillingsfürst war bayerischer Ministerpräsident, Reichsstatthalter im Elsaß und schließlich Reichskanzler; Otto Fürst zu Stolberg-Wernigerode amtierte als Vizekanzler neben Bismarck. Die Liste ließe sich beliebig fortsetzen. Karl Egon II. Fürstenberg wurde 1848 sogar aufgefordert, sich um die deutsche Kaiserkrone zu bewerben, denn, so hieß es, »hat im Jahre 1273 der Graf von Habsburg die Krone erlangt, warum sollte im Jahre 1848 nicht ein kluger, tapferer, humaner Fürst mit kräftiger Hand den so sehr nötigen Weltfrieden herstellen können?« Der Fürst selbst nahm den Vorschlag nicht ernst.

Karl Egons Vater Karl Aloys war als kaiserlicher Feldmarschalleutnant im Koalitionskrieg gegen Frankreich 1799 bei Stockach gefallen. Seine Mutter Elisabeth von Thurn und Taxis, eine ausnehmend kluge, energische Frau, arbeitete unermüdlich als Bevollmächtigte der von der Mediatisierung betroffenen Familien für die standesherrlichen Rechte auf dem Wiener Kongreß, wirksam unterstützt von ihrem Freund Freiherrn vom Stein. Außerdem sorgte sie für eine ausgezeichnete Erziehung ihres Sohnes. »Junge Catos sind mir in der Seele zuwider«, schrieb sie, als man sie auf die leichtsinnige Art des

Jünglings und seinen Erfolg bei Frauen hinwies. Einundzwanzig Jahre alt übernahm Karl 1817 die Verwaltung seiner Güter. Die Mutter schrieb ihm damals:

... Ewig bleibe Dir Hochmuth und Hoffarth fremd, aber ein edler Stolz ziert den Deutschen Jüngling. Gott hat Dir in seiner Gnade Fähigkeiten gegeben; vernachlässige keine derselben, lege Dich nur dann vergnügt nieder, wenn das Bild des verflossenen Tages Dir die Ausübung einer Tugend, die Ausrottung einer bösen Regung, das Fortschreiten in geistiger Vollkommenheit vorhält. Präge Dir tief ein, daß Du nunmehr nur durch Dein eigenes Selbst Achtung und Liebe erwerben kannst. Es war eine Zeit, wo der Fürst zu Fürstenberg von seinen eigenen Leuten umgeben, mit Macht begabt, Tausende zu versorgen, mit sehr mittelmäßigen Gaben so geehrt schien, daß es seiner Schwachheit entgehen konnte, daß seine Persönlichkeit bey der Ehrerbietung, die ihm bewiesen ward, kaum in Anschlag kam. Diese Zeiten sind vorüber – aber wirst Du sie wohl eines Seufzers würdig achten, wenn Du im süßen Bewußtsein sie zu verdienen, wahre Achtung, unselbstsüchtige Liebe von Deiner Umgebung, von Deinen Mitbürgern genießest? Darauf, theurer Sohn, gehe Dein ganzes Bestreben; strenge Redlichkeit, reine Menschenliebe sei Dir heilige Pflicht, sey gütig und gerecht gegen Deine Untergebenen, halte streng auf Ausübung Deiner Befehle, und wisse stets zu lohnen, wo Du gute Dienste empfängst ... Du bist nun gerichtlich meiner Gewalt entlassen; aber der Gewalt meiner Liebe bist Du es auf ewig nie ...

Karl Egon, der sich mit Prinzessin Amalie von Baden vermählte, hat die Mutter nicht enttäuscht, zudem hatte er an den ihm befreundeten Ministern Metternich und Wittgenstein in Wien und Berlin gute Ratgeber. In der 1. Kammer Badens ist er auf allen Gebieten der Verwaltung und Wirtschaft sehr tätig gewesen; er setzte sich für vermehrte soziale Maßnahmen ein, für die Gleichstellung der Juden, Verbesserung des Schulwesens, der Lehrerausbildung und den Ausbau der Industrien.

Sein Liberalismus trug ihm nicht selten herbe Kritik ein, als er zum Beispiel zur Ablösung der bäuerlichen Frondienste in der 1. Badischen Kammer sagte: *Ich werde gewiß immer und zu jeder Zeit die Hand dafür bieten, wenn es gilt, Belastete zu erleichtern, ohne die Rechte anderer zu sehr zu verletzen. Ich brauche wohl nicht hinzuzufügen, daß ich noch größere Opfer zu bringen bereit wäre, als schon geschehen; doch bleibt immer zu bedenken, daß man auch Pflichten gegen seine Genossen und seine Nachkommen hat.*

Er unterstützte auch die Anträge der II. Kammer in der Frage der Pressefreiheit und hielt zu diesem Thema 1831 eine aufsehenerregende Rede, in der es heißt:

Wie die Offenheit wesentliches Kriterium des redlichen Charakters, so scheint mir die Freiheit der Presse das sicherste Kennzeichen, der beste Beweis zu sein von dem Vertrauen der Regierung gegen die Regierten. Vertrauen aber erzeugt wieder Vertrauen, und gegenseitiges Vertrauen ist sicher eine der ersten und unentbehrlichsten Grundlagen jeder gesellschaftlichen Verbindung ... In dem Sinne, wie die Freiheit der Seele besteht, besteht auch eine Freiheit des Gedankens. Die Freiheit ist durch nichts beschränkt, als durch die Gesetze der Sittlichkeit, also durch sich selbst. Präventivmaßregeln gegen möglichen Mißbrauch der Denkfreiheit lagen nicht, wie mir scheint, in dem weisen Plan der Weltschöpfung, außer nur insoweit, als sie durch das Sittlichkeitsgesetz bedingt sind. Unverkennbar dagegen trägt jede Übertretung der Moralgesetze in sich schon den Keim der Strafe, weil sie die moralische Freiheit in ihrer Wesenheit verletzt, in ihrem Verhältnis nämlich zur Sittlichkeit, ohne welches der Mensch aufhört Mensch, das ist vernünftiges Wesen, zu sein ... Fürchten wir uns nicht vor den Folgen der Maßregel, die Zensur aufzuheben und die Preßfreiheit mit einem vernünftigen Pressegesetz einzuführen, mit einem Gesetz, das uns vor frechem Mißbrauch schützen soll. Schaudern wir nicht zurück vor den Wirkungen der freien Presse! Nur bei einem sittlich verdorbenen, zügellosen, unbeugsamen Volke wäre solche Freiheit gefährlich ...

In Wien wurde diese Rede höchst ungnädig aufgenommen und man machte dem Fürsten den Vorwurf, »den Weg der Demagogie« betreten zu haben. Auf den kaiserlichen Tadel antwortete Karl Egon ehrerbietig, doch fest: *Wenn ich ... in meinen Ansichten bei den Ständeverhandlungen ... mit Prinzipien zusammentraf, die nur in konstitutionellen Staaten Anwendung fin-*

den, und den Grundsätzen der absoluten Regierungsform widerstreben, so kann mir dies offenbar wieder nicht zu gerechtem Tadel gereichen, da ich mich nur innerhalb des Kreises der beschworenen Pflicht bewege. Niemals werde ich vergessen, daß ich Treue der Verfassung geschworen, daß ich meineidig ... handeln würde, wenn ich in Wort oder Gesinnung gegen den Geist oder Buchstaben der Verfassung anstreben wollte, so lange dieselbe in gesetzlicher Kraft besteht ... Ew. Majestät geruhen hieraus gnädigst die Überzeugung zu schöpfen, daß ich gar wohl weiß, was mir zu tun nicht bloß erlaubt, sondern auch Pflicht ist ...

Es ist interessant, festzustellen, welche Motive die liberale Haltung des Fürsten bestimmt haben. Er fährt nämlich im gleichen Schreiben fort: *Eben die mannigfachen Unbilden der Zeit aber, die mein Haus so schwer getroffen haben* [er meint die Mediatisierung], *sind es, die mein Gemüt milde, meinen Charakter versöhnlich, meinen Willen geschmeidig gemacht haben ... Bei allen diesen Operationen erlitt der Adel bedeutende Verluste. Wären diese Ablösungen, die sich allerdings ... nicht von der Hand weisen ließen, durch ein Bundesgesetz reguliert worden, so wären ... die Verluste des Adels geringer, die Reibungen vielleicht minder geworden ... Eine solche Regelung festzusetzen, hat der hohe Bund in dieser Hinsicht nicht für gut befunden. ... Wenn nun aber der hohe Bund in dieser Hinsicht den deutschen Adel den Fluktuationen der Gesetzgebungen glaubte preisgeben zu müssen, so ist es einzelnen Gliedern adeliger Geschlechter gewiß nicht zu verdenken, wenn sie, von der Geschichte gewarnt, ich möchte wohl sagen, durch das Gesetz einer mehr als traurigen Notwendigkeit auf die Idee geführt wurden, in Zeiten zu einem klugen Vergleich sich zu verstehen, um wenigstens etwas aus dem Sturm zu retten ...*

Ähnliche Töne hört man in den Schriften des Fürsten Karl Leiningen, zu dessen Freunden Karl Egon gehörte.

Der Fürst starb 1854. Die politischen Stürme jener Zeit, an denen er so regen und tätigen Anteil genommen hat, sind verrauscht, doch von seinem Wirken im alten fürstenbergischen Territorium zeugt noch heute die Anhänglichkeit der Bewohner zum fürstlichen Haus.

Ebenso aufgeschlossen wie für Kunst und Literatur waren und sind die Fürstenberg für die Musik. In den Orchestern der kleinen Höfe haben nicht selten bedeutende Komponisten gewirkt. Wir denken an Joseph Haydn, der ein Schützling des Fürsten Esterhazy in Eisenstadt gewesen ist; wir wissen von dem Musikenthusiasmus der fürstlichen Familien Kinsky, Liechtenstein, Auersperg, Lichnowski oder Schwarzenberg in Österreich und Böhmen, von den Hofkapellen in Mannheim, Ansbach oder Bayreuth, den Orchestern der kleinen Höfe von Berleburg, Wallerstein oder Pommersfelden, von der schon frühen Musikpflege im Hause der Fugger. Die meisten dieser Orchester der kleineren und größeren geistlichen und weltlichen Reichsstände mußten ihre Tätigkeit nach der Säkularisierung und Mediatisierung einstellen, weil die Kosten nicht mehr getragen werden konnten, weil die geistlichen Hofhaltungen aufgelöst wurden. Ein reiches und fruchtbares Musikleben in Stadt und Land fand damit sein Ende. Nicht so in Donaueschingen. In der Musikpflege des Hofs haben die berühmten Donaueschinger Musiktage ihren Ursprung. Hier leitete 1810-21 Konrad Kreutzer das Hoforchester, hier musizierte während einer Woche Leopold Mozart mit seinem zehnjährigen Sohn Wolfgang Amadeus für die fürstliche Familie. Vater Mozart berichtet über den Besuch von 1766. *Der Fürst gab mir 24 Louis d'Or und jedem meiner Kinder einen diamantenen Ring; die Zächer flossen ihm aus den Augen, da wir uns beurlaubten, und kurz wir weinten alle beim Abschied; er bat mich ihm oft zu schreiben, und so höchst vergnügt unser Aufenthalt war, so sehr traurig war unser Abschied.*

Seit 1822 machte der aus Prag berufene Hofkapellmeister Johann Wenzel Kalliwoda die Residenz mit den neuesten Opern bekannt; sein Denkmal wurde in dankbarer Erinnerung an seine Wirksamkeit im Schloßpark aufgestellt. Hier gründete kurz vor dem Ersten Weltkrieg Musikdirektor Heinrich Burkard die ›Gesellschaft der Musikfreunde‹, deren Ziel es war, unbekannte Kompositionen aus den reichen Beständen des Archivs aufzuführen. Burkard aber wollte auch die moderne Tonkunst zu ihrem Recht kommen lassen, und der Fürst spielte mit. Seiner Einladung in den Ehrenausschuß der geplanten Kammermusik 1921 »folgten Männer wie Ferruccio Busoni und Franz Schreker, ja sogar Gegner der modernen Musik wie Siegmund von Hausegger, Hans Pfitzner, Arthur Nikisch und Max von Pauer. Schließlich tat Burkard den Hauptzug in seiner kulturpolitischen Schachpartie: er gewann Richard Strauß als Ehrenvorsitzenden.«

Zum ersten Musikfest im Jahre 1921 erschien Paul Hindemith. In den folgenden Sommern sind diese Musikfeste wiederholt worden; »ihr Erfolg war«, wie Stuckenschmidt schreibt, »für die ganze Entwicklung der Musik in Mitteleuropa entscheidend«, denn wer fand sich nicht alles ein: Bela Bartok, Arnold Schönberg, Anton von Webern, Igor Strawinsky – Musiker aller Länder verlangten in Donaueschingen gehört zu werden. 1923 nahm Annette Kolb daran teil, denn sie glaubte, es ihrem Interesse für Musik schuldig zu sein. *Die Hitze war mörderisch*, berichtet sie, *die Züge so überfüllt, wie sie nur hart vor einer Tariferhöhung zu sein pflegen. Der Rauch billiger Zigaretten mischte sich in den herrschenden Dunst. Tief verdrossen saß ich in der Dichterklasse. Wo sonst? Zum Lesen war es zu dunkel in der einbrechenden Nacht, die Beleuchtung spärlich wie für Sträflinge, und alles winterlich trübe bis auf die Hitze ... Um 9 Uhr früh, bequem an einen Pfeiler lehnend, freute ich mich zum erstenmal, daß ich gekommen war ... Die Atmosphäre Donaueschingens ist noch sehr sympathisch. Der Dollarstand ist fern, von Nationalismen keine Rede. Es dreht sich wirklich alles nur um die Sache. Diese Jugend, hier ganz sich selbst überlassen, ist ganz sich selbst ...*

1950 erlebte Donaueschingen eine Renaissance dieser musikalischen Feste unter der Bezeichnung ›Donaueschinger Musiktage für zeitgenössische Tonkunst‹. H. H. Stuckenschmidt schildert die Atmosphäre dieser Tage:

Im Schwarzwald sonniges Wetter ... Am Sonntagnachmittag kommen die letzten Besucher; vor dem Festbüro im ›Schützen‹ steht man Schlange. Aber die Organisation klappt, jeder bekommt die weißen Passepartouts, gültig für die beiden Orchesterkonzerte und die Matinée ›Jazz-Time‹. Dann pilgert man zur Stadthalle. Auf dem Parkplatz stehen einige hundert Wagen aus einem Dutzend europäischer Länder. Der Vorhof der Stadthalle ist zum internationalen Treffpunkt von Freunden und Feinden geworden. Man geht zu den Garderoben durch eine Ausstellung moderner Noten und Musikbücher. Über allem liegt ein schwacher Duft von Landwirtschaft: Heu, Stroh und Kuhmist.

Das erste Konzert beginnt mit Kompositionen des Amerikaners Elliot Carter und der Franzosen Gilbert Amy und Michel Ciry; Höhepunkt der Veranstaltung ist jedoch zweifellos die Aufführung von Strawinskys ›Agon‹, einem Ballett für zwölf Tänzer.

Strawinsky, der vom Dirigenten nicht mehr verlangt, als das Seil zu ziehen, damit die Glocke schwingt, leitet das Orchester mit den Gesten eines alten Tanzmeisters, die Rechte wie Kußhändchen werfend, die Linke oft in die Hüfte gestützt. Das Baden-Badener Orchester spielt wie unter einer Klanglupe ... Abends große Autoauffahrt im Regen. Marmorne Vorhalle. Oben steht die Hausherrin, lächelnd und gütig, im Foyer grüßt das Ölporträt Wilhelms des Zweiten in Garde-du-Corps-Uniform, drinnen scharen sich die Gäste um die kalten Büfetts und Weinflaschen, deren Arrangement sich auf vier Räume verteilt. Gobelins, Perserteppiche, Empiremöbel, venezianische Lüster. Die Eleganz hat einen großbürgerlichen Beiklang. Der Fürst, rüstiger und witziger Sechziger, Hüne und Grandseigneur, erinnert an Richard Strauß. Er findet an der modernen Musik aufrichtig Geschmack, aber mehr wohl noch an den Leuten, die sie produzieren. Für das Orchester gibt er Sonntag einen Bierabend.

Des Fürsten Gruß wendet sich an alle, die zum Festzauber beitragen, auch an die Jazzleute. Deren Stunde schlägt am Sonntag vormittag, gleich nach der morgendlichen Uraufführung der ›Septimenmesse‹ des Heidelbergers Johann Baptist Lechner für A-Capella-Chor beim feierlichen Hochamt in der Stadtkirche. Um 11 Uhr 34 ist die Stadthalle voll. Im Parkett sitzen neben den Seriösen und Seriellen die ›Fans‹: Teenager als Schulmädchen, Teenager als Vamps, Teenager als Teenager mit zu engen Hosen und Pferde-

schwanz, reife Damen als Teenager, dazu Jünglinge mit existenzialistischen Gesichtern. Eineinhalb Stunden Jazz (tonal, atonal oder zwölftönig). Nicht ohne Kurzweil, wenn der Jazz auch in seiner Jugend stimulierender schien als heute, dreißig Jahre später. In Donaueschingen wirkt er als Korrektur zum Manierlichen hin; Hindemiths ›Minimax‹ Anno 1921 war lustiger, wenn auch minder raffiniert ... Am Dienstag nach so dissonanzreichem Weekend findet eine Sitzung des Gemeinderats statt. Auf der Tagesordnung steht neben anderem: Satzung über die Müllabfuhr; Beschaffung von Schweinebuchten für Zuchtsauen; Ausbau der Mozartstraße. Keine Gefahr, daß ein Wort gegen die Musik fiele.

Die Stadt trägt ihr Alltagskleid wieder, sauber und an ein paar Stellen gestopft: das Kleid einer stillen süddeutschen Ex-Residenz.

Am Neckar

Nach Rottweil

Zwischen Donaueschingen und Schwenningen beginnt der Neckar seinen vielgewundenen Lauf im tief eingeschnittenen Bett zwischen Schwarzwald auf der einen, Baar und Rauher Alb auf der anderen Seite. Eine mächtige Tanne steht an seiner Quelle, der ›Hölzlekönig‹. Hier, an seinem Ursprung, fließt der Neckar als schmaler Bach, allmählich breiter werdend, bis er zum Fluß geworden ist, als welchen wir ihn gemeinhin kennen. Wenn wir ihm folgen, können wir uns immer wieder an den reizvollen wechselnden Landschaftsbildern erfreuen.

Da steigt jenseits des Flusses ein Genist von Häusern empor, überragt von dem schlanken Turm der Lorenzkapelle, und von der Hochfläche über der Stadt schauen wir über die schönen braunroten, ineinandergeschachtelten Dächer hin.

Aus dem Tal oder von der Höhe gesehen gleicht Rottweil den auf spätgotischen Tafeln dargestellten Städten, zum Beispiel auf Friedrich Herlins Altarbild der Ansicht Rothenburgs ob der Tauber.

Die Kelten nannten den Ort Brigobanne, die Römer Arae Flaviae, das im letzten Viertel des 4. Jahrhunderts in den Kämpfen zwischen Römern und Alemannen zerstört worden ist. Im frühen Mittelalter stand hier auf dem südlichen Ufer ein Königshof, der die Römerkastelle umfaßte und bei dem jenseits des Flusses eine neue Siedlung entstand, die im 13. Jahrhundert Reichsstadt geworden und bis 1803 geblieben ist.

Das mittelalterliche Rottweil ist wohl eine Gründung der Herzöge von Zähringen, seine Mauern waren 1241 im Bau. Die Stadt wurde auf quadratischem Grundriß angelegt, wie Freiburg oder Villingen, mit regelmäßig geführten breiten

Straßen. Steil abfallende Schluchten sicherten sie auf drei Seiten, während die vierte Seite auf der Hochfläche durch das von der Stadt etwas entfernte Vorwerk ›Hochturm‹ geschützt war.

Otto Borst schreibt in seinem Buch ›Alte Städte in Württemberg‹, daß in der Kleinheit die Möglichkeiten der württembergischen Städte lagen und liegen, denn sie waren in der Lage, ihre Eigenart auszubilden, »nämlich in jenem urwüchsigen, städtisch-bürgerlichen Sinne, sich gegen alle anonyme Funktionslosigkeit, die sich mit dem Wachstum ins Übergroße einzustellen pflegt, abzuschirmen«. Rottweil wurde von einem selbstbewußten, stolzen Patriziat regiert, und zudem war es bedeutungsvoll als Sitz des kaiserlichen Hofgerichts, das ursprünglich mit der königlichen Pfalz im Süden der heutigen Stadt verbunden war. Bis zu ihrem Erlöschen amtierten die Grafen von Sulz, deren Stammburg weiter neckaraufwärts liegt, als erbliche Hofrichter, also Vorsitzende, denen Beisitzer, zuerst Ritterbürtige, dann Rottweiler Bürger, unterstanden. Es waren zwölf Ratsherren, welche zugleich die vornehmsten Stadtämter versahen wie Bürgermeister oder kaiserlicher Schultheiß. Mit dem Stadtadel bildeten die Hofgerichtsbeamten die ›Herrenstube‹. Der steinerne Gerichtsstuhl, er wurde im Rokoko prächtig erneuert, steht an ›offener Königsstraße‹, die heute noch Königsstraße heißt. Es ist eine Kopie, das Original befindet sich im Stadtmuseum.

Ein besonderes Amt – nur in Rottweil gab es das – bekleidete der Pürschvogt, ein Amt, das im 11. Jahrhundert die Herzöge von Teck übten. Im südschwäbischen Land nämlich hatten alle, Adel, Bürger und Bauern, das Recht der freien Jagd. König Rudolf von Habsburg übertrug das Pürschvogtamt der Stadt, die den Vorsitzenden stellte und zwölf Schöffen aus den großen Dörfern ernannte. Alle Bemühungen des Adels, dieses Jagdrecht zu seinem alleinigen Privileg zu machen, schlugen fehl, und Rottweil beharrte fest auf der altüberlieferten Freiheit. Auch die interessante, farbige Pürschvogtamtskarte ist im Museum ausgestellt.

Die Stadt wurde vom kleinen und großen Rat verwaltet,

wie es in allen Reichsstädten mit aristokratischer Stadtverfassung üblich gewesen ist. Sie war Mitglied des süddeutschen Städtebundes des 14. und 15. Jahrhunderts und stand in einem engen Bundesverhältnis mit den acht alten Orten der Eidgenossenschaft, das 1519 erneuert wurde. Auf Kriegszügen trugen die Rottweiler Kontingente rote Hüte wie ihre Verbündeten und wurden daher als ›neue Schweizerknaben‹ verspottet. Bis zum Dreißigjährigen Krieg hielt das gute Einvernehmen an; es hörte auf, als die Schweiz durch den Westfälischen Frieden vom Reich getrennt wurde.

Die Reformation fand keinen Eingang in Rottweil, denn, um das kaiserliche Hofgericht nicht zu verlieren, dessen Vorsitz nach Erlöschen der Grafen von Sulz an die Fürsten von Schwarzenberg gefallen war, zwang es seine protestantisch gewordenen Bürger, die Stadt zu verlassen.

Wenn auch die Befestigungen nicht mehr vollständig erhalten sind, so präsentiert sich Rottweil doch noch als ansehnlicher, schöner Ort, den zu besuchen ein reines Vergnügen ist.

In der Stadt

Mit Recht sagt ein kurzer Führer durch Rottweil, man solle nicht glauben, daß der Ort ungefährlich sei und keine Macht mehr habe. Als unzerstörte Stadt mit alter Geschichte habe sie gelernt, frei zu sein und sich selbst zu regieren, sei mächtig und werde den Besucher in ihren Bann ziehen. Genau das geschieht. Wenn wir durch die erstaunlich breiten Straßen, durch die Seitengassen gehen, erfahren wir die Macht, welche eine Stadtpersönlichkeit, wie Rottweil es ist, auszustrahlen vermag.

Allerdings spürte ich noch nichts davon, als ich abends einfuhr. Es regnete und von der ›Fasnet‹, derentwegen ich gekommen war, konnte ich nichts bemerken, außer einigen Buben, die kunstvoll ihre langen Peitschen knallen ließen. Das Gasthaus war fest verschlossen. Ich läutete – nichts. Ich läutete Sturm. Eine Stimme aus der Lautsprecheranlage schnarrte: »Was wollet Se?« – »Ich habe ein Zimmer bestellt.« – »So, warte

Se.« Ich wartete, fünf Minuten, zehn Minuten, dann schellte ich nochmals, und wieder die Stimme: »Was wollet Se?« – »Hinein will ich«, rief ich zornig. »So! Warte Se!« Nun aber öffnete gleich darauf die freundliche Wirtin. »Wisset Se, wir habe Ruhetag. Kein Personal. Sie verstehe.« Ich installierte mich und zog aus, um mir ein Lokal zum Abendessen zu suchen. Im spärlichen Licht der Straßenbeleuchtung stiegen hohe Häuserfronten, Giebel und Kirchtürme in den regenschwarzen Himmel.

Am nächsten Tag aber schien die Sonne; die farbigen Erker der alten Häuser leuchteten, Wirtshausschilder blitzten, die Peitschen knallten fröhlich wie am Vortage. Ich machte mich auf zu einem Stadtrundgang. Stehen wir auf dem Friedrichsplatz, der mit der Hochbrückenstraße das Herz der Stadt bildet, und schauen über die geschlossenen Häuserwände mit ihren Erkern hin, glaubt man sich um Jahrhunderte zurückversetzt – trotz des starken Autoverkehrs. Allerdings fehlen, bis auf den mächtigen Klotz des ›Schwarzen Turms‹ an der Hauptstraße, von wo aus man den schönsten Blick auf die Höhen der Alb hat, die Mauern, Tore und Türme der Befestigung, die im letzten Jahrhundert abgetragen worden sind. Durch die sich mit Friedrichsplatz und Hochbrückenstraße kreuzende Hauptstraße wird Rottweil in vier ›Orte‹ zerlegt. Hier am Schnittpunkt steht der Rotsandsteinbrunnen von 1540 mit dem gewappneten Eidgenossen auf der Spitze, Erinnerung an das freundschaftliche Verhältnis zur Schweiz. Die Urkunde des ›Ewigen Bundes‹ mit der Eidgenossenschaft liegt in einer Vitrine des Stadtmuseums, das in einem der schönsten Häuser gegenüber dem Rathaus untergebracht ist.

Die Stadtarchitektur zeigt durchaus den Charakter der reichsstädtischen Bedeutung Rottweils. Man darf sie ruhig ein Meisterwerk der Stadtbaukunst zwischen 15. und 18. Jahrhundert nennen, wohlerhalten und eindrucksvoll. In solchen Städten wuchs ein Menschentypus heran, der, im Guten wie im Bösen, Ahnherr unserer Welt geworden ist, der Welt des Handels und der Banken, der kühl rechnenden Kaufleute und der Forscher. Neben der Welt solider Realität der immer mehr Bedeutung erlangenden Städte verblaßte das bis ins ausgehende 13. Jahrhundert vorbildliche ritterlich-höfische Ideal. Eines hatte diese neue Schicht mit der alten adligen gemein: die Förderung der Künste. Angesichts der Kirchen in Rottweil wird dem Betrachter das feste kräftige Wesen der Reichsstadt bewußt. Da ist zunächst das *Münster Heiligkreuz*, für dessen Bau schon im Gründungsplan Rottweils ein großer freier Platz ausgespart worden war, und hier entstand, wohl an Stelle einer Notkirche, in der zweiten Hälfte des 13. Jahrhunderts Heiligkreuz. Aus dieser Zeit stammen die drei Turmuntergeschosse. Es folgten Chor und Sakristei in der ersten Hälfte des 15. Jahrhunderts und zwischen 1497 und 1534 bauten Schüler des Jörg Auberlin das Langhaus. 1840-43 restaurierte C. v. Heideloff das Innere. Diesen Arbeiten fiel die barocke Ausstattung zum Opfer, und was wir heute an spätgotischen Schnitzaltären bewundern können – es ist eine stattliche Zahl – gehört, mit Ausnahme des Petrus- und Nikolausaltars und der Kanzel, nicht dem alten Bestand an, sondern wurde neu erworben. Dazu zählt auch das prachtvolle Kruzifix von etwa 1510, das Veit Stoß zugeschrieben wird. Der schöngewölbte Raum hat eine besondere Stimmung.

Etwas zurückgesetzt von der Hochbrückenstraße erhebt sich der herrliche Turm der *Kapellenkirche*, die im 14. Jahrhundert, unter Einbeziehung der alten Kapelle, neu gebaut wurde. Der Bau des Turms begann zwischen 1330 und 1340. Man bringt ihn mit der bekannten Baumeisterfamilie der Parler in Verbindung, die achteckigen Obergeschosse soll ab 1473 Jörg Auberlin gebaut haben. Der Turm ist überaus reich gegliedert und geschmückt mit zwei Treppentürmchen, mit hohen Maßwerkfenstern und Maßwerkbrüstungen. Der geplante steinerne Helm ist nicht zur Ausführung gekommen, aber das tut dem Turm keinen Abbruch. Von der einstigen Fülle plastischen Schmucks ist nicht allzuviel erhalten, vieles ist verwittert oder zum Schutz vor Verwitterung in die Lorenzkapelle gebracht und durch Kopien ersetzt worden. Dazu gehört die reizende Darstellung am Brauttor des Treppenturms, wo ein junger Ritter seiner Verlobten den Ring reicht. Im Innern enthält die Turmkapelle das

Gnadenbild, eine Pietà von etwa 1400. Schiff und Chor wurden ab 1727 barock verändert und erhielten von Joseph Firtmaier gute Fresken und Altarblätter.

In der kleinen spätgotischen *Lorenzkapelle* am östlichen Stadtrand, auf der Terrasse hoch über dem Neckar, ist eine ansehnliche Sammlung gotischer Skulpturen aus dem Schwarzwald, der Baar, Oberschwaben, Hohenzollern und dem Bodenseegebiet untergebracht, darunter zwei der innigsten und anmutigsten Werke des Meisters von Eriskirch von 1420, die trauernde Maria und Magdalena.

Die Freiherren, dann Grafen von Zimmern, deren Burg Hohenzimmern in der Nachbarschaft Rottweils später in den Besitz der Stadt kam, besaßen mehrere Häuser. Dazu gehörte das ›Bürgle‹ vor dem Brücktor, das Haus Nr. 9 am Friedrichsplatz, vormals Rindermarkt, mit dem hübschen seitlichen Renaissanceportal, das Johann Werner d. Ä. von Zimmern für seine Frau Margarethe Gräfin zu Oettingen, Großmutter des Chronikschreibers Froben Christoph von Zimmern, kaufte. Hier richtete der Rat 1790 die Herrenstube ein. Auch das stattliche spätgotische Haus Kisner neben dem Rathaus war in ihrem Besitz. Hier vor allem wurden fröhliche und laute Feste gefeiert, worüber sich die in ihrer Nachtruhe gestörten Bürger sehr ärgern mußten. Alles das betrachtete ich auf meinem Rundgang, dann besuchte ich das Stadtmuseum und wurde freundlich eingeladen, aus seinen Fenstern die Übergabe des Stadtregiments an die Narrenzunft und am nächsten Tag den berühmten ›Narrensprung‹ anzusehen. Die Übernahme des Regiments durch die Narren erfolgte um die Mittagszeit des Rosenmontags vor dem Rathaus mit Fanfaren, Peitschenknall, einer närrischen Ansprache und hellen Huhuhu-Rufen.

Die ›Fasnet‹

Ehe ich vom Rottweiler Narrensprung erzähle, soll etwas aus der vorhandenen Literatur über die Fastnacht selbst berichtet werden. Jedes Städtchen, jedes Dorf zwischen Bodensee, Hochrhein, auf der Baar und im Schwarzwald feiert seine besondere, in den Grundzügen ähnliche Fastnacht mit einem erstaunlichen Reichtum an Bräuchen. Nur wenige dieser Bräuche, ließ ich mich belehren, reichen in die Vorgeschichte zurück. »Das Dröhnen der Schellen, das Knallen der Peitschen, die dumpfen Maskenrufe und bestimmte Formen der Vermummung – sie können in Verbindung gebracht werden mit den freilich in sich wieder vielfältigen Funktionen primitiven Maskenbrauchs: der Epiphanie göttlicher Kräfte, der lebensfördernden Verbindung mit höheren Mächten, der Verkörperung toter Ahnen, der Abwehr böser Dämonen.« Auch Form und Inhalt höfischer Feste haben auf diese Bräuche abgefärbt, und die Kirche wirkte bestimmend auf den Volksbrauch ein. Immer wieder ist die Fastnacht verboten worden, da sie, wie es 1567 in Württemberg hieß, »vor Gott ein großer Greuel ist, auch viel Schand und Laster darunter geschehen«. Es half nicht viel, denn man berief sich auf altes Herkommen, auf ungeschriebene Rechtstitel. Zur Fastnacht gehörte nämlich eine Form der Volksjustiz, Narrengerichte, welche, meist in witziger Form, Vergehen aburteilten. »D'Narre sind au Lüt und mengmol gscheiter wie d'andere«, sagten sie.

Mit der Wintersonnenwende nimmt die Macht dämonischer Kräfte ab. Um sie in die Flucht zu schlagen, haben sich in einer christlichen Umdeutung germanischer Volksbräuche für die Feier der Wiederkehr des Lichts und Abwehr der Unholden im Lauf der Zeit die Umzüge guter und böser Masken herausgebildet, die gleichzeitig auch die guten und bösen Geister darstellen. Die Fastnacht also ist ein uraltes Fest, das vor allem im alemannischen und altbayerischen Raum so bunt und reich ausgebildet worden ist. Am 11. November treten die Narrenzünfte zusammen, um über den Verlauf der Fastnacht zu beraten, und die echte ›Fasnet‹ hat nichts mit dem Vergnügungsrummel der großen Städte zu tun, sie hat noch eine tiefe Beziehung zum kultischen Brauch des sich nähernden Frühlings. Bonifatius schrieb 742 verzweifelt an Papst Zacharias, daß sich die heidnischen Sitten nicht ausrotten ließen und die »ungeschlachten und einfältigen Menschen, die Alemannen, Bajuwaren oder Franken« sich in Verkleidung ganz toll aufführten.

Die ›Fasnet‹ wird nicht mit pomphaften Umzügen gefeiert wie am Rhein, sondern nach streng eingehaltener alter Sitte mit altüberlieferten Maskentypen, wie dem ›Schuddig‹, der im langen Zottelgewand und grimmer Larve daherrast, oder dem im Bodenseegebiet sein Wesen treibenden ›Hänsele‹ mit Stoffmaske. Die Villinger und Rottweiler ›Hänsele‹ und ›G'schellnarren‹ bilden eine besonders reiche Gruppe. Unter den schwäbischen Reichsstädten ist vor allem Rottweil ein Ort alter Fasnettradition, die hier schon im frühen Mittelalter von der ›Engelbruderschaft‹ gepflegt wurde. Die Fasnet beginnt am ›Schmutzigen Donnerstag‹. Der Name rührt daher, daß an diesem Tag die Fasnetküchle in Schmalz (Schmutz) gebacken werden. »S'goht dergege!« ruft man sich zu Beginn der ›närrischen Zeit‹ zu. Mit Umzügen, Narrengerichten und -spielen vergehen die Tage vom Beginn der Fastnacht bis zum Faschingsdienstag, an dem der ›große Narrensprung‹ gehalten wird. Am frühen Vormittag beginnt er in Rottweil. Es lohnt sich, ihn zu erleben. Aus dem Schwarzen Turm quillt die bunte Fülle der Narren, alte und junge, greuliche und schöne Masken tragend, im ›Sprung‹, einem rhythmischen Tanzschritt, mit Schellengeläut, Peitschenknall und immer wieder mit den hellen Huhuhu-Rufen, zum Geschmetter der Musikkapellen. Eine der Hauptfiguren, der ›Gschellnarr‹, trägt auf über der Brust gekreuztem Ledergurt die großen, schweren Schellen, den Fuchsschwanz am Kopf; eine andere ist der ›Federhannes‹, mit schrecklicher fangzahnbesetzter Larve, im federbedeckten langen Mantel; dann der ›Schantle‹, dazwischen Harlekins, Männer in Baarer Bauernkitteln und anderen Kostümen, alles quirlt durcheinander. So kommen sie daher, lustig, witzig, derb, ein endloser fröhlicher Zug. Öffentlich befohlene Lustigkeit ist jeder Lust bar, aber hier in Rottweil ist der ›große Narrensprung‹ noch durchaus ein echtes Volksfest.

Froben Christoph Graf von Zimmern

Nachbarn von Rottweil waren die Freiherren, dann Grafen von Zimmern auf Herrenzimmern, Meßkirch und Wildenstein über der Donau und manch anderer Herrschaft. Sie besaßen auch Häuser in Rottweil, wie wir gehört haben.

Froben Christoph Graf von Zimmern hat die berühmte Chronik geschrieben, die sich in der Bibliothek von Donaueschingen befindet. Es sind drei Manuskripte, von denen Manuskript B den endgültigen Text enthält, aber dennoch Fragment geblieben ist, da der Chronist bis zu seinem Tode immer neue Änderungen und Einfügungen vornahm.

Im 16. Jahrhundert begann das Interesse an der Familiengeschichte. So schrieb zum Beispiel der Augsburger Domherr Matthäus Graf von Pappenheim für Georg Truchseß von Waldburg die Truchseßchronik 1526-27, die als Grundstock der später noch erweiterten Chronik diente. Als familiengeschichtliches wie zeitgenössisches Dokument ist die Zimmernsche Chronik eines der interessantesten und lustigsten Bücher jener Epoche.

Die Familie Zimmern – sie ist 1594 ausgestorben – gehörte zu den reichsunmittelbaren Häusern und hat die originellsten Herren hervorgebracht. So berichtet Froben Christoph von seinem Vorfahren Johann von Zimmern. Kaiser Sigismund ritt vom Konstanzer Konzil zum Grafen von Werdenberg nach Sigmaringen. Auf dem Weg dorthin kam er an Meßkirch vorüber. Johann Zimmern wurde davon benachrichtigt; sogleich ließ er einen Tisch vor das Angertor stellen und nahm daran Platz. Als nun der Kaiser mit seiner Begleitung daherkam, sah er zu seinem Erstaunen Zimmern dort sitzen, wunderte sich und begehrte zu wissen, was das bedeuten sollte. *Herr Johannes zog, wie nit unbillich, gegen dem kaiser ab seinen huet, den er biß daher aufbehalten hett, buckt sich biß auf die knie, entschuldiget sich underthenigclichen, das sollich sein stillsitzen Irer Majestat nit zu verklainerung oder verachtung beschehen; das het er aber damit anzaigen wellen, das er ain freier herr und weder Ir Majestat, oder niemants mit kainerlai phlicht oder glipt verbunden wer, davon auch weder lehen, oder gar nichts het, und zu genugsamer urkundt weren im und weilandt seinem vattern die regalia und hohen gericht von kaiser Carolo dem vierten, Irer Majestat herrn vattern hochloblichister gedechtnus . . . one alle verphlicht gegeben und verlihen worden, vermög deren brieve, die er darüber het und die er Ir Majestat hiemit zaigen was.*

Damit gab sich der Kaiser zufrieden, grüßte gnädig und ritt weiter.

Schon am Hof des Großvaters Johann Werners d. Ä. zu Meßkirch herrschte eine anregende geistige Atmosphäre frühhumanistischer Kultur, deren Mittelpunkt für jene Gebiete die Residenz der Gräfin Mechthild von Württemberg in Rottenburg am Neckar war. Johann Werner fiel jedoch in höchste Ungnade bei Kaiser Friedrich III., da er, unter anderem, Herzog Sigmund von Tirol zum Verkauf althabsburgischer Herrschaften geraten hatte. Er wurde 1489 in die Acht erklärt, seine Herrschaften wurden eingezogen, und so lebte die Familie lange Zeit in Unsicherheit und großer Bedrängnis. Den Söhnen gelang es dann später die Besitzungen der Familie zurückzugewinnen.

Froben Christophs Vater Johann Werner d. J. war der unbedeutendste der drei Söhne Johann Werners d. Ä., dazu ein unangenehmer, streitsüchtiger Mann und schlechter Haushalter. Er vermählte sich mit Katharina Gräfin von Erbach aus dem Odenwald, deren Mutter, eine Gräfin von Werdenberg, in zweiter Ehe Philipp Echter von Mespelbrunn geheiratet hatte. In Mespelbrunn wurde Froben Christoph 1519 geboren. Im Spessart und in Aschaffenburg, wo Echter als Vizedom amtete, ist Froben Christoph aufgewachsen. Mespelbrunn war damals noch nicht das stattliche schöne Schloß, zu welchem es 1551-69 von Peter Echter ausgebaut worden ist, sondern eine bescheidene kleine Wasserburg. Mit dem rohen Vater, der ihm nur Hindernisse in den Weg legte, hat Froben Christoph sich nie vertragen können. Sein Onkel Wilhelm Werner Zimmern, der 1538 starb, ein Gelehrter, Sammler und kaiserlicher Hofrichter am Reichskammergericht zu Speyer, von seinen Zeitgenossen der »vortreffliche Antiquarius« genannt, hatte eine Chronik des Erzbistums Mainz und ein geistliches Hausbuch, den ›Zimmerischen Totentanz‹, geschrieben. Er nahm sich in besonderer Weise seines Neffen an und hat in ihm sicherlich die Liebe zur Geschichte geweckt.

Froben Christoph begann 1533 das Studium in Straßburg und reiste mit seinem Bruder, der in das Straßburger Domkapitel eingetreten war, nach Paris, Orléans, Angers und Löwen, wo er seine Studien fortsetzte. 1539 verließ der junge Mann Löwen und begab sich nach St. Denis, um Kaiser Karl v. zu sehen, dann über Paris nach Angers, wo er die Studien wieder aufnahm. Schließlich kehrte er nach Speyer zum Onkel Wilhelm Werner zurück, denn mit dem Vater wollte er nichts mehr zu tun haben.

Die in der Chronik enthaltenen Beschreibungen seiner Reisen, Studien und Abenteuer zeichnen ein sehr anschauliches Bild vom Leben der Zeit, in welcher Froben die Welt und die Fähigkeiten der Menschen im guten wie bösen Sinn kennenlernte.

Durch seinen langen Aufenthalt in Frankreich blieb er zeitlebens mit der französischen Sprache und Literatur vertraut; er war einer der kleinen reichsunmittelbaren Landesherren, die der französischen Renaissance den Weg in Deutschland geebnet haben. Froben Christoph wurde von seinem ältesten Onkel Gottfried Werner adoptiert, war also Erbe der Grafschaft. Er zog nach Meßkirch zu diesem Onkel, der ebenfalls ein schrulliger, unbequemer Herr gewesen sein muß, übernahm nach dem Tode des Vaters 1548 dessen Herrschaftsanteile, heiratete 1544 Kunigunde Gräfin von Eberstein und betreute für kurze Zeit das Amt eines kaiserlichen Hofrichters in Rottweil. Seine Lebensaufgabe aber sah er in der Sanierung der Zimmernschen Herrschaften, die durch die Mißwirtschaft von Vater und Onkel an den Ruin gekommen waren. 1554 ist Gottfried Werner gestorben, Froben Christoph war nun Herr der gesamten Grafschaft und residierte in Meßkirch. Er war ein zielbewußter Verwalter, ein nicht unbedeutender Historiker und ein großer Herr im Kreise seiner Verwandten, der Zollern, Eberstein, Werdenberg, Truchseß von Waldburg, Helfenstein und Fürstenberg. Als solcher brauchte er einen angemessenen Rahmen, und er schuf ihn sich mit dem Neubau des Meßkircher Schlosses, dessen Grundstein er 1556 legte. Die Bauleitung übertrug er Wilhelm Truchseß von Waldburg, der an der Planung beteiligt gewesen sein mag. Der ursprüngliche Plan nach dem Vorbild des französischen Schlosses Ancy-le-Franc von Serlio ist dem Zimmernschen Baumeister Jörg Schwartzenberger zugeschrieben worden. Allerdings hat Froben Christoph nur einen Flügel fertigstellen können, und erst seine Nachfolger beendeten die Dreiflügelanlage mit quadratischen Ecktürmen, die später stark verändert worden ist.

In seinen späten Jahren ist der Graf noch in Italien gewesen, sah Rom, Venedig und wohl Florenz, aber immer wieder zog es ihn an den Schreibtisch, um an der Chronik zu arbeiten. Wir kennen den Holzschnitt des an einem wuchtigen Tisch schreibenden Matthäus von Pappenheim aus der Waldburg-Chronik. So mag auch Zimmern in Meßkirch gesessen und gearbeitet haben, mit Hilfe eines geübten Sekretärs, dem er auch diktieren konnte. Eine vortrefflich arbeitende Kanzlei, ein wohlgeordnetes Archiv waren Sammel- und Ausgangspunkt sowohl einer straffen Landesverwaltung als auch umfassender Studien familiengeschichtlicher und zeitgeschichtlicher Art. 1565 wurde mit der Abfassung des Manuskriptes B begonnen; es schließt mit der Schilderung des Schloßbaus zu Meßkirch im Jahre 1557.

Froben Christoph hat umfassende Archivstudien getrieben; er kannte den Wert der Urkunde als Quellenmaterial, er benutzte mittelalterliche und zeitgenössische Literatur und führte eine ausgedehnte Korrespondenz. Aber es ist nicht eine reine Familienchronik, die er uns hinterlassen hat, es ist auch eine Sammlung von Sagen, Legenden, Schwänken, wie man sie damals liebte. Es ist eine Fundgrube für Geschichte und Leben im 16. Jahrhundert, aus der ein Licht auf die private Sphäre so mancher Zeitgenossen, auf ihren Lebensstil, auf ihre geistige Welt, auf Reichspolitik und auf abergläubiges Verhalten fällt, die wir nicht mit heutigen Maßstäben messen können.

Horb

»O zauberische Verführung im Klange fremder Ortsnamen!«, hat Werner Bergengruen einmal geschrieben, und Jean Paul stellte fest, daß jede Reise »das Spießbürgerliche und Kleinstädtische in unserer Brust in etwas Weltbürgerliches und Göttlichstädtisches« verwandelt.

Wie viele Landschaften und Städte kennen wir, seit die modernen Verkehrsmittel uns so schnell von einem Ort zum anderen zu bringen vermögen. Und doch, es gibt immer noch Neues. Da ist Horb – Bergengruen hätte diesen Namen seiner Liste »zauberischer Verführung« anfügen können. Ist es ein Dorf? Eine Stadt? Ist es eine schöne Stadt? Hat es bedeutende Männer hervorgebracht? Gibt es dort berühmte Kunstwerke? Fragen über Fragen, die sich auf das angenehmste lösten, als wir in Horb eintrafen. Es hat sogar einen berühmten Sohn, nämlich Martin Gerbert, den Fürstabt von St. Blasien, den wir schon kennengelernt haben. Auf dem Gelände des heutigen Bahnhofs lag das Gut Hornau mit dem Erhardskirchlein, das dem Vater und Kaufherrn Anton Gerbert von Hornau gehört hatte. Wenn, wie in Horb angenommen wird, auch der Bildschnitzer Veit Stoß ein Horber war, so wäre die Stadt um einen großen Sohn reicher.

Man kann sich auf den Besuch eines unbekannten Ortes vorbereiten, um zu wissen, was man sehen will, was nicht. Wir hatten es unterlassen. Als wir durch das Neckartal fuhren, sagten wir uns: eigentlich können wir bei dieser Gelegenheit Horb ›abmachen‹. Wir kommen sicher so bald nicht wieder hierher.

Kleiner als Rottweil, doch nicht weniger reizvoll ist dieses Horb, das am Ostrand des Schwarzwalds vom Neckar zum Herrenberg aufsteigt, wo die Reste der Oberen Burg und die Stiftskirche Heilig Kreuz als beherrschende Baugruppe liegen.

Das Wassertor jenseits der neuen Neckarbrücke durchfahrend, waren wir sogleich mitten drin in der schluchtartigen, engen Neckarstraße zwischen den alten Giebelhäusern. Man muß sich Zeit nehmen, die Stadt kennenzulernen, durch die Straßen, Gassen, über Plätze, treppauf, treppab zu wandern. Es könnte nicht hübscher sein, denn Giebel an Giebel stehen da die prachtvollsten Häuser, zum Teil mit Fachwerkfassaden von hoher Schönheit. Sie geben Horb das Gesicht einer spätmittelalterlichen Stadt, unverdorben, wohlerhalten, aber kein Museumsstück, sondern von pulsierendem Leben erfüllt.

Wir besuchen in der Altstadt, am Fuß des Berghangs, die *Spitalkirche Unser Lieben Frau* und stehen in dem anheimelnden spätgotischen Raum mit dem schönen Kreuzrippengewölbe, mit dem großen Schnitzaltar von etwa 1520 und mit zahlreichen Grabmälern. Hier lag die Untere Burg der Pfalzgrafen von Tübingen, um 1244 gebaut, im 15. Jahrhundert abgerissen, da wo die Franziskaner 1650-55 ihr Kloster gebaut haben.

Wir steigen durch die Hirschgasse bergan, vorüber an hohen Giebelhäusern, darunter das um 1400 als Gesindehaus des Klosters Reichenberg gebaute ›Steinhaus‹ mit seinem Staffelgiebel, vorüber am stattlichen ›Junghanshaus‹, dem die berühmte Familie der Uhrenindustrie entstammt, und gelangen zum unteren Markt, wo auf der Säule des Renaissancebrunnens ein geharnischter Graf von Hohenberg Wacht hält. Von hier aus mag man über eine fast nur aus Treppen bestehende Gasse zur Höhe steigen, zum oberen Markt, einen Platz von behäbiger Gemütlichkeit. Die Fassade des 1765 neu errichteten *Rathauses* schmückte der Maler Wilhelm Klink 1927 mit Fresken. Da sehen wir die Wappen Tübingen, Hohenberg, Österreich und Württemberg, Bildnisse berühmter Horber Bürger, darunter Martin Gerbert, einen Hochzeitszug aus dem Biedermeier und im Giebel die Kreuzigung Christi.

Wiederum ein paar Schritte weiter und wir stehen unter Bäumen vor einem prächtigen Brunnen des 16. Jahrhunderts, dessen Löwe das Hohenberger Wappen und einen Degen hält. Eine hohe Mauer dahinter umschließt die Terrasse mit der

Stiftskirche Heilig Kreuz, zu der wir über eine breite Treppe hinaufsteigen. Sie steht unterhalb der hohenbergischen Oberen Burg, von der Mauerreste und der starke, massige ›Schurkenturm‹ erhalten sind.

Die Stiftskirche wurde gegen Ende des 14. Jahrhunderts gebaut und nach dem Brand von 1725 wiederhergestellt. Vom alten Bau stammen der Chor mit dem großen Bild des hl. Christophorus an der Außenseite und zwei Portale. Das 18. Jahrhundert hat das Innere in einen weiten, hellen Saal mit Wandpfeilern und leichtem Bandwerkstuck umgewandelt. Von bezwingender Anmut ist die Muttergottes, ein Steinbildwerk von etwa 1430, das einst in der abgebrochenen Johanniskirche stand. Von der Terrasse schauen wir über die Firste der hohen alten Dächer auf die Stadt hinab, die vormals sieben Tore und dreizehn Mauertürme hatte, und über das Flußtal auf die Höhen der Rauhen Alb. Wenn wir über die Treppen zum Neckar hinabsteigen, kommen wir durch eine bunte Welt kleiner Terrassengärten, Stiegen, Mauern und Winkel mit Durchblicken auf Fachwerkfassaden und Giebel; wir erreichen das Ihlinger Tor, neben dem das prachtvolle Haus zum Hohen Giebel steht, das mit Tor und Nachbarhäusern eine höchst malerische Gruppe bildet. Dazu gehört auch das einstige Schlößchen der Familie von Stuben mit Erker und Arkadenhof. Hier beginnt das Gebiet des Neckars mit Wiesen und Gärten, mit Resten der äußeren Stadtmauer und einem befestigten Hof, dem Gaistor, und hier zieht sich fluß- und hangauf das neue Horb hin, das in Planung und Maßen der alten Stadt nicht übel angepaßt ist.

Einige Bemerkungen zur Geschichte der Stadt seien erlaubt. Herren von Horb waren bis 1305 die Pfalzgrafen von Tübingen, dann die Grafen von Zollern-Hohenberg, denen auch die Grafschaft Haigerloch gehörte. Zentrum ihrer Herrschaft war Rottenburg. Graf Albert II. war nicht nur der Schwager König Rudolfs von Habsburg und Landvogt in Niederschwaben, er war auch ein bekannter Minnesänger. Später kamen die Hohenberg in wirtschaftliche Schwierigkeiten, und 1381 verkaufte der letzte Graf, Rudolf III., die Grafschaft an Herzog Leopold von Österreich; sie war bis 1806 Bestandteil der vorderösterreichischen Lande und fiel in diesem Jahr an Württemberg.

Rottweil-Horb-Tübingen: drei Neckarstädte von besonderer Schönheit und Eigenart.

> Städt' und Städtle gibt's viel am Neckar,
> Donau und Rheine, aber so hoch und schö'
> bucklich wie ons're ischt keine! Stei'reich,
> voll G'sondheit und immer in Fried: so
> onser Herrgott dia Stadt und Stadträt behuet!

Dieser Spruch steht an der Fassade des Horber Rathauses, und diesem Wunsch wollen wir uns anschließen.

Wallfahrt zur schmerzhaften Muttergottes von Weggental

Es gibt viele Wallfahrer und wenige Pilger, sagt Reinhard Raffalt. *Man unternimmt eine Wallfahrt, um eine Gnade zu erlangen – Heilungen von Krankheit, Kindersegen, gute Ernte. Man begibt sich auf eine Pilgerfahrt, um die Vergebung seiner Sünden zu erflehen. Das Ziel einer Wallfahrt ist, ein Übel zu beseitigen, der Sinn einer Pilgerfahrt, mit Gott ins Reine zu kommen. Ein Wallfahrer nimmt auf den Weg zu seinem Gnadenort ein Bündel konkreter Hoffnungen mit, der Pilger sein unruhiges Gewissen und die Reue.*

Weder war ich Wallfahrer noch Pilger, als ich den Weg nach Weggental einschlug. Ich hatte den Wegweiser an der Ausfahrt von Rottenburg nach Herrenberg gesehen und folgte ihm, weil ich mir landschaftliche Schönheit versprach und kleine Straßen suchte, um dem Verkehr zu entgehen. So gelangte ich nach den letzten Häusern der Stadt in ein schmales Tal, dessen Hänge auf der einen Seite von Wiesen, Äckern und Obstbäumen, auf der anderen fast nur von Rebgärten besetzt sind. Ein Parkplatz erscheint, eine Lindenzeile, und über den Wipfeln taucht ein Dachreiter und der Oberteil eines weißleuchtenden geschweiften Giebels auf. Weggental, die Wallfahrtskirche zur schmerzhaften Muttergottes, steht vor uns. Der Lindenzeile folgend gelangt man zur Kirche. Sie gehört nicht zu den üppigen barocken Stiften oder Gnadenstätten. Behaglich und von guten Maßen steht sie am Hang, wo Wiesen und Felder zum Himmel aufsteigen, wo auf der anderen Seite das Gelände steil abfällt. Es ist still; zwischen Kirche und winzigem Klösterchen aus der gleichen Zeit und 1773 bemalter Fassade plätschert ein Brunnen, in dessen Becken fette Goldfische schwimmen, welche von einem Franziskaner ihr Futter erhalten. Zwei, drei Autos standen dort, aus der Kirche klang gedämpft Orgelklang. Ich schaute hinein – man feierte eine goldene Hochzeit. So wanderte ich, um nicht zu stören, hügelan unter dem sich schnell verfinsternden Himmel. Es grummelte in der Ferne, und dann zuckte der erste Blitz, gefolgt von schmetterndem Donnerschlag und sintflutartigem Regen. Eilig suchte ich Schutz in einem baufälligen Stadel, setzte mich ins Heu und sah zur Kirche hinunter, die weiß durch die Regenschleier schimmerte. Die Fassaden sind mit Pilastern gegliedert, über denen eine von Lisenenstücken geteilte Gesimszone verläuft.

In einem oberbayerischen Wallfahrtsbuch von 1671 heißt es: »Gegen allen Thailen der Welt hat Maria gewisse Schutzhäuser und starke Vormauern errichtet, daraus allem einbrechenden Übel den Paß abzuschneiden.« Seit der Frühzeit des Christentums sind Geschichte und Geschicke der Völker mit der Marienverehrung verbunden. Die Kreuzfahrer riefen Maria an, die Ritter des Deutschen Ordens in Preußen taten es und das Heer König Rudolfs von Habsburg tat es in der Schlacht auf dem Marchfeld gegen König Ottokar von Böhmen 1278.

Mit einer dröhnenden Stimme
Der Bischof von Basel begann
Diesen Ruf zu heben an:
    »Sankt Maria, Mutter und Magd,
    All unser Not sei dir geklagt.«

Die Böhmen aber auch riefen so:
»Gospodina pomiloido.«
    Helm auf, Helm auf,
    Und damit kamen sie zuhauf.

Wallfahrten sind ein Ausbruch aus dem Alltagsleben, Stationen auf dem Weg aus der Welt. Sie sind uralt, denn seit dem 3. Jahrhundert pilgerten die Gläubigen zu den Stätten von Christi Leben, Wirken und Leiden. Kaiser Konstantin und seine Mutter, Kaiserin Helena, waren die großen Förderer der Wallfahrt ins Heilige Land. Später wurden der Wallfahrtsorte in Europa mehr und mehr; man betete an den Gräbern der Märtyrer und Heiligen, der Landespatrone und an den Stätten, wo die Gottesmutter erschienen war. Der hl. Bernhard von Clairvaux hatte mit seinem Orden das 12. Jahrhundert zum Jahrhundert der Marienverehrung gemacht. Alle Zisterzienserkirchen waren ihr geweiht. Von der Schutzherrin Maria berichten zahllose Gnadenorte, große und kleine wie Weggental.

Hochzeiter und Gäste verließen die Kirche, die Sonne brach durch und das Gewitter verzog sich grollend in Richtung Tübingen. Ich ging hinab zur Kirche und trat durch das barocke Portal. Der Eindruck des Inneren ist festlich und kühl, ein heller Wandpfeilerraum nach dem Vorarlberger Münsterschema. Im Chor hängt ein Bild, das die Entstehung der Wallfahrt zeigt, die um 1500 begann und, wie so oft, mit einer Legende beginnt.

Ein Remmingsheimer Bauer nahm auf dem Heimweg von Rottenburg aus einem Bildstock im Weggental das holzgeschnitzte Bild der schmerzhaften Muttergottes mit, um es seinen Kindern als Spielzeug zu bringen. Doch tags darauf fand es sich wunderbarerweise wieder an seinem alten Platz. Der Bauer holte es noch ein zweites und ein drittes Mal, und jedesmal kehrte das Bild an seinen Platz im Weggental zurück.

Der Bildstock galt fortan als Stätte besonderer Verehrung. 1521 wurde die erste Wallfahrtskapelle geweiht, betreut von den Stiftsherren des St. Moritzstiftes in Rottenburg, verbunden mit einer marianischen Bruderschaft. Diese erweiterte die Kapelle, die 1591 geweiht wurde. Zu Beginn des 17. Jahrhunderts ging die Sorgepflicht an die Pfarrkirche St. Martin in Rottenburg über, aber der Magistrat beanspruchte die Aufsicht über die Verwendung der Einkünfte aus der Wallfahrt. Das blieb auch so, als 1653 die Jesuiten die Seelsorge übernahmen. Unter ihnen blühte Weggentals Wallfahrt auf und wurde weithin bekannt und beliebt. Zwischen 1682 und 1695 errichtete der Vorarlberger Baumeister Michael Thumb aus Bregenz die neue Kirche. Seit 1919 wirken Fuldaer Franziskaner am Gnadenort. Der Turm der Kirche mußte schon im 18. Jahrhundert abgetragen werden; er ist durch den Dachreiter ersetzt worden.

Hell und kühl ist der Innenraum. Zu dem strahlenden Weiß des Schiffs stehen die rötlichen Stuckmarmorpilaster im Chor, der goldgleißende Hochaltar des Rokoko mit dem kleinen hölzernen Gnadenbild der Pietà, um 1400 geschaffen, sowie die schwarz-goldenen Seitenaltäre des 17. Jahrhunderts in farbigem Kontrast. Die derben vollplastischen Stukkaturen der Chorwölbung, von J. B. Brix Ende des 17. Jahrhunderts geschaffen, zeigen den Auferstandenen mit Petrus, Paulus und den vier Evangelisten, umgeben von Engeln. Die Tonne ist sparsam mit Medaillons geschmückt; sie zeigen im Chor die Dreifaltigkeit, im Schiff Geheimnisse des schmerzhaften Rosenkranzes.

Von Rottenburg nach Tübingen

Zu beiden Seiten des Neckars liegt Rottenburg, Sitz der Diözese Rottenburg. Rechts des Flusses heißt die Stadt nach dem alten alemannischen Dorf Ehingen, links, wo bei der römischen Stadt Sumelocenna das fränkische Königsgut und Dorf Sülchen lag, bauten die Grafen von Hohenberg die Burg Rottenburg, heute Gefängnis, und eine neue Stadt.

Allmählich ist Rottenburg mit Ehingen zusammengewachsen. Reste der Stadtbefestigungen aus römischer Zeit sind in ansehnlichen Teilen erhalten, in Rottenburg das Kalkweilertor, in Ehingen das Kapuzinertörlein, hie und da ein Stück der inneren Mauer mit Wehrgang und Türmen, auch der Zwingermauer mit Rondellen.

Manche Schönheit im großen und kleinen ist zu sehen. Der Stadtteil Ehingen ist eine regelmäßige Anlage mit drei parallel verlaufenden Gassen zum Neckar. Es war Markt, als ich Rottenburg besuchte, Blumenmarkt; das ist immer etwas besonders Malerisches. Umgeben von Blumen in allen Farben stand der schöne gotische Brunnen (Original im Diözesanmuseum), welchen 1470 Erzherzogin Mechthild von Österreich gestiftet hatte. Er ist geschmückt mit Bildnissen unter Baldachinen, darunter Kaiser Friedrich III., und mit Darstellungen des Sündenfalls und der Erlösung. Welche Gemütlichkeit spricht aus dem Platz. Ringsum stehen stattliche alte Häuser, die zum Teil Adelssitze gewesen sind, Wirtshäuser, wie der ›Kaiser‹ oder das ›Waldhorn‹, und das Rathaus, das Felder aus Bezau in Vorarlberg 1735 gebaut hat.

Rottenburg hat zwei ansehnliche Kirchen. *St. Martin*, seit 1828 Kathedralkirche, mit dem Chor von 1424 und dem eleganten Turm von 1486, den der Rottenburger Hans Schwarzacher nach Plänen des Hans von Bebenhausen errichtete. Das Schiff ist nach dem Brand um 1650 erneuert worden. *St. Moritz*, die ehemalige Stiftskirche von Ehingen, ist eine Basilika des 14. und 15. Jahrhunderts, die 1706 zur Halle umgebaut worden ist. Sie enthält Wandmalereien des späten 14. und frühen 15. Jahrhunderts und im Chor ein Fresko des späten 15. Jahrhunderts, das die Überführung der Reliquien des hl. Mauritius zeigt. An den Schiffswänden sind gute Grabmäler der Grafen von Hohenberg angebracht, die alle aus dem 14. Jahrhundert stammen.

Rottenburg ist Sitz des Bischofs von Rottenburg, der im vormaligen Jesuitenkolleg residiert, einem vornehmen Bau des 17. Jahrhunderts, der auch das Diözesanmuseum birgt.

Wir verlassen Rottenburg. Auf dem Weg nach Tübingen benutzen wir nicht die direkt dorthin führende Bundesstraße, sondern fahren über *Wurmlingen* und kommen an der Wurmlinger Kapelle St. Remigius vorüber. Sie steht inmitten des mauerumgürteten Friedhofs, eines wirklich friedlichen, stillen Hofes auf einem runden, von Weingärten bedeckten Hügel über dem Dorf, ein schlichter Bau aus dem Jahre 1682. Seit dem 12. Jahrhundert lassen sich die Wurmlinger dort oben zur letzten Ruhe bringen, und zwar erhalten nach altem Brauch die Verheirateten gelbe, die Ledigen weiße Kreuze. Die Kapelle ist berühmt geworden durch Ludwig Uhlands Gedicht: ›Droben stehet die Kapelle‹. Von einer Kirche des 12. Jahrhunderts ist die Krypta erhalten. An diesen Raum schließt sich ein tiefer liegender Stollen an, dessen Bedeutung noch nicht geklärt werden konnte. Auf den Bau der Kapelle, also ins 12. Jahrhundert, geht der ›Große Jahrtag‹ auf dem Wurmlinger Hügel zurück. Dieser Jahrtag des Landkapitels, mit Hochamt und Opfergang, endete in einer gemeinsamen Mahlzeit, welche einst in dem heute verschwundenen Pfarrhaus eingenommen wurde. Nach der Aufzeichnung von 1348 galt die Feier dem Gedächtnis des Kirchenstifters Anselm Grafen von Calw, der jedoch sonst nicht nachzuweisen ist. Es ist möglich, daß die Grafen von Calw als Vögte der Stiftung amtierten und daß es sich von Anfang an um einen Kapiteljahrtag handelte, welcher der verstorbenen Mitglieder gedachte. Früher nahmen die evangelischen Geistlichen des Sprengels an diesem Fest teil. Nachdem die Stiftung in Kriegszeiten abgekommen war, wurde sie von der württembergischen Regierung wieder ins Leben gerufen und wird jetzt in rein kirchlicher Form begangen.

Der Name Wurmlingen wird mit der Sage von einem Lindwurm verknüpft. Drachen bedeuten in der Legende das Heidentum, das bekämpft werden muß. Daher hat man hier an ein vorchristliches Bergheiligtum gedacht, das von der Kirche übernommen wurde, wie Papst Gregor der Große es zu tun empfahl. Eine Wandinschrift des 17. Jahrhunderts in der Kapelle berichtet, die Kirche sei nach einem Gelübde des Stifters da erbaut worden, wo zwei Ochsen mit einem Leichenwagen stehenblieben. Schon am Vorabend des ›Großen Jahrtags‹ mußte der Kämmerer auf dem Berg vorfinden: zwei Wagen mit Holz und Heu, darauf sitzend eine haselbraune Gans für den Fuhrmann, angebunden einen dreijährigen Stier und drei Mastschweine, ein-, zwei- und dreijährig. Auch Bier, später Wein von drei verschiedenen Jahrgängen, mußte vorhanden sein. Dreierlei Brot wurde zum Essen gereicht. Den Priestern war die Kleidung genau vorgeschrieben; sie waren gehalten, die

Sporen abzulegen und Hunde draußen zu lassen. In der Kapelle verlas und beschwor der Dekan, mit den beiden ältesten Kapitularen unter einer Stola stehend, die Stiftungsurkunde. Jeder Priester durfte seinen ›Schatten‹ mitbringen, einen Lehrling oder Knecht, und irgendeinen ›Biedermann‹, den er unterwegs aufgelesen hatte. Alle Armen des Gaus waren eingeladen, vor allem die Kranken. Ihnen sollten Tierhäute zur Lagerung auf dem Friedhof ausgelegt und Becher fleißig gefüllt und alles Übrigbleibende, auch das Ungekochte, überlassen werden.

Das Herrenmahl begann mit Schweinsköpfen, dann folgte Ganspfeffer, Huhn in Brühe, Fisch und als Hauptgang, für je zwei Tischgenossen, eine Gans, gefüllt mit einem Huhn, worin ein Krametsvogel oder eine Wurst steckte. Dann ging man wieder in die Kirche und nahm später noch einen Imbiß. Vor der Vesper war zu beraten, ob die Stiftung erfüllt sei. Was an diesem Jahrtag an ein vorchristliches Opferfest erinnert, hat Uhland zusammengestellt: das Vorführen der nach Art und Alter genau bestimmten Schlachttiere, das Ausbreiten der Häute auf dem Friedhof, die Gerichte von Eber- und anderen Tierköpfen, die Fülle des dreifachen Biers für alles Volk. Alte, geheiligte Vorstellungen sind in diesen Bräuchen zu finden. *So auch in den ›Begängnissen‹ auf den Gräbern und dem Sitzen auf den Tierhäuten. Abergläubische Vorstellungen haben sich noch lange nachher, eben von den Opfern her, an die Tierhäute angeknüpft ... Der Sinn war Bündnisopfer; der Vertrag wurde auf eine Haut geschrieben. Eine Stierhaut den Schöffen zur Erleuchtung ihres Geistes unterbreitet. Um im Traum ein Heilmittel zu erfahren, hüllte man sich in eine Tierhaut; und auf einer solchen sitzend, sowie mit dem Schwert umgürtet, hofft man Blicke in die Zukunft zu tun ...* (Gradmann)

Es mag also, trotz aller Kirchenzucht, lustig bei solch einem Jahrtag zugegangen sein. Der Wurmlingerberg bleibt zurück und drüben, jenseits des Flusses, steht über den Dächern der Stadt die Burg Hohentübingen.

Tübingen

An einem schwülen, gewittrigen Mainachmittag fuhr ich über die Neckarbrücke in die Stadt ein und wollte hinauf zum Schloß zu meinem Hotel. Das war leichter gesagt als getan. Dem Schild ›Innenstadt‹ folgend, fand ich mich zu meinem Zorn immer wieder an der Kreuzung, wo ich abgebogen war. In den engen Gassen brodelte der Verkehr. »Schnurgerade müssen Sie hinauffahren«, sagte ein junger Mann. »Aber ich glaube, da oben ist alles gesperrt.« Schließlich gelangte ich auf den Holzmarkt, fragte dort eine Frau: »Wie komme ich zum Schloß?« – »Weiß ich leider nicht. Ich bin fremd hier. Irgendwo da oben muß es sein.« Mutig bog ich in eine schmale Gasse ein, fand dort ein Polizeirevier und wurde freundlich beraten: »Die Straße ist nicht mehr gesperrt. Sie können beruhigt hier hinauffahren.« Vor dem Schloß waren alle Parkplätze besetzt. Nach längerem Kampf gelang es mir, den Wagen abzustellen. Nun stürzte ich mich zu Fuß wieder hinunter ins Gewühl, wanderte gaßab, gaßauf, mißtrauisch den Himmel musternd, der sich hinter grollenden, blitzeschleudernden Wolken verbarg. Als die ersten schweren Tropfen fielen, betrat ich ein Café am Marktplatz und landete an einem Fenstertisch, an dem eine Frau saß, die mir sofort meine Zeitung entriß, sie aber nicht las, sondern ein Gespräch begann. »Wohl nicht von hier?« – »Nein, gerade angekommen.« – »Ich bin Westpreußin«, fuhr sie fort. »Wissen Sie . . .« Ein Klagelied über das spießige Tübingen ging über mich nieder, über die Steifheit der Professoren, die ungezogenen Studenten, den Straßenlärm, den Verkehr, die Falschheit und Unzuverlässigkeit der Bürger. »Das ist ja eine schreckliche Stadt!«, meinte ich mitfühlend. Etwas verlegen, weil ringsum die Studenten, teils lächelnd, teils leicht verärgert, ihrem Sermon lauschten, sagte sie: »Ach, sie ist es doch wieder nicht; sie hat ihre guten Seiten. Aber! Meine Damenhaftigkeit ist hier schweren Belastungen ausgesetzt!« Die so sehr geprüfte Dame verließ mich, mir noch zurufend: »Besuchen Sie unter allen Umständen den botanischen Garten. Der schönste Platz in Tübingen – entzöckend!« Ich trank meinen Kaffee und wanderte dann gemächlich durch die Abenddämmerung zum Hotel hinauf.

Wie Marburg, ist Tübingen in erster Linie Universitätsstadt. »Dort geht der Professor, dort geht der Sohn der Musen«, beginnt ein Gedicht von Wilhelm Hauff. Die Gebäude der Hochschule liegen über alle Viertel verteilt. 1477 hat Graf Eberhard v. im Bart von Württemberg die Universität gegründet. *Zu dieser Gründung*, heißt es in der Stiftungsurkunde, *bot sich so recht gelegen als vorzügliche Stätte Unsere Stadt Tübingen dar, deren anmutige Lage, Fruchtbarkeit und Gesundheit lieber mit eigenen Augen geschaut als von Mir angepriesen werden soll. In dieser trefflich schönen Stadt also haben Wir mit Ermächtigung des Allerheiligsten Vaters in Christo Sixtus* IV. *eine öffentliche Schule und allgemeine Unterrichtsanstalt für die edlen Wissenschaften errichtet und gegründet . . .*

Es ist lustig zu hören, daß die Studenten sich einst wenig um die Kleiderordnung kümmerten, sondern sich wie Landsknechte und Handwerksburschen trugen, worüber man damals ebenso die Nase rümpfte wie heute über die langhaarige, in seltsamste Gewänder gehüllte studentische Jugend, die wie eh und je, so sagte man mir, zu allerlei Schabernack aufgelegt, aber auch aller Tradition abhold sei.

Tübingen ist nicht mehr die stille, behagliche Kleinstadt, als welche ich sie noch vor dem letzten Krieg gekannt habe. Sie ist von ausgedehnten neuen Wohnvierteln umgeben. Der Reichtum an alter Bausubstanz ist noch unermeßlich groß; er ist jedoch ebenso gefährdet wie überall, wo der dichte Verkehr problematisch zu werden beginnt, wo eine Modernisierung der Geschäfte um sich greift. Reichtum an historischen Bauten läßt sich nicht am Wert des Geldes bemessen; es ist ein ideeller Wert, und davon wird angesichts der Forderung nach größerer Bequemlichkeit, Hygiene und merkantiler Nützlichkeit nicht mehr viel gehalten. Wer will heute noch in licht- und luftlosen Altstadthäusern wohnen? Man kann es verstehen. Und doch, wie fade, wie gesichtslos stehen die neuen neben den alten Vierteln, auch wenn man sich an diesen nicht wenig versündigt. Diese Sünden werden zu wahren Offenbarungen schlechten Geschmacks in den großen Ladeneinbauten, welche in abscheulicher Weise die Erdgeschosse gotischer Fachwerkhäuser verändern, um dem Passanten Tausende von Würsten, Schuhen, Kleidern und sonstige Gebrauchsartikel vorzuführen. Schauen wir aber vom Schloß über die ineinander verschachtelten rotbraunen Dächer, haben wir das alte Stadtbild unversehrt vor uns.

Beginnen wir unseren Rundgang beim *Schloß Hohentübingen*, diesem imponierenden Bau mit Bastionen und Türmen um den weiten Innenhof. Es wird 1078 zum ersten Mal genannt als Sitz der Grafen des Nagoldgaus, der späteren Pfalzgrafen von Tübingen, die eines Stammes mit den Grafen von Montfort und Werdenberg gewesen sind. Als sie in arge Schulden geraten waren, verkauften sie 1342 Burg und Grafschaft den verwandten Grafen von Württemberg. Der letzte Herr des Hauses Tübingen, Hans Georg, starb 1667 als Schloßhauptmann des Herzogs von Württemberg. Herzog Ulrich begann 1507 den Neubau des Schlosses, der nach seiner Rückkehr aus der Verbannung 1534 wieder aufgenommen wurde. Wir betreten den Hof durch das üppige Portal, welches Anton Keller 1606 nach Entwurf Heinrich Schickhardts geschaffen hat, mit Ausguckerkern an den Ecken. Es wird gerahmt von Säulen und reicher Rollwerkbekrönung, flankiert von zwei Wachtposten von Christoph Jelin. In der Mitte sitzt das württembergische Wappen, umschlungen von der Kette des Hosenbandordens. Die Innenausstattung des Schlosses ist 1647 völlig zerstört worden. Heute bergen Teile der Gebäude Universitätsinstitute und das Denkmalsamt.

Von alten hochgiebeligen Häusern gesäumt fällt die Burggasse steil zu den Marktplätzen ab. Einst hingen Klingelzüge neben den Haustüren, denen der in Tübingen überlieferte Ausspruch einer Bürgersfrau gilt, die einem vergeblich klingelnden Besucher zurief: »Schellet Se net an seller Schell! Sell Schell schellt net! Schelle Se an seller Schell! Sell Schell schellt!«

Am Ende der Burggasse beginnt die eigentliche Stadt; hier laufen die Straßen zusammen, öffnet sich vor uns der Holzmarkt, und hier steht auf beherrschender Terrasse die *Stiftskirche St. Georg*. Der Westbau dieses stattlichen Gotteshauses entstammt der 1. Hälfte des 15. mit Resten des 13. Jahrhunderts. Ab 1440 erfolgte der Bau der Halle mit stark überhöhtem Mittelschiff, der Kapellen und des Chors. Vermutlich hatte der Baumeister Peter von Koblenz die Oberleitung. Erst im 19. Jahrhundert ist das Gewölbe ganz geschlossen worden. Es ist ein breiter, behaglicher Raum mit schönem Lettner, reich skulptierter Kanzel, mit Taufstein und bemerkenswertem Chorgestühl mit farbig gefaßten Büsten, alles das aus dem späten 15. Jahrhundert. Merkwürdig ist, daß im Maßwerk der Nordfenster Reliefdarstellungen eingesetzt sind, darunter das eindrucksvolle Wahrzeichen Tübingens, der aufs Rad geflochtene St. Georg. Im Chor, dessen schöne Glasscheiben zum Teil von dem Elsässer Peter Hemmel aus Andlau gemalt wurden, befindet sich die prächtige Grablege württembergischer Fürsten, darunter das von Hans Multscher um 1450 geschaffene Grabmal der Gräfin Mechthild, Mutter Eberhards im Bart. In der westlichen Eingangshalle sehen wir das Epitaph des Fritz von der Schulenburg, der 1616 als Student in Tübingen gestorben ist und dem seine Eltern dies üppige Grabmal setzen ließen.

Nur wenige Schritte sind es zum Hauptmarkt vor dem Rathaus. Hier steht der prächtige, 1617 nach Entwurf von Schickhardt gearbeitete Brunnen, dessen alte bekrönende Neptunsgestalt aus Sandstein jetzt durch einen neuen Bronzeguß ersetzt ist. Dahinter erhebt sich die Fassade des 1435 gebauten, 1598 und 1698 mit reichen Malereien geschmückten und im 18. Jahrhundert umgestalteten Rathauses. Die alten Arkaden sind leider nicht gerade glücklich durch Betonpfeiler ersetzt worden.

Manch schönes alte Haus steht in der Stadt, so das einstige katholische Konvikt oder Collegium Illustre, das Georg Beer und Schickhardt 1560 bauten und das im 17. und 18. Jahrhundert erweitert worden ist. Berühmte Männer sind aus ihm hervorgegangen, so auch Romano Guardini. Mit diesem Bau ist ein Bericht Johann Georg Keysslers aus dem Jahre 1740 verbunden:

Im Hof des Collegium Illustre lebte ein zahmer Storch, *bis einmal der Graf Viktor von Grävenitz, der damals dorten studierte, auf ein benachbartes Storchennest mit einer Kugel-Büchsen aus dem Collegio schosse, und vermutlich den darauf sitzenden Storch verwundete, weil er in etlichen Wochen nicht vom Nest kam. Dieses geschah im Herbste, und die fremden Störche zogen nach Gewohnheit aus dem Lande. Im folgenden Frühling fand sich ein Storch auf dem Dache des Collegii ein, der mit seinem vielen Klappern zu verstehen gab, daß er den im Hofe herum spazierenden zahmen Storch gerne bey sich haben wolle. Diesem aber war solche Freyheit wegen der beschnittenen Flügel verboten, und also mußte es der Fremdling wagen, mit vieler Vorsichtigkeit erstlich auf die obersten Galerien, des andern Tages etwas niedriger, und endlich nach vielen Ceremonien ganz unten in den Hof zu kommen. Der zahme Storch, welcher sich nichts böses bewußt war, ging ihm mit einem sanftmütigem Geklapper entgegen und gedachte ihn aufs freundlichste zu empfangen, als er mit Verwunderung erfahren mußte, wie ihn der andere mit vielem Ungestüm anfiel.* Das wiederholte sich immer wieder, ja im nächsten Jahr kamen vier Störche und attackierten den zahmen Storch, der sich wacker wehrte. Als es schon schlecht um ihn bestellt war, eilten ihm zu Hilfe *sämtliche welsche und andere Hahnen und Hühner, Enten, Gänse und alles übrige Feder-Vieh, dessen Freundschaft der edle Storch ohne Zweifel mit seinem freundlichen und bescheidenen Umgang erworben hatte, scheueten keine Gefahr, sondern schlugen um ihn eine Wagenburg, unter deren Schutz er sich mit Ehren aus dem ungleichen Gefechte zurückziehen konnte. Selbst ein Pfau, der sich vorher niemals mit dem Storch vertragen können, ergriff bey solchen Umständen die Parthey der unterdrückten Unschuld, und wurde, wo nicht ein aufrichtiger Freund, jedoch zum wenigsten ein Syncretist zum Vortheil des Storches.* Aber nach drei weiteren Jahren – die Angriffe wiederholten sich jährlich – stürzten sich zwanzig Störche wütend in den Hof und töteten den armen Storch. *Der Haß der Fremdlinge gegen dieses unschuldige Blut kan unmöglich anders woher rühren, als von dem Büchsen-*

Schuße, der aus dem Collegio gekommen und fälschlich muß dahin ausgeleget worden seyn, als wann solcher auf Anstiften des zahmen Storches geschehen, und dieser mit unter der Decke gelegen sey.

In der Schmiedtorstraße steht der prachtvolle Fruchtkasten, ein reichgegliederter Fachwerkbau des 15. Jahrhunderts. An der Neckarhalde sehen wir Uhlands Geburtshaus und das evangelische Stift, Heim der ›Stiftler‹ oder ›Stiftsköpfe‹, die sich hier auf die theologische Laufbahn vorbereiteten. Hier studierten Goethes Freund Karl Friedrich Reinhard, das Freundestrio Hölderlin-Hegel-Schelling, Mörike, Gustav Schwab, Wilhelm Hauff, Albrecht Goes, um nur einige wenige zu nennen. In der Nähe Uhlands wohnte Ottilie Wildermuth, die ihrem Freund Kerner den treffenden Ausspruch einer Bäuerin wiedergab, die beim Anblick eines Jugendbildes der Dichterin ausrief: »O Frau Wildermuth, was doch der Mensch verwest!«

Wandern wir weiter durch die Stadt, bilden die winkligen Straßen und Gassen immer wechselnde Bilder alter Stadtschönheit. Es ist eine bunte Welt stattlicher Fachwerkgiebelhäuser. Der Philosoph Theodor Häring, dem wir das lustige, besinnliche Buch ›Der Mond braust durch das Neckartal‹ verdanken, schreibt: *Die Kronengasse hinunterziehend, hatte ich einmal, wie ich mich wohl erinnere, den Kameraden die Wette angeboten, mit verbundenen Augen, nur nach dem Geruch, doch jedes Haus der Gasse richtig namhaft machen zu können, vor das sie mich stellen würden. Lösten sich hier doch alle Häuser in einer längst unauslöschlich eingeprägten Reihenfolge deutlich nacheinander ab: eine Bäckerei zuerst, dann ein Metzgergeschäft, dann ein nicht immer wohl duftender Häuserwinkel, dann der reinliche und frische Geruch der Tuchhallen im Nachbarhaus und endlich, am Schluß, der kulinarische Mischgeruch von Essen und Getränken aus der Wirtschaft zur ›Forelle‹. Man konnte sich kaum irren. Und ich habe die Wette dann auch gewonnen.*

Im Ammertal, zu Füßen der patrizischen Altstadt, liegt das Viertel der Winzer, der ›Gôgen‹ oder ›Raupen‹, wie sie auch genannt werden, und der Handwerker. Auch hier ist das mittelalterliche Stadtbild bisher noch erhalten. An den Hängen wird Wein gebaut; den Neuen nennt man ›Simsenkrebsler‹.

Dicht bei der alten Stadtmauer am Neckar stehen die Häuser Giebel an Giebel, unter ihnen der Hölderlinturm, und dann steigen sie bergan bis unter das Schloß.

Auf dem Wöhrd zwischen den Neckararmen zieht die Allee herrlicher Platanen dahin; in Stocherkähnen und Ruderbooten vergnügt sich die studentische Jugend auf dem Wasser, und scharenweise sitzen die Studenten auf der Mauer über dem Fluß. Früher trieben die großen Schwarzwaldflöße an der Stadt vorüber. Es war nicht leicht, sie durch die damals noch vorhandenen Windungen des Neckars zu steuern. Häring schildert das sehr anschaulich:

Kein Wunder deshalb, wenn sich ganz Tübingen einst bei solchem Ereignis mit guten Ratschlägen an die unter der Fülle solchen Mitgefühls fast zusammenbrechenden und oft in helle Wut geratenden Fergen beteiligte!

Hier draußen schon irgendwo nämlich, in einem der vielen kleinen Weinberghäuschen, die die abfallenden Hänge des Schloßrückens unter mir, des alten Weinbaugeländes, friedlich bewachten, hatte es angefangen. Irgendeiner, der hier draußen arbeitete und das Floß von Rottenburg her herannahen sah, hatte die hohlen Hände wie ein Horn an den Mund gesetzt oder, wie es eben zu diesem Zweck in mancher der hier gelegenen Hütten, wie auch in manchen Häusern der weiter drinnen gelegenen Neckarhalde, oft seit alters vorhanden war: ein Sprachrohr, und mit weithin schallender Stimme stadteinwärts als erste Meldung den wohl uralten Ruf in nicht enden wollender Wiederholung und Dehnung getan: »Jockele, spe -a-ea-ea-ea-ea . . . ear!!«, den Anfang der Mahnung an den Flößführer, der den Berufsnamen Jockele führte, das Floß zu ›sperren‹, das heißt langsamer fahren zu lassen, wegen des am Österberg zu erwartenden Umschwenkens (›Ellbogens‹) des Neckars, das ein Festfahren leicht zur Folge haben konnte. »S' geit en Eilaboga!« hieß deshalb eigentlich die Fortsetzung dieses Rufes, die jedoch aus Freude an der Klangfülle und Tragkraft jener ersten Worte meist gänzlich ungesagt blieb.

Denn jenem ersten langgezogenen Ruf folgte sofort im nächsten Weinberg ein zweiter, nicht minder kräftiger; und so fort bis zu den ersten Häusern der Neckarhalde. Ein Fenster um das andere tat sich auf, schaute neckaraufwärts und brach dann, auch wenn noch nichts zu sehen war, in den gleichen Ruf aus, der nun, von Haus zu Haus und von Fenster zu Fenster fast, sich neckarabwärts durch die ganze Stadt hin bis zur Neckarbrücke und zu den Höhen des Österbergs ausbreitete, wo die vielen Studentenhäuser natürlich ein besonders dankbares Gebiet für solche Betätigung boten. Da die ersten Rufer nach getanem Werk nicht etwa aufhörten, sondern in kurzen Pausen unablässig den Warnungsruf von neuem hören ließen, und alle folgenden desgleichen, so fand der arme Jockele, wenn er die ersten Häuser Tübingens endlich wirklich langsam, wie sein Handwerk es erforderte, passierte, ja, schon lange vorher, die ganze Luft hinter sich und vor sich und über sich in allen Tonarten mit dem gefürchteten Ruf erfüllt und trachtete mit seinen Genossen, vor Wut immer röter werdend, immer rascher, möglichst bald aus dem Höllenbezirk dieses ihm geltenden teuflischen Geschreis herauszukommen. Was natürlich, sobald diese Bemühungen bemerkt wurden, nur ein um so gräßlicheres Zureden seiner angeblichen Mithelfer und Gönner zur Folge hatte.

Alles das hätte Hölderlin aus den Fenstern seines Türmchens beobachten können, in dem er die letzten vierzig Jahre seines Lebens bei zunehmender Verdunkelung des Geistes dahinlebte. Scardanelli nannte der Dichter sich in jenen Jahren. Tat er es, um sich unbewußt über die Verfinsterung hinwegzuhelfen, die mit dem Namen Friedrich Hölderlin verknüpft war? In den wenigen hellen, wachen Augenblicken, die ihm vergönnt blieben, schrieb er die erschütternden Zeilen:

... Es schwinden, es fallen
die leidenden Menschen
blindlings von einer
Stunde zur andern,
wie Wasser von Klippe
zu Klippe geworfen,
jahrlang ins Ungewisse hinab.

Wie ein Aufschrei klingt der Schlußsatz eines Verses: »Ich bin nichts mehr, ich lebe nicht mehr gerne.«

Hier im Türmchen hatte Mörike die Silhouette des ruhelos

auf- und abgehenden Kranken mit der roten Hausmütze am Fenster das Gedicht vom Feuerreiter eingegeben: »Sehet ihr am Fensterlein dort die rote Mütze wieder?«

Geschichte, Geschichten, Schicksale, alles das im Wesen der alten Stadt beschlossen.

Attempto – ich versuch's

In der Stiftskirche zu Tübingen steht das Grabmal des Universitätsgründers und ersten württembergischen Herzogs, Eberhard im Bart. In der Schule haben wir noch Justinus Kerners Gedicht gelernt:

Preisend mit viel schönen Reden
ihrer Lande Wert und Zahl
saßen viele deutsche Fürsten
einst zu Worms im Kaisersaal ...

Als die Reihe an Eberhard v. von Württemberg kam, sagte er, »ich kann mein Haupt getrost in jedes Untertanen Schoß legen«. Da riefen alle:

Graf im Bart! Ihr seid der reichste,
Euer Land ist Edelstein.

Der Deutschlehrer ging auf die Person des Grafen nicht ein, und so stellten wir uns den Regenten Württembergs als gütigen Großpapa mit wallendem Bart vor. Eberhard v. aber, der zur Zeit des ›letzten Ritters‹ Maximilian I., Willibald Pirckheimers oder des Erasmus von Rotterdam lebte, ist kein freundlicher Großvater, sondern unter den Fürsten seiner Zeit vielleicht eine Ausnahme gewesen. In Urach, dem Sitz der Nebenlinie des Hauses Württemberg, ist er in nicht gerade großen Verhältnissen aufgewachsen, aber er hat durch sorgfältige Erziehung, durch häufige Besuche an verwandten Höfen und auf Reisen ritterliche Art und die Welt der Gelehrten kennengelernt, vor allem in Heidelberg, woher seine Mutter Mechthild stammte. Nach einer wilden und unordentlichen Jünglingszeit faßte er sich, um seinen Regentenpflichten nachzukommen. Als er 1480 mit fünfunddreißig Jahren zur Regierung der gesamten Grafschaft Württemberg kam, ist er nicht allein der gütige Landesherr gewesen, als welchen ihn Dichtung und Legende darstellen, sondern er erwies sich vor allem als politisch begabter, in allen Regierungsangelegenheiten weitblickender, energischer Mann.

1468 machte er eine Pilgerfahrt nach Jerusalem, und man nimmt an, daß er dort, wie viele Pilger es taten, das Gelübde ablegte, einen Bart zu tragen. Als Eberhard im Bart ist er in die württembergische Geschichte eingegangen.

Nach Übernahme der Regierung bemühte er sich, alte Überlieferung, wie es Angehörigen alter Familien im Blute liegt, mit dem neuen Geist landesfürstlicher Haltung und dem Geiste des Humanismus, dem er zeitlebens Förderer und Freund gewesen ist, zu verbinden. Dem Zug der Zeit entsprechend, richtete er aber seine Aufmerksamkeit auch auf die Vergrößerung des Stammlandes. Im Westen und Süden schienen sich Möglichkeiten zu bieten. Als der Kaiser ihn im Streit der Grafen von Sulz und Geroldseck um die Herrschaft Sulz am Neckar als Schiedsrichter am Rottweiler Hofgericht einsetzte, verstand er es auf geschickteste Weise, diese Güter an sich zu bringen.

Seine Verheiratung, 1474, mit Barbara Gonzaga, brachte ihn in Verbindung mit einem der glänzendsten und gebildetsten Höfe Italiens, mit Mantua und seinem Herrn, dem Markgrafen Ludwig Gonzaga, dessen Palast Mantegna mit den herrlichen Fresken geschmückt hat, auf denen uns die ganze Familie vor Augen gestellt wird.

In der Landesverwaltung, im Steuerwesen, der Pflege der Schulen hat Eberhard energisch und reformierend gewirkt; er schuf Ordnung auf den Straßen, damit die Kaufleute sicher reisen konnten. In allen Maßnahmen des Grafen spürt man die tiefe Liebe und Fürsorge für das württembergische Volk und Land. Als Graf von Württemberg ist er in die Angelegenheiten des Reichs hineingezogen worden; er besuchte fleißig die Reichstage und wirkte, oft im Auftrag des Kaisers, als angesehener, vielgesuchter Vermittler in Streitsachen und Verhandlungspartner in Fragen der großen Politik. Er erlebte die großen Spannungen im Verhältnis der Fürsten zum Reichsoberhaupt, zwischen Fürsten, Städten, Adel und Bauern, er nahm regen Anteil an den Fragen der Reichsreform und war befreundet mit dem Vorkämpfer dieser Bestrebungen, dem Grafen Berthold von Henneberg, Kurfürsten von Mainz. Sein Wahlspruch lautete: Attempto – ich versuch's.

Zum Dank für Eberhards unermüdliches Wirken erhob Kaiser Maximilian I. Württemberg am 21. Juli 1495 in Worms zum Herzogtum. Dort, zwischen Karmelitenkirche und St. Martin, versammelten sich die Fürsten unter freiem Himmel. Der Kaiser saß, umgeben von Kurfürsten, Fürsten und Grafen, auf dem Königsstuhl, und nun wurde Eberhard von seinen Neffen, den Landgrafen von Hessen-Kassel, und dem Fürsten von Anhalt vor den Kaiser geführt, in dessen Namen Veit von Wolkenstein eine »lange, zierliche Ansprache« hielt. Dann bekleidete Maximilian Eberhard mit den Insignien seiner neuen Würde, mit Rock, Mantel und Herzogshut, und gab ihm das Herzogsschwert in die Hand. Der Reichserzmarschall, Kurfürst Friedrich von Sachsen, wies ihm sodann seinen Platz unter den Reichsfürsten an.

1477 hat Eberhard die Universität Tübingen gegründet und schuf damit das kulturelle Zentrum am mittleren Neckar, wo sein Erzieher Verganus der erste Kanzler der Hochschule war, wo Reuchlin, der Philologe und Jurist, gewirkt hat. Eberhard liebte es, im Kreise der Gelehrten zu verkehren und zu diskutieren.

Für den Fall eines Erlöschens seines Hauses bestimmte er, daß das Herzogtum ans Reich fallen, jedoch seine eigene freiheitliche Stellung bewahren solle. Er muß eine männliche Erscheinung gewesen sein, klein, aber drahtig und energisch, und er hatte eine Tugend, die, damals wie heute, selten war und ist: er hielt sein einmal gegebenes Wort, aber er gab es erst nach reiflicher Überlegung. 1496 ist Eberhard im Barte gestorben, erst einundfünfzig Jahre alt. Ohne Gepränge, wie es sein Wunsch war, wurde er in der Tübinger Stiftskirche beigesetzt. Kaiser Maximilian sagte an seinem Grabe: »Hier liegt ein Fürst, dem ich im ganzen römischen Reich keinen zu vergleichen weiß. Sein Rat hat mir oft genützt.« Schöner noch spricht sich die tiefe Liebe des Volkes zu seinem Fürsten aus in dem Wort: »Wenn unser Herrgott nicht wäre, dann sollte unser Herzog Gott sein.«

Zurück nach Karlsruhe

Herrenberg

Nahe von Tübingen liegt Herrenberg. »In der Stadt sind wenige altertümliche Bauwerke erhalten«, meldet ein Führer für Kunstwanderer. Merkwürdig, ich sah, als ich dorthin kam, ausschließlich altertümliche Häuser, zumindest im Zentrum der kleinen Stadt, an der Tübingerstraße und am Marktplatz. Vielleicht hat den Berichterstatter der moderne Ladenausbau der Erdgeschosse gestört, der auch zu bedauern ist.

Jede Generation, hört man oft sagen, trägt das Gesetz ihrer Form in sich. Man hört fernerhin sagen, daß Bauen im Grund Gestalten sei, das heißt, daß ›Neues‹ in organischen Zusammenhang mit ›Altem‹ gesetzt werden müsse. Dazu gehöre Verantwortlichkeit. Angesichts der tiefgreifenden Veränderungen unserer alten Städte fragt man sich: haben die eben zitierten Sätze noch Gültigkeit? Herrscht nicht der Eindruck vor, daß ›Altes‹ abgelehnt wird, daß man sich kaum mehr die Mühe macht, es zu verstehen?

Unsere Architektur hat schon einmal eine Phase der Verantwortungslosigkeit durchlebt. Das geschah nach dem Kriege von 1870/71, in der ›Gründerzeit‹, als das deutsche Volk sehr reich geworden war, als Industrie und Handel einen gewaltigen Aufschwung nahmen, als man die sattsam bekannten Scheußlichkeiten der öden Vorstädte aus dem Boden stampfte, ohne Rücksicht auf vorhandene alte Stadtbilder. Leben wir nicht in einer neuen ›Gründerzeit‹; sehen wir nicht die gleichen Auswüchse im Bereich der Architektur? Anscheinend rechnet man mit der Schafsgeduld, der Gleichgültigkeit oder dem Nichtwissen der Menschen, welche angesichts solcher Bausünden leben müssen, die Dörfer, Städte und Landschaften verschandeln. ›Demokratischer Freiheit‹ – ein Freiheitsbrief für jeden Unsinn – ist keine Schranke gesetzt; sie ist aber sofort bedroht, wenn sich berechtigte Kritik zu Wort meldet. Es gibt, wir wissen es, ausgezeichnete zeitgenössische Architektur, hervorragend durchgeführten Wiederauf bau zerstörter Städte, wie Freudenstadt oder Münster.

Viele kleine Landstädte, die nicht so berühmt sind wie Rothenburg oder Dinkelsbühl, die jedoch sehr eindrucksvolle Straßenbilder und Plätze haben, werden anscheinend ohne Gnade preisgegeben, werden Stadt-Unwesen.

Nun, an Herrenberg können wir uns noch freuen. Der erste Eindruck, schon aus der Ferne, ist die Stiftskirche St. Marien, der zweite die wohlgefügte Häuserwand der Hauptstraße, der prachtvolle Marktplatz.

Steigen wir zuerst die steilen Treppen zur Kirche hinauf. Hoch liegt sie über der in Terrassen abfallenden kleinen Stadt, alles beherrschend, ein mächtiger Klotz mit breitbrüstiger Westfront, über welcher ein gedrungenes Turmstück mit Zwiebelhaube steht. Die Trümmer der Burg der Grafen von Herrenberg, dann der Pfalzgrafen von Tübingen, hinter der Kirche, sind für das Herrenberger Stadtbild ohne Bedeutung, man sieht sie nicht mehr. Mit dem Westbau, er trug einst zwei achteckige Türme unter Spitzhelmen, wurde um 1300 begonnen. Es folgte 1328 das Langhaus, eine dreischiffige Halle von guten Maßen, und der Chor ist um 1350 geweiht worden. Hans Murer aus Ulm setzte 1487-92 die Gewölbe. 1749 mußten die Westtürme wegen Baufälligkeit abgetragen werden.

Wir betreten durch die schön gezierte südliche Eingangshalle des 15. Jahrhunderts das Innere und sind etwas enttäuscht, denn es ist 1890 trocken und langweilig ›restauriert‹ worden. Schön ist das Maßwerk der Fenster – es erinnert an die Klosterkirche von Bebenhausen –, schön ist die 1503-04 von Hanselmann fein gemeißelte Kanzel mit den Reliefs der Muttergottes und der Kirchenväter und das reich geschnitzte Chorgestühl, das Heinrich Schickhardt, der Großvater des Renaissancebaumeisters Heinrich Schickhardt, 1517 geschaffen hat. Der berühmte, aus dem gleichen Jahr stammende Hochaltar, den Jörg Ratgeb malte, befindet sich heute in der Stuttgarter Staatsgalerie.

Unten liegt der Ort, den 1107 Graf Hans von Herrenberg an Stelle eines römischen Gutshofes gegründet haben soll. Er ist 1278 Stadt und hundert Jahre später württembergisch geworden.

Wir steigen hinab, vorüber am hohen, spätgotischen Dekanat, der einstigen Propstei des Stiftes, zum geräumigen Marktplatz mit dem prächtigen Brunnen von 1660, auf dessen Brunnensäule ein wappenhaltender Löwe sitzt. Rings um diesen heiteren Platz stehen in behaglicher Breite die herrlichen Fachwerkhäuser des 16. bis 18. Jahrhunderts, charaktervoll, jedes mit seinem eigenen Hausgesicht.

Von den Befestigungen ist nichts mehr zu sehen; Nufringer-, Tübinger- und Bronntor sind verschwunden. Am östlichen Eingang zur Stadt bildet der mächtige, 1683 gebaute Fruchtkasten mit Erker einen kräftigen Eckpfeiler des Mauerrings, dem hier vormals ein Rondell vorgelagert war. Er trägt die Inschrift: »An dem 8. Tag Maii ist Herrenberg stürmt worden von 30 Dused Purn (Bauern) 6 Stund lang. 1525.«

So zeigt Herrenberg, heute inmitten ausgedehnter neuer Siedlungen, noch das schöne Antlitz einer württembergischen Landstadt.

Bebenhausen

Wenn wir von Tübingen nordwärts fahrend durch den Wald kommen, öffnet sich vor uns ein weites Tal, und da haben wir die ganze prächtige Lagerung der Klosterburg Bebenhausen vor Augen, neben Maulbronn wohl das schönste, besterhaltene mittelalterliche Kloster in Württemberg. In klarem, wohlgefügtem Rhythmus heben sich die Bauten aus der Landschaft, zuerst die Wirtschaftsgebäude, breit und behäbig, Torturm und Mauer, dann das stolze Rechteck des Klosters selbst, überragt vom Glockenturm. Ist Maulbronn großartig und streng, so Bebenhausen malerisch und idyllisch, und nicht umsonst haben sich die württembergischen Grafen, Herzöge und Könige gern hier aufgehalten.

Das eigentliche Kloster wird vom inneren Mauerring umfangen, der um 1300 angelegt wurde und auf dem das Krankenhaus mit dem kräftigen Fachwerkobergeschoß sitzt. Innerhalb des äußeren Berings aus dem 15. und 16. Jahrhundert mit Tor- oder Schreiberturm, den eine Kreuzigungsgruppe, Stifterbild und Wappen schmücken, liegen die Wirtschaftsgebäude.

Im 12. Jahrhundert ging es mit den cluniazensischen Klöstern bergab; nach 1150 wird aus Hirsau vom Verfall berichtet. Entweder waren die Klöster zu reich geworden oder verarmt. Der starke Reformgedanke aber entließ eine neue Bewegung, und zwar wieder aus Burgund, die der Zisterzienser, benannt nach dem 1098 gegründeten Cîteaux bei Dijon. Der große Heilige des Ordens, Bernhard von Tescelin – seine Mutter entstammte dem Haus der Herzöge von Clermont-Tonnèrre –, war auf dem väterlichen Schloß bei Dijon 1090 geboren worden. Als er 1112 in Cîteaux eintrat, griff die Bewegung bald weit um sich, bis auch sie verebbte, um den Bettelorden Platz zu machen. 1115 gründete Bernhard, die größte Gestalt der Kirche dieses Jahrhunderts, im Val d'Absinthe an der Nordgrenze von Burgund das Kloster Clairvaux. Er war ein Mann von unglaublicher Gewalt des Wortes und des Einflusses. Päpste fragten ihn um Rat, Könige sahen verehrungsvoll zu ihm auf; er entflammte die Begeisterung für die Kreuzzüge, schlichtete in Pisa das durch die Wahl des Papstes Anaklet entstandene Schisma und machte den Judenpogromen im Rheinland ein Ende.

Das erste Gebot des Ordens war der unbedingte Gehorsam zur Regel des hl. Benedikt, vor allem Rückkehr zu Einfachheit und Armut, Verminderung der gottesdienstlichen Übungen, auf welche die Cluniazenser besonderen Wert gelegt hatten, und Rückkehr zur täglichen Arbeit. Daher sollten die Klöster an einsamen Orten gebaut werden, wo sie sich wirtschaftlich unabhängig von Städten und Dörfern entwickeln mußten. Weil dazu die Arbeitskraft der Mönche nicht ausreichte – sie mußten ja auch die Gottesdienste halten – wurde die Stellung der Laienbrüder oder Konversen ausgebaut, die nicht Vollmönche werden und keine Priesterwürde erlangen konnten. Der Laienbruderschaft vor allem verdankt der Zisterzienserorden die große wirtschaftliche Kraft, besonders bei der Kolonisation der einstigen deutschen Ostgebiete.

Architektonische Üppigkeit, hauptsächlich an der Klosterkirche, war verboten. Bernhard hat sich unmißverständlich dazu geäußert. *Woher kommt es, daß das Licht der Welt verfinstert und das Salz der Erde dumm geworden ist? Vom hoffärtigen Wandel der Mönche ... Der Bethäuser maßlose Größe, ihre übertriebene Länge und Breite, ihr Aufwand an Steinmetzarbeit, ihre die Neugier reizenden und die Andacht störenden Malereien – mag sein, daß man Gott damit ehren will. Ich, ein Mönch, frage euch Mönche, was vor Zeiten ein Heide den Heiden vorhielt: Sagt, ihr Priester, was tut im Heiligtum das Gold denn? Vor goldbedeckten Reliquien öffnen sich am schnellsten die Beutel. Die prachtvolle Figur eines oder einer Heiligen wird gezeigt und die Menschen halten sie für um so heiliger, je bunter sie ist ... Sodann in den Kreuzgängen, dicht vor den Augen der lesenden und meditierenden Brüder, was soll denn diese lächerliche Ungeheuerlichkeit, dieser garstige Prunk, diese prunkende Garstigkeit?* Damit meint er die Bildwerke, welche Kapitelle, Friese und Gesimse schmücken.

So sprach der Mann unerbittlicher Askese, von erbarmungslosem Eifer und hinreißender Glut des Glaubens. *Wer wird mir das geben, die Kirche, ehe ich sterbe, so zu sehen, wie sie in alten Zeiten war, als die Apostel ihre Netze auswarfen, nicht Gold und Silber zu gewinnen, sondern Seelen.* Das war der Inhalt seines Denkens und Wirkens. Klingen nicht verwandte Töne heute wieder an? Und doch ist es ein ganz anderer Ton, welcher in der mitreißenden Eloquenz Bernhards schwingt. Er steht, trotz aller Kritik, fest in der Kirche, er macht sie nicht lächerlich, er leugnet sie nicht, er ist keiner der alles bestreitenden und verwerfenden Schwätzer, wie wir sie heute so emsig am Werk sehen. Für Bernhard ist die Kirche das *ungeheuere Leben-Gebilde, das von den Aposteln bis heute existiert, seine Geschichte erfüllend von Jahrhundert zu Jahrhundert, wachsend, sich entfaltend, kämpfend, erkrankend, genesend, sein Schicksal bestehend und der Wiederkunft des Herrn entgegenreifend.* (Ida Friederike Görres)

Bernhards tiefe Christusliebe wird deutlich in der Bebenhausener Tafel des 15. Jahrhunderts, die den vor dem Kreuz knienden Heiligen zeigt, wie er den geschundenen Herrn in die Arme nimmt. Mörike sah das Bild und schrieb die Verse:

Sah ich doch jüngst in der Kirche das
 Heiligenbild mit dem Kloster
Hinten im Grund: tiefblau spiegelt der
 Weiher es ab,
Und auf dem Schifflein fahren in Ruh
 zwei Cisterzienser,
Weiß die Gewänder und schwarz, Angel
 und Reuße zur Hand.
Als wie ein Schattenspiel, so hell von Farben,
 so kindlich,
Lachte die Landschaft mich gleich
 und die Gruppe mich an.

Bernhard wirkte in einer Epoche außerordentlicher Weltoffenheit, regen geistigen und kulturellen Austauschs der europäischen Völker, einer Zeit der Hochblüte des Rittertums. Diesem Zeitalter gab der Zisterzienserorden ganz neue religiöse Impulse, vor allem die fast schwärmerische Marienverehrung, die Versenkung in das Leiden Christi. In den achtziger Jahren des 12. Jahrhunderts stiftete Pfalzgraf Rudolf von Tübingen hier in der Nähe seines Stammhauses Tübingen das Prämonstratenserkloster Bebenhausen, das jedoch nur kurze Zeit bei diesem Orden blieb und 1190 den Zisterziensern übergeben wurde. Die Gründung des Klosters fällt in die Zeit Kaiser Friedrichs I., dessen Regierung auf dem berühmten Pfingstfest bei Mainz im Jahre 1184 ihren höchsten Glanz entfaltet hatte.

Die Klostergründungen der Zisterzienser richten sich in Grundriß und architektonischen Formen nach gemeinsamem, wohl vom Generalkapitel, das jährlich in Cîteaux zusammentrat, festgelegtem Schema. Dazu gehörte der quadratische, flach geschlossene Chor, der von je zwei Kapellen auf der Ostseite der Querschiffe begleitet wird. In Bebenhausen sind nur die zwei an den nördlichen Querhausflügel anschließenden Kapellen erhalten, die südlichen durch die Sakristei ersetzt worden.

Architektonische Üppigkeit war verboten. »Bei Gott«, ruft Bernhard aus, »wenn ihr vor diesen Albernheiten keine Scham habt, so habt wenigstens Scheu vor den Kosten!« Alles Aufsehen mußte vermieden werden. Daher war der Bau von Glokkentürmen verboten, bunte Fußböden, farbige Verglasung, Skulpturen und Freskenschmuck verpönt, »doch haben wir bemalte Kreuze, aber nur aus Holz«, heißt es.

Doch ebensowenig wie ihre Vorgänger, die Cluniazenser, vermochten es die Zisterzienser, den asketischen Geist aufrecht zu erhalten. Durch Tüchtigkeit und große Schenkungen reich, durch die große Zahl der Niederlassungen in Europa einflußreich geworden, durch eine ausgezeichnete Ordensverfassung zusammengehalten und geleitet, war der Orden bald eine kirchliche und wirtschaftliche Großmacht geworden. Daher ließ es sich auf die Dauer nicht vermeiden, daß sich weltliche Belange in den Vordergrund drängten. So versuchte Bebenhausen ein Jahrhundert nach seiner Gründung den Hauptbesitz der Pfalzgrafen mit Burg und Stadt Tübingen an sich zu bringen. Reichtum und Einfluß des Ordens wirkten sich natürlich auf die Architektur aus. Man baute nicht mehr ärmlich, auch nicht üppig, sondern einfach, würdig, stattlich, aus strengem, kühlem Geist, und verwendete bestes Material. Für Kreuzgänge und Refektorien wurden sogar die Zügel etwas gelockert, und später erlaubte man auch kleine Glockentürme.

Wir betreten die 1228 geweihte Kirche, deren Langhaus nach der Säkularisierung in der Reformationszeit auf ein Drittel seiner einstigen Länge reduziert wurde. Dennoch ist es ein schöner, würdiger Raum. Während in Schönau bei Heidelberg, woher die ersten Mönche geholt worden waren, in den Schwesterklöstern Eberbach im Rheingau und Arnsburg in Oberhessen schon die Wölbung verwendet wurde, blieb man in Bebenhausen bei der Flachdecke, die erst nach Aufhebung des Klosters durch ein Gewölbe ersetzt wurde. Kräftige Pfeiler tragen die spitzbogigen Arkaden. Zur selben Zeit wie die Einwölbung der Decke erfolgte der Einbruch der Rundfenster. Die Einwölbung von Chor, Vierung und Querflügeln erfolgte bereits im späten 15. und frühen 16. Jahrhundert. Unter Abt Konrad von Lustnau (1320–53) herrschte rege Bautätigkeit. Der Abt ließ um 1350 das prächtige hohe Maßwerkfenster in die Chorostwand brechen und 1335 das Sommerrefektorium auf älteren Fundamenten errichten. 1407–09 baute der Laienbruder Georg von Salem über der Vierung den Glockenturm mit dem zierlichen, durchbrochenen, mit Strebewerk besetzten Helm. Die prunkvolle Kanzel gehört der Renaissance an.

Als Vermittler der Gotik in einer ersten noch stärker mit romanischen Traditionen belasteten Form, wie sie sich in Burgund ausgebildet hatte und wie sie sich dem Verständnis der übrigen Völker leichter erschloß, haben die Zisterzienser in allen Teilen des Abendlandes einen bedeutsamen Einfluß ausgeübt ... In Bebenhausen ist von solchen Elementen an der Kirche noch nichts zu erkennen. Dagegen tritt die frühe Gotik unvermittelt und in ausgesprochen zisterziensischer Prägung an den drei Räumen auf, die sich, als der älteste Teil der Gebäude des Klausurbezirkes, an den östlichen Flügel des Kreuzganges legen. (Georg Weise)

Der Ostflügel wurde schon während des Kirchenbaus in Angriff genommen, sein Portal hat große Ähnlichkeit mit dem Maulbronner Eingangsportal. Aber die drei in ihm enthaltenen Säle, es sind der Kapitelsaal, Parlatorium und Bruderhalle aus der Mitte des 13. Jahrhunderts, zeigen das Eindringen burgundischer Frühgotik.

Im Kapitelsaal, einem niedrigen Raum, tragen kraftvolle dicke Säulen mit konsolartig angesetzten Knospenkapitellen die Rippen und Gurten des Kreuzgewölbes. In Parlatorium und Bruderhalle sind diese Formen, nur derber, wiederholt.

Dem Jahre 1335 gehört das Sommerrefektorium an, ein heller, herrlicher Saal von hoher Eleganz, dessen Gewölbe auf schlanken, rechteckigen Säulen ruhen, die in ungehemmtem Fluß der Bewegung in die Rippen übergehen. Nichts mehr erinnert an den alten strengen Geist des Ordens. Im Maulbronner Herrenrefektorium umfängt uns noch hoher Ernst, hier aber heiteres Behagen.

Mörike schildert den Eindruck, den der Besucher in diesem Raum empfängt:

Sommerlich hell empfängt dich ein Saal; man glaubt sich in einem
Dom; doch ein heiterer Geist spricht im Erhabnen dich an.
Ha, wie entzückt aufsteiget das Aug' im Flug mit den schlanken
Pfeilern! Der Palme vergleicht fast sich ihr luftiger Bau.
Denn vielstrahlig umher aus dem Büschel verlaufen die Rippen
Oben und knüpfen, geschweift, jenes unendliche Netz,
Dessen Felder phantastisch mit grünenden Ranken der Maler
Leicht ausfüllte; da lebt, was nur im Walde sich nährt:
Frei in der Luft ein springender Eber, der Hirsch und das Einhorn;
Habicht und Kauz und Fasan schaukeln sich auf dem Gezweig.
Wenn, von der Jagd herkommend, als Gast hier speiste der Pfalz-
Sah er beim Becher mit Lust über sich ein Paradies. [graf,

Das Winterrefektorium auf der Ostseite des Kreuzgangs, mit einer Fülle zierlich gearbeiteter Schlußsteine, wurde etwa zwischen 1470 und 1515 eingerichtet, und mit reichem malerischem Schmuck und Schnitzereien an Holzdecke und Holzstützen versehen. Im nördlichen Teil dieses Wintertraktes befindet sich das Refektorium der Laienbrüder von 1530.

Um 1500 ist der Kreuzgang mit Brunnenstube ganz erneuert worden, dessen hohe Fenster mit vielfach verschlungenem Maßwerk versehen sind, dessen Gewölbe im dekorativen Wechsel des Rippennetzes das Geviert umschließen. Die eigenwillige Führung der Rippenfiguration hat im Brunnenhaus fast barokken Charakter. Von hier erfaßt man die nach einheitlichem Plan gebaute Klosteranlage. Im Norden steht die Kirche, im Westen schließen an den Kreuzgang das Refektorium der Laienbrüder und das Winterrefektorium an, im Osten liegen Kapitelsaal, Parlatorium und Bruderhalle. Das vom Kreuzgang bestimmte Zentrum der Anlage umgeben Nebengebäude, wie das sogenannte Herrenhaus, die Abtswohnung von 1532 mit Halle und Speisesaal, Krankenhaus und anderes.

Als Erben der Pfalzgrafen von Tübingen hatten die Grafen von Württemberg die Schirmherrschaft über das Kloster übernommen. 1534 – über Bebenhausen liegt es wie eine dunkle Wolke. Das Kloster wird aufgelöst, der Glanz der Refektorien, der strenge Ernst der Kirche, welche die Glorie des Ordens verkündet, sind erloschen. Bebenhausen wurde herzogliches Gut und Klosterschule. Später richtete man ein theologisches Seminar darin ein, das dann 1807 nach Maulbronn verlegt wurde. Außerdem kamen die Württemberger gern zur Jagd hierher. 1819 übertrug König Wilhelm I. von Württemberg gegen gewisse Renten und Nutzungsrechte erhebliche Teile seines Hausvermögens dem Staat. Dazu gehörte auch eine Anzahl von Schlössern, darunter Bebenhausen. Der kleine Klosterort war in der ersten Hälfte des 19. Jahrhunderts bewohnt von Schultheiß, Amtsdiener, Torwart, Nachtwächter, Hebamme, Zimmermann, Maurer, Viehhirt, Schmied, Wagner, Schuster, Bäkker, Küfer, Taglöhner, Organist und Orgeltreter. 1823 war die neue Gemeinde Bebenhausen rechtlich gebildet, deren Bewohner die Häuser kaufen konnten. König Karl, der seit 1864 regierte, wies darauf hin, daß die Gemeinde im Begriff stehe, die Ringmauer zur Gewinnung von Straßenschotter abzubrechen. Sie wurde daraufhin vom Staat zurückgekauft und Rückkäufe weiterer Bauten folgten, um den Bestand des Klosters zu retten. Aber auch der König richtete sich dort eine Wohnung ein, womit eine Instandsetzung der Gebäude Hand in Hand ging.

Obgleich seit langer Zeit mönchischem Leben entzogen, liegt nicht die Schwermut der Nutzlosigkeit über den Gebäuden und bedrückt den Besucher mit einem Gefühl der Verlassenheit. Wir können uns allenthalben in diesem stillen Bereich das einstige Leben vorstellen, die geistige Kraft, die sich dem Land mitgeteilt hat. Alle, die hier wirkten, haben ihre Spuren zurückgelassen. Ringsum schließen sich die Wälder zusammen, liegt das Tal abgesondert und einsam wie zur Zeit der Zisterzienser.

Hirsau, das in enger Beziehung zu Tiefenbronn stand, soll nun unser Ziel sein. Eine schöne Straße, von Wiesenhängen gesäumt, die zu Tannen- und Mischwäldern emporsteigen, führt uns von Tübingen über Herrenberg zunächst nach *Calw*.

Das Städtchen ist 1037 von den Grafen von Calw gegründet worden. Im 13. Jahrhundert war es ein sehr reicher Ort durch den Salzhandel, später durch die nach dem Dreißigjährigen Krieg gegründete ›Calwer Zeughandelskompagnie‹ und den Holzhandel. Es ist eines der reizendsten Schwarzwaldstädtchen mit guten Fachwerkhäusern straßauf, straßab und dem eleganten, 1790 von dem Stuttgarter Hofbaumeister Martin Fischer gebauten Kaufherrnhaus. Uns aber zog es weiter nach dem nahe gelegenen *Hirsau*.

Der Legende nach soll Helizina von Calw im Jahre 645 das Kloster gestiftet haben. Gesichert ist der Bau einer kleinen Kirche und Zelle im 8. Jahrhundert durch das Kloster Lorsch, die dem hl. Nazarius geweiht war, dessen Gebeine in Lorsch lagen. Grabungen in den Jahren von 1933 bis 1936 legten diese Kirche frei. Wahrscheinlich haben Bauleute einer auch in Lorsch tätigen Hütte die Anlage errichtet, denn es wurde bei den Grabungen das Stück eines Blattfrieses gefunden – es ist verlorengegangen –, dessen Form dem Lorscher Torbaufries sehr ähnlich war. 830 brachte der Alemanne Bischof Nothing von Vercelli aus Mailand die Gebeine des hl. Aurelius nach Hirsau, wo das Aurelimünster gebaut wurde, das im 11. Jahrhundert auf Wunsch des Papstes Leo IX., gebürtigen Grafen von Egisheim, erneuert wurde, weil dieser, als er den Grafen Adalbert II. von Calw, seinen Neffen, besuchte (um 1050), das Klösterchen in sehr schlechtem Zustand fand. Man ließ Benediktiner aus Einsiedeln in der Schweiz kommen, deren Abt Friedrich aber vom Grafen bald wieder abgesetzt wurde. Der Graf berief Wilhelm von St. Emmeram in Regensburg, einen persönlichen Freund des Papstes Gregor VII. und Gegner Kaiser Heinrichs IV., der als bedeutender Reformabt in die Geschichte einging.

In der Mitte des Ortes steht das zwischen 1059 und 1071 gebaute Aureliusmünster, von dessen einstiger Größe nur Fragmente erhalten sind, denn 1585 wurde es bis auf Teile des Langhauses abgebrochen, Seitenschiffswölbungen und Türme fielen. Dieses frühere Münster diente nach dem Bau der neuen Klosterkirche St. Peter und Paul als Propsteikirche. In dem dunklen Raum mit den kurzen stämmigen Säulen spüren wir noch die Kraft und Würde der Frühzeit. Hier befindet sich auch, etwas vertieft, der Steinsarg Herzog Bertholds I. von Zähringen, eines Freundes Abt Wilhelms. Der Leichnam des Herzogs wurde jedoch schon 1111 in die Familiengruft von St. Peter bei Freiburg überführt.

Wenn wir das Münster verlassen und ein wenig weitergehen, so stehen wir vor einem Bild, das dem Repertoire romantischer Maler entstammen könnte. Auf dem Hügel schaut zwischen Bäumen die Ruine des 1592 vollendeten Jagdschlosses mit geschnörkelten Giebeln hervor, das Georg Beer und Heinrich Schickhardt für den Herzog von Württemberg bauten. Aus dem Innern des Schlosses wächst eine mächtige Ulme empor, die durch Ludwig Uhland berühmt geworden ist. Eigentlich ist die Schloßruine – der Westflügel ist erhalten und wird bewohnt – heute das Anziehendste der ganzen Anlage, denn vom Kloster ist bis auf den hohen Eulenturm und die sehr veränderte Marienkapelle nichts erhalten als Fundamente, Mauerreste, das kleine Westtor und das spätromanische Haupttor. Durch dieses betreten wir den Klosterbezirk und gehen an den stattlichen Gebäuden der ehemaligen Mühle und Pfisterei vorüber, hinauf zur Kirchenruine. Ganz kurz seien die Daten zur Hirsauer Baugeschichte aufgezeichnet. Zwischen 1082 und 1091 ist das *Münster St. Peter und Paul* errichtet worden, in ebenso riesigen Ausmaßen, wie später auch der Kreuzgang, den Peter von Koblenz, Hans Spreyss von Zaberfeld und Martin Hillenbrant von Urach 1482 bis 1495 gebaut haben und dessen vierzig schöne Spitzbogenfenster mit Glasmalereien geschmückt waren, einer Biblia Pauperum. Meister Martin Hillenbrant baute zwischen 1508 und 1516 auch die Marienkapelle mit der darüberliegenden Klosterbibliothek. Diese Kirche ist im späten 19. Jahrhundert, nicht gerade glücklich, restauriert worden. 1535 wurde Hirsau aufgelöst und in dem Gebäude eine von evangelischen Äbten geleitete Klosterschule eingerichtet. 1692 hat der französische General Mélac Kloster und Kirche von Grund auf zerstören lassen, die Trümmer wurden von den Bewohnern des Nagoldtales als Steinbruch benutzt.

Wir stehen vor dem Eulenturm, so genannt, weil dort gerne Eulen nisten. Er entstammt dem ersten Viertel des 12. Jahrhunderts, erhebt sich stattlich mit sechs durch Blendbögen und Doppelfenster gegliederten Geschossen und bildete einst gemeinsam mit seinem verschwundenen Bruder die Westfassade einer dreischiffigen Vorhalle, die damals an Stelle eines offenen Vorhofs vor das Münster gelegt worden war.

Ein ganz archaisch anmutender Figurenfries umzieht auf drei Seiten das zweite Geschoß des Turmes. Zwischen Löwen und bockartigen Tieren stehen bärtige Männer. Der Fries ist vielfach gedeutet worden: als Darstellung von Legenden, als Hinweis auf die Grafen von Calw als Stifter, die den Löwen im Wappen führten, als die drei germanischen Hauptgötter. Man ist aber jetzt der Ansicht, wohl mit Recht, daß es sich um astronomische Sinnbilder handelt. Karl Greiner deutet die Figuren der beiden Türme – vom Südturm sind Bruchstücke erhalten – als den auf- und absteigenden Jahreslauf der Sonne, und zwar zeige der Eulenturm die absteigende Bahn. Er bezeichnet, an der Westseite beginnend, die beiden Tiere links und rechts der Mittelfigur als Saturn und Jupiter, auf der Südseite als Mars und Venus, auf der Nordseite als Merkur, während die Männer durch ihre Haltung die Ekliptik symbolisieren, dargestellt durch die erhobenenen Arme als Tag- und Nachtgleiche, die herabhängenden Arme als tiefsten Sonnenstand und als Mitte zwischen diesen beiden Eckpunkten der Sonnenbahn die Figur auf der Ostseite, die einen Arm hebt. Im Rad und der menschlichen Halbfigur sieht Greiner Symbole für Sonne und Mond.

Die Kirche selbst, von fast 97 Metern Länge, muß außerordentlich eindrucksvoll gewesen sein. Ihre Außenmauern sind in mäßiger Höhe erhalten, Säulen- und Pfeilerbasen blicken noch durch die Rasendecke und bezeichnen den basilikalen Grundriß des Hirsauer ›Bauschemas‹.

Die Hirsauer Observanz sah den Sinn des Mönchtums im völligen Gehorsam bis in alle Einzelheiten des täglichen Lebens. Daher sollten auch die Kirchen streng und einfach sein. Abt Wilhelm hielt sich genau an die in Cluny gebräuchliche Gottesdienstordnung, die eine starke Betonung der Liturgie einschloß. Dehio verneint den Einfluß des burgundischen Stils auf den Hirsauer Bau und nennt seinen künstlerischen Charakter durchaus deutsch. Der Gottesdienstordnung jedenfalls hatte die Raumeinteilung der Kirche zu folgen: Presbyterium als Altarhaus, Chor, und zwar der ›große Chor‹ im Raum der Vierung, der ›kleine Chor‹ im östlichsten Joch des Langhauses, der übrige Teil des Schiffs und die Vorhalle. Die beiden bis dahin in Deutschland nicht bekannten Nebenchöre sind eine für alle Hirsauer Anlagen verpflichtende Eigentümlichkeit; sie sind flach geschlossen.

Alles das muß einst von tiefer Eindrücklichkeit gewesen sein, vor allem an Festtagen, wenn Abt und Mönche in feierlicher Prozession durch die Kirche zogen. Was ist es heute? Von Brombeerranken, Efeu und Waldrebe überwachsene Trümmer schimmern silbergrau und rot aus Rasen und Laub, zur Natur zurückverwandelt, beschaulicher Garten mit Obstbäumen und Blumen. Etwas abseits, eine Stufe höher als die Marienkapelle, liegt die ausgebrannte Ruine des Schlosses, von Baumschatten und Sonnenlicht überspielt. In ihrem Innern breitet die alte Ulme ihre Äste aus, von Uhland besungen:

Zu Hirsau in den Trümmern,
Da wiegt ein Ulmenbaum
Frisch grünend seine Krone
Hoch überm Giebelsaum.

Er wurzelt tief im Grunde
Vom alten Klosterbau,
Er wölbt sich statt des Daches
Hinaus ins Himmelsblau.

Weil des Gemäuers Enge
Ihm Luft und Sonne nahm,
So trieb's ihn hoch und höher,
Bis er zum Lichte kam.

Es ragen die vier Wände,
Als ob sie mit bestimmt
Den hohen Wuchs zu schirmen,
Der zu den Wolken klimmt.

Klosterleben

Von der Gründung des hl. Benedikt (gest. 543), dem Kloster Monte Cassino und seiner Ordensregel, ist Europa sehr stark beeinflußt worden; auch das Erbe des römischen Geistes wurde durch die Benediktiner verbreitet.

Nach den verheerenden Einfällen der Normannen und Ungarn ins fränkische Reich im 10. Jahrhundert erfolgte eine Erneuerung des Klosterlebens, vor allem durch die 910 gegründete französische Abtei Cluny. Das Ziel war die seelische und geistige Reform der Kirche. Die bedeutenden Äbte Clunys dienten bewußt dem politischen Frieden zwischen Kirche und Staat; sie wurden zu Schiedsrichtern Europas. Päpste und Kaiser wandten sich vor allen Unternehmungen von weittragender Bedeutung zuerst an Cluny und appellierten an die Instanz, die für jene Zeit den Hort des Friedens und der Gerechtigkeit repräsentierte. Auch die Versöhnung in Canossa zwischen Gregor VII. und Heinrich IV. kam 1077 auf Zureden und in Anwesenheit des Abtes Hugo I. von Cluny zustande.

In Cluny wurde ein besonderer Typus des mittelalterlichen Menschen geprägt, der des Mönchs schlechthin. Die Verfassung der Cluniazenser beruhte auf der Regel des hl. Benedikt, die ein Gleichgewicht körperlicher und geistiger Tätigkeit anstrebt, aber mit dem Leben des 10. und 11. Jahrhunderts erneut in Einklang gebracht werden mußte. Die erste Niederschrift der Statuten erfolgte zur Zeit des Abtes Majolus, die zweite zwischen 986 bis 1030. Beide Fassungen sind im Vatikan aufbewahrt.

1068, während der Amtsführung des Abtes Hugo I., wurde die Regel der Erzabtei schriftlich niedergelegt und bald darauf noch einmal für Abt Wilhelm von Hirsau abgeschrieben. Man erlaubte den deutschen Äbten Änderungen, um die Regel deutschen Verhältnissen anzupassen. Abkehr von der Welt in Schweigen und Gebet blieb das erste Gebot. Chordienst war bald die einzige Tätigkeit der Cluniazenser und trat an Stelle jeglicher Arbeit, auch der Studien. Cluny sah eine Reihe bedeutender Äbte; schließlich umfaßte die Vereinigung der nach cluniazensischer Observanz geleiteten Klöster zweitausend.

Trat ein Novize ein, so lautete die Anrede des Abtes: »Was ist Euer Begehr?« Er erhielt die Antwort: »Ich suche das Mitleid und die Gnade Gottes in Euerer Gemeinschaft.« Worauf der Abt antwortete: »Möge Euch Gott den Beistand seiner Getreuen schenken.« Eine Eigentümlichkeit der cluniazensischen Kongregation war es, daß die Weihe der Professen aller Nationen in Cluny stattfinden mußte. Dadurch wurde es dem Mönch bewußt, einer internationalen geistigen Macht anzugehören.

Im Schwarzwald setzte diese monastische Bewegung in der ersten Hälfte des 11. Jahrhunderts ein. Zentren waren St. Blasien, vor allem aber Hirsau, die Hochburg der Reformbewegung, das deutsche Cluny. 1097 änderte der Abt die bisherige Ordnung des klösterlichen Lebens und schuf, nach dem Vorbild von Cluny, die ›Hirsauer Regel‹, die maßgebend für ganz Deutschland wurde. Ist das Kloster Hirsau auch nur noch ein Trümmerfeld, so haben wir doch einen genauen Einblick in Wesen und Geist der Haus- und Lebensordnung des Stiftes durch die ›Wilhelmi Constitutiones Hirsaugiensis‹ – ›die Hirsauer Gewohnheiten‹.

Die gottesdienstlichen und häuslichen Bestimmungen sind das Spiegelbild des in Cluny und Hirsau wirksamen mönchischen Ideals und der politischen Einstellung des Klosters, die eine tiefgehende Wirkung nicht nur auf die Erziehung im Orden, sondern vor allem auch auf die Auseinandersetzung zwischen Kirche und Staat zur Zeit des Investiturstreites unter Papst Gregor VII. und Kaiser Heinrich IV. hatten.

Die kirchliche Zucht hatte nachgelassen, so daß eine Reform dringend notwendig erschien, gerade in den Klöstern, deren Verweltlichung ihrem Sinn und Zweck widersprach. Zu Beginn des 11. Jahrhunderts setzte die Bewegung ein, und zwar von Burgund und Lothringen ausgehend. Die Äbte Wilhelm von Dijon, Odilo von Cluny und Richard von Verdun standen an ihrer Spitze. Kaiser Heinrich II. war der Reform sehr gewogen, ebenso sein Nachfolger Heinrich III., der seinem Sohn Heinrich IV. den Abt Hugo von Cluny zum Paten bestellte. Alles das ging nicht ohne heftige Opposition der Mönche vor sich, denen Ordnung, straffe Disziplin und ständiger Gottesdienst gar nicht gefallen wollten. Abt Wilhelm von Hirsau aber griff unnachsichtig durch. Er soll, nach seinem Biographen, ein großer, hagerer Mann gewesen sein, mit dunkler Haut, kahlem Kopf und wohlklingender Stimme. Cluny lobt den Abt, weil er sich hüte, sein Kloster als Versorgungsstätte für die Söhne des Adels herzugeben. Dennoch hatten die Reformklöster gewaltigen Zulauf, besonders aus Schwaben. Bernold von St. Blasien berichtet:

Unzählige Männer und Weiber ergaben sich damals dieser Lebensart, daß sie unter Aufsicht der Klöster und Mönche ein gemeinsames Leben führten und ihnen als Knechte und Mägde dienten.

Angehörige aller Stände drängten herzu; sie wurden als ›Laienbrüder‹ in Küche, Bäckerei, bei der Feldarbeit und als Hirten verwendet.

Den größten Teil des Tages brachte der Mönch in der Kirche zu. Wie sehr er in ihr zu Hause war, zeigt das Aufstellen von Betten: im südlichen Querschiff, neben der zum Kreuzgang führenden Türe, stand das Bett für den Ersten Sakristan, in der Sakristei schlief der Gehilfe und in der nördlichen Seitenkapelle der Pförtner, damit sie jederzeit zur Hand sein konnten.

Die Kirchen- und Gottesdienstordnungen waren so streng und langwierig, daß körperliche und seelische Ausdauer auf die härteste Probe gestellt wurden. In den Reformklöstern wurden keine Standesunterschiede gemacht, denn die Regel des hl. Benedikt sagt:

Ob Sklave oder Freier, wir sind alle in Christo und tragen unter einem Herrn das gleiche Joch des frommen Kriegsdienstes . . .

Es würde zu weit führen, alle Einzelheiten der Regel aufzuzählen. Greifen wir einen Werktag im Winter heraus. In der Nacht, zwischen zwei und drei Uhr, läutete die kleine Glocke zum Aufstehen. Ungewaschen, ohne Frühstück eilten die Mönche durch den Kreuzgang in die eiskalte, von wenigen Lichtern erhellte Kirche zur Vigil, die, aus Psalmengesang, Gebeten, Hymnen und Lesungen bestehend, in Hirsau im Winter gut zwei Stunden dauerte. Danach zog der Konvent in die Marienkapelle und sang hier die Allerheiligenlitanei. Nach kurzem Aufenthalt in der Wärmestube, dem einzigen geheizten Raum der Klausur, kehrten die Mönche in die Kirche zurück und saßen mit verhülltem Haupt im Chorgestühl, um zu meditieren. Beim Morgengrauen wurde das Zeichen zur regulären Matutin gegeben, welche die Reihe der sieben Tagesgottesdienste oder Horen eröffnete. Die Horen bestehen aus Mette, Prim, Terz, Sext, Non, Vesper und Komplet, welche die Siebenzahl voll macht. Ohne Pause folgte der Morgenandacht die Prim, und dann ließen sich die Brüder zur divina lectio, dem Lesen heiliger Bücher, im Kreuzgang nieder.

Vor der Terz gingen sie in den Schlafsaal, um die Tagesschuhe anzuziehen. Sie wuschen sich im Lavatorium, einem Seitenraum des Kreuzgangs, dem späteren Brunnenhaus. Hier hingen vier Handtücher, die zweimal in der Woche gewechselt wurden, für die Priester, die Diakone, Subdiakone und gewöhnlichen Mönche, und das vierte für die, welche »keine gesunden Hände haben«. Schon war die Stunde der Terz gekommen, welcher die Vormittagsmesse folgte. Dann trat der Konvent im Kapitelsaal zusammen. Der Abt las ein Kapitel aus der Regel Benedikts, besprach Geschäfte und Verfehlungen. Die Strafen waren sehr streng.

Nach dem Kapitel durften sich die Mönche einiger Freizeit erfreuen und sich im Kreuzgang unterhalten. Sonst ging die Verständigung durch eine besondere Zeichensprache vor sich. Man durfte sich zum Arzt melden, Verwandte begrüßen,

Kranke besuchen oder seine Kleider in Ordnung bringen. Manchmal gingen sie auch zu gemeinsamer Arbeit aus dem Kloster, wofür im Winter allerdings die Gelegenheit fehlte. Die Schreiber waren vom Chordienst befreit, mußten aber immer in ihren Zellen bei der Arbeit sitzen.

Um zwölf Uhr wurde die Sext, sodann die große Messe am Hauptaltar gesungen. Eine Mittagsruhe kennt die Winterordnung nicht. Es folgte die Non und etwa um halb drei Uhr versammelten sich alle im Refektorium zum Essen, zur ersten Mahlzeit nach zwölf Stunden ›Dienst‹. Zwischen Ostern und September gab es für die durch die strengen Fasten geschwächten Mönche zwei Mahlzeiten. So ging es weiter bis zur Komplet, mit der sich das lange Tagewerk dem Ende zuneigte. Dann ging man schlafen. Es heißt in einer cluniazensischen Quelle:

Nie geschieht es mit Willen, daß wir nicht noch bei Tageslicht zu Bett gehen; denn wie könnten wir sonst die langen Nachtgottesdienste aushalten?

Im Winter war es natürlich längst dunkel, wenn der Schlafsaal aufgesucht wurde.

Um dieses Leben ertragen zu können, mußten die Mönche ausreichend ernährt sein.

Wir kennen die zahlreichen Schilderungen vom üppigen, liederlichen Klosterleben. Das trifft für die Reformklöster der Frühzeit nicht zu. Es gab zwei Küchen, eine für die Mönche, eine für die Laienbrüder. Als ersten Gang gab es täglich Bohnen, als zweiten Gemüse, manchmal Fische oder Eier, als dritten Obst oder Käse. Dazu wurde anderthalb Pfund Brot und etwas Wein für jeden gereicht. ›Ferien‹ gab es nicht, und so verlief das Leben des Mönchs in dieser asketischen Disziplin Tag für Tag, Jahr für Jahr.

Der Geist von Cluny und Hirsau war es, der dem Abt ein gehäuftes Maß von Verantwortung auflud, denn täglich mußte er nicht nur die straffe Disziplin überwachen, Sorge tragen für Seelenheil und Gesundheit der Brüder, sondern er mußte sich auch um politische Fragen kümmern, da Hirsau damals zum deutschen Zentrum der päpstlichen Partei wurde.

Von Hirsau ist es nicht weit nach Tiefenbronn, das man unbedingt besuchen sollte. Es liegt auf der Hochfläche hinter dem Hagenschiesswald, am Hang einer zum Würmtal abfallenden Mulde, ein Dorf mit hübschen Fachwerkhäusern, das einst den Freiherren Stein zu Steinegg, dann den Freiherren von Gemmingen-Hagenschiess gehörte. Das Schloß ist bis auf die Zehntscheuer des 16. Jahrhunderts und einige Mauern der Befestigung verschwunden; die schlichte Kirche wurde zwischen 1370 und 1380 vom benachbarten Kloster Hirsau neu gebaut, vermutlich unter Mithilfe des Markgrafen von Baden, Lehensherrn der damaligen Herren von Stein. Das Langhaus wurde um 1400 neu errichtet.

Die Kirche *St. Maria Magdalena*, »von ernster, wohlräumiger Wirkung«, ist reich ausgestattet. An den Chorstrebepfeilern stehen Heilige des späten 14. Jahrhunderts (die Originale befinden sich in der Kirche), die Oberwände des flachgedeckten Langhauses wurden im 15. Jahrhundert mit Fresken geschmückt: eine Schutzmantelmadonna und ein Wappenfries der Familien, die Beziehung zu Tiefenbronn gehabt haben, darunter vor allem die Stein, Maiser vom Berg, Gemmingen, Helmstatt, Schellenberg. Auch die Chorwand trägt Fresken jener Zeit. Die Fenster des Chors aus dem frühen 15. Jahrhundert zeigen Szenen aus dem Marienleben, denn die Kirche war zuerst der Gottesmutter geweiht. Ihre tiefen, dunklen Farben bilden den Hintergrund des Hochaltars des Ulmers Hans Schüchlin, der den Niederländern Dierck Bouts und Rogier van der Weyden nahestand. Auf der Rückseite des Gehäuses ist zu lesen: »Anno Domi. 1469 iare ward diszi daffel uff gesetz un gantz usz gema(cht uff sant) Stefas tag des bapst un ist gemacht ze Ulm von Hannsze Schüchlin malern.«

Den stattlichen Altar zieren prächtiges Schnitzwerk und Schnitzfiguren. Die Figuren wurden wahrscheinlich von dem Ulmer Michael Erhart gearbeitet, während der Entwurf des Schreins von dem älteren Syrlin stammen soll. Die Außenflügel des der Muttergottes als Patronin geweihten Altars zeigen Verkündigung, Begegnung, Geburt Christi und Anbetung der Könige, die Innenseiten Christus vor Pilatus, Kreuztragung, Grablegung und Auferstehung. Der geöffnete Schrein zeigt in zweigeschossiger Anordnung Kreuzabnahme und Beweinung Christi in vollplastischer Arbeit und als Assistenzfiguren die Heiligen Katharina, Dorothea und beide Johannes. An der Stirnseite und auf der unteren Rahmung befinden sich die Wappen der vier Stifter: Ulrich von Württemberg, Markgraf von Baden, Dietrich von Gemmingen und Bernhard von Gernsbach, Abt von Hirsau. In der Predella sehen wir Christus mit den zwölf Aposteln. Die beiden ehemaligen Seitenaltäre von 1517 und 1527, wohl oberrheinischer Herkunft, stehen jetzt an den Pfeilern des Langhauses. Das schöne Chorgestühl auf der Evangelienseite entstammt der ersten Hälfte des 15. Jahrhunderts, das auf der Epistelseite, gestiftet von Hirsau und Gemmingen, arbeitete um 1510 der Pforzheimer Hans Kern. Auch das schöne Sakramentshaus, in dem die prachtvolle Turmmonstranz, eines der kostbarsten Werke spätgotischer Goldschmiedekunst, steht, dürfen wir nicht vergessen. Paul Schongauer, ein Bruder des Malers Martin Schongauer, hat sie im Auftrag des Mainzer Erzbischofs und Kurfürsten Uriel von Gemmingen am Ende des 15. Jahrhunderts geschaffen.

Die Kirche ist also reich geschmückt, aber wenn man von Tiefenbronn spricht, denkt man vor allem an den ›Tiefenbronner Altar‹ des Lukas Moser mit der Geschichte der hl. Maria Magdalena. Ohne Zweifel ist er das kostbarste Stück der Kircheneinrichtung. 1840 machte der schwäbische Kunstgelehrte C. Grüneisen in seinem ›Sendschreiben an Prof. Franz Kugler‹ zum ersten Mal auf dieses Werk aufmerksam, und 1845 erschien das erste Büchlein über Tiefenbronn vom dortigen Dekan Weber. Nach den Wappen auf der Predella heißen seine Stifter Wolf von Stein zu Steinegg und Abt Wolfram Maiser vom Berg zu Hirsau. Seine spitzbogige Form verdankt der Altar der Nische des ehemaligen Lettners, die den eigentlichen Schrein enthielt. Um 1520 erfolgte eine Änderung, als hinter der Bilderwand ein neues Gehäuse eingebaut wurde. Dabei wurden die Altarheiligen Erhard und Antonius durch eine Maria Magdalena ersetzt.

1431 malte Lukas Moser den Altar, dessen Programm Abt Wolfram von Hirsau vorgeschrieben haben dürfte. Über den Meister belehrt uns am Rand der Außenflügel die bekannte Inschrift: »+ Lucas Moser. maler. von. wil. maister. dez. werx. bit. got. vir. in + schri. kunst. schri. und. klag. dich ser. din. begert. jecz. niemen. mer. so. o. we. 1431.« (»... Schrei, Kunst, schrei, und klag dich sehr; / dein begehrt jetzt niemand mehr ...«

Mosers Malerei ist es, die diesen Altar zu einem Kunstwerk von unwechselbarem Rang erhebt. Geöffnet zeigt der Altar die bereits erwähnte Statue der Maria Magdalena im Haarkleid aus dem 16. Jahrhundert; auf den Innenflächen der Seitenflügel sind Lazarus als Bischof und die ›hospitata Christi‹, Martha als schöne junge Frau, abgebildet. Auch die Bemalung der Innenseiten stammt bereits von Lukas Moser.

Das Besondere des Werkes aber ist der Bildzyklus, den der Altar in geschlossenem Zustand zeigt. Was sehen wir? Vor leuchtendem Goldgrund die Geschichte der Maria Magdalena, wie die ›Legenda Aurea‹ sie bewahrt hat.

Die Gestalt der Jüngerin Christi, Maria Magdalena, war bereits mit der Gestalt Marias von Bethanien, der Schwester des Lazarus und der Martha, wie auch mit der Sünderin aus dem Lukas-Evangelium zu einer einzigen Person verschmolzen. Die Legende fügte weitere Schicksale hinzu. Vor der einsetzenden Christenverfolgung, so berichtet eine südfranzösische Überlieferung, sei Maria Magdalena mit ihren Geschwistern und den Heiligen Maximinus und Sidonius in die Provence geflohen, um die christliche Lehre zu verkünden. Saintes-Maries-de-la-Mer, ihr angeblicher Zufluchtsort, ist noch heute das große Wallfahrtsziel der Zigeuner. Weiter dienen dem Andenken der Heiligen Wallfahrtsorte wie St. Baume, Autun, Vézelay, Avallon, Tarascon und Aix-en-Provence.

Den Altartafeln von Tiefenbronn liegt der Text der ›Legenda Aurea‹ des Jacobus de Voragine zugrunde. Dort heißt es:

Als unser Herr gen Himmel war gefahren ... zogen die Jünger in mancherlei Länder, das Wort Gottes auszusäen. Es war aber zu der Zeit mit den Aposteln der selige Maximinus, einer von den 72 Jüngern des Herrn, in des Hut hatte St. Peter Maria Magdalena empfohlen. Da nun die Jünger zerstreut wurden, geschah es, daß St. Maximinus, Maria Magdalena, Lazarus ihr Bruder, Martha ihre Schwester samt ihrer treuen Dienerin Martilla und der selige Cedonius, welcher blind geboren, aber vom Herrn war geheilt worden, mit vielen anderen Christen zusammen von den Ungläubigen auf ein Schiff gesetzt und ohne Steuer aufs Meer hinausgestoßen wurden, auf daß sie allesamt untergingen. Aber durch Gottes Fügung geschah es, daß sie gen Marsilia kamen.

Diese Begebenheit sehen wir auf der linken Seite der Tafeln dargestellt.

Doch fanden sie niemand, der sie beherbergen wollte, und blieben unter der Vorhalle eines Heidentempels ...

Wir sehen die Reisenden auf dem Mittelbild der Außenseite unter dem Vordach des fürstlichen Palastes im Schlaf. Maria Magdalena verkündete den christlichen Glauben und warnte den Fürsten des Landes, der seinen Göttern Opfer bringen wollte, damit er Nachkommen hätte. Etwas später – das spielt sich im Gemach über dem Vordach ab – erschien die Heilige der Frau des Fürsten und sprach:

Warum lasset ihr die Heiligen Gottes Hunger und Kälte leiden, so ihr selbst im großen Reichtum sitzet? Und drohete ihr, so sie ihrem Mann nicht riete, den Heiligen zu helfen. Die Fürstin aber fürchtete sich, das Gesicht ihrem Mann zu sagen.

Ein drittes Mal erschien Maria Magdalena, mit feurigem Angesicht, so daß es schien, als ob das ganze Haus brannte, und sprach:

Schläfst du, Wüterich, Glied deines Vaters des Teufels, mit deiner Frau der bösen Schlange, die dir meine Worte nicht wollte künden? Ruhest du, Feind des Kreuzes Christi, nachdem du deinen Bauch mit mancherlei Speise gefüllt hast und lässest die Heiligen Gottes dürsten und Hungers sterben? Da gingen die Heiden in sich und nahmen sie auf.

Und schließlich zeigt das Bild ganz rechts die letzte Kommunion Maria Magdalenas. Lazarus wurde Bischof von Marseille, Maximinus Bischof von Aix-en-Provence. Als Maria Magdalena nach dreißigjährigem Einsiedlerdasein den Tod nahe fühlte, sandte sie einen Eremiten zu Maximinus nach Aix, er solle sich am Ostertag zur Frühmesse in der Kathedrale einfinden. Der Bischof gehorchte und sah zu seinem Erstaunen die von Engeln getragene Heilige, gekleidet in ihr eigenes Haar, betend einherschweben. Er reichte ihr die Kommunion, dann starb Maria Magdalena an den Stufen des Altars. Das Bild im Giebelfeld des Altars zeigt eine biblische Szene: das Gastmahl im Hause des Pharisäers Simon zu Bethanien, wo Maria (Magdalena) Christi Füße salbte. In einer Reblaube steht der sorgfältig gedeckte Tisch, zur Rechten steht ein Weinkübel, zur Linken liegt ein Windspiel. In der Darstellung des Simon will man ein Selbstporträt Mosers sehen. In der Predella erscheint Christus den klugen und törichten Jungfrauen.

»Überall in dieser innig geschauten Welt, im Innern verglaster Kirchen, auf hoher See, ja in stiller Nacht herrscht das gleich helle und doch dichterisch schimmernde Licht der Legende, der die Gestalten selbst den Sinn geben.« (Kurt Bauch)

Man weiß nicht genau, woher Lukas Moser stammt, wahrscheinlich, wie Hans Rott annimmt, aus Ulm. Rott glaubt auch, daß er nur für die Zeit seiner Arbeit am Hochaltar der Kirche von Weil der Stadt seine Werkstatt dort hatte. Zweifellos besteht ein Zusammenhang der Kunst Mosers mit dem burgundischen Hof, vor allem mit den Miniatoren. Auf Frankreich deutet auch die Inschrift an Christi Mantelsaum in der Predella: ›Cy ly roi‹ – ›dies der König‹. Auch Einzelheiten seiner Technik, wie die Benutzung von Pergament auf Eichenholz als Malgrund, scheinen diese Annahme zu bestätigen. Worin liegt die tiefe Eindrücklichkeit der Altarflügel? Vornehmlich wohl in der Lust des Erzählers, der Charakterisierungsgabe, der wundervollen Naturschilderungen – man vermeint die Wellen des Meeres plätschern zu hören – und in der differenzierten Maltechnik. Alles das vereinigt sich zu einem Kunstwerk eigener

Art von damals ganz neuartiger Vorstellungskraft, dazu noch vor Vollendung des Genter Altars der Brüder van Eyck, der recht eigentlich die nachmittelalterliche Malkunst einleitet. Neu und damals außergewöhnlich ist die volle Signatur des Künstlers, aber er ist ja ein Neuerer, der den althergebrachten gotischen Aufbau des Altars sprengt. Man ist verblüfft über die kleinen Maße und meint, vor einem aufgeschlagenen Bilderbuch zu stehen; aber das Kleine und Feine ist so gemalt, daß es monumentale Wirkung erreicht. Der Altar ist nicht in einzelne Flügel aufgeteilt, er ist eine große Bilderwand mit deutlich motivierter, realistischer Darstellung wie Durchsichtigkeit und Tiefe des Wassers, Weite des Raums. Wie eindringlich ist das Geschehen wiedergegeben, wie weitet sich, trotz des geringen Bildumfangs, die Ferne! Schiffe – sie wirken in ihrer genauen Wiedergabe wie kleine Modelle – segeln dahin, eine vollbesetzte Fähre legt ab, und am anderen Ufer ist das Hochgericht, wo gerade ein Verbrecher gehenkt wird. Von überallher kommen Menschen, um zuzusehen, von den Feldern, aus den Wäldern, auf Wegen und vom Gestade des Meeres, von der Stadt und aus den rosenfarbenen und hellgrauen Burgen. Alles ist schlicht und genau komponiert hingesetzt, ist klar und deutlich, erscheint stofflich und greifbar; das Einzelne wird genau erzählt, das Besondere mehr als das Typische charakterisiert, und alles schließt sich zu harmonischer Einheit zusammen. Die Legende ist frei von allem Herkömmlichen berichtet, nicht mehr als holdes Märchen, sondern als wahre Geschichte.

Moser blieb ohne Schule, auch in seiner Heimat unbeachtet. Sicher sind die Worte »schri kunst schri . . .« ein Stoßseufzer, da die Zeitgenossen mit seinem Stil nichts anzufangen wußten. Sein Realismus wies bereits in die Zukunft künstlerischer Entwicklung, deren Bahnbrecher bald darauf Hans Multscher und Konrad Witz wurden.

Zu welchen Spekulationen sich Gelehrte hinreißen lassen, wenn sich Stoff zu einer spannenden ›Story‹ bietet, zeigt die vor kurzem ausgebrochene Diskussion um den Meister von Tiefenbronn. Der Stuttgarter Archivar Gerhard Piccard hat die

Ergebnisse seiner Untersuchungen in einem Buch ›Der Magdalenenmeister des Lukas Moser in Tiefenbronn‹ vorgelegt und versucht, den Nachweis zu erbringen, daß alles falsch sei, was bisher über Lukas Moser geschrieben worden ist. Er behauptet, die Inschrift mit der Malersignatur, sowie der Spruch »schri kunst schri« sei eine Fälschung des frühen 19. Jahrhunderts, ebenso alle Wappen. Der Altar sei auch nicht für Tiefenbronn gearbeitet worden, sondern im Bauernkrieg aus Hirsau hierher geflüchtet worden, denn in Hirsau sei ein im Jahre 1500 geweihter Magdalenenaltar bezeugt. Auch der Hochaltar stamme aus Hirsau. Der Magdalenenaltar soll sogar im burgundischen Vézelay von einem unbekannten Meister aus der Schule des Simone Martini geschaffen und in Tiefenbronn in seine jetzige Form gebracht worden sein. So wenig überzeugend diese Ausführungen sein mögen, sie sind der Anlaß zu neuen Bemühungen in der Forschung über Lukas Moser.

Nach Ettlingen

Um von Tiefenbronn nach Ettlingen zu gelangen, können wir den landschaftlich reizvollen Weg auf kleinen Straßen über Bad Herrenalb und dann der Alb entlang wählen. Dabei kommen wir an den Ruinen des Benediktinerinnenstiftes Frauenalb vorbei, das die Grafen von Eberstein Ende des 12. Jahrhunderts gegründet hatten. Peter Thumb leitete den Neubau der Kirche 1727 bis 1733. Ihre Fassade ist noch erhalten; die Klostergebäude hatte Franz Beer 1696 bis 1704 errichtet. Nach der Säkularisierung von 1803 sind die Gebäude langsam verfallen, und 1853 wurden sie durch einen Brand fast vollends zerstört.

Wir erreichen *Ettlingen*, eine sehr alte Siedlung, die bereits 1191 Stadtrecht erhalten hat. Obgleich Ettlingen im Pfälzischen Erbfolgekrieg 1689 schwer gelitten hat, ist es immer noch eine sehenswerte, reizvolle Stadt. Inmitten schmucker Wohnbauten, meist aus dem 18. Jahrhundert, steht das schöne Rathaus von 1737, in dessen östliche Wand ein römischer Neptunstein eingelassen ist, unter dem eine Inschrift verkündet, daß Ettlingen 1111 v. Chr. von den Trojanern gegründet worden ist.

Aus einem Kranz stattlicher Fachwerkhäuser steigt die noble Fassade der Pfarrkirche St. Martin auf, die 1732 bis 1739 durch den markgräflichen Baumeister Michael Ludwig Rohrer neu gebaut worden ist. Von der karolingischen Kirche ist nichts erhalten; ein Rest der romanischen Kirche des 12. Jahrhunderts ist der um 1250 gewölbte Turmchor, der hohe Ostchor entstand zwischen 1459 und 1464.

Vom alten Schloß der Markgrafen von Baden ist die Vierflügelanlage des 16. und 18. Jahrhunderts mit zwei Rundtürmen erhalten. Rohrer brachte das Schloß auf Wunsch der Markgräfin Sibylla Augusta zwischen 1728 und 1733 in den heutigen Stand. Am Bergfried steht ein schöner Wandbrunnen, den 1612 Johann Schoch, der Meister des Heidelberger Friedrichbaus, geschaffen hat. Die einstige Hofkapelle, jetzt Konzertsaal, schmückte Cosmas Damian Asam 1732 mit einem Fresko des hl. Johann Nepomuk.

In Ettlingen lohnt es sich, einzukehren, auszuruhen, und dieser Absicht kommt kein anderes Gasthaus besser entgegen als der ›Erbprinz‹, wo man nicht nur sehr angenehm wohnt, sondern eine ganz vortreffliche Küche findet. Selbst in Frankreich habe ich kaum so vorzüglich zubereitete Schnecken gegessen; sie gehören zum Repertoire der badischen Küche.

Deutlich meine ich uns dort das letzte Mal auf einer gemeinsamen Reise mit Hans Melchers, dem Lektor des Prestel Verlags, sitzen zu sehen. Melchers war ein anziehender, teilnehmender Mann, ein Mensch von vollkommen freiem, unabhängigem Geist, ein genialer Lektor, ein naher Freund, aber auch ein fröhlicher Genießer der guten Dinge des Lebens, die er immer mit einem besonderen Spürsinn wahrgenommen hat. Nichts war lustiger, als mit ihm zu fabulieren, zu debattieren, vom Scherz zum Ernst wechselnd. Wem hörte man lieber zu? Er ist ein wahrer Präzeptor gewesen, ein Präzeptor der angenehmen Art, dessen kundiges Urteil, dessen freundlich helfende Art über manche Schwierigkeiten hinweghalfen. Aber er war nicht allein

Kritiker und Berater, er war ein Initiator von hohen Graden. Das zeigt die von ihm ins Leben gerufene Reihe der Landschaftsbücher. Er hat die Vollendung meines Buches nicht mehr erlebt; etwa ein Jahr nach dieser Reise ist er gestorben.

Rückkehr nach Karlsruhe

Karlsruhe, der Ausgangspunkt unserer Reise ist wieder erreicht. Vielleicht gehen wir noch einmal durch den Schloßpark und sehen im Süden die sanften Linien der Schwarzwaldberge über der Stadt, die uns auf unseren Fahrten begleitet haben.

Vielleicht bleibt die Erinnerung an Kirchen, Klöster und Städte, an Menschen von heute und an Menschen von gestern wie Hebel oder den Türkenlouis, an die mit der europäischen Geschichte eng verflochtenen Ereignisse, welche das Antlitz des Landes geprägt haben. Was ist ›bildender‹ als das Reisen nach eigener Laune, bestimmt von dem Wunsch, auf solch einer Kreuz- und Querfahrt seinen besonderen Interessen nachzugehen? Das ist sinnvolles Reisen, und der »Zauberglanz des Reisens«, schreibt Werner Bergengruen, »fließt ja nicht aus einer Unendlichkeit äußerer Dinge, sondern allein aus der Unendlichkeit des Herzens«.

LITERATUR

Badische Historische Kommission: Korrespondenz des Fürstabtes Martin II. Gerbert von St. Blasien. 1931

Bauch, Kurt: Der Magdalenenaltar des Lucas Moser zu Tiefenbronn. Bremen 1959

Frauenfelder, R., Stiefel, O.: Führer durch die Stadt Schaffhausen. 1962

Gollwitzer, Franz: Die Standesherren. Göttingen 1964

Gothein, Bernhard: Wirtschaftsgeschichte des Schwarzwaldes. Straßburg 1891

Gradmann, E.: Kunstwanderungen in Württemberg und Hohenzollern. Stuttgart 1955

Greiner, Karl: Der astronomische Figurenfries am Hirsauer Klosterturm. 1934

Guyan, V., Stiefel, O.: Schaffhauser Geschichte und Kultur von der Urzeit bis zum 19. Jahrhundert. Schaffhausen 1965

Hansjakob, Heinrich: Wilde Kirschen. Heidelberg 1888

Kanter: Hans Rechberg zum Hohenrechberg. Züricher Diss. 1902

Kaschnitz, Marie-Luise: Beschreibung eines Dorfes, Frankfurt/M. 1966

Keyssler, Johann Georg: Neuste Reise durch Teutschland, Böhmen, Ungarn etc. Hannover 1740/41

Kottmann, Albrecht: Hirsau im Schwarzwald. 3. Aufl., München 1967

Lacroix, E. und Niester, H.: Kunstwanderungen in Baden. Stuttgart 1959

Marquardt, Ernst: Geschichte Württembergs. Stuttgart 1961-62

Metz, Friedrich: Vorderösterreich. Eine geschichtliche Landeskunde. 2. Aufl. Freiburg 1967

Mettler, Adolf: Mittelalterliche Klosterkirchen und Klöster der Hirsauer und Zisterzienser in Württemberg. Stuttgart 1927

Morath, Matthias: Ibach bei St. Blasien. Heimatbuch. 1969

Pfaff, K.: Geschichte Wirtembergs. Reutlingen 1820

Rieple, Max: Erlebter Schwarzwald, Verlagsgesellschaft Stähle u. Friedel u. Co, Stuttgart 1967

Rippmann, F., J. R. Schmid, Freiherr von Schwarzenhorn. Stein/Rh. 1938

Rössler, H.: Adelsethik und Humanismus in: Deutscher Adel 1430 bis 1555. Büdinger Vorträge. Darmstadt 1965

Rott, Hans: Die Kirche zu Tiefenbronn bei Pforzheim. Augsburg 1921

Schilli, Hermann: Vogtsbauernhof in Gutach im Schwarzwald. Gutach 1969

Schnack, Friedrich: Petronella im Bauerngarten, Friedrich Rosgarten-Verlag. Konstanz 1970

Sütterlin, Berthold: Geschichte Baden I. Karlsruhe 1965
Twain, Mark: Zu Fuß durch Europa. Göttingen 1954
Vossnack, L.: Pierre Michel d'Ixnard. Remscheid 1938
Weise, Georg: Cisterzienserabtei Bebenhausen in: Führer zu deutschen Kunstdenkmälern. Tübingen o.J.

REGISTER

ACHKARREN 107
Affental 62
Alb, Fluß 225, 230f., 237f., 243
Albietz, Johann Fridolin 228, 239
Albrecht VI., Erzherzog von Österreich 89, 90
Albrecht Achilles, Markgraf von Brandenburg 151, 152
Albtal 227, 230, 237, 243–248, 350, Abb. 14
Alexander I., Zar von Rußland 136
Alexius, Abt von Alpirsbach 161
Allerheiligen, ehem. Prämonstratenserkloster, *siehe* Schaffhausen
Alpirsbach, ehem. Benediktinerabtei 145, 146, 159–163, 168
Ammenhausen, Konrad von 263
Amy, Gilbert 289
Andlau, Freiherren von 135, 193, 215
Anna, Königin von Ungarn 159
Arenfels 76
Argen 15
Asam, Kosmas Damian 351
Auberlin, Jörg 295
Auggen 199
August Georg Simpert, Markgraf von Baden 26
Augusta, deutsche Kaiserin 43–44
Aurelius, Heiliger 335
Ausonius, Decimus Magnus 273

BAAR 11, 12, 13, 15, 53, 180, 188, 272–290, 291
Baden-Baden 34, 39–50, 62, 64, 105, 142, Abb. 4
  Burg Hohenbaden 41
  Konversationshaus 41, 42, Farbt. V
  Lichtental, Zisterzienserinnenkloster 46–47, 50, 63, Abb. 9
  Lichtentaler Allee 41, 42, 46
  Neues Schloß 41
  Spitalkirche 40
  Stiftskirche (Pfarrkirche St. Peter und Paul) 40
Badenweiler 190, 199–201, 203, Abb. 15
Bader, Joseph 54, 199–200, 228 bis 229, 246, 251, 252
Bagnato, Johann Caspar 133, 214, 215, 217, 238
Bahlingen 107
Baldung, Hans, gen. Grien 26, 65, 88
Balm 251
Bariatinsky, Fürstin 236
Bartok, Bela 288
Bauch, Kurt 348
Baudelaire, Charles 111–112
Bäuerle, Uhrenmacher 177
Bebenhausen, ehem. Zisterzienserkloster 326, 327–334
Bebenhausen, Hans von 310
Beckmann, Max 27
Beer, Franz 66, 68, 238, 250, 251, 350
  Georg 316, 336
  Johann Michael 238, 242
Belchen 52, 133, 190, 193
Benazet, Jacques 42
  Sohn 42
Bergbau 190–192
Bergengruen, Werner 303, 352
Bergzabern, Hans Hartwig von 64

Bernau 230–235, 237
Innerlehen 235
Bernecktal 146, 147
Erasmuskapelle 147
Bernhard von Clairvaux, Heiliger 162, 308, 328–331
Bernhard von Sachsen-Weimar 108, 109, 212, 213
Bernold, Abt von St. Blasien 341
Berstett, Freiherren von 98
Berthevin, Nicolas Pierre 148
Berthold I. von Zähringen 16, 336
Berthold II. von Zähringen, Herzog von Schwaben 12, 169
Berthold III. von Zähringen, als Herzog von Kärnten Berthold I. 12, 13, 144
Berthold IV., Herzog von Schwaben 13, 81
Berthold V., Herzog von Schwaben 13, 86
Besenfeld 51
Beuggen 214–215
Biberach 69, 73
Bickensohl 107
Biengen 136
Bildsteinflüh 246
Birndorf 226
Bischoffingen 107
Bismarck, Otto, Fürst von 140, 283
Bissingen und Nippenburg, Grafen von 147
Blansingen 201–202
Blasius, Heiliger 237
Blasiwald 234
Blauen 52, 133, 199, 205
Blessing, Uhrmachermeister 177
Blieskastel 74, 75, 76
Blössling 230
Boisserée, Sulpice und Melchior 274
Bollschweil 95, 98–101, 191
Bonifatius 297
Bonndorf 238
Borst, Otto 292
Bosl, Karl 111
Bossi, Ludwig Alois 240, 242
Bötzingen 107, 112
Boucher, François 26
Bouts, Dierck 344
Bräunlingen 15
Bregenz 15
Breisach 108–110, 199, Abb. 13
Breisgau 12, 13, 15, 16, 82, 90, 94 bis 104, 133, 134, 190, 191, 246
Bringolf, Walther 259
Britzingen 199
Brix, J. B. 309
Brun, Friederike 200
Buchau, Damenstift 240
Bühlerhöhe 63
Bühlertal 63, 64
Burckhardt, Jacob 150
Carl J. 157, 205, 206, 207
Bürgi, Ulrich, Abt von St. Peter 169
Burgau 15
Burger, Joseph Anton 148
Burgkmair, Hans 26
Burkard, Heinrich 287, 288
Burkhart, Herzog von Schwaben 260, 263
Burkheim 107, 133
Busoni, Ferruccio 288

CACCIOLI, Giuseppe Antonio 29
Calixtus IV., Alfonso Borgia, Papst 89
Calw 335
Calw, Grafen von 144, 311, 335, 337
Carter, Elliot 289
Cäsar, Gajus Julius 53
Cézanne, Paul 27
Chardin, Jean Baptist Simeon 26
Chavagnac, Graf 33
Christian, Herzog von Anhalt 109

Ciry, Michel 289
Claudel, Paul 260
Clerici, Johann Baptist 170
Cluny, ehem. Benediktinerabtei 103, 104, 160, 339–343
Cranach, Lucas d.Ä. 26, 275
Créqui, Karl, Herzog von 220

DALBERG, Karl, Freiherr von, Erzbischof von Mainz 75, 76
Dehio, Georg 37, 338
Denzlingen 169
Dilger, Andreas, Abt von St. Märgen 173, 174
Dilger, Simon 176
Friedrich 176
Diokletian, röm. Kaiser 259
Döbele, Josef 233, 234
Döffingen 150
Dogern 211, 226, 227
Donau 52, 180, 272, 273
Donaueschingen 253, 272–275, 287–290, 291, 299, Farbt. I
Kunstsammlungen 274–275
Stadtpfarrkirche St. Johannes 274
Dostojewski, Fedor Michalowitsch 42
Dreisamtal 95
Droste-Hülshoff, Annette von 274, 275
Durbach 62, 64, 65
Dürer, Albrecht 257

EBERHARD II., Graf von Württemberg 149
Eberhard V. im Bart, Graf von Württemberg (als Herzog Eberhard I.) 312, 321–324
Eberhard III., Herzog von Württemberg 167
Eberstein, Grafen von 145, 160, 350
Ebersteinburg 51
Ebner-Eschenbach, Marie von 275–276
Ebnet 95–98, 102, 134, 240
Echter von Mespelbrunn, Philipp 300
Peter 300
Eck, Johann 90
Eckehart, Mönch 260
Effner, Joseph 30
Eglisau 249, 250
Ehingen *siehe* Rottenburg
Ehinger, Jörg 152, 153, 154, 155
Emmendingen 78, 81, 148
Ems, Rudolf von 274
Endingen 107
Ensisheim 15
Erasmus von Rotterdam 91, 321
Erhart, Michael 344
Ernst, Herzog von Schwaben 147
Ettlingen 350–351
Eugen, Prinz von Savoyen 28, 32, 34, 36
Eugenie, Kaiserin der Franzosen 236
Eyb, Albrecht von 151
Eyck, Hubert van 349
Jan van 349

FABER, Gustav 21
Faist, Isidor 148
Falkenstein 15, 146
Falkenstein, Herren von 185, 187
Faller, Matthias (Pater Floridus) 102, 171, 173, 174
Farina, Pietro Antonio 29
Farnberg 230
Fechter, Johann Jakob 84, 96, 134
Feger, Otto 260
Fehrenbach, Joseph 57
Fehrenbach, Matthäus 174
Feichtmayr, Johann Michael 217
Feldberg 52, 55, 133, 185–189, 190, 238, Abb. 10
Felder, Maurer 309, 310

Fendrich, Anton 66
Ferdinand Maria, Kurfürst von Bayern 280
Ferdinand, Erzherzog von Österreich 88
Ferdinand I., röm.-deutscher Kaiser 83
Feuchtmayer, Joseph Anton 133, 171
Feuerbach, Anselm 26
Firtmaier, Joseph 173, 296
Fischer, Martin 335
Flaubert, Gustave 39
Fohr, Carl Philipp Abb. 2
Franz I., röm.-deutscher Kaiser 241
Franz II., röm.-deutscher Kaiser, als Kaiser von Österreich Franz I. 75, 136
Frauenalb, ehem. Benediktinerinnenstift 350
Freiamt 81
Freiburg 12, 13, 15, 62, 64, 78, 80, 81, 82–93, 95, 110, 135, 169, 170, 185, 240, 291
  Alberto-Ludoviciana 82, 89–93
  Augustinermuseum 82, 88
  Kaufhaus 83, 84
  Münster Unser Lieben Frau 13, 83, 85–89, Abb. 11
Freiburg, Grafen von 82, 86, 191, 192, 278
Freilichtmuseum *siehe* Gutach
Freudenstadt 64, 104, 145, 166ff. bis 168
Freundstein, Waldner von 139
Frey, Lorenz 176
Fribourg 13, 14
Fridolin, Heiliger 216, 217, 241
Friedrich I. Barbarossa, röm.-deutscher Kaiser 13, 217, 330
Friedrich II., röm.-deutscher Kaiser 70
Friedrich III., röm.-deutscher Kaiser 89, 155, 300, 310
Friedrich I., Großherzog von Baden 17, 21, 26
Friedrich V., Markgraf von Baden-Durlach 73
Friedrich, Herzog von Württemberg 166, 167
Friedrich I., König von Württemberg 17
Fritschi, Sebastian 224
Fuchs, Matthias 66
Fürstenberg, Grafen und Fürsten zu 14, 82, 151, 154, 158, 180, 182, 190, 191, 252, 253, 273, 275–282, 287
  Franz Egon, Graf zu 279–281
  Heinrich, Graf zu 278
  Karl Egon II., Fürst zu 274, 275, 282–286
  Wilhelm Egon, Graf zu 279, 280–282
Furtwangen 15, 57, 174, 175–179
  Historische Uhrensammlung 175–176

GAMBS, Benedikt 96, 102, 171
Gauguin, Paul 27
Gayling, Freiherr von 97
Geiler von Kaisersberg, Johannes 91
Geisingen 272
Gemmingen-Hagenschiess, Freiherren von 344, 345
Gengenbach 12, 64, 67–69, 70
Gerhaert, Nikolaus 40
Gernsbach 51
Gerold II., Abt von Rheinau 250
Geroldseck, Herren und Grafen von 73, 145, 152, 158, 322
Gerwig, Robert 177
Gigl, Johann Georg 102, 171, 242
Giorgioli, Francesco 193, 217, 251
Gitschmann von Ropstein, Hans, Werkstatt 88
Gittelbachtal 146

Glarean, Henricus Loriti 91
Glottertal 64, 169
Gluck, Christoph Willibald 22
Glyckher, Georg 183
Gmelin G. F. 200, Abb. 16
Goes, Albrecht 318
Gollwitzer, Heinz 282
Gondorf 76
Görres, Ida Friederike 97–98, 330
Görwihl 225, 233
Göser, Simon 135, 171
Goethe, Johann Wolfgang von 22, 24 198, 206
Gothein, Eberhard 226
Gradmann, E. 312
Graeter, Friedrich David 205
Gregor VII., Hildebrand, Papst 335, 339, 340
Greiner, Karl 337
Grimmelshausen, Johann Jakob Christoph von 54, 69
Grüneisen, C. 345
Grünewald, Matthias, eigentl. Mathis, Nithart oder Gothardt 26, 275
Guardini, Romano 316
Guépière, Philippe de la 21
Gundelfingen 279
Gundelfingen, Freiherren von 275
Günterstal 185
Gustav Adolf, König von Schweden 109
Gutach
Freilichtmuseum 56–61
Gutach, Fluß 56, 182

HAAG, Jakob 171
Hach 199
Hachberg (Hochberg)-Sausenberg, Markgrafen von 81, 210
Hadwig, Herzogin von Schwaben 260, 263
Hahn, Philipp Matthäus 176
Hallwyl, Hartmann von 220
Hamilton, Maria, Herzogin von 41
Hancock, Robert 147
Hanselmann, Bildhauer 326
Hanselmann, Karl, Vikar 103
Hansjakob, Heinrich vom Eckerbûr 58–61, 71–72
Hardenberg, Karl August, Fürst von 16, 76
Hardtwald 19
Häring, Theodor 318
Harmersbach, Fluß 70
Harmersbacher Tal 69–73
Harpolingen, Burg 230
Haslach 278
Hatzfeldt-Wildenburg, Fürst 45
Hauenstein 191, 215, 225–229, 238
Hauff, Wilhelm 146, 312, 318
Haugg, Heinrich, Abt von Alpirsbach 162
Hausegger, Siegmund von 288
Hausen 203, 204, 208, 209
Hausen, Herren von 160
Hausenstein, Wilhelm 53, 102, 241
Haydn, Joseph 287
Hebel, Johann Peter 203, 204–209, 210, 352, Abb. 17
Heckel, Erich Farbt. III
Heer, Adolf 273
Hegau 252
Hegel, Georg Wilhelm Friedrich 318
Heidegger, Martin 92
Heideloff, Carl Alexander von 295
Heiligenberg 279
Heinrich II., röm.-deutscher Kaiser 108, 133, 263, 341
Heinrich III., röm.-deutscher Kaiser 103, 254, 341
Heinrich IV., röm.-deutscher Kaiser 212, 335, 339, 340, 341

Heinse, Wilhelm 221–222
Heitersheim 201
Helfenstein, Grafen von 151, 275
Hemmel, Peter 65, 316
Henneberg, Berthold, Graf von, Kurfürst von Mainz 323
Herbstreit, Jakob 176
Herder, Johann Gottfried 22
Herlin, Friedrich 291
Hermann von Zähringen, Markgraf von Verona, Graf im Breisgau 16
Hermann, Markgraf von Baden 31
Hermann, Herzog von Teck 145
Hermann, Franz Ludwig 102, 215
Hermann, Martin 173
Herr, Lucien 206
Herrenalb 51, 350
Herrenberg 166, 303, 306, 325 bis 327, 335
Herrenberg, Grafen von 326, 327
Hertingen 205
Herzogenhorn 188, 230, 238
Hesselbacher, Martin 134
Heuschele, Otto 156–158
Hexental 98
Hierbach 234
Hilarius, Heiliger 216
Hildebrand, Adolf von 223
Hillenbrant, Martin 336
Hindemith, Paul 288
Hinterzarten 92, 95, 186–187
Hirsau, ehem. Benediktinerabtei 160, 162, 168, 169, 255, 328, 335–343, 344, 345, 350
Höchenschwander Berg 226
Hochkopf 230, 238
Hochsal 225, 227
Hofbauer, Clemens Maria, Heiliger 183
Hohenberg 15
Hohengeroldseck, 73–74, 76, Abb. 8
Hohenlandenberg 15
Hohenlohe-Schillingsfürst, Chlodwig, Fürst zu 283
Hohenlupfen, *siehe* Stühlingen
Hohentwiel 260
Hohenzimmern, Burg 296
Hohenzollern-Hechingen, Fürst von 240
Hohloh 51
Holbein, Hans d.Ä. 275
  Hans d.J. 26, 88
  Ambrosius 265
Hölderlin, Friedrich 318, 320
Höllental 53, 185–186, Farbt. II
Höllsteig 185, 186
  St. Oswaldkapelle 185, 186
Holzing von Berstett, Freiherren von 98
Horb 239, 303–306
  Rathaus 304
  Spitalkirche Unser Lieben Frau 304
  Stiftskirche Heilig Kreuz 304 bis 305
Hornberg 51, 148
Hornberg, Herren von 182
Hornisgrinde 52, 63, 144
Hottingen 230
Hotzenwald 191, 225–229, 238
Hoye, Nikolaus van 271
Hübner, Joseph von 140–141
Hübsch, Heinrich 25, 27, 41
Hugo I., Abt von Cluny 339, 340
Hugo, Victor 89, 213
Hulzing, Hieronymus, Abt von Alpirsbach 161
Hummel, Matthias 90
Hundseck 63
Husserl, Edmund 92
Hutten, Ulrich von 151

IBACH 225, 231, 243
Ihringen 107
Inzlingen 210, 211

Irmengard, Markgräfin von Baden 46
Isenburg, Heinrich von 153, 154
Isteiner Klotz 201
Ixnard, Michel d' 84, 240, 241

JACOBUS de Voragine 346–347
Jaeckle, Erwin 175
Johannes 175
Jakob, Markgraf von Baden 155
Jantzen, Hans 86–87
Jean Paul, eigentl. J. P. Friedrich Richter 206, 303
Jelin, Christoph 315
Johann Georg III., Kurfürst von Sachsen 32
Johann Sobieski, König von Polen 32
Johann von Gmünd 86, 87
Joseph Bonaparte 75
Joseph Clemens, Herzog von Bayern 281
Joseph II., röm.-deutscher Kaiser 239
Julian Apostata, röm. Kaiser 159
Jung-Stilling, Johann Heinrich 22
Jünger, Ernst 23
Jungholz 211
Jungnau 279

KAGENECK, Freiherren und Grafen von 133, 134, 135, 138, 183
Alfred, Graf von 94, 135–136
Kaiserberg 230
Kaiserstuhl 64, 105–112, 133–136
Kaiserstuhl am Rhein 249, 250
Kaiserstuhl, Freiherren von 250
Kälbelesscheuer 190, 192
Kalliwoda, Johann Wenzel 287
Kandel 52, 53, 174, 188
Kandern 199, 203
Kanka, Franz Maximilian 274
Kappelrodeck 62, 64
Kara Mustapha, Großwesir 31
Karl III. der Dicke, König u. röm. Kaiser 217, 249
Karl V., röm.-deutscher Kaiser 83, 88, 301
Karl, König v. Württemberg 334
Karl, Erzherzog von Österreich 16, 90, 185
Karl von Lothringen, Herzog 31 bis 34
Karl Friedrich, Markgraf, später Großherzog von Baden 18, 20, 21, 22, 25, 40, 200
Karl Ludwig Friedrich, Großherzog von Baden 21
Karl Wilhelm, Markgraf von Baden-Durlach 19–20
Karlsruhe 11, 19–27, 30, 205, 242, 352
Kunsthalle 25, 26, 275
Kunstschule 27
Landesmuseum 25
Orangerie 25, 27
Pyramide 20, 21
Schloß 20, 21, Abb. 7
Karoline Luise, Markgräfin, später Großherzogin von Baden 26
Kaschnitz, Marie Luise 98–101
Keller, Anton 315
Keller, Gottfried 250
Kempf, Jörg 87
Kenzingen 62–63
Kerényi, Karl 157
Kern, Hans 40, 345
Kerner, Justinus 318, 321
Kesslau, Friedrich von 21
Ketterer, Franz 176
Keyssler, Johann Georg 317
Kiechlinsbergen 106
Kinzig, Fluß 62, 67, 73, 142, 146, 279
Kinzigtal 52, 60–61, 64, 69, 145, 158, 191
Kirchhofer, Franz Werner 219 bis 220

Kirnbachtal 146
Klee, Paul 27
Klenze, Leo von 42
Klettgau 252
Klingen, Herren von 261
Klink, Wilhelm 304
Klopstock, Friedrich Gottlieb 22
Kniebis 52, 64, 142, 143, 279
Kniebühler 108
Kokoschka, Oskar 27
Kolb, Annette 288
Königsegg, Grafen von 17
Franz, Graf von 214, 240
Königsfeld, Kloster 213, 241
Konrad II., röm.-deutscher Kaiser 147, 190
Konrad III., röm.-deutscher Kaiser 13
Konrad von Zähringen, Herzog von Schwaben 13, 82, 180
Konrad, Graf von Württemberg 17
Kretz, Viktor 67
Kreutzer, Konrad 287
Krohmer, Franz Ignaz 66
Kronberg, Grafen von 73, 74
Krozingen, Bad 199, 201
Krozingen, Patrizierfamilie 95
Kugler, Franz 345
Kulpis, Johann Georg 35
Kunigunde, Kaiserin 133
Kurz, Isolde 17
Küssaburg, Freiherren von 253
Kyburg, Grafen von 13, 14
Werner, Graf von 147

LA FONTAINE, Jean de 205–206
Lahr 78, 81
Lahrer Berg 72
Lapide, Johann a 91
Largillière, Nicolas de 26
Laßberg, Joseph Freiherr von 274, 275
Lauf 64, 199
Laufenburg 211, 213, 221–222, 225, 230, Abb. 16
Lautenbach 64–65, 144
Lauterbachtal 146
Lavater, Johann Kaspar 22
Lechner, Johann Baptist 289
Ledoux, Claude Nicolas 112
Leiningen, Karl, Fürst zu 283, 286
Lenzburg, Rudolf, Graf von 253
Leo IX., Graf von Egisheim, Papst 335
Leopold I., röm.-deutscher Kaiser 31, 34, 35, 36, 134, 238, 280, 281
Leopold, Großherzog von Baden 25
Leu, Christoph 251
Leyen, Freiherren, Grafen und Fürsten von der 73, 74
Johann Caspar von der, Erzbischof von Trier 74
Philipp Franz, Graf, später Fürst von der 74–78, 282
Sophie, Gräfin und Fürstin von der 75, 76–78
Lichtental *siehe* Baden-Baden
Lichtentaler Meister 47
Liebermann, Max 27
Liotard, Jean-Étienne 26
Liselotte, Herzogin von Orléans 34, 36
Liszt, Franz 43
Liutfried, Graf, Stifter von St. Trudpert 193
Liutgarde von Zähringen, Gräfin von Calw 144
Lörrach 105, 203, 210
Lorsch, ehem. Benediktinerabtei 162, 335
Lothar v. Supplinburg, röm.-deutscher Kaiser 13
Lothar I., röm.-deutscher Kaiser 133
Löwenstein, Fürsten von 17

Ludwig der Deutsche, röm.-deutscher Kaiser 237
Ludwig der Bayer, röm.-deutscher Kaiser 70
Ludwig I., König von Bayern 24
Ludwig XIV., König v. Frankreich 31, 33, 34, 280, 281
Ludwig XV., König von Frankreich 135
Ludwig, Großherzog v. Baden 90
Ludwig Wilhelm, Markgraf von Baden, ›Türkenlouis‹ 26, 28, 30, 31–36, 40, 183, 352, Abb. 5
Ludwig Wilhelm, Großherzog von Baden 21
Luisa von Savoyen-Carignan, Markgräfin von Baden 32
Luitgard, Gründerin von Wittichen 158–159
Lupfen, Grafen von 152, 253
Lustnau, Konrad von, Abt von Bebenhausen 332

MAISER VOM BERG, Wolfram, Abt von Hirsau 345, 346
Majolus, Abt von Cluny 339
Malterer, Patrizierfamilie 95
Mansfeld, Graf von 109
Maria Franziska zu Fürstenberg, Markgräfin von Baden 39
Maria Magdalena, Heilige 345, 346–348
Maria Theresia, Kaiserin 15, 79, 91, 93, 138, 228, 241
Maria zur Ketten, Wallfahrtskirche *siehe* Unterharmersbach
Maria in den Tannen, Wallfahrtskirche 182–184
Marie Antoinette, Königin von Frankreich 79–81, 185
Marie Luise, Kaiserin der Franzosen 76
Markgräflerland 55, 64, 133, 198 bis 202, 205
Marlborough, John Churchill, Herzog von 36
Marschall von Bieberstein, Freiherr 112
Martin II. Gerbert, Fürstabt von St. Blasien 233, 239–241, 243, 303, 304
Martini, Simone 350
Matthies, Johannes 173
Max Emanuel, Kurfürst von Bayern 32, 33
Maximilian I., röm.-deutscher Kaiser 14, 83, 88, 191, 321, 323f.
Maximilian Heinrich, Herzog von Bayern, Kurfürst von Köln 279, 281
Mayenfisch, Johann Jakob 250
Mazarin, Jules, Kardinal 280
Mechthild, Gräfin von Württemberg 300, 309, 316, 321
Mechthildis, Selige 227
Meckel, Christoph 85
Meister vom Breisacher Hochaltar 88
Meister von Eriskirch 296
Meister Gerhart 86
Meister H. L. 110
Meister H. M. 163
Meister von Meßkirch 275
Meister der Sterzinger Altartafeln 26
Mélac, Ezéchiel, Graf von 337
Melchers, Hans 351–352
Menzenschwand 235
Merdingen 133
Merian, Matthäus 32, 166, 212, 216
Merk, Joseph 226
Merzhausen 98
Meßkirch 279, 299, 301, 302
Mespelbrunn 300
Metternich-Winneburg, Clemens Lothar Wenzel, Fürst von 16, 136–141, 283, 284

Metternich-Winneburg, *Forts.*
Franz Georg, Graf von 138
Maria Beatrix, Gräfin von 135, 138
Migazzi, Kardinal 240, 241
Möhlintal 101, 103
Montfort, Grafen von 149, 151, 275, 315
Moosberg 67, 69
Moosbrugger, Franz 102
Kaspar 238
Mooß, Josef 217
Morath, Eustachius 234
Morath, Pfarrer 231–235
Moreau, Jean Victor, franz. General 185
Mörike, Eduard 318, 320, 330, 333
Mosbach 148
Moser, Lukas 345, 346, 348–350
Mozart, Leopold 287
Wolfgang Amadeus 287
Müller, Friedrich von 198
Müller, Heinrich 86
Müller, Johannes von 255
Müller, Lienhard 83
Müller, Max 92
Müller, Wilhelm Jeremias 21
Müllheim 64, 109, 199, 200, 205
Multscher, Hans 316, 349
Mummelsee 54, 63–64, Abb. 2
Münster 191
Münster, Sebastian 39, 82, 108
Münstertal 190, 191, 192
Muntprat, Rudolf 153, 155
Munzingen 133–136
Munzingen, Patrizierfamilie 95
Murad IV., Sultan 267, 269
Murer, Hans 326
Murg 225, 230
Murg, Fluß 51, 211, 230
Murner, Thomas 91

NAPOLEON I., Kaiser der Franzosen 15, 30, 75, 76, 136, 137, 138
Napoleon III., Kaiser der Franzosen 43, 178, 236
Neckar 52, 291–321
Nellenburg 15
Nellenburg, Grafen von 149, 254, 255, 256
Neuenburg 109
Neuenweg 203
Neuershausen 110–112
Neumann, Johann Balthasar 21
Neunkirch 254
Neusatz 64
Neveu de la Folie, Franz, Freiherr von 94, 136
Nicolai, Friedrich 243
Niesenberger, Hans 86
Nikisch, Arthur 288
Nikolaus von Cues 149
Nöggenschwihl 211
Nolde, Emil 27
Nordrach, Fluß 70

OBERKIRCH 64, 65, 144
Oberried, Hans 88
Oberrotweil 107
Ochsenkopf 52
Offenburg 13, 62, 64, 65–67, 68, 70, 186
Ohmen, Judas-Thaddäus-Kapelle 174
Oos, Fluß 39, 40–42
Oren 230
Oernster, Gottlieb Emanuel 218
Ortega y Gasset, José 23
Ortenau 12, 13, 15, 58, 62–81, 246
Osterrieth, Walther 17–18
Ottenhöfen 64
Otto II., röm.-deutscher Kaiser 238, 260
Otto III., röm.-deutsch. Kaiser 190
Ottokar, König von Böhmen 307

PAPPENHEIM, Grafen von 155, 253
Matthäus, Graf von 299, 302

Parler, Baumeisterfamilie 295
Paschalis II., Rainerius, Papst 160
Pauer, Max von 288
Pedetti, Maurizio 21
Peter von Koblenz 316, 336
Pfitzner, Hans 288
Pfunner, Johannes 174
Philipp der Schöne, König von Frankreich 83, 88
Piccard, Gerhard 349
Pigage, Nicolas 240, 242
Pilkington, Roger 194–195
Pinot, François 112
Pirckheimer, Willibald 321
Prevosti, Michelangelo 193
Proust, Marcel 87

RAFFALT, Reinhard 306
Ramsen 261
Ramstein 154
Rastatt 28–30
  Schloß 28–30
  Schloß Favorite 37–38
Rechberg 230
Rechberg, Herren und Grafen von 17, 151
  Hans von 146, 151–155
Regensberg, Freiherren von 250
Reichenstein 210
Reichenstein, Herren von 210
Reinach, Freiherren von 109, 133
Reinhard, Karl Friedrich 318
Rembrandt, Harmensz van Rijn 26
Rench, Fluß 64
Retti, Leopold 21
Reuchlin, Johann 91, 323
Rhein 211–224, 249–271, Abb. 16
Rheinau, ehem. Benediktinerabtei 237, 250–251
Rheinfelden 203, 210, 211, 212ff.
Rheinfelden, Grafen von 12
  Rudolf, Graf von und Herzog von Schwaben 212
Richardis, Gemahlin Karls III. 217
Richelieu, Armand-Jean Du Plessis, Herzog von 109, 213
Rickenbach 225
Ridderstolpe, Baron 76–78
Riegel 81
Rieple, Max 173–174, 187
Rigaud, Hyacinthe 26
Rilke, Rainer Maria 205–206
Rinderle, Thaddäus 176
Rippoldsau 142, Abb. 3
Rischer, Jakob 68
Roggenbach, Hermann, Freiherr von 95
Rohan, Heinrich, Herzog von 109, 213
Rohrer, Johann Michael Ludwig 29, 30, 37, 40, 65, 351
  Johann Peter 29, 30
Roli, Giuseppe 29
Rossi, Domenico Egidio 28, 29
Rößler, H. 150
Rotbach, Fluß 185
Rötenbach 178
Rotenberg 16
Rott, Hans 348
Rötteln 207, 210, 250
Rötteln, Herren von 210
Rottenburg 15, 305, 306, 308, 309 bis 310, 319
Rottweil 153, 155, 291–298, 299, 301, 303, 305, 322
  Lorenzkapelle 295–296
  Münster Heiligkreuz 295
Rudolf III., Graf von Habsburg, deutscher König 14, 108, 221, 222, 226, 238, 246, 247, 278, 283, 292, 305, 307
Rudolf II., röm.-deutscher Kaiser 73
Rudolf I., Markgraf von Baden 46
Rudolf IV., Markgr. v. Baden 47
Rudolf VI., Markgraf von Baden 47

Ruggburg 154, 155
Rulânder, Kaufmann 106

SÄCKINGEN 203, 215, 216–221, 225, 226, 230
Saint-Simon, Louis, Herzog von 281–282
Sainte-Aulaire, franz. Botschafter 141
Salem, Georg von, Laienbruder 332
Salucci, Giovanni 17
Salzmann, v. Joseph 238, 240, 253
Sand 63, 64
St. Blasien, ehem. Benediktinerabtei 12, 160, 190, 222, 223, 225, 226, 227, 228, 230, 231, 235, 237–243, 340
St. Georgen 12, 182
St. Märgen, ehem. Augustinerchorherrenstift 169, 172–174
St. Oswaldkapelle *siehe* Höllsteig
St. Peter, ehem. Benediktinerstift 12, 103, 169–172, 176, 336, Abb. 12
St. Trudpert, ehem. Benediktinerabtei 191, 192–193
St. Ulrich, ehem. Priorat 101 bis 104, 191
Sasbach 64, 107
Sasbachwalden 64, 144
Sausenberg 16
Sayn-Wittgenstein, Fürsten zu 30
Sayn-Wittgenstein-Berleburg, August Ludwig, Prinz zu 283
Sayn-Wittgenstein-Hohenstein, Wilhelm, Fürst zu 283, 284
Sayn-Wittgenstein-Sayn, Leonille, Fürstin zu 43, 236
Schaffhausen 222, 249, 252, 254 bis 259, Farbt. IV
  Allerheiligen, ehem. Prämonstratenserkloster 46, 64, 144, 254, 255–256
Schaffner, Martin 26
Schauenburg, Gräfin von 112
Schäufelein, Hans Leonhard 275
Schauinsland 52, 185, 190, 191
Schedel, Hartmann 264
Scheffel, Viktor von 215, 218, 219, 220, 226
Schelling, Friedrich Wilhelm Joseph 318
Schenk, Gustav 51–52
Schenk von Castell, Herren 187
Schenk von Limburg, Sebastian 151
Schenkenburg 158
Schenkenzell 158, 159
Schickhardt, Heinrich 145, 166, 167, 315, 316, 336
  Heinrich d.Ä. 326
Schiltach 145–146
Schiltachtal 146, 147
Schilteck, Burg 147
Schlegel, Dorothea 62–63
Schliffkopf 64
Schluchsee 187, 238
Schmid, Felix 267
Schmid, Thomas 265
Schmid von Schwarzenhorn, Johann Rudolf, Freiherr 262, 267 bis 271
Schmucker, Andreas 263
Schmutzer, Franz 251
Schnack, Friedrich 177–179
Schneider, Reinhold 13, 41, 43, 157
Schneller, Franz 85, 106, 199, 272
Schnewlin, Herren von 95, 191
Schnewlin von Bärlapp, Freiherren von Bollschweil 98ff, 100
Schnewlin von Landeck 187
Schoch, Johann 351
Schonach 182
Schönau 203, 226, 227, 231, 238
Schönau, Freiherren von 212, 215, 219, 221
  Maria Ursula von 219–220

Schönberg, Arnold 288
Schönborn, Damian Hugo von, Fürstbischof 37, 38
Schongauer, Martin 109, 345
Paul 345
Schönwald 176
Schopfheim 203, 209
Schramberg 146–148, 156
Burg Hohenschramberg oder Nippenburg 147, 155
Schreker, Franz 288
Schüchlin, Hans 344
Schücking, Levin 275
Schupp, Anton Joseph 181, 182, 183
Schuttern, ehem. Abtei 12, 72, 78 bis 81
Schuttertal 78, 81
Schütz, Johann 40
Schwab, Gustav 318
Schwab, Peter 67
Schwarzacher, Hans 310
Schwarzenbach 194
Schwarzenberg, Fürsten von 252, 293
Felix, Fürst von 283
Johann, Fürst von 151
Karl Philipp, Fürst von 16, 76, 136
Schwarzenberger, Jörg 302
Schwendi, Lazarus 133
Schwenningen 52, 175, 291
Schwind, Moritz von 25
Schwörstadt 215–216
Seldenbüren, Reginbert von 237, 243
Serlio, Sebastiano 302
Sforza, Francesco, Herzog von Mailand 153
Siblingen 254
Sibylla Augusta, Markgräfin von Baden 29, 30, 36, 37–38, 65, 66, 351
Sichelbein, Judas Thadäus 251
Sickingen, Freiherren von 95, 187, 240
Franz von 151
Sigismund, röm.-deutscher Kaiser 150, 299–300
Sigmaringen 15
Sigmund, Herzog von Tirol 300
Simonswald 176
Singen 272
Sixt von Staufen 83, 88
Slevogt, Max 27
Smitner, Domkapitular 241
Sock, Johann 29
Sohlberg 144
Solms, Reinhard, Graf zu 151
Speckle, Ignaz, Abt von St. Peter 169, 171–172
Spiegler, Franz Joseph 170, 217
Spießhorn 230
Spranger, Eduard 157
Spreyss von Zaberfeld, Hans 336
Stadion, Grafen von 17, 151
Johann Philipp, Graf von 137, 283
Starhemberg, Rüdiger, Graf von 31
Staufen 190, 198, 199
Staufen, Herren von 133, 192
Stein am Rhein 259–267, 270–271
Burg Hohenklingen 260, 261, 266
St. Georgen, ehem. Benediktinerstift 260–261, 263
Stein, Charlotte von 22
Stein, Gottfried 105
Stein, Karl, Freiherr vom 16, 282
Stein, Freiherren zu Steinegg 215, 344, 345
Steinbach 78, 81
Stephanie Beauharnais, Großherzogin von Baden 21, 40, 41, 43, Abb. 6
Steppberg 230

Steyrer, Jakob Philipp, Abt von St. Peter 169
Stifter, Adalbert 216
Stimmer, Tobias 258
Stolberg-Wernigerode, Otto, Fürst zu 283
Storer, Johann Christoph 171, 183
Stoß, Veit 295, 303
Strauß, Richard 288
Strawinsky, Igor 288, 289
Strigel, Bernhard 26, 275
Stuckenschmidt, Hans Heinz 288 bis 290
Stühlingen 225, 252–253, 274, 279
  Schloß Hohenlupfen 253
Sulz 145, 322
Sulz, Herren und Grafen von 160, 251, 252, 292, 293, 322
Sulzberg, Kloster 190
Sulzburg 199
Sundgau 15
Syrlin d.Ä., Werkstatt 163

TACITUS, Cornelius 53
Talleyrand, Charles, Herzog von 75, 76
Teck, Herzöge von 292
Tennenbach, ehem. Zisterzienserabtei 81
Tennenbachtal 81
Tettnang 15
Thoma, Georg 187
Thoma, Hans 27, 221, 230–231, 235, Abb. 14
Thumb, Michael 181
  Peter 46, 103, 170, 193, 350
Thun, Heinrich von, Bischof von Basel 190
Tiefenbronn 335, 344–350
Tiefenstein 211, 246–248
Tiefenstein, Freiherren und Grafen von 227, 246
  Hugo von 246–248
Tiengen 252
Titisee 187–188, Farbt. III, Abb. 10
Todtmoos 194, 225, 226, 230
Todtnau 190, 191, 226, 227, 231, 238
Toter Mann 52
Treitschke, Heinrich von 140
Triberg 15, 176, 177, 182
Triberg, Herren von 182
Trochtelfingen 279
Trübner, Wilhelm 27
Trudpert, Heiliger 192–193
Tübingen 206, 310, 313–321, 325, 327, 331, 335
  Hohentübingen 315
  Stiftskirche St. Georg 316
Tübingen, Pfalzgrafen von 304, 305, 315, 326, 330, 331, 334
  Hans Georg, Pfalzgraf von 315
Tuniberg 105, 107, 108, 110, 133
Turenne, Henri de Latour d'Auvergne, Vicomte de 33, 109
Turgenjew, Iwan 39, 42
Turner, William Farbt. IV
Twain, Mark 41–42, 43–44, 53 bis 54, 142, 143

UHLAND, Ludwig 311, 312, 318, 336
Uhrenindustrie 175–179
Ulrich, Graf von Württemberg 154
Ulrich, Herzog von Württemberg 14, 161, 315
Ulrich, Heiliger 102–104
Unterdießen 76
Unterharmersbach 72
  Maria zur Ketten, Wallfahrtskirche 72–73
Urach 176, 321
Urach, Grafen von 13, 14, 82, 278
Urberg 238
Urßlingen, Herzöge von 145

VALÉRY, Paul 23
Varnhagen von Ense, Karl August 54
Vecchi, Graf 33
Vehse, Eduard 20
Vercelli, Nothing von, Bischof 335
Verena, Heilige 249, 250
Veringen 15
Vermond, Matthieu Jacques, Abbé 79
Villars, Claude Louis Henry, Marquis de 33
Villingen 12, 13, 15, 90, 148, 173, 180–182, 183, 278, 279, 291
Bickenkloster 181
Franziskanerkloster 181
Liebfrauenmünster 181
Städtische Sammlungen 181 bis 182
St. Georgen, ehem. Benediktinerkloster 181
Vintler, Hans 150
Vogel, Carolus, Abt von Schuttern 79–81
Vogel, Franz Anton 102
Vogelhund, Johann Jakob 29
Vöhrenbach 180
Vosseler, Jakob 175

WAAL 76
Wacht 230
Waiblingen 156
Walahfrid Strabo, Abt von Reichenau 261
Waldau 176
Waldburg, Truchsesse von 17, 151, 299, 302
Waldburg-Zeil, Konstantin, Fürst von 283
Waldeck, Georg Friedrich, Graf zu 31
Waldkirch, Herren von 256
Hans von 258
Waldseemüler, Konrad 91
Waldshut 222–224, 225f., 242, 252
Wallenstein, Albrecht, Herzog von Friedland 34
Wasmer, Werner 235
Wasserburg a. Bodensee 15
Webern, Anton von 288
Weckherlin, Wilhelm Ludwig 22
Weggental, Wallfahrtskirche zur schmerzhaften Muttergottes 306–309
Wehr 215
Wehra, Fluß 211, 225, 246
Wehrle, Johann 176
Weil 64
Weilertal 15
Weinbrenner, Friedrich 20, 21, 41
Weise, Georg 332
Weitingen, Hans und Wilhelm von 158
Welf VI., Herzog von Altdorf-Spoleto 144
Welmlingen 201
Wenzinger, Johann Christian 84, 96, 97, 133, 171, 242
Werdenberg-Sargans, Grafen von 149, 151, 155, 299, 315
Werner, Karl Friedrich 228
Wessenberg, Ignaz, Freiherr von 183
Weyden, Rogier van der 275, 344
Wieland, Christoph Martin 22
Wiese, Kleine, Fluß 203
Wiesenau 144
Wiesental 191, 203, 204
Kleines Wiesental 203, 204
Wildbad 51, 54
Wildenstein 299
Wildermuth, Ottilie 318
Wilhelm I., deutscher Kaiser 43
Wilhelm I., König von Württemberg 17, 334
Wilhelm, Abt von Hirsau 103, 335, 336, 337, 340, 341

Willam, J. 103
Willemer, Marianne von 83
Wimpfeling, Jakob 91
Windelband, Wilhelm 92
Winkelsheim, David von, Abt von St. Georgen 263, 265
Winkler, Christoph 173
Winneburg 138
Winneburg-Beilstein, Freiherren von 137
Winterhalter, Franz Xaver 43, 178, 235–236
Wittichen, ehem. Klarissen-kloster 158–159
Witz, Konrad 349
Wolf, Thomas 235
Wolfach 142, 145, 146, 190, 279
Wölfelin, Bildhauer 46
Wolkenstein, Oswald von 150
Wolpadingen 225
Wülberz, Benedikt, Abt von St. Ulrich 103
Wurmlingen 310–312
Württemberg, Burg 17
Wutachtal 252
Wydyz, Hans 88

ZACHARIAS, Papst 297
Zeitblom, Bartholomäus 26, 275
Zell 70–71, 72, 73, 148, 203, 215
Zeyher, Johann Michael 199
Zimmern, Freiherren und Grafen von 275, 296, 299–301
Froben Christoph v. 296, 299–303
Johann von 299–300
Zollern, Herren und Grafen von 151, 160, 162
Zollern-Hohenberg, Grafen von 172, 182, 305, 309
Zurzach 249–250, 265

Autor und Verlag danken für vielseitige Hilfe und Unterstützung, die sie von den Besitzern der hier abgebildeten Werke bei der Bebilderung des Buches erfahren haben, ferner für die Reproduktionsgenehmigung und auch in vielen Fällen für die Abbildungsvorlagen.
Sofern es sich um die Wiedergabe von Originalen handelte, wurden die Besitzer in den Bildunterschriften genannt. Darüberhinaus fühlen wir uns für Abbildungsvorlagen zu Dank verbunden dem Landesmuseum (5), der Landesbildstelle (15), dem Staatlichen Amt für Denkmalpflege (9) und der Staatlichen Kunsthalle (3, 7, 13, 16), alle Karlsruhe. Die Staatliche Graphische Sammlung in München stellte freundlicherweise die Vorlage für Abbildung 11 zur Verfügung. Besonderen Dank schulden wir Herrn Dr. Max Schefold, Stuttgart, der es uns gestattet hat, bei unseren Abbildungen 8 und 10 auf Aufnahmen aus seinem Archiv zurückzugreifen.
Die Farbaufnahme des Aquarells von Turner fertigte R. B. Fleming, London, die des Blattes von Scheuchzer Georg Goerlipp, Donaueschingen, und von Hans Hinz, Basel, stammt das Ektachrom des Aquarells von Birmann.